渡辺利夫精選著作集

第5巻

アジアのダイナミズム

渡辺利夫

勁草書房

渡辺利夫精選著作集第5巻　アジアのダイナミズム――まえがき

『本著作集』第5巻『アジアのダイナミズム』についての私の著作は三つある。一つは『西太平洋の時代―アジア新産業国家の政治経済学』（文藝春秋、1989年）、二つは『アジア新潮流―西太平洋のダイナミズムと社会主義』（中公新書、1990年）、三つは『アジア経済の構図を読む―華人ネットワークの時代』（NHKライブラリー、1998年）である。東アジアにダイナミズムを創出したメカニズムはどういうものかについて、ここではできるだけ簡素に整理して、本巻を通読される読者の便に供したいと思う。

日本、NIES、ASEAN諸国を含む東アジアにダイナミックな変動をもたらしたものは、各国の擁する「転換能力」である。東アジア諸国は、外的与件の変動に順応してみずからを調整し、より高度の構造に転換していく能力において他地域に比較して抜群の力量をみせてきた。しかも、それぞれがもつ高い転換能力のゆえに、東アジアにおいては一国の構造転換が直ちに周辺国の構造転換を誘発するという「構造転換連鎖」が展開されてきた。

現在の東アジアに渦巻く構造転換の起点は日本であった。1985年9月のプラザ合意による急激な円高を契機に、日本経済は多くのエコノミストの予想を上回る高い転換能力を発揮して、内需主導型成長の定着に成功した。内需の拡大にともない東アジア諸国からの輸入が激増し、日本はこれら諸国に対する「需要吸収者」としての地位を確かなものとした。加えて、円高による海外生産の有利性の増大は、日本企業の東アジア地域への大量進出を誘い、後者の供給力強化に貢献した。

引きつづいて、NIESが日本の円高に速やかに反応して対日さらに対米輸出を拡大し、未曾有の高成長を実現した。しかし、NIESの輸出拡大と高成長は通貨切り上げと賃金上昇を避けられないものとし、この新しい与件変動に応じてNIESもまた内需主導型成長への転換と海外直接投資の活性化により、新しい構造へと転じた。

そして日本とこれにつづくNIESの構造変動は、ASEAN諸国などより後発の国々を利するもう一つの与件を生み出したのである。この新しい与件変動に輸出の拡大と外国企業の積極的導入で応えたASEAN諸国は、1990年代初にNIESを凌ぐ成長率を達成することになった。画期の到来というべきであろう。

先発国の構造変動が作り出す貿易・投資機会に後発国が迅速に反応して、後発国が一段と高い成長率により先発国を追跡していくという構図で描かれる地域が東アジアである。東アジアとは、先発国における激しい与件変動の「挑戦」に、後発国が高い転換能力をもって「応戦」しながら今日を築いた地域に他ならない。

私は東アジアを、NIESが日本を追い、そのNIESをASEAN諸国が追う「重層的追跡」の経済空間と捉え、その内実を工業製品の国際競争力指数を用いて実証している（『本著作集』第2巻）。先発国の構造調整が生んだ輸入市場や海外直接投資の拡大を、後発国がみずからの発展に有利な「後発性利益」として内部化すべく、自国の構造を転換していく能力の高さこそが東アジアにおける「重層的追跡」の要因に他ならない。

プラザ合意を契機として始まった円高は、日本経済にとって石油ショックとならぶ大きな突発的な与件変動であった。しかし、この円高に対して日本経済は石油ショック時に劣らぬ転換能力を発揮した。内需主導型成長への転換がその帰結であった。

この転換にともない、何よりも大きな変動が輸入構造において発生した。特に注目されたのは東アジア諸国からの輸入であり、日本は東アジアの成長を需要面から牽引するかつてない役割を演じることになった。加えて、円高は海外生産の有利性を一挙に高めた。円高の定着にともない日本企業は東アジア諸国から輸入を増加させると同時に生産拠点自体を東アジアにシフトして、そこで生産された財を調達する「アウトソーシング型」の海外進出を積極的に展開するようになった。

円高後の日本企業の東アジア進出が、大規模なアウトソーシングを通じて日本の輸入を急増させたことは明らかである。しかし、これに加えて円高後の日本企業は生産・部品調達・技術開発・販売などに携わる多様な傘下企業を東アジアの最適地に立地させ、みずからのもつ経営資源を東アジア地域を舞台にシステマティックに編成し、極大利潤を狙うという一段とグローバルな海外事業展開を図るにいたった。結果として、東アジアにおける日本企業の各進出拠点は補完的連携のもとにおかれ、相互取引額が急拡大することになった。この事実は、東アジア諸国の「構造的結合」を強める重要な要因として機能した。東アジアに進出する日本企業は東アジア各国の産業構造を結びつけ、相互の産業構造変動の連鎖的契機を引き起こす一つのエージェントとなったのである。

円高以降の日本経済は、与件変動に対する高い調整と転換の能力を示した典型例である。しかしより注目すべきは、円高にともなって生じた日本経済の構造変動がＮＩＥＳにとっての新しい与件となり、この与件変動にＮＩＥＳが日本のそれに勝るとも劣らない転換能力を発揮したという事実である。

韓国、台湾の通貨は長らくドルにリンクし、円高は同時にウォン安、台湾ドル安であった。ＮＩＥＳが試みた対日輸出攻勢はめざましい成果を収めた。しかし同時に、円高下でのＮＩＥＳの輸出でめだったのは、対米輸出の拡大であった。円高により日本の対米輸出競争力が弱まる一方、ＮＩＥＳの対米競争力が相対的に強まり、米国の貿易赤字の対象地域としてＮＩＥＳは日本に次ぐ大きな存在となった。そして米国は、ハイテク部門を中心とする対ＮＩＥＳ貿易収支の赤字に耐えられず、保護主義的対応を強化すると同時に、何よりもドルにリンクしてきたＮＩＥＳ通貨の対ドル調整を強要したのである。

ＮＩＥＳは通貨調整と時を同じくして、賃金の急上昇というもう一つの厄介な問題と直面せざるを得なかった。対米輸出の大きな盛り上がりによって達成された超高成長は、労働力規模のそれほど大きくないＮＩＥＳの賃金水準を一挙に高めた。シンガポール、香港はいうに及ばず、韓国、台湾が「労働過剰経済」から「労働不足経済」に転じ、未熟練労働力の供給制約局面に入ったのは、すでに１９７０年代のことであった。その上に生じた超高成長は両国の労働力不足を決定的にした。加えてこの時期、韓国、台湾は経済発展が権威主義的政治体制を激しく「溶解」させる民主化運動の渦中にあり、これを背景に両国に沸き起こった労使紛争が賃金上昇を一層高率とする要因ともなった。

ＮＩＥＳは円高の受益者として対日・対米輸出を拡大し、この輸出に牽引されて空前の経済的高揚をみせたのであるが、しかしその成功の帰結として生まれた通貨調整と賃金上昇、さらには米国の保護主義的対応に直面して、厳しい構造転換を迫られたのである。しかしＮＩＥＳのＮＩＥＳたるゆえんは、このようにして生まれた与件変動に強靭な転換能力で対応できたという事実である。

韓国、台湾において新たに生まれた注目すべき動向の一つは、内需主導型成長への転換である。内需の盛り上がりは輸入の増加を誘発せずにはおかない。内需拡大に通貨切り上げ、さらには関税引き下げや輸入自由化政策の効果も加わってＮＩＥＳの輸入は急速な増加をみせた。通貨切り上げと賃金上昇は両国の輸出競争力を削いで、輸出の減速を余儀なくさせ、外需（輸出マイナス輸入）は減少した。長期にわたる激しい輸出志向工業化によって今日を築いたＮＩＥＳにおいて内需が成長を主導する新しい成長類型が生まれたことは画期的であった。日本で定着したのと同様の成長パターンへのシフトがＮＩＥＳでも試みられたのである。

通貨調整と賃金上昇に対するＮＩＥＳのもう一つのめざましい対応が、海外企業進出に他ならない。ＮＩＥＳの賃金上昇は繊維製品を初めとする労働集約財の輸出競争力を弱め、ＡＳＥＡＮ諸国への生産拠点シフトによる失地回復を避けられない課題とした。通貨切上げはＮＩＥＳ企業の海外生産の有利性を強めてそのＡＳＥＡＮ進出を促した。１９９０年を前後する時点から、ＮＩＥＳはＡＳＥＡＮ諸国に対する日本を凌駕する最大の投資者として浮上した。

ＮＩＥＳは、通貨調整と賃金上昇に対応してみずからの構造を転換する過程で、ＡＳＥＡＮ諸国の成長を需要面から牽引する機能を発揮すると同時に、企業進出を通じてその供給力をも強化する機能を備えるにいたった。日本とならんでＮＩＥＳが両機能をあわせもったことにより、東アジアには先発国の成長が後発国の成長を誘発するまことに好都合な環境が生まれたということができよう。

ＡＳＥＡＮ諸国は、日本、ＮＩＥＳに生じた貿易・投資環境の変化を「千載一遇」としてこれを自分の「胎内」に取り込むための政策的対応を本格化させた。マレーシアのあるエコノミストは、円高を契機にＡＳＥＡＮ諸国に蝟集する日本の直接投資を自国の発展に資する「歴史的日本機会」だと表現した。そのひそみにならっていえば、ＡＳＥＡＮ諸国は同時に「歴史的ＮＩＥＳ機会」にも恵まれ、その２つの機会を手に入れるための政策的対応を試みたのである。輸出志向型の外国企業に対しては、出資比率制限を緩和したり、また事業所得税の減免期間を延長したりするといった、外資系企業に対する旧来の多様な規制を緩和するための諸政策が次々と展開されていった。

日本、ＮＩＥＳ、ＡＳＥＡＮ諸国とつづいた構造変動の連鎖的継起の波は東アジアにおける最後の巨大フロンティア・中国に伝播していくであろうか。ＮＩＥＳが攻撃的な姿勢をもって中国沿海部に接近し、後者を東アジア世界に引きずり込む主勢力として登場していることに注目しよう。東アジアにおける連鎖的発展の波動を中国に伝えていく中心的な役割を担ったのは香港、台湾などのＮＩＥＳであった。このことは、すでに第4巻で記した。ＮＩＥＳは東アジアの構造変動のダイナミズムを中国に伝播させ、中国をこの地域の連鎖的発展の最後のアクターたらしめる主役の役割を果たしてきたのである。

渡辺利夫精選著作集第5巻　アジアのダイナミズム

目次

まえがき

I　西太平洋の時代——アジア新産業国家の政治経済学

プロローグ　いまなぜ西太平洋なのか——久和ひとみさんの問いに答える……3
第Ⅰ章　隣国は何を達成したのか——従属を通じての自立……30
韓国型資本主義とは何か　30
経済自立化への道　34
重化学工業化　41
農業近代化　45
政府と財閥　49
韓国の経験とアジア社会主義　52
第Ⅱ章　発展志向国家群の生成……54
民族主義と工業化　54
資本主義的発展志向型国家論　57
官主導型資本主義——韓国　59
対外的ナショナリズムと対内的ナショナリズム　62

儒教的伝統と経済発展　66
外圧と経済発展——台湾・シンガポール　72
経済発展と政治体制　75
ASEAN——もうひとつの発展志向型国家群　79
ソフト・ステート？　88

第Ⅲ章　アジア工業化の文明史……90
虚構の南北問題世界観　90
インダストリアリズムの波及——過去　91
インダストリアリズムの波及——現代　94
後発性利益とアジアNIES　97
アジア成長の複数軸構造　107

第Ⅳ章　西太平洋の時代……113
「成長地域」としての西太平洋　113
西太平洋活力の「供給者《サプライヤー》」と「吸引者《アブソーバー》」　115
さまよえる巨人　アメリカ　121
西太平洋の新しき巨人　日本　134
若干の注釈　143
西太平洋開発途上国に何が望まれるのか　147

三極政策調整の基本的視点　153
第V章　溶解するアジア社会主義……156
インダストリアリズム　アジア社会主義国への波及　157
中国農業発展における問題は何か　159
新農業政策はなぜ必要であったか　169
新農業政策の施行は何をもたらしたか(1)　174
――よみがえる家族農業――
新農業政策の施行は何をもたらしたか(2)　184
――農業・農村構造の多様化――
中国経済における蓄積様式の変容　187
企業自主権の拡大　192
低迷のインド国家資本主義と経済自由化　197
あとがき　207
II　アジア新潮流――西太平洋のダイナミズムと社会主義
序章　現代アジアを眺望する……213

1 転換するアジア像 213
2 新牽引車としての西太平洋 216
3 縮むアメリカ 広がる日本 219
4 西太平洋相互依存の時代 223
5 アジア社会主義国の改革・開放 225
6 東欧の政治変動とアジア社会主義 232

第一章 西太平洋の転換能力――構造変動の連鎖的継起について……236
1 日本経済の円高調整 238
2 円高とNIES 245
3 NIESの構造変動とASEAN 249
4 西太平洋構造変動の波はアジア社会主義国に及ぶか 257

第二章 中国に胎動する新しい発展メカニズム――挫折と希望……265
1 中国社会主義の新しい自己認識 267
2 急ぎすぎた社会主義的改造のもとで失ったものは何か 270
3 郷鎮企業と新しい発展メカニズムの生成 276
4 中国経済のボトルネック 284
5 沿海地域経済発展戦略の意義 286

第三章 揺らぐ香港――離脱と統合……292

1 「信心」の危機 294
2 香港基本法に揺れる 296
3 天安門事件と香港民主化 301
4 「合成ベクトル」 308
5 華南経済の統合 312
6 対中交渉力の強化は可能か 317

第四章 ベトナム 改革・開放への苦闘——もうひとつのペレストロイカは実を結ぶか……321
1 集団化と農業生産の停滞 322
2 国庫補助金制度 328
3 農業改革の試み 332
4 改革とインフレ 335
5 プラグマティズムの生成 341

第五章 さまよえる神聖国家 北朝鮮——開放へのはるけき道……344
1 半島情勢の流動化と北朝鮮の孤立 346
2 低迷する経済 352
3 改革の兆し 359
4 「生体反応」はあるか 362

あとがき 366

Ⅲ　アジア経済の構図を読む――華人ネットワークの時代

はじめに　371
第一章　香港――中国資本主義のエッセンス……373
香港の形成　374
自由放任の地　379
中国資本主義の香港集中　380
危機を好機に　382
第二章　香港返還と中国――グレーター・ホンコン……385
「港人治港」「一国両制」　386
「特殊政策・弾力措置」　387
広東省の「香港化」　390
「三来一補」　391
中国経済を牽引する華南　393
華人経済圏の形成　395
第三章　在外華人はいかにして生まれたか――華僑の生成と発展……397

華南農村の貧困　398
人口流出　402
複合人種社会　404
「契約華工」　406
第四章　華僑ネットワーク——白手起家……408
華僑の人間関係ネットワーク——幇《パン》　409
会館・公会——華僑の「羊水」　412
華僑組織のエッセンス——信用　413
仲介者機能——買弁　414
タイにおける米流通と華僑　416
第五章　台湾——もう一つの中華資本主義……419
「化外の地」「化外の民」　420
漢族の台湾移住　421
日本統治時代の開始　424
植民地経営の基盤整備　426
現代台湾へ　428
第六章　鄧小平の時代——改革・開放の思想……431
社会主義初級段階論　432

溶解する社会主義　434
生産力主義　436
即物主義　438
漸進主義　439
第七章　社会主義市場経済の中国——成長と混迷……441
なぜ社会主義市場経済なのか　442
政治制度としての社会主義　443
共産党機構の浸潤　444
社会主義精神文明建設強化は成功するか　446
マクロコントロール・メカニズム形成の可能性　447
中国経済の不安　450
第八章　中国の国有企業改革——最後の難題……452
国有企業経営メカニズムの自律化　453
経営請負責任制　455
「生活共同体」としての国有企業　456
国有企業の市場環境　459
第九章　東アジアの経済発展と民主化——権威主義体制の溶解……462
対外危機意識と権威主義開発体制　463

韓国――官主導型発展　465
台湾――国民党の再生　467
経済発展と権威主義体制の溶解　469
第一〇章　東アジア経済の新動態――従属から自立へ……472
世界における東アジアのプレゼンスの拡大　473
域内相互依存関係の強化　477
東アジア相互依存関係に組み込まれる中国　480
域内循環メカニズムと日系企業　481
第一一章　周辺革命の時代へ――発展連鎖論……484
「日本効果」　486
NIESの成長と調整　488
「NIES効果」　490
ASEAN諸国と中国の成長　492
第一二章　東アジアと世界――グローバリズムの復元……494
「インテグレーション」「ディスインテグレーション」　494
EAEC、APECと東アジア　496
東アジアとアメリカ　498
第一三章　東南アジアの通貨危機――何が問題なのか……500

何がおこっているのか　500
何を教訓とすべきか　504
東南アジア通貨危機は香港・中国に及ぶか　506
アジア成長懐疑論は正しくない　507
最終章　香港の将来——海の中国　陸の中国……510
香港の経済的繁栄はつづく　510
香港の政治的自由はどうなるか　513
あとがき　515
参考文献　517

【『渡辺利夫精選著作集』の編集に際して】

一　『著作集』に掲載する際に用いた著書の底本は、以下のとおりである。

Ⅰ　西太平洋の時代―アジア新産業国家の政治経済学
文藝春秋、1989年

Ⅱ　アジア新潮流―西太平洋のダイナミズムと社会主義
中公新書、1990年

Ⅲ　アジア経済の構図を読む―華人ネットワークの時代
NHKライブラリー、1998年

一　底本において、明らかに誤記・誤植と思われる表現、あるいは不統一の用字・用語等については、編集の際に適宜改めたところがある。

一　本文あるいは注の中で自著に言及している部分は、底本のままとした。ただし、『著作集』に収録した論考には、当該箇所に〔『本著作集』第○巻所収〕という付記を挿入した。

一　底本に付されている写真は、割愛した。

I　西太平洋の時代

——アジア新産業国家の政治経済学

プロローグ　いまなぜ西太平洋なのか

――久和ひとみさんの問いに答える――

重層的追跡のアジア

久和　今日はこれからの成長が期待されるアジア太平洋地域について、世界経済という大きな枠組みのなかで、この地域がどのように変貌し、どのように世界経済に貢献していくのか、こういった問題につきましてご議論いただきたいと思います。初めにいまどうしてアジア太平洋が注目されているのか、おうかがいしたいのですが。

渡辺　現在の世界経済は貿易収支の不均衡、累積債務問題などにみられますようにたいへん深刻な手づまりの状態にあります。日米経済摩擦は、こうした状態をシンボリックに示している問題のひとつですね。この問題の解決のためには日米両国がマクロ経済構造を調整し合うことが必要です。日本は内需を拡大しながら、外需への依存度を引き下げる。アメリカは財政赤字の削減を行うことによって、日本とは逆に内需を圧縮して外需への依存度を高めなければなりません。このような両者の構造調整が不可欠です。

一九八七年秋の株価暴落は、アメリカ経済が内外不均衡を長期にわたって抱えていくことが不可能だということを、市場の判断によって、いわば暴力的に悟らされた「事件」であったわけですね。これ以降アメリカは財政赤字削減への意思をはっきりと固めたといっていいでしょう。

しかし、アメリカが財政赤字の削減を本格的に行いますと、由々しいデフレ効果が世界をおおうことにならざるをえません。レーガン政権下で発生した巨額の財政赤字すなわち財政支出超過は、アメリカの国内供給能力を大きく上まわる超過需要を創出したわけですね。一九八〇年代の世界経済はアメリカの拡大する輸入需要に支えられて、高い成長を実現することができたわけですから、アメリカの政策変化が世界に及ぼすマイナスの効果は実に深刻なものだと予想せざるをえないわけです。アメリカ経済の健全化とさらには世界経済の安定性維持にとって、財政赤字の削減は不可避です。

そこで重要な役割をになわざるをえないのが、日本だということになると思います。つまりポイントは、日本がアメリカに代わって世界各国の商品を輸入する「アブソーバー」機能をどの程度もちうるかという問題です。日本がこの機能をもつことができれば、世界経済の縮小均衡化というコストを支払うことなく、アメリカ経済を健全化させることが可能となるわけですね。円高は、こういう役割を日本にもたしめる方向に日本経済の構造を転換させるひとつの有効な自律的調整力として働いていると、私はみております。

アメリカにおける「双子の赤字」是正努力がこのところようやくにして功を奏し始め、また日本の内需主導型成長が軌道にのって、日米間のマクロ構造の調整はどうやらうまい方向に歩み出したとみていいでしょうね。しかし先進国の構造調整が仮りにスムーズに進んだとして、これはあくまで「調整」であって世界経済の再活性化がそれによって保障されるわけではありません。

それでは、その調整期間が終った後の世界経済の拡大を牽引するのはいったい誰か、ということを問題にしなくてはなりません。それはアメリカでも欧州でもない。これまでの経済成長実績と何よりもその潜在力からみて、アジアＮＩＥＳ（新興工業経済群）、ＡＳＥＡＮ諸国、中国を含んだ西太平洋の開発途上国が世界経済の牽引車になっていくだろうと私は予感しています。私の予感からいいますと、こんごの五年間におけるこの西太平洋開発途上国の、世界の実質ＧＮＰ成長寄与率は二五％くらい、世界の貿易増加寄与率は四五％ほどだと思われます。西暦二〇〇〇年までのもう少し長期的な見通しでは、この比率はさらに高まるものと考えられます。

先進国が拡大速度の遅い市場を奪い合って、深刻な経済摩擦に身を削るのではなくて、西太平洋開発途上国の活力を最大限発揚させることによって、ここを世界経済の新しい成長フロンティアにしていくという構図をつくりださなければならない。そこにこそ、私どもがアジア太平洋地域に着目する大きな理由があるわけです。

久和　それではそもそもアジア太平洋地域が強い経済的活力をもっている理由は何なのでしょうか。

渡辺　私は、後発国の工業化は、先発国のインダストリアリズムの波及を受容することによって触発されるものだとつねづね考えています。国内的努力によって自生的に発展したのは一九世紀の最先進国イギリスですが、このイギリスに追随した西ヨーロッパ諸国、さらにはアメリカ、さらに遅れて工業化を開始した日本、ロシアは、いずれも自国よりさきに発展した国ぐにに発するインダストリアリズムを受容しながら発展してきたわけです。今日のアジアＮＩＥＳ、ＡＳＥＡＮ諸国の発展も、まさにこうした経済発展の世界史における一ページとしてみるという視角が重要でしょう。アジアＮＩＥＳやＡＳＥＡＮ諸国は、外国技術の導入や借款の受入れ、それから直接投資、多国籍企業の導入の面で、先発国に自らの門戸を大きく開き、波及するインダストリアリズムを豊かに受入れようとする志向性において、きわだって強い開発途上諸国だといっていいと思います。

いいかえますとこの地域諸国は、先発国インダストリアリズムのもたらす、いわゆる「後発性利益」を自らの胎内に内部化することに最大限の努力を払い、そのための政策づくりにはげんできた。ここのところに、これら諸国の大きな活力の源泉があったといっていいと思います。こうしたアジアＮＩＥＳ、ＡＳＥＡＮ諸国の経験は、保護主義的な政策体系のなかにとじこもり、インダストリアリズムの波及に背を向けてきた中国やインドが厳しい停滞状況をつづけてきたという事実と、著しい対照をなしています。

ところでこの地域諸国では、まず日本がインダストリアリズムの受容に成功し、ついでアジアＮＩＥＳ、さらにはＡＳＥＡＮ諸国が発展し、そうして特有の「三層構造」ができあがりました。つまり日本、アジアＮＩＥＳ、ＡＳＥＡＮ諸国の三つのグループが連続的な差をもってつながる特有の「経済空間」がこの地域に生まれてきたわけです。一方、ラテンアメリカ諸国とアメリカ、ましてやＥＣとアフリカ諸国の関係となりますと、これは発展段階の隔絶したふたつの類型の併存、あるいは非連続的な関係でありまして、この関係は依然として南北問題的世界の中にあるわけですね。

西太平洋地域におけるそうした「三層構造」のなかで、私が「重層的追跡」と名づける実に注目すべき現象が発生しています。近年、アジアＮＩＥＳの日本に対する追上げが高度技術部門でもおこり始めたことがよく問題にされていますね。ＮＩＥＳの対日追上げは、実際日ましに強くなっているように私にはみえます。

ところで、そのアジアＮＩＥＳもまた低付加価値製品、労働集約的な製品についてはＡＳＥＡＮ諸国からきびしく追上げられているわけです。おそらく遠くない将来に中国もまた太平洋世界に顔を出して、ＡＳＥＡＮ諸国と競合しながらアジアＮＩＥＳを追上げるという構図ができ上がってくるだろうと思いますよ。西太平洋地域における国ぐには、すべてがいつもだれかから後を追われているという関係にあるわけですね。すべての国ぐにが後発国から匕首《あいくち》を突きつけられている。だから、先発の国は後発の国の追上げから逃げるために生産性を向上させ、工業構造を高度化し、輸出構造を高度化しなければならないという要請につき動かされているわけです。アジア太平洋地域は、国際経済環境からの厳しい「挑戦」に積極的に「応戦」することによって地域全体として活力を保ってきたのだと私は考えています。

ゆらぎのなかの東南アジア

久和　先生は、アジア太平洋地域の発展に大きな期待を寄せているわけですが、発展のマイナス面として環境破壊や都市におけるスラムの拡大といった問題が指摘されています。これらの問題に関して、先生はどうお考えですか。

渡辺　アジアＮＩＥＳやＡＳＥＡＮ諸国では経済成長、とくに工業化が急速に進みましたから、その成長のコストもまた相当に大きかったとはいいうるでしょう。とくにＡＳＥＡＮ諸国の場合には、指摘しなければならない困難な問題をいくつか抱えています。

ＡＳＥＡＮ諸国の工業化はこの十数年、相当の速度で進み、工業化率つまり国内総生産に占める工業部門生産高の比率は、最近年ではアジアＮＩＥＳに遜色ありません。輸出に占める工業製品の比率もかなり高くなりまして、ＡＳＥＡＮ諸国はこのところ農業国、モノカルチュア国としてのイメージをすっかり払拭してしまいました。こんな次第で、工業化はおおいに進んだのですが、この工業化の雇用吸収力がかなり小さい。実はここに厄介な問題のひとつが伏在しています。工業化の雇用吸収力が小さいために、工業化が進んだにもかかわらず、農村の余剰労働力の吸収が不十分であり、農業の近代化が容易に進展せず、新しい二重構造、「ネオ・デュアリズム」

とでも名づけるべき事実が発生しています。

ＡＳＥＡＮ諸国におきまして工業化の雇用吸収力が小さかったのは、彼らの工業化が非常に保護主義的なものであったことに由来しますが、とくにこの保護を受けて工業化の主体となったのが外国民間企業、つまり多国籍企業の子会社であったという事実が重要です。タイへ行けば、乗用車はみんな外国車、とくに日本車です。繊維製品になると東レ、テイジン、クラボウなど、日本の大企業が入っていって、日本にあるのとほぼ同様の資本集約的で労働節約的な技術体系をもちこんで生産しています。こんなわけで、工業化は進むけれども、雇用吸収力はそれほど大きくはならない。

一方、農村では依然として人口増加率が高い。余剰労働力はいよいよ大きな規模で堆積せざるをえないわけです。かつては、東南アジア諸国には耕地フロンティアが豊かに存在していましたから、人口が増加してもこれを耕地の外延的拡大過程のなかに吸収していくことができましたが、今日ではこのフロンティアが消滅しております。そのために人口増加は、そのまま土地人口比率の増加、土地細分化につながらざるをえません。小作農にもなれず、農業経営権をいっさいもつことのできない「土地なし層」も、最近では東南アジア諸国でかなり大きな規模で生まれています。

この余剰労働力が都市に流出していくという現象も、このところ顕著です。こうしたかたちで生起している都市化は奇妙なる都市化だというべきでしょう。通常、われわれは都市化とは、都市工業部門が労働需要をつくり出し、これに応じて農村から余剰労働力が吸引されて実現するものだと考えます。しかし東南アジア諸国の場合には、都市工業部門の雇用吸収力が小さいにもかかわらず、余剰労働力がここに流入してきて都市化が発生しているわけです。

そんな次第ですから、流入人口は、都市の中核にある工業部門に吸収されないで都市周辺のスラム・不法占拠区域に滞留してしまう。これら流入人口が極度の低生産性、低賃金、不完全就業によって特徴づけられる都市雑業層を形成しているわけです。ここが社会不安、政治不安の温床になっていることを考えますと、これはリスクの大きい「擬似都市化」だといわざるをえませんね。

久和さんがおっしゃる環境破壊の問題に関してですが、これもかなり深刻なのではないでしょうか。農村ではさきにもいいましたように、耕地を外延的に広げていく余地がない。それにもかかわらず人口が増加していくために、丘陵地に火を放って、そこを耕地に変えていく。焼き畑農業では、一般にキャッサバとかタロイモ、タピオカ、メイズ（とうもろこし）といったものを植えます。そうすると、二年もすれば地力が衰えてくる。そして別の土地に移動する。低地から入ってきた農民によって耕地の外延的拡大が加速されていくために、従来、高地で狩猟・採集や焼き畑を営んでいた高地少数民族は生活の場を失ってさらに山のうえのほうに追われる。このようなかたちで進む森林面積の減少は、タイでもフィリピンでも大きな問題になっています。

それから、森林によって守られていた表土が直接風雨にさらされて浸食をおこすという問題も深刻です。農業というのは長い間に蓄積された肥沃な表土があって初めてなりたつものです。しかし、この表土が浸食されてしまいますと、ますます土地の肥沃度が下がっていくという悪循環に陥らざるをえません。このようにして、土地生産性が急速に低下しているわけですね。

このあいだ、タイ東北部のコラート地方に行って驚いたんです。畑が白いんですよ。話を聞いてみたら塩害なんですね。いままでは表土がおおっていましたから、そこで耕作ができたんですが、森林が喪失し、土壌浸食が発生し、地表面が乾燥してしまったために毛管現象がおこり、地下の塩分が出てきたわけですね。

ひるがえって、アジアＮＩＥＳをみますと、工業化と同時に農業開発にも成功しています。実はこれこそがＮＩＥＳの強靭性の原因だと私は思いますね。韓国とか台湾というと、工業化、とくに輸出志向工業化で成功した国だというイメージが一般的には強いわけですけれども、両国が達成した開発成果のなかで最大のものは、実は農村・農業開発の成功にあると私は思いますね。

この成功のいちばんの原因は、日本と同じように工業化が強い雇用吸収力をもっていたために、農村の余剰労働力がいちはやく消滅しえたという事実に関連しています。韓国の農家人口増加率は一九六四年以後はマイナスです。この時期以降、韓国の農業人口は絶対的な減少局面に入ったわけです。

久和　それは戦後の日本がたどってきた道とよく似ていますね。

渡辺　ええ、そういっていいと思いますね。そして絶対的に不足する労働力を補うために農業の機械化を進めていって、労働生産性を上げる。同時に肥料をたくさん投入して土地生産性を上げるといったことをやってきたわけです。現在、韓国の場合、農村家計所得と都市の勤労者家計所得の格差はほとんどなくなっています。台湾も同様です。しかし、タイへ行けば、東北部の農村とバンコク＝トンブリ地域の所得格差は三〜四倍ですね。東南アジア諸国がまだ開発の途中でゆれ動かなければならないのは、こういった問題があるからですよ。

アジアＮＩＥＳは日本に追いつくか

久和　アジアＮＩＥＳではエレクトロニクスとかコンピュータという知識集約度の高い産業が伸びてきていますが、こんごＮＩＥＳは日本に追いつくのでしょうか。

渡辺　追いつくでしょうね。すべての産業発展の基礎には人間的能力があるわけですけれども、韓国や台湾のこの面での能力には抜群のものがあります。技術の吸収能力はもちろんのこと、技術の開発能力も相当の速度で蓄積されてきています。日米間でおこった経済摩擦は日韓間、日台間でも近い将来深刻化してくるのではないでしょうか。

注目すべきは、近年におけるアジアＮＩＥＳの機械産業の競争力強化だろうと思います。ＮＩＥＳの総輸出に占める機械製品比率、これは電気・電子機械、輸送機械、精密機械、一般機械の四つの総輸出に占める比率ですけれども、二〇年ぐらい前ではＮＩＥＳ全体でも五〜六％という数字です。ところが一九八五年には、シンガポール三八％、韓国三三％、台湾三二％、香港二一％となっています。同年の先進国の平均が四〇％ですから、ＮＩＥＳの同比率は先進国の水準にしだいに近づきつつある。これはＮＩＥＳの技術的能力が非常に高まったことの何よりのあかしですね。

久和　それはコンピュータなどの先端技術産業でもいえますか。

渡辺　ええ。韓国、台湾のハイテクへの意気込みは相当のものですよ。乗用車とエレクトロニクスが両国のこんごの戦略的部門になっていくでしょうね。

久和　従来のアジアＮＩＥＳと日本との関係は、ＮＩＥＳが日本の下請け的な、構造的には下位のレベルのものを基幹産業とするという垂直的な分業でしたが、そうではなくなってきたということでしょうか。

渡辺　そうだと思いますね。おっしゃるようにこれまでは国際的下請け関係が強かったですね。垂直的な分業関係が強かったといってもいいのですが、アジアＮＩＥＳも機械産業の力量を蓄えてきた現在では、日本とＮＩＥＳとの関係も水平的な分業関係が次第に強まってきています。

ＥＣ諸国をみてみますと、いずれも総輸出額のうち機械類輸出が占める割合がいちばん高いわけですが、それと同時に総輸入額に占める機械産業の比率がいずれの国でも高い。つまり機械というのは、輸出と同時に輸入に最も適した産業ですね。機械産業は多様にして広範な分業体系をもっている産業なんです。機械産業に必要な複雑にして多様な中間製品、部品のすべてを一国内で自己完結的にまかなうことは不可能、ないし不可能でないまでも経済的なコストが高い。そのためにむしろ一国が経済発展すればするほど、実は機械輸入比率は高まるというのが一般則だといってもいいほどです。NIESもこれだけ機械産業の競争力がついてきたわけですから、日本との間に機械産業を中軸とした水平分業関係が近い将来一般的になっていくと考えてまずまちがいないと思います。

この点でひとつ問題なのは、日本の工業構造のありようです。日本の機械産業は、EC諸国のそれとちがってこれまで国内自給型の「フルセット・タイプ」でした。トヨタ城下町しかり、日立城下町しかり。これらは下請け関連産業をフルセット擁した日本特有な結合のパターンなわけです。このパターンはNIESとの水平分業を通じて次第に崩れていくでしょうね。

円高下のアジア

久和　そのことに関して、円高の影響はどうですか。

渡辺　あれだけ大きな為替レートの調整があったわけですから、その価格効果を通じて日本の輸入、とくにアジアNIES、ASEAN諸国からの輸入が激増するのは当然です。ちなみに、一九八六年の一年間のNIESからの製品輸入増加率は三七％、一九八七年の同比率は実に六〇％です。

それから円高にともなって、日本の企業が日本の国内でモノをつくってこれを輸出することがだんだんむずかしくなってきています。そのために、生産拠点の海外シフトとその拠点からの輸入、つまり「アウトソーシング」と呼ばれる海外調達が増加していくはずです。大企業はもちろんですが、中小企業の生産拠点の海外シフトもこれから活発化していくものと考えていいでしょう。

もっとも、日本企業のアウトソーシングが一般化するためには、ある程度の調整期間が必要です。といいますのは、海外で新たに生産設備をつくったり、既存設備を拡大したりするのには時間を要するからです。また日本の企業の場合には品質管理が厳しいので、規格に合った製品を輸入するためには、進出した地域で人びとに技術指導をしなければならない。このためには三年なり四年なりの調整期間が必要です。一九八七年現在ではこの調整効果がまだそれほどあらわれていませんが、あとしばらくしますとそれが現実化するでしょうね。

このふたつの効果、つまり円高にともなう価格効果と直接投資のアウトソーシング効果を通じて、日本とアジア諸国との間で、機械産業を中心にした水平分業が発展していくはずです。水平分業が発展すれば、日本に固有なフルセット構造が崩れていく。そしてフルセット構造の修正がまた水平分業の進展を促し、水平分業の進展がフルセット構造の修正を迫るという相互補強効果が本格化していくだろうと思いますね。

その結果、日本のアジア諸国に対するいままでのような貿易収支不均衡は是正されていくにちがいありません。例えばこれまでの日本と韓国との関係についていえば、日韓貿易収支不均衡問題は、日韓経済問題と同義語だといわれるほどに重大な問題でした。一昨年くらい前までは、私どもが韓国に行きますと、韓国がいくらかせいでもみんな日本に対する赤字で相殺されてしまって、ちっとも収支がよくならないといった話をよくきかされたものですね。事実、日韓定期閣僚会議における最大の討議課題はこれまでつねにこの不均衡問題におかれてきました。

しかし、最近では事情が変ってきています。韓国の商工部、これは日本の通産省にあたりますが、ここが一九八六年に日韓貿易収支不均衡に関するレポートを出しました。それによりますと、一九八六年の日韓収支不均衡幅は五四億ドルでしたが、一九九一年にはこれが一五億ドルになるという予測値を出しています。私は韓国の将来をかなり楽観的にみているエコノミストの一人ですけれども、その私ですら驚いたほどの予測です。しかし、ここ一年くらいの動きをみていますと、この数字も当たるんじゃないかという印象を私はもち始めています。日韓貿易収支不均衡は九〇年代のそう遠くない時期に解消され、さらには逆転する可能性もありうるとみていいでしょう。

久和　現在の日米貿易摩擦のような状況がおこると想像してもよろしいのでしょうか。

渡辺　そうしたことも懸念されますね。日韓収支が日本の赤字になるという事態が、現実的な予測となりうるまでにいたっていることは事実です。

日本の貿易収支黒字はかなり急速に縮小していくとみるべきだろうと思います。内需拡大政策を実行に移さなければ日本の収支不均衡は是正されえないかのような議論が一般的でしたけれども、そんなことをしないまでも、日本の貿易収支は急速に均衡化の方向へ向かっていくと思いますね。

アメリカの退潮と日本の登場

久和　日米間をはじめとする経常収支不均衡を是正するために、日本の内需拡大が必要だといわれているわけですが、先生はそれが必要ではないというわけですか。

渡辺　内需拡大政策それ自体の必要性は認めなければなりません。内需拡大政策が必要なのは、ひとつには外需の減少を内需の拡大によって補わない以上、日本の成長率の減速が避けられないからです。

一方、内需を拡大しなければ日本の黒字不均衡が解消できないといった例えば前川レポートの考え方は、ここ一年くらいの日本の貿易収支の黒字幅の縮小過程をみていますと、あまり妥当性のあるものといえなくなっていると思います。

内需拡大に関してもう一点。アメリカは「双子の赤字」という厄介な問題をかかえていますね。次期大統領のブッシュは、この双子の赤字をかなり思いきって削減しなければならない、いやなされるはずだと私は思います。そうしなければ、もはやアメリカ経済は運営できません。

そして、アメリカのこうした試みはさきほどもいいましたように大きなデフレ効果を周辺諸国にもたらさずにはおきません。日本の対米輸出の経済成長寄与率はこれまで相当に高かったわけですから、日本の受けるデフレ効果もかなり大きいはずです。その時点で、日本は大きな内需拡大をやらなければ、成長率の深刻な低下をまぬがれえないわけです。いまの厳しい財政収支状況下で日本が内需拡大をやってしまって、本当に内需拡大が必要な時に「ない袖はふれない」といったことになってしまっていいものでしょうか。いま六兆円を使ってしまって、アメリカの重大な政策変更があったときに、内需拡大の財源がないという事態は危険です。内需拡大それ自体にはもちろん賛成ですけれども、いまがその時期であるかどうかについては、私には疑問があります。

久和　先生はアジア太平洋諸国のアブソーバーとしてのアメリカの役割を、こんどは日本が徐々に代替していくべきだとお考えですが、いまのアメリカの代わりが日本につとまるのでしょうか。

渡辺　完全に日本が代替できるかどうか、そこは問題です。日本はアメリカに代わりうるほど大きな国ではないし、市場のふところの深さという面でかなりの違いがあります。ですからアメリカのアブソーバーの機能を日本が代替しえないその分だけ、アジア諸国はデフレ効果を受けざるをえないとお考えになっても無理ないと思います。しかしですね。アジア諸国はこれだけの高成長をつづけてきたわけですよ。所得水準の上昇とともにこれら諸国の国内市場規模はかつてに比べて格段に大きなものになりました。

輸出工業基盤の拡充にもみるべきものがあります。そのためにアジア諸国がアジア諸国の製品を相互に吸収し合う力が強まってきたという事実は、これを見落としてはならないと私は思いますね。

アジア諸国相互の間に、競合的な関係と同時に強い補完的な関係も生まれてきているわけです。アジアにおける分業関係は、日本とアジアNIES、日本とASEAN諸国という、日本を中心とした関係においてだけではなくて、NIES相互、ならびにNIESとASEAN諸国との間においても展開し始めております。さらに中国が加わって、アジアは実に多様で重層的な分業関係を想定しなければならない時代にふみこんだと私はみますね。ちなみに昨一九八七年の数字でいいますと、NIESの総輸出に占める対日輸出比率は一一・五％である一方、NIES相互間輸出比率は九・五％、対ASEAN輸出比率は六・二％で、後二者の合計は前者の比率をかなり上まわっています。そんなわけで、日本のアブソーバー機能の拡充とならんで、アジア諸国相互のアブソーバー機能もかなり強まっていることに思いをいたす必要があると私は考えています。結局のところ、アメリカの政策変更によって生まれるデフレ効果を、アジアは克服していくのではないでしょうか。

資金の流れをアジアに

久和　アジア太平洋地域の力を長期的に引出していくためには、先進国の協力が必要だと思います。その点、日本のアジア諸国への援助は、どういうかたちをとるべきなんでしょうか。

渡辺　私はこれらの国ぐにの対日輸出を促進するという発想にたつ援助がもっと出てきてもいいだろうと考えています。いままでの日本の経済協力では、道路や橋、発電所、港湾などといった、インフラストラクチャーを造るための円借款が中心的な分野だったんですが、しかしアジアＮＩＥＳやＡＳＥＡＮ諸国では、そのような面での整備はおおいに進んできました。経済協力によってインフラの建設をさらに進めなければならないという局面は終ったように私は思っているんです。

彼らがいまいちばん望んでいるのは、要するに外貨獲得能力をもつ産業育成のための援助です。ＡＳＥＡＮ諸国の場合、とくにそうです。この要請に応えるためには、いままでの日本の援助のあり方を変えていかなければなりませんね。

いま提案されている重要なプログラムのひとつにツーステップ・ローンがあります。これは、まず日本の援助資金が開発途上国の開発金融機関に送られ、この資金がその開発金融機関の裁量で、末端のユーザーである輸出企業を中心に貸付けられるという方式です。いままでの政府間ベースの援助に比べるとかなり弾力的な運用が可能な援助です。これからこういうタイプの援助をＡＳＥＡＮ諸国に供与すべきだと思いますし、ラテンアメリカの債務累積国にも、これを大きな規模で展開すべきだとも考えます。

久和　そのことと関連して、日本のアメリカへの巨額な資金の流れが開発途上国に向けられればいいと私は思うんですけれど、この点はどうお考えになりますか。

渡辺　ほんとにそう思いますね。日米間の大きな金利差に応じて、カネ余りの日本の民間資金がアメリカの債券・証券の購入に機関投資家の手を通じてとめどもなく流れているわけですが、これはどうみても異常な現象だというべきですね。

元来、国際投資資金は先発国から後発国にリサイクルしていくはずのものですよ。後発国は活力があり、利潤率も先発国より高いのですから、そういうところに投資資金がまわっていって、そこで儲かった分がさらに再投下される。これまではそういうかたちで後発国が発展し、世界経済の拡大均衡がもたらされてきたわけでしょう。パックス・ブリタニカの時代においても、パックス・アメリカーナの時代においても、そういう資金循環が一般的でしたね。

ところが、現在では資金が周辺諸国から世界最大の強国であるアメリカに向かって流れるという逆流現象が発生しているわけです。いま必要なのは民間の余剰資金が開発途上国に流れるようなシステムをいかにしてつくり出すかということですね。

ＡＳＥＡＮ諸国への日本の民間投資を促すために、日本の証券会社、銀行などの主要企業がＯＥＣＦ（海外経済協力基金）と協同出資して「日本ＡＳＥＡＮ投資会社」を設立しました。こうした試みがいっそう本格的になされることが望まれます。

例えばこういうかたちで日本の政府が、民間資金の黒字を開発途上国に還流させるのを支援するやり方はその他にもいろいろとありうるわけです。アイデアは考えればいくつもあるのに、なぜそれが実現してこなかったのかといえば、日本のポリシー・メーカーのなかに、この地域を世界経済の次のフロンティアにしなければならないという発想がないからなんです。発想がなければ、そういう具体的なアイデアは生まれるわけがありませんよ。

もう一点、これはもうかなり古くからいわれていることなんですが、援助のための統合された組織が日本にはないのです。現在は外務、大蔵、通産、経企の四省庁体制になっていますが、一元性、効率性という面で大きな問題を抱えています。

また援助のノウハウを蓄積していくために、いままでの援助の評価と研究を本格的にやらなければいけないだろうと思いますね。たとえばＪＩＣＡ（国際協力事業団）やＯＥＣＦにはワンサイクルすでに終了した援助プロジェクトの資料が山ほどあるわけです。この資料を公開してもらって、これを徹底的に評価し、そのうえで何が開発途上国に適した援助であるか、何が役にたたない援助であるかをレビューする。そのためのシンクタンクができてもいいと私は考えますね。

経済成長から政治的民主化へ

久和　こんどはその援助を受ける側についてですが、アジアＮＩＥＳにしろＡＳＥＡＮ諸国にしろ、現在までの経済成長を支えるにあたって、自助努力のポイントはどのへんにあったのでしょうか。

渡辺　そうですね。これはむずかしい問題ですが、やはり大きいのは官僚の努力と実力ではないでしょうか。チャーマーズ・ジョンソンさんは『通産省と日本の奇跡——産業政策の発展一九二五—一九七五』（佐々田博教訳、勁草書房、二〇一八年）という著書のなかで、日本を「発展志向型資本主義国家」と呼んでいます。つまり、日本は官僚が強い力をもって資本主義的発展を導いてきた国家であると彼はみなしています。欧米世界には官僚が経済近代化を主導するという発想はありません。経済は民間に任せるべきもので、何か問題がおこった場合にのみこれを規制するという意味での「規制志向型国家」だと彼はいっているわけです。なるほど欧米には日本のような産業政策は存在しない。一九六〇年代に日本の通産省が主導したような機械産業振興、石油化学振興、鉄鋼産業振興、その前に傾斜生産方式があったわけですけれども、そういうポリシーは欧米世界にはないですね。

アジアＮＩＥＳやＡＳＥＡＮ諸国がこの点で日本に似ているのは興味深いですね。例えば韓国の経済企画院は日本の通産省と比較してもより強いパワーをもって資本主義的発展を牽引してきました。韓国は正統的な儒教国家でして、李朝の長い歴史のなかで官僚の権力と威信が圧倒的に強い社会として形成されたのですが、その伝統が今日までつづいています。

官主導型資本主義は、韓国にとどまらず、台湾やシンガポールの発展をも特徴づけています。この三つのNIESでは、「官」が強力に「民」を指導し、両者の間に効率的な連携関係が形成されています。この三国は「韓国株式会社」、「台湾株式会社」、「シンガポール株式会社」といってもいいほどです。実は、官主導型の資本主義的発展という点では、ASEAN諸国もNIESにかなり様相が似ていますね。

ASEAN諸国の場合、官僚の背後には軍部があり、また華人系大企業と軍部・官僚が結びついた「寡頭支配体制」、つまりオリガーキー体制が形成され、これがしばしば「開発独裁」などと呼ばれています。しかし、こうした類の権威主義的な国家体制がなければ、経済発展の初期条件を欠いてきたASEAN諸国が急速な工業成長を開始することはそもそもできなかったという一面もあるわけです。

もっともただの独裁制で終ってしまっては問題ですけれども、最近の韓国、台湾の事例からもおわかりのとおり、官主導型資本主義の発展のもとで、所得水準が高まり、社会階層が多様化し、教育水準が上昇するとともに、政治的民主化の動きが強まっていって、官主導の色彩がこんどは弱化するというぐあいにことは進むのではないかと、この点でも私は楽観視しています。これとの関連で、韓国の民主化の動向は、きわめて注目されます。

韓国の「六・二九民主化宣言」のきっかけになったのは、そのすぐ前にあった学生と市民が加わった平和大行進のデモンストレーションであったといった類の解説がありますけれども、これは皮相な見方です。ラディカルな学生の動きに、もし市民がコミットして、反政府運動を大きな規模で展開したとすれば、機動隊だけではその運動を阻止できず、政府は衛戍令《えいじゅ》、戒厳令を出さざるをえず、軍隊が出てきて反政府勢力との正面衝突は不可避であったわけです。日韓国交回復や光州事件における戒厳令の公布は、そうした構図でした。

今回ももしそうなってしまえば、韓国の政治的民主化のプログラムはまたもとに戻ってしまわぎるをえなかったわけですよ。それを市民はいちばんおそれたというべきでしょうね。市民はむしろ学生にコミットしないことによって政府に隠然たる圧力をかけ、あの革命的な民主化宣言を引出すことに成功したとみるのが正しいのではないでしょうか。経済発展の過程で韓国民はこれだけ「成熟」したわけです。この経験は、他のＮＩＥＳやＡＳＥＡＮ諸国の将来を考えるうえで、ひとつの大きな材料を提供しているように思いますね。

アジアに開く国際化

久和　日本に追われているアメリカでは、国内の選挙民に非常に受入れられやすいことばで保護主義を訴える政治家が多く出ています。将来、日本がアジアＮＩＥＳに肉迫された場合、いまのアメリカが日本に対して示している姿勢と同じように、日本が保護主義的な動きを露骨なかたちであらわしていくことは考えられないでしょうか。

渡辺　実は、私もそのことを懸念しているんです。いま日本は金持ちで、外国に対してずいぶんと寛容ですが、これがいつまでつづくのかなと思いますね。日本の貿易収支の赤字化も懸念されなければなりませんし、日本の産業競争力も欧米より強いとはいいながらも、そのうちにアジアＮＩＥＳより弱くなる局面がこないとはいいきれません。自動車産業のような日本の戦略産業の優位性だって、いつまでもつづくとはかぎらない。韓国や台湾の自動車産業はもうすでにアメリカのビッグスリーとの提携を行っていて、近い将来、日本を激しく追上げてくるでしょうね。
そうなった場合、日本国内で韓国脅威論なりアジアNIES脅威論なりが出てきて、彼らのアンフェア・トレードはけしからん、輸出プロモーションはけしからん、韓国は日本に失業を輸出している、などといいださないともいえません。事実、ニット製品やセメントなどで対韓輸入制限の動きが始まっていますね。ことがそうならないように、われわれは強い自戒をもって問題に対処するように努めなければならないと思います。「日本の時代」がいつまでもつづくというような前提で議論をするのは誤りですよ。

久和 日本のオピニオン・リーダーの中にはヒトの国際化を主張することに熱心な人びとが多いようですが、渡辺先生はどうお考えですか。いまは日本経済に対するメリットが大きいからそういっていられるのであって、日本人の失業問題にまで深刻な影を落すようになったらどうなるのでしょうか。

渡辺 アジアの労働者が相当な規模で入ってきた場合に生じうる「人的摩擦」の可能性について、われわれは真剣に考えておく必要があると思いますね。外国人をある一定規模受入れてしまえば、日本の経済状況が悪くなった場合でも、これを強制的に帰国させることができないことは、ヨーロッパの事情がすでに示しているとおりです。権力的に帰国させれば、アジア諸国との友好関係に必ず傷がつくでしょう。

もう少し具体的なことをいいますと、日本の法務省は入国管理法を非常に厳密に適用しています。その一方で、建設業やサービス部門などで働いている資格外労働者、あるいは滞在期間を過ぎてもなお働いている不法残留者がその正確な数を把握できないくらい多いんです。これは最悪の選択だというべきでしょうね。

私は外国人労働者をもっとフォーマルなかたちで受入れなければいけないと考えます。つまり外国人労働者の受入れ条件を大幅に緩和すると同時に、受入れ労働者の資格をきちんと定める。さらに同一職種・同一能力の労働者であれば外国人と日本人の間に賃金に差をつけない、就労期限も例えばこれを三年間にするとか、こういったことを定めたうえで、アジアの労働者をできるだけフォーマルなかたちで迎え入れることが必要でしょうね。フォーマルな形で外国人労働者を受入れ、その賃金も日本人と同じだということになれば、入国条件を緩和したからといって、外国人を雇用する側の需要はそれほどふえないでしょうから、外国人労働者の流入速度はこれによってむしろ減速するのではないでしょうか。外国人の受入れをどうするかの問題は、外国人の流入がこれからいよいよ大規模化するきざしのあるいまの時点で、これを決定しなければならないと強く考えています。この点で政府の動きはまことに鈍いですね。

インド　そして中国

久和　アジアという場合、私どものこれまでのイメージには、インドなどにみられる貧困問題がありました。現在でも南アジアの貧困は深刻化しつつあるといわれていますが、あの地域に何か新しい働きがありますか。

渡辺　中国と同じくインドもまた経済自由化の方向に少しずつ動き始めていますよ。インドは「社会主義型社会」を標榜し、とくに工業部門はタイトな計画管理体制のもとにおかれてきました。基幹的な工業部門は国営であり、非常な非効率を継続してきたわけです。インドは典型的な「ハイコスト・エコノミー」だといっていいでしょうね。しかし、もうこの非効率に耐えられなくなったというのが、現状というべきでしょうね。

一九八〇年にインディラ・ガンジーが政権に復帰すると同時に、インド経済の自由化を提唱しました。国家部門を縮小しながら、その効率化をはかり、さらに民間企業活力の誘発をめざしたわけです。そのために外国貿易を自由化し、海外投資を積極的に受入れるという路線がとられました。現在はラジブ・ガンジーがその路線を受け継いで、より活発な自由化戦略に出ております。

もっとも、この自由化の動きもスムーズに進んでいるようには思えません。従来の統制経済のもとで、官僚組織に厖大な既得権益が堆積しています。自由化路線はこの既得権益をつき崩さなければ、容易には進まないわけです。インドの強大な官僚組織のことを考えますと、ことはそう簡単ではないでしょうね。

とはいいますものの、インドの長い経済開発の歴史の文脈のなかでみますと、この自由化の動きがこれだけ顕在化してきたということは画期的なことでして、さらにこの動きに注目していきたいと考えています。

農業開発の面でいうと、食糧不足の典型国としてアメリカの余剰農産物援助の半分を吸い取ってきたインドが、近年ついに食糧自給を達成するほどの進歩をみせています。これは「緑の革命」の成果だといえるでしょう。

久和　インドの場合には、分配の仕方に問題があるのではないでしょうか。

渡辺　それはあります。インド経済を語る何よりの用語法は「格差」です。しかしこうした最貧国の場合、開発の当初から格差の是正をめざすというわけにはいかないでしょう。経済成長をある程度達成してからでなければ、分配の是正を行うことは現実的にはむずかしい。

久和　それは、分配する食糧が絶対的に不足しているからということなんでしょうか。

渡辺　例えばバングラデシュですと、分配を平等化したら、全員が飢餓線以下に落ちてしまうでしょうね。援助に依存しなければ生きていけない国も、残念ながらこの世界にはあるわけです。しかし総じていえば、そういう最貧国はアジアのなかでは次第に少なくなっていることは事実でしょうね。

久和　農業開発についていえば、フィリピンなどには大土地所有が厳然として存在し、土地の平等な分配が急務となっています。高収量品種への転換や治水事業に加え、民主的な土地政策が発展には欠かせない要素だと思いますが、土地改革の問題は、どういう評価をしたらよいのでしょうか。

渡辺 土地の分配を公平化し、家族的小農経営をよみがえらせ、そのうえで緑の革命の成果を導入していくというのが、理想的な農業開発のあり方でしょうね。日本も、韓国も、台湾も、そういう農業開発の経路を歩んできました。この三国は、いずれも土地改革という最初の難事業をかなりはやい時期にやりとげることができたわけでして、これが農業開発成功の前提条件であったといっていいでしょう。

土地というのは、農業社会である開発途上諸国においては何よりも重要な資産ですから、平和時においてこの土地を再分配するなどということが容易であろうはずはありません。革命か戦争時でもないとむずかしい。実はこれをやろうとしたのがフィリピンのマルコスだったわけです。あれだけ強大な権力を一身に集めて、旧地主勢力と対抗しつつ土地改革を試みようとしてきたにもかかわらず、ついにその政権自体が腐敗し、壊れてしまったという事実のなかに、ことがらのむずかしさが象徴的にあらわれているといわざるをえませんね。

久和 アジア太平洋地域をみるときに、中国のゆくえが見落せないと思いますが、現在の中国は一九七八年以降の経済改革路線を進めて、自由化の方向にあると思います。そのなかで、一九九七年の香港返還のインパクトはかなり大きいと思いますが、いかがですか。

渡辺 中国は、香港返還を通じて香港のもっているインダストリアリズムを自らの胎内にとりこもうと考えているわけですね。そのために「港人治港」原則で、香港をできるだけ無傷でとりもどそうとしています。中英交渉が始まった頃は、香港の企業家が香港から脱出してしまうのではないかという懸念がありましたけれども、中国の柔軟で現実主義的な対応が評価されるにつれて、今日その懸念はかなりうすらいでいます。体制改革派の一頓挫を示すものと喧伝された胡耀邦総書記の解任事件も、香港の経済成長率には影響を与えることはありませんでしたね。

いま中国に投資している企業のほとんどは、香港、もしくは香港を経由する東南アジアの華人資本です。これらが主に経済特区、沿岸開放都市などに進出して、中国「資本主義化」の重要な一勢力になっています。香港上海銀行の推定によりますと、現在香港内の製造業の全雇用数が九〇万人である一方、外資を含む香港企業が合弁や下請けを通じて中国内で雇用しているものの数は一二〇万人に及ぶといわれていますよ。こんごの香港経済の構造高度化とともに、香港と中国の間の企業関係は一段と活発なものになっていくと予想していいでしょうね。こう考えますと、「香港の中国化」ではなくて、「中国の香港化」ともいうべき事実が進展し始めたというべきではないでしょうか。さらにいえば、経済特区のひとつ厦門《アモイ》が台湾の対岸に位置しているのも、非常にシンボリックなことですね。

久和　中国の国家・経済運営がこれから世界の注目の的にもなるのでしょうね。中国の経済改革においてとくに注目されるのは農業面での成果だといわれていますが、先生はこれをどうみていますか。

渡辺　確かに農業面での成果は大きいですね。人民公社は完全に解体し、中国農民の中核はすでに家族的小農経営の個人農だといっていいでしょう。個人的な経営努力を通じて生産を伸ばし、生産性を向上させ、所得水準もかなり上昇してきたわけです。中国農業が人民公社の桎梏《しっこく》を離れて、その姿を一変させたのは一九七八年の第一一期三中全会以降のことですが、この十年の動きは驚くべきものですね。農業生産性が大きく伸びたというにとどまりません。農村の構造がかつてに比べて非常に多様化してきています。やる気のある個人農の収益が上がり、その収益が新しい経済活動のなかに投下され始めています。農村や農村内小都市でのサービス部門や製造業がかなりの規模で展開を開始しているわけです。とくに注目されるのは「郷鎮企業」(町村企業)の爆発的拡大とそれにともなって生じた雇用吸収です。郷鎮企業は、一九七八年から一九八六年までの間に実に五、七〇〇万人の雇用をつくり出しました。これは、全人民所有制企業が一九五二年から一九八六年までの三十数年間に吸収した労働力の実に七〇％に相当するわけですが、画期的なことだといわざるをえません。郷鎮企業の拡大によって農村余剰労働力を吸収しうるか否かは、有機的な農工二部門関係をつくり出し、中国の経済発展過程のなかに新しい循環メカニズムを創出しうるか否かをうらなう最重要の要因だと私はみています。

久和　そういう話をうかがっていますと、中国も激しく動き始めたなあという感じを強く受けますね。さきほど香港返還のインパクトについてお聞きしましたが、中国の対外開放政策の面で新しい動きはあるのでしょうか。

渡辺　ついせんだってのことですが、趙紫陽総書記が「沿海地域経済発展戦略」を発表しましたね。この戦略についてはまだ私も十分に検討はしていませんが、すこぶる面白そうですよ。趙総書記は中国の輸出の最重要の担い手としてさきほども申しあげた郷鎮企業に照準を合わせたわけです。しかもこの郷鎮企業を中核とする沿海地域の輸出産業は、内陸経済との開発資源の争奪を避けるために国際市場から原材料を輸入し、付加価値を高めた後に再びこれを国際市場に輸出するという「進料加工」（輸入原材料加工）を展開すべきだといっています。沿海地域加工業は原材料入手と製品販売の両端を外におく「両頭在外」を基本とし、「大いに入れて大いに出すべきだ」というわけですね。同時に注目されますのは、外国資本を積極的に導入し、これを郷鎮企業における製品の品質向上、技術水準の上昇、企業管理技術の改善、製品販路の確保に寄与させるべきだ、としている点ですが、中国も変れば変ったものですね。

この戦略は西太平洋の各国に激しい速度でおこっております構造変動と、それにともなって生まれつつある貿易・投資環境によく適合したものだと私はみていいと思います。さきほどもお話ししましたように日本はこの円高のもとで巨大な輸入国となりましたし、さらには日本企業はその生産拠点を次つぎと西太平洋地域諸国に移転しています。韓国、台湾などにおいても企業生産拠点の後発諸国へのシフトは近年のめだった傾向となったわけですね。韓国、台湾の対中経済交流の機も熟しています。こんなわけで中国が沿海地域に輸出志向型企業を育成していくための貿易・投資環境は、かつてない好条件に恵まれることになりました。中国はこういう好条件の「内部化」をはかるために沿海地域に近隣諸国の資本・技術を導入し、郷鎮企業を主役としながら西太平洋市場への参入をはたそうと考え始めたのだと私は思いますね。もしそうだとすれば、沿海地域経済発展戦略は、西太平洋諸国の発展ダイナミズムを自らの胎内にとりこみ、そうすることによりまして先行する国ぐにのインダストリアリズムの内部化をはかろうとする、中国政府の遠大な構想を反映しているということになりましょうね。

久和　中国の政策転換は、アジア太平洋の政治動向にどのような影響をもたらすと考えたらよいでしょうか。最後に、この点についての先生のお考えをお聞かせください。

渡辺　アジア太平洋地域が世界の「成長地域」としての機能を果していくためには、この地域の政治的安定が守られていくことが不可欠ですが、私はこの点での見通しはかなり明るいものとみております。中国がアジアにおける新しい「安定勢力」としてたちあらわれたという事実がとくに重要だと思いますね。対外経済開放と市場経済化にのり出した中国にとって、周辺諸国の政治的安定性は絶対的条件となっています。

ソウルと北京の間に貿易事務所が開設されて、両者間に直接貿易が始まることは確実視されています。実は、非公式ながら直接貿易もすでに開始されていて、昨年の中韓貿易額は直接・間接貿易を含め往復で二二億ドルに達したとささやかれています。中国に対する韓国の直接投資もかなり活発になっていまして、三星グループの深圳経済特区での化学調味料工場建設、起亜産業の山東省での自動車組立て工場建設、大宇グループの福建省福州市での家電工場建設などが計画されています。中韓交流が活発化していけば、このことは厄介な政治問題を抱えております朝鮮半島の安定化にも貢献するはずです。中ソが韓国を承認し、日米が北朝鮮（朝鮮民主主義人民共和国）を承認するという、いわゆる「クロス承認」による半島安定化のプログラムが、これによって現実化する可能性が生まれてくるだろうと思いますよ。中国と台湾との貿易額も昨一九八七年には二〇億ドルに及んでおります。台湾企業の福建省、浙江省への投資はこのところ急上昇しています。

私は、中国の経済改革は、もちろん時に激しいゆれをもちながらも、もうあともどりできない動きとして定着したと考えています。

久和　どうもありがとうございました。

第Ⅰ章　隣国は何を達成したのか
——従属を通じての自立——

韓国型資本主義とは何か

現代韓国の経済発展を眺めるに際しての何よりも大切な視角は、この国の発展経験から開発途上国の開発に資する教訓的示唆としてわれわれが何を引出しうるか、である。韓国経済の「構造的矛盾」を声高に主張することによって、この貴重な観点をおしつぶしてはならない。韓国社会の「暗」の部分に拡大鏡をあて、そうして得られた像のうえに軍事政権や財閥支配のイメージをだぶらせ、韓国の「矛盾」をひたぶるに論難するというのが、日本における韓国論の「正統」であった。しかしそう論じることによって何を得ようというのであろうか。いかにも展望のない議論ではないか。他国の矛盾をそれほどまでに「情熱的」に論じるというのは、どう考えても奇怪なことではないか。そして随分と「きわどい」ことではないのか。

韓国の経済発展は、賦存する自然資源において乏しく、過剰な人口と労働力を擁した開発途上国が、しかも苛烈な植民地支配のもとで近代経済成長の基礎的諸条件をもぎとられてきた開発途上国が、それにもかかわらず経済運営の方位によろしきを得るならばいったい何をなしうるかを示した、現代開発途上世界におけるシンボリックな経験にほかならない。韓国の構造的矛盾に対する怨嗟《えんさ》にも似た論難が日本の韓国論をおおう一方、多くの開発途上国は「韓国型資本主義」に熱いまなざしを向けている。社会主義中国とて例外ではない。私自身乞われて昨夏、上海国際問題研究所で現代韓国経済論を一ヵ月講じてきた。

韓国は、そもそもどのような発展経路をたどって今日を築いたのであろうか。

韓国経済のこの二十数年を概観してまず気づくことは、この国が先進国に強く依存しながら発展してきたという事実である。先進国から資本と技術を積極的に導入し、輸出と輸入の両面における先進国への依存度も一貫して高かった。韓国経済のありようを「従属的発展」だとみなす一群の論者のイメージは、そうした韓国経済の、しばしば極端に高い対外依存的な体質に由来するものにちがいない。そうしたイメージも必ずしも的はずれとはいえない。

しかし、工業化のための資本・技術において幼弱であり、国内市場において狭小な韓国が、発展のための資源と市場を先進国に求め、その意味で先進国の「従属的」存在として発展するという経路を選択したのはいたしかたない。そのような経路の選択は、経済発展を希求する以上、韓国経済の「初期条件」からしてほとんど不可避のものであった。不可避であったというよりは、この経路をむしろ積極的に選ぶことによって韓国は自らの活路を開いていったのだ、と表現したほうが真実に近い。

開発の初期からこのような選択をあえて試みてきた開発途上国は、実はごくわずかなのである。保護主義的あるいは排外主義的な政策を用い、ひたすら内にこもることによって「自立経済」を固守しようとした開発途上国のほうが一般的であった。中国がそうであり、インドもまたそうであった。しかしそれらの開発途上国は、自立経済を守ろうとして自立のための経済力を確立することについに失敗し、皮肉にも現在に至って「対外経済開放」を余儀なくされる事態に及んだのである。

一方韓国は、従属的な発展経路に沿いながら、しかしその過程で従属的体質それ自体を払拭するもうひとつの別の強い力を生み出すという、「弁証法的」な発展をみせることになった。現代韓国は、自らをある種の従属的な地位におき、そうしなければ掌中にしえなかった利益をもって自立的な国民経済を達成した注目すべき経験を提供しているとみることができる。「従属を通じての自立」が韓国の経済発展を特徴づける中心的用語法にほかならない。従属を通じての自立といえば、少々レトリックが過ぎると受取られるかもしれない。しかし考えてもみれば、先発国にかこまれた後発国が「自成的」に発展するなどということは、そもそもありえないことなのである。

後発国の発展は先発国に発するインダストリアリズムの波及を受けて開始される、というのが歴史的な一般則にほかならない。十九世紀における中心国イギリスの工業成長の性格を「自成的」と名づけるならば、それにつづくほとんどすべての周辺諸国の工業化は、中心国のインダストリアリズムの強い影響下におかれ、多かれ少なかれ「他成的」な性格を有してきたといっていい。ガーシェンクロンの用語法をもってすれば、周辺国は中心国の発展が生んだ「後発性利益」を享受しつつ、その工業化を開始することができたのである（この点についてはさらに、渡辺利夫『成長のアジア　停滞のアジア』東洋経済新報社、一九八五年〔『本著作集』第1巻所収〕を参照されたい）。

このことを別の形容でいいあらわすならば、後発国は先発国のつくり出したグローバルな「発展体系」の一部に自らを位置づけ、その体系の従属的地位に自身をおくことによってしか発展しえない、少なくともこれまでの歴史を眺める以上、それに代わる発展の方途はありえなかった。開発途上世界から脱して先進世界への参入を果たそうとしている今日の新興工業経済群（ＮＩＥＳ）の発展経路がまさにそのようなものであるという事実もまた、右に述べた仮説の有効性を新たに例証するものにちがいない。現代におけるＮＩＥＳとは、資本主義先進世界の最後尾に位置して、先進世界に発する後発性利益を有効に「内部化」しえた一群の国ぐにをさすのである。従属を通じての自立化として論理化される現代韓国の経済発展過程の分析は、現代開発途上国の開発の方途を考えるうえで重要な示唆を含んでいるとみなければならない。

ところで、達成さるべき「経済的自立」とは何であろうか。「自立的国民経済」とはどのように定義さるべきであろうか。一言でこれを要約するならば、一経済を構成する諸単位が有機的な連関関係をもって連なり合うよう形成された国民経済体系のことだといっていい。もう少し具体的にいえば、第一に、工業部門の発展が農業部門の発展を促すことによって、農工二部門間に有機的な連関関係が形成された経済であり、第二に、最終財産業と投入財産業との間に有機的連関があって、両部門の間に発展の相互波及関係が観察される経済であり、最後の第三に、そうした国内的連関が形成されたために対外的な変動が国内経済の帰趨に決定的な影響を及ぼさなくなった、「対外的脆弱性」を克服しえた経済である、ということができる。韓国はいかにして、従属を通じて自立を達成したのであろうか。

経済自立化への道

朝鮮戦争によって「南農北工」の朝鮮半島は分断され、植民地時代に蓄積された鉱工業資産は北朝鮮に帰属した。南の韓国に残されたのは繊維産業と若干の軽機械産業であったが、その生産設備も朝鮮戦争によってあらかたが灰燼に帰した。ましてや素材、中間製品、機械設備などを生産する重化学工業部門は完全に欠落していた。

それにもかかわらず韓国は、一九六二年に第一次経済開発五ヵ年計画を出発させて以来、工業製品の積極的な輸出拡大を通じての成長戦略、いわゆる「輸出志向工業化」政策を採用してきた。これ以外に発展の方途はありえなかったといっていい。南北分断によって南の韓国が引継いだのは、過剰な人口を抱えた貧しい農村地域のみであった。これを開発していくためには、機械設備を初めとする開発資材を先進国より大量に輸入しなければならない。輸入のためには輸出が必要である。国民の所得水準が低いために国内市場は狭隘であり、この面からも輸出は不可避であった。輸出拡大は韓国の経済発展における「生命線」であり、この事情は今日にいたるまで変わらない。

素材、中間製品、機械設備などを生産する枢要な工業部門を欠落させながら、なお輸出拡大をはかろうというのである。加工貿易型構造、すなわち先進国から輸入した素材、中間製品を、同じく先進国から輸入した機械設備を用いて組立・加工し、そうしてでき上がった最終製品を輸出するという構造は避けられない。加工貿易型構造のもとで、輸出の拡大は同時に輸入の増加を大きく誘発せざるをえなかった。

韓国の輸入需要を満たしてきた最重要の国は、日本にほかならない。日本は韓国の隣に位置する中間製品、機

表I－1　韓国工業製品の純輸出（輸出－輸入）

（単位：100万ドル）

		1962	1965	1970	1975	1980	1984
非耐久消費財	対世界	1	33	328	1,576	4,376	6,418
	対日本	1	1	42	222	514	829
	対米	—	22	233	672	1,710	2,147
	対EC	—	2	23	398	1,201	1,627
耐久消費財	対世界	△ 18	△ 3	△ 88	214	1,524	2,486
	対日本	△ 8	△ 3	△ 62	△ 112	△ 350	△ 614
	対米	△ 6	△ 1	△ 1	203	748	1,221
	対EC	△ 5	—	△ 25	59	329	634
中間財	対世界	△ 159	△ 110	△ 247	△ 222	2,129	3,450
	対日本	△ 60	△ 101	△ 291	△ 827	△ 1,161	△ 1,847
	対米	△ 71	△ 21	20	196	281	563
	対EC	△ 12	△ 2	△ 24	△ 9	△ 54	26
資本財	対世界	△ 56	△ 54	△ 453	△ 1,178	△ 2,201	△ 3,005
	対日本	△ 28	△ 32	△ 242	△ 723	△ 1,867	△ 2,522
	対米	△ 15	△ 7	△ 74	△ 283	△ 344	△ 811
	対EC	△ 11	△ 15	△ 133	△ 276	△ 508	△ 766
合計	対世界	△ 236	△ 134	△ 460	375	5,738	9,349
	対日本	△ 98	△ 136	△ 553	△ 1,445	△ 3,172	△ 4,154
	対米	△ 94	△ 5	177	782	2,372	3,120
	対EC	△ 29	△ 16	△ 159	166	911	1,521

（資料）UN, *Yearbook of International Trade Statistics*, New York.

械設備（資本財）の巨大な供給国であり、日本のこれら諸財の供給に依存せずして韓国が加工貿易型の発展経路をたどることは、実際には不可能であった。このことは、表I－1において歴然としている。この表は、韓国の貿易商品を非耐久消費財、耐久消費財、中間財、資本財の四つの用途別に分類して、それぞれの純輸出（輸出マイナス輸入）の変化を貿易相手国・地域別にみたものである。非耐久消費財の対世界純輸出ははやい時期から黒字であり、耐久消費財と中間財もそれぞれ一九七〇年、一九八〇年に黒字化し、以降少なからざる黒字を計上している。しかし資本財のみは一方的な赤字である。そして本表には韓国の中間財、資本財の輸入先として卓越した地位にあるのが日本であるという事実がはっきりと示されている。韓国の中間財の対世界純輸出は今日黒字に転じているが、日本に対してのみは大きく赤字である。さらに資本財の赤字のうち対日貿易赤字が圧倒的に大きな比重を占めていることもわかる。

韓国の加工貿易型構造のなかに、日本から輸入された資本財と中間財がはっきりと「ビルトイン」されているといっていい。資本財は一国の生産体系それ自体をつくり出す財であり、中間財はその生産体系における不可欠の構成要素である。資本財と中間財における対日輸入依存度が高いという事実は、韓国の生産体系のなかに「日本」が強固に組込まれていることを示唆する。韓国の経済発展は、確かに「対日従属」を構造化させてきたというべきであろう。

しかしここで主張したいのはそのこと自体ではない。強調したいのは、そのような対日従属の過程で韓国は自立に向かう別のもうひとつの強い力を自成させてきたという事実にほかならない。そのメカニズムは、輸出と投資との間に働く「拡大循環機構」としてこれを理解することができる。この機構の存在こそが、韓国ならびに韓国を含むアジアNIESの工業化における傑出した特徴にほかならない。

資本財の自給能力の薄い韓国の投資（資本形成）は、先進国から資本財を輸入してこれを進めるよりほかない。資本財の輸入を通じて展開する資本形成は、資本財に「体化」された先進技術を通じて生産性の向上をもたらす。生産性の向上は、それまで輸入してきた工業製品の国産化（輸入代替）を可能にすると同時に、次の段階で輸出競争力を強化する。そしてこの事実は、再びより大規模な資本財輸入と、したがって大規模な資本形成を可能ならしめるのである。韓国は、このメカニズムを齟齬なく展開させることによって、資本形成を進め、新技術を先進国から次つぎと導入していくことができた開発途上国の一典型である。図Ｉ－１によってこのことを概観してみよう。

この図は、韓国工業製品の対世界ならびに対日貿易収支を用途別に輸出・輸入比率で測ったものである。この比率が一〇〇以上であればそれぞれの財における韓国の収支は黒字であり、以下であれば赤字である。図左側の対世界輸出・輸入比率をみると、まずは非耐久消費財、次いで耐久消費財の比率が上がり、さらにこの動きが中間財から資本財へと及んでいることがわかる。この事実は韓国が、①中間財、資本財を輸入して資本形成を進めながら非耐久消費財の輸入代替を行い、同時に輸出を拡大したこと、②つづく時期にこの輸入代替から輸出へと

図Ⅰ－1　韓国工業製品の輸出／輸入比率

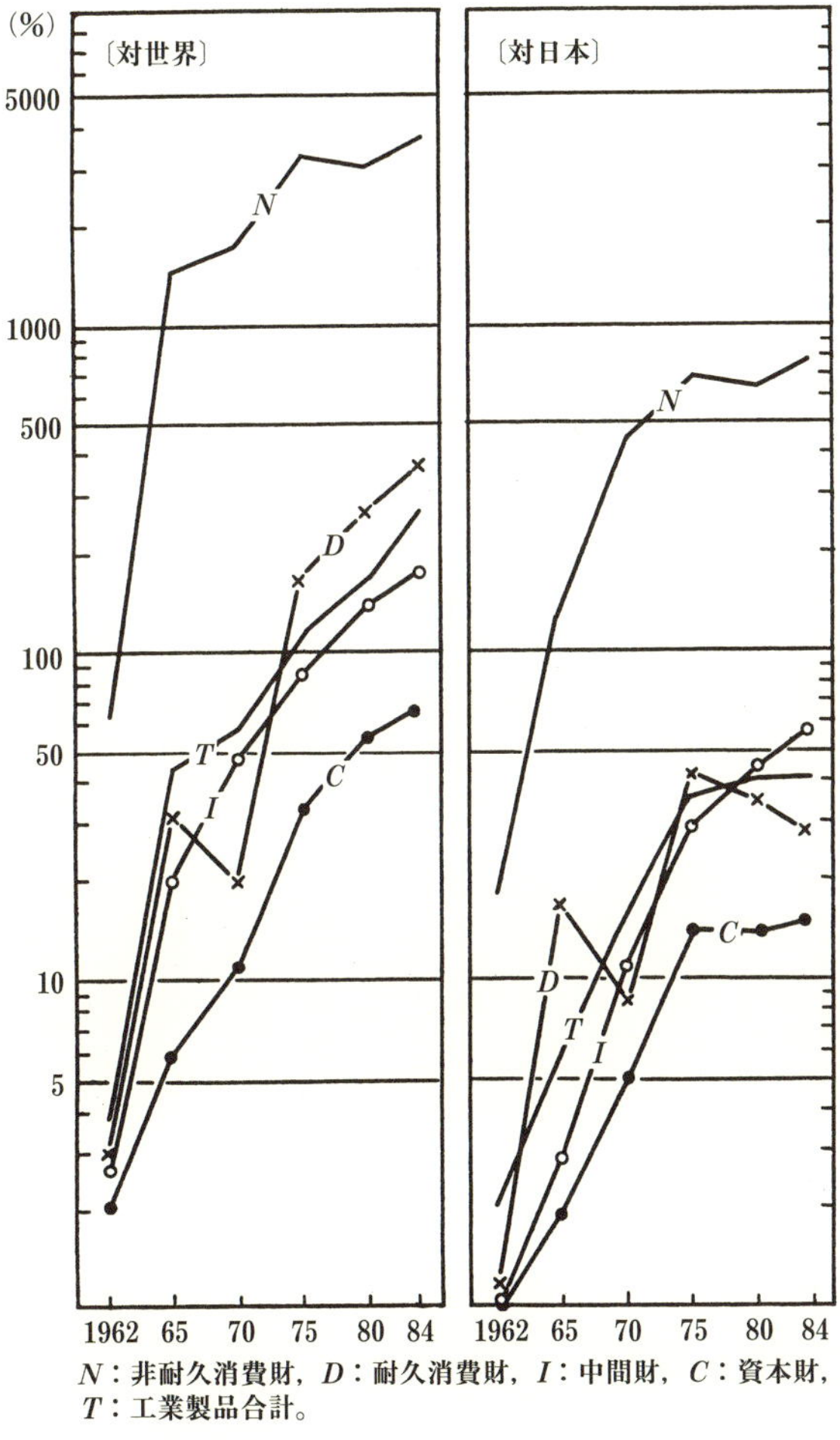

N：非耐久消費財，*D*：耐久消費財，*I*：中間財，*C*：資本財，*T*：工業製品合計。

（資料）　UN, *Yearbook of International Trade Statistics*, New York.

向かう同じ過程が、耐久消費財においても展開し始めたこと、③さらに中間財、資本財の供給力も次第に強化されてその輸出・輸入比率が上昇を開始したことをうかがわせている。

この傾向が対日貿易においても着実にあらわれ始めたという事実は、着目に値する。たかだか十数年前、韓国の工業製品の対日輸出・輸入比率はほとんどゼロに近く、この時期韓国は日本から工業製品を一方的に輸入するのみで、日本に輸出できる製品はなきに等しかった。この比率が短期間に上昇し、今日四〇%ほどまでになったのである。両国間の貿易収支不均衡問題のみに議論を集中させ、この重要な事実を見落としてはならない。韓国の対日輸出・輸入比率の上昇傾向は、韓国の一方的な対日依存状態が次第に是正され、両国が相互依存的な関係へと変化し始めたことを示唆する。その内実が日韓水平分業の拡大であったことを、私は別に論じている（渡辺利夫・梶原弘和『アジア水平分業の時代』日本貿易興会、一九八三年）。

従属を通じて自立へと向かう変化のパターンは、資本導入についてもみられる。韓国の強い輸入需要は、その貿易収支を一貫して赤字化させてきた。しかし貿易収支の赤字に対して韓国政府が採用したのは、輸入削減による経済の縮小均衡化ではない。外国資本の積極果敢な導入であった。外国資本の導入によって、貿易収支の「天井」が成長の制約要因となることを回避したのである。そうした意味での「拡張主義的」経済運営なくして、韓国の高度経済成長はありえなかった。貿易収支の赤字解消をはかるべく輸入削減を行うならば、機械設備、素材、中間製品の十分な供給はなされず、生産基盤が損われて輸出の伸びは低迷せざるをえなかったはずだからである。

韓国の国内投資に果たした外国資本の寄与を眺めたものが図Ｉ－２である。その寄与率のきわだった高さがうかがわれよう。外国資本へのこのように高い依存度は、過去の先進国の歴史に例をみない。しかしここでも注目されなければならないのは、その依存度が明らかに減少傾向にあるという事実である。同図は、一九七〇年代中頃と一九八〇年前後のふたつの石油危機時にどこの非産油開発途上国でもみられた外国資本の大規模流入期を別にすれば、投資率が急速な拡大をみせる一方で、外国資本への依存度がかなりの速度で減少に向かっていることを如実に示している。そしてこのことは、韓国が外国資本を積極的に導入して拡張主義的経済運営を試み、そうすることによって達成しえた高度経済成長のもとで投資資源が国内に次第に豊富に蓄積されるようになった、という事実を反映している。図Ｉ－３は、国内投資に占める国内貯蓄と民間貯蓄の比率を示している。この比率が時間の経過とともに相当の速度で上昇しつつあることは、まぎれない。

投資資源の自立化傾向は、投資の外国資本依存度が下がったという事実のなかに観察されるばかりではない。

図Ｉ－２　韓国の総投資に占める国内資本と外国資本

（対 GNP 比）

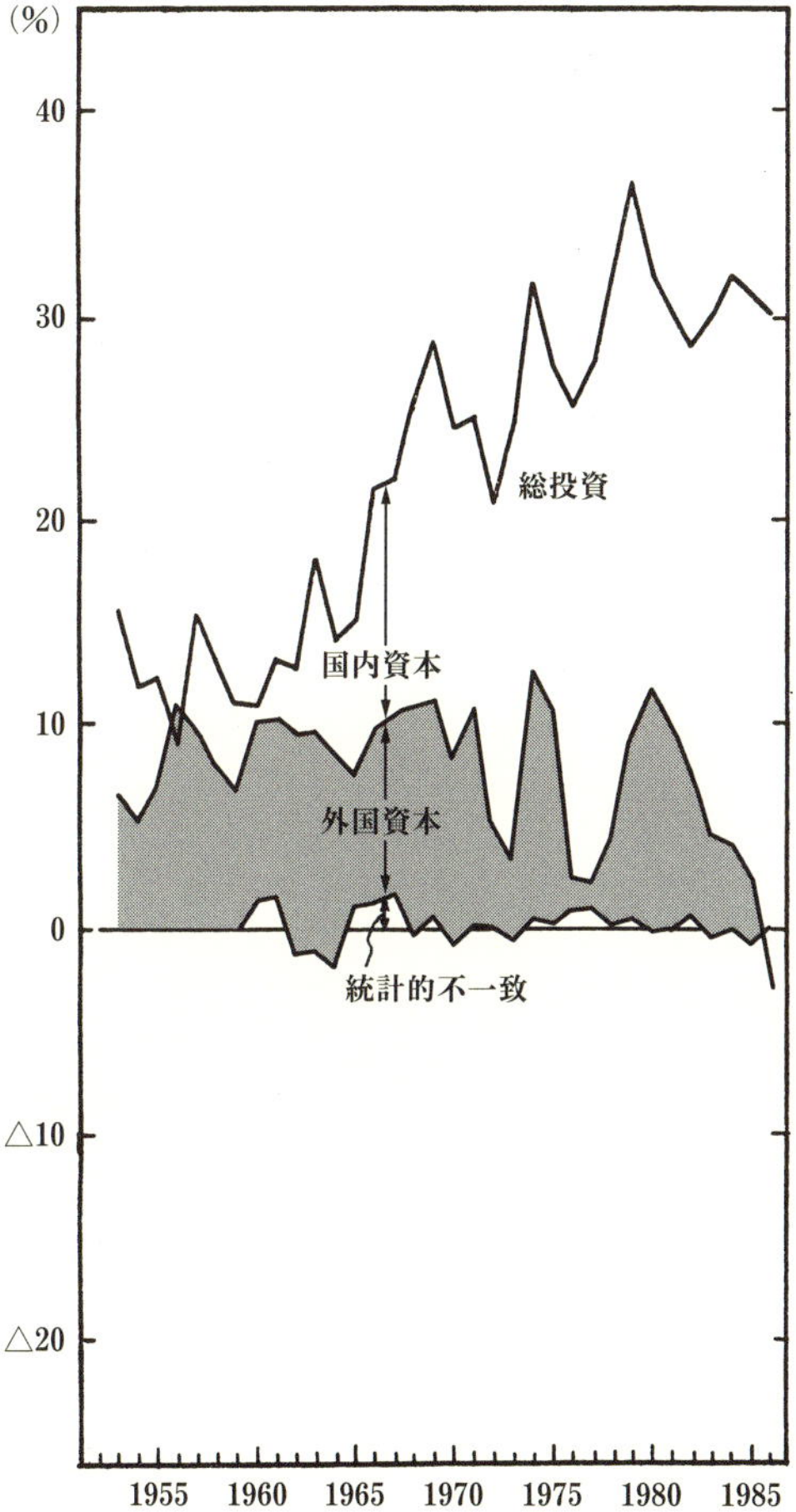

（資料）Economic Planning Board, *Korea Statistical Yaarbook*, Seoul.

流入する外国資本の構成もまた韓国経済の自立化を反映する形に変化してきたことが指摘されなければならない。外国資本は、政府ベースの公共借款、民間ベースの商業借款、外国人直接投資の三つに分けられる。一九六〇年代の中頃まで韓国は典型的な開発途上国とみなされ、譲許的条件の公共借款の対象国であった。アメリカの援助がその中枢を占めた。しかし一九六〇年代の後半期にいたると、韓国の経済力が次第に注目をあびるようになり、商業借款が急増する。建設、合成繊維、化学肥料、セメント、金属、精油などの諸産業に対する日米を中心とした商業借款の役割には、この時期きわめて大きいものがあった。石油ブームにのって大規模な建設輸出が試みら

図Ⅰ－3　韓国の投資率と国内貯蓄率

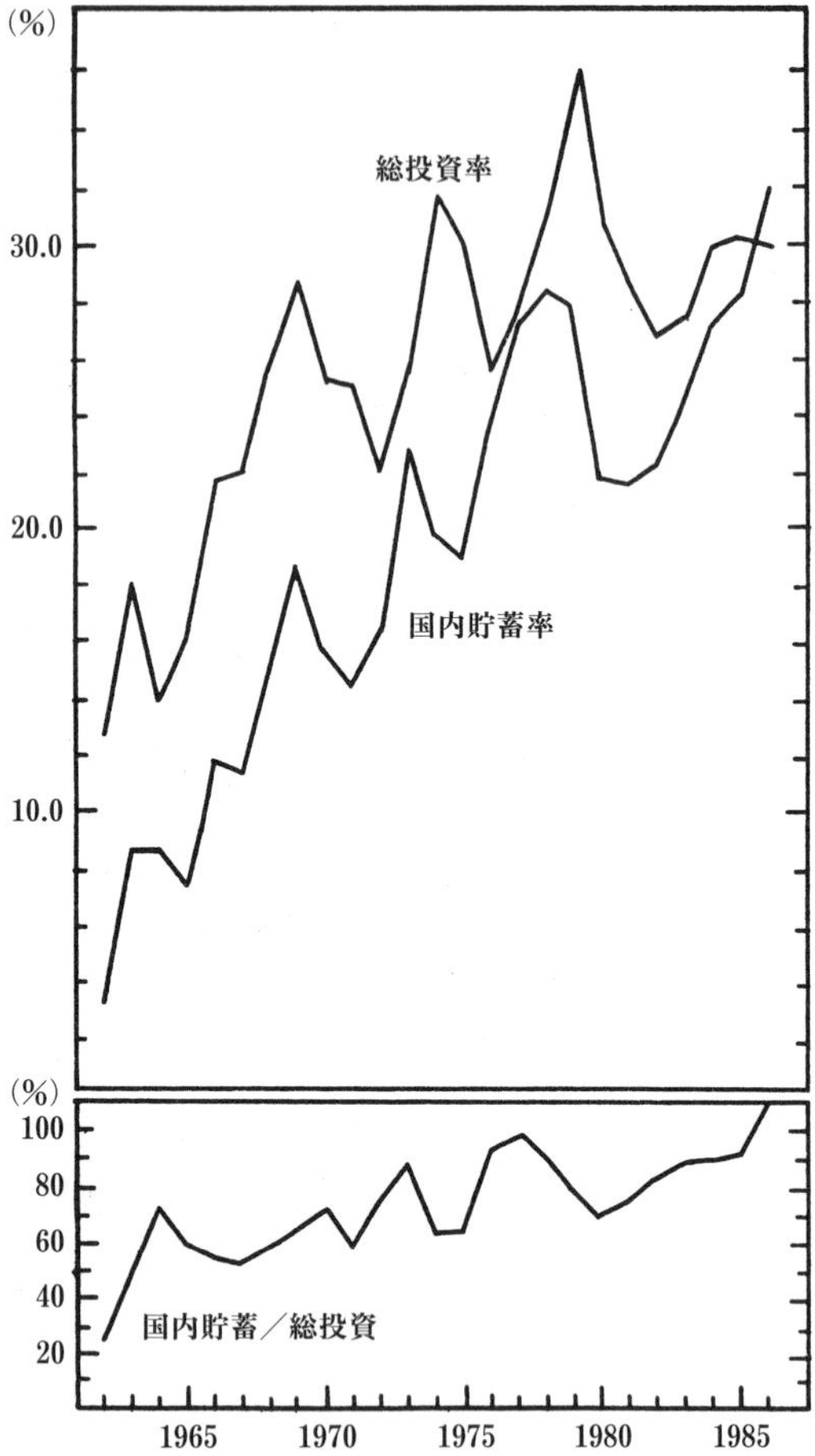

（資料） Economic Planning Board, *Korea Statistical Yearbook*. Seoul.

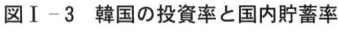

れた一九七八年には、建設業を中心に年間一九億ドル以上の商業借款が韓国に供与され、この年の外資導入総額の六七%を占めたほどであった。

一九七〇年代に入ると外国人直接投資がこれに加わる。一九六九年には馬山輸出自由地域が創設され、日本を初めとする企業の進出が開始された。以降、馬山以外にも相似た性格をもついくつかの工業団地が建設され、外国企業の進出は次第に活発なものとなっていった。このような外資構成の変化は、韓国が輸出志向工業化を通じて次第に自立経済へと転換していった過程を、明らかに反映している。

重化学工業化

韓国経済の自立化への方途をよりはっきりとうらなうのは、重化学工業化の進展である。

中間製品と資本設備を大きく輸入に依存した加工貿易型構造は、ある種の従属型構造である。重要な基礎的投入財については、これを国内で生産できる体制を確立しえない以上、真に自立的な経済とはなりえない。一国経済が加工貿易に依存しつづけるかぎり、成長の波及力が国内部門に及ぶ度合は小さく、その多くは海外に「漏出」してしまう。したがって繁栄する輸出部門が他の国内部門の成長を誘発する力をもちえず、二重経済化する危険性もまた大きいのである。さらにこうした構造のもとでは輸出の増大は投入財の輸入を強く誘発し、貿易収支の好転を期待することもできない。加えて一国経済が大きく海外に窓を開くために、海外の市場条件の変動に応じて国内経済の全体が揺れ動くという、対外的に脆弱な体質となりがちである。自立的国民経済を形成するためには、素材、中間製品、機械設備の生産基盤をつくり上げていく努力が不可欠だといわねばならない。このための努力がすなわち重化学工業化である。

答えをさきにいえば、一九七〇年代の中頃に開始された韓国の重化学工業化の速度は確かに刮目《かつもく》すべきものであった。スピードが速かったというにとどまらない。実は韓国の重化学工業化は、最終財部門の拡大によって誘発されたものであり、かくして最終財部門と重化学工業部門の間に有機的な連関が成立したという事実がより重要である。中間製品と機械設備を輸入し、最終製品を輸出するという加工貿易型の「底の浅い」工業構造が、その構造を拡充する課程で重化学工業化を誘発する力を生んだのであり、ここでも「従属を通じての自立」という論理が貫かれるのである。このことを考えてみたい。

しかしそれにさきだって重化学工業化の速度を、ホフマン比率すなわち重化学工業部門付加価値に対する軽工業部門付加価値の比率の変化を眺めることによって確認しておこう。ホフマン自身によれば、この比率が五・〇〜三・五の範囲であらわされる工業化第一段階から三・五〜一・五の第二段階へ移行するのに、主要先進国は二〇年から三〇年を要したとされる。しかし韓国のこの比率が四・〇から二・〇に下がったのは、一九六〇年代初めのわずか数年間においてであった。また韓国は一九七〇年頃から比率一・五〜〇・五の工業化第三段階に入った。第二段階から第三段階への移行を韓国はやはり数年を要しただけで実現している。先発国の経験に比較してここでも三倍から四倍の速度がみられる。

韓国においてより大規模な重化学工業化が展開したのは、一九七〇年代に入って以降のことである。一九七二年に始まった第三次経済開発五カ年計画は重化学工業化計画としての色彩が著しく濃い。一九七三年に重化学工業化宣言を行い、鉄鋼、非鉄金属、石油、機械、造船、電子工業を六大戦略産業として指名した。韓国の重化学工業化を象徴するのは、一九七三年七月に粗鋼換算一〇三万トンの規模でその第一期工事が完成した浦項総合製鉄所である。この製鉄所の規模は一九七六年五月の第二期工事、一九七八年二月の第三期工事の完成によってそれぞれ二三七万トン、四五八万トンとなり、今日九一〇万トンの水準にある。

浦項総合製鉄所は世界でも最大級かつ最新鋭の一貫総合製鉄所のひとつとなった。これまでの韓国の粗鋼生産能力は一、三八二万トンであったが、一九八七年の第二浦項製鉄所の第一期工事の完成によって二七〇万トンの能力がこれに加わった。そして一九九〇年に韓国の粗鋼生産能力は、一、七三二万トンに達すると見込まれている。

先発国と後発国の鉄鋼業の発展速度を比較してみよう。一八八〇年を前後する時点で粗鋼生産一〇〇万トンからスタートしたイギリス、ドイツが一、五〇〇万トンを達成するのに要した期間は、それぞれ六〇年、五四年である。フランスは六〇年を要した。最も急速な生産拡大をみせたアメリカ、日本ですら、それぞれ二四年、三四年という期間が必要であった。これに対して韓国は、わずか一〇年を少しこえる短期間にこの巨大規模を実現することが予想されている。工業化の速度は、特定工業部門を取上げた場合には、この部門の輸入期→国産化期（輸入代替期）→輸出期へとつづく産業発展段階の移行速度としてこれを捉えることができる。繊維、電気・電子、造船、石油化学、鉄鋼などの諸産業にみられる輸入依存度の減少速度と輸出依存度の上昇速度は、日本の歴史的経験より速いという事実を私は別に分析し、これに「圧縮された発展」という名称を与えている（渡辺利夫『成長のアジア　停滞のアジア』東洋経済新報社、一九八五年〔『本著作集』第1巻所収〕）。

韓国の重化学工業化が政府の手厚い保護政策によって促進されてきたことは事実である。戦略的開発部門として育成対象となり、重点産業育成法の適用を受けた重化学工業部門は、税制上、金融上の支援のもとでいずれも急速に生産を拡大することができた。しかしそれにもかかわらず、韓国の重化学工業化が齟齬《そご》なく進展しえたのは、次に述べるような市場メカニズムが効率的に作用したからである。

韓国は輸入代替工業化から輸出志向工業化への転換を短期間に効率的に実現した開発途上国として知られる。初期には国内需要が、つづく時期には輸出需要が拡大し、そのために需要は衰えをみせることなく継続的に国内生産を牽引してきた。製造業の中心は、もちろん最終消費財である。最終財の生産拡大は投入財である中間製品、機械設備などの生産拡大を促す「後方連関需要圧力」をつくり出した。そして投入財の需要規模が国内生産を可能ならしめるほどの規模（国内最小生産規模）に達した時点で、その国内生産の開始を誘ったのである。いいかえれば韓国の投入財国産化すなわち重化学工業化は、最終財生産の拡大がもたらした後方連関効果による需要牽引型のそれである。最終財の需要において輸出が決定的な役割を果たしたという事実が、再びここでも強調されねばならない。韓国の場合には、最終財の輸出志向工業化のもとで重化学工業化への道が開かれたということができる。

例えばこの国における石油化学産業の発展は、久しく輸出の中心にあった合成繊維・同製品、合成樹脂製品などによって誘発されたものであり、また鉄鋼業の発展は造船や建設プラント類を初めとする鉄鋼消費産業の輸出がもたらした後方連関効果なしには考えられない。こうした輸出最終財生産と資本集約的投入財生産との同時的発展は、アジア経済研究所のスタッフによって「複線的成長メカニズム」として定式化されることにもなった（篠原三代平・長谷川崇彦・柳原透編『二〇〇〇年のアジア』有斐閣、一九八四年）。

政府の重化学工業化政策が大きな力をもったことは否定できない。しかし右のように考えるならば、政府の支援も韓国経済自体がそこに向かうべくして向かいつつあった重化学工業化の方向を支持し助長したものであり、それゆえにこそこの政策が真に有効なものたりえたと評価されねばならない。加工貿易型の従属的構造は、その構造を効率的に経由することによってついに重化学工業化の実現に成功したのである。

農業近代化

自立的な国民経済形成のいかんをうらなう最後の、そして最重要の判断基準は、農工間に有機的連関が形成されたか否かである。

厳しい飢えを忍ばなければ春麦までの端境期を生きのびることのできない「春窮」は、一九六〇年代初めまでの韓国農村の貧しさをあらわす象徴的な言葉であった。絶糧化した農民は、金貸しから借りた「高利債」や富農から借入れた年利五〇%をこえる「長利穀」で端境期を食いつなぎ、それもかなわぬ時には「草根木皮」をあさらざるをえなかった。「春嶺越え難き」飢えのなかで農民は勤労の意欲を失い、農閑期には酒と賭博にうさを晴らすのみであった。一九六〇年代の前半期、農家の八割方が借金生活をしていたといわれる。

この貧困を韓国はわずか二〇年ほどの間にほぼ完全に解消しえたのであるが、これは農業部門が著しい速度で拡大した工業部門との強いリンケージのもとで発展したからにほかならない。農業発展が工業発展によって誘発されていくメカニズムは、一般に次のように理解される。

過剰な人口を擁する開発途上諸国においては、工業化が農業開発に並行して進展しえない以上、後者のスムーズな発展はむずかしい。ひとつには、農業近代化を実現するためには、肥料、農薬、農業機械などの近代的投入財が工業部門によって供給されねばならないからである。またふたつには、農業近代化を誘発するより大きなインパクトは農村余剰労働力の消滅を通じて与えられるのであるが、この余剰労働力の消滅は工業化がつくり出す

図I－4　韓国農業発展の諸指標

（1960年＝100，3年移動平均）

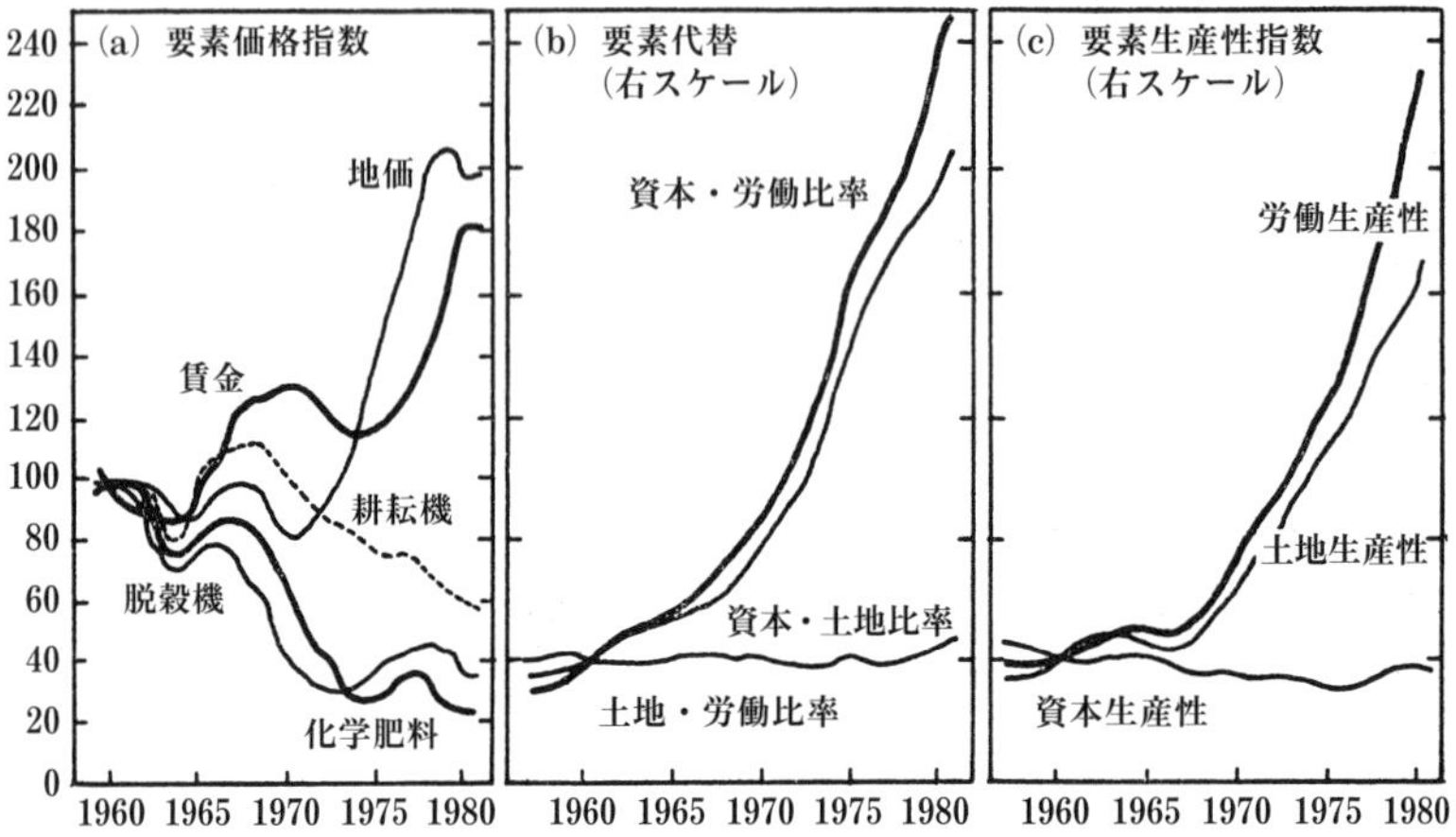

（注）　価格は精米100ℓ当り価格でデフレート。

（資料）　Ministry of Agriculture and Fisheries, *Yearbook of Agriculture and Fisheries Statistics*, Seoul.

労働需要によらずしては不可能だからである。このことをもう少し敷衍《ふえん》すると次のごとくである。

農業部門は工業部門の労働需要に応じてその余剰労働力を継続的に引き出され、ついにはこれが失われてその時点以降、農業賃金は上昇を開始する。他方、農業部門は工業部門の拡大によって自らが利用する投入財を豊富かつ安価に購入しうるようになる。労働力を集約的に用いた低生産性農業から農業投入財を集約的に利用する高生産性農業へと転換していく条件が、ここに与えられる。このように工業部門の拡大は、農業部門の余剰労働力の吸収ならびに農業部門への投入財供給を通じて、その生産性上昇をもたらすのである。韓国の農業発展はこのメカニズムを短期間に、しかもスムーズに展開させてきた開発途上国の典型というべきである。この因果的経緯は、図I－4において検証される。

韓国工業化の雇用吸収力はきわだって強く、そのために農業人口の流出が開始され、一九六〇年代の後半期以降、農家人口の減少傾向は顕著であった。かくして生まれた農村労働市場の逼迫《ひっぱく》化に応じて、農民の平均労働時間の延長、農家女子労働力率の上昇、不完全就業率の減少がみられるとともに、図(a)にみられるように、農業労働力の実質賃金が一九七〇年代の中頃から急速な上昇を始めた。韓国工業部門の雇用吸収力が強力であったのは、この国の輸出志向工業化に由来する。労働力の産業連関表分析を用いて、製造業品輸出が直接・間接に発生させた雇用数を計測し、その雇用数の製造業雇用総数に占める比率をみると、これは一九七五年と一九八〇年において実に七二%、六八%に達したことがわかる。工業部門のこうした雇用吸収力が農村労働市場を逼迫させ、賃金上昇を誘ったのである。

農業後背地をもたない韓国の経済発展が、地価高騰を招来したのも当然である。その一方で工業化の進展は、肥料、農薬、農業機械の大量かつ安価な供給を可能にした。化学肥料の相対価格の低下は顕著であり、政府が農民の肥料投入を促すべく与えた肥料購入信用の効果も加わって、化学肥料消費量は大きな増加をみせた。

こうして一九六〇年以降の韓国においては、地価と賃金が上昇する一方、化学肥料と農業機械の価格が低下したのである。この結果、高価となった土地を有効に使うために、安価となった肥料を集約的に投入して、単位面積当り収量（土地生産性）を引き上げることができた。さらに高価となった労働力を節約するために、安価となった農業機械をより多く利用して（図(b)）、単位労働力当りの収量（労働生産性）を引き上げることにも成功した。

ところで韓国の場合、これまでの肥料投入の増大の結果、単位面積当り施肥量はピークに達し、肥料投入を通じての産出効果は収穫逓減点に到達したようにみえる。「多肥多収性」を特徴とする新品種の開発によって収穫逓減傾向を打破することが不可欠の要請となったのである。韓国において多肥多収性改良品種の研究開発が国家的事業として開始されたのは、一九六〇年代の中頃のことである。フィリピンの国際稲作研究所（ＩＲＲＩ）に依頼して開発された日本米、台湾米、ＩＲ系三種の交配雑種を「統一」と命名し、これを全国一万ヶ所に及ぶ試験農場で播種したのが一九六九年であった。一九七二年以降この統一米を一般農家に普及させる努力が開始され、その結果達成された食糧不足の緩和、輸入節約の両面における成果は大きかった。統一に加えて「維新」「密陽」「水原」「魯豊」と次つぎに新品種の開発と普及がはかられ、土地生産性は上昇した。FAO統計によれば、ヘクタール当りトンで示される一九八五年の土地生産性において韓国は六・三五であり、日本の六・二三を抜いて世界の最高水準の国のひとつとなった。

ところで、経済発展とともに農業発展の制約要因は土地から労働力に移る。この経緯は日本においてみられ、つづいて韓国においても観察されている。一般に労働過剰状態においては、不足する土地の生産性を改善させるために、肥料投入の増加をはかることが重要な課題である。しかし労働不足局面に至ると、肥料投入に加え農業機械の導入を通じて労働生産性を増加させることが、もうひとつの避けられない要請となる。土地制約の厳しかった戦前期日本の農業発展が肥料使用的＝土地節約的経路をたどったのに対し、労働力制約が強まった戦後において機械使用的＝労働力節約的経路をとったのはそのためである（速水佑次郎『日本農業の成長過程』創文社、一九七三年）。韓国農業における投入財の主役もまた今日肥料から機械に移りつつあり、これが労働生産性のより高い増加率となってあらわれた。図(c)にみるように、韓国の土地生産性と労働生産性はふたつながらはっきり上昇しているが、近年においては後者の上昇率の方が高い。

農家厚生水準の上昇は、この労働生産性上昇の結果である。農家収入指数は一九六五年を底に上昇し始め、セマウル運動や高穀価政策の効果も加わって一九七〇年代の中頃までに倍増した。一九六〇年代には一〇％をこえることのなかった農家家計貯蓄率も一九七〇年代に急上昇し、一九八〇年代に入って恒常的に二〇％をうわまわっている。農家所得の上昇を反映して、農家家計所得と都市勤労者家計所得との格差は図Ⅰ－5にみられるごとく一九七四年以降ついに消滅した。

かくしてわれわれは韓国農業において、要素価格変化→要素代替→生産性上昇→厚生水準の改善、という因果的連鎖が短期にしかもスムーズに展開してきたことを観察することができる。そしてこの連鎖の起点が、工業部門に発する強力な雇用吸収ならびに工業部門による農業部門への投入財の供給力強化にあったことを再確認したい。工業部門の発展が要素価格関係の変化を通じて農業部門に伝播し、これが農業の近代化を強く促したのである。

図Ⅰ－5　韓国の農家家計所得（*Yr*）と都市家計所得（*Yu*）

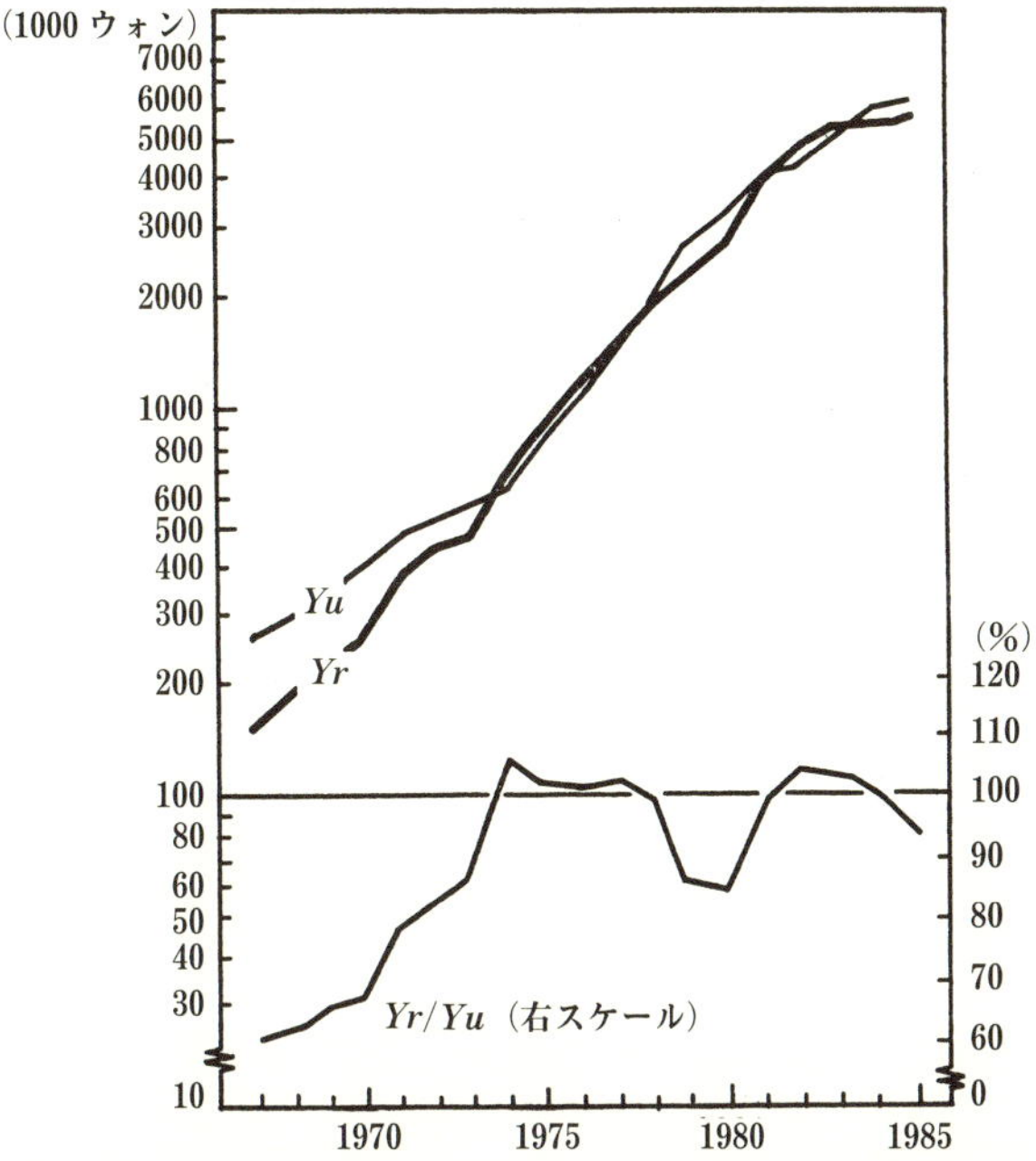

（資料）　Economic Planning Board, *Annual Report on the Family Income and Expenditure Survey*, Seoul.; Ministry of Agriculture and Fisheries, *Report on the Results of Farm Household Economy Survey and Production Cost Survey of Agriculture Products*, Seoul.

工業化のインパクトが短期間に国民経済のこのような「深部」に及んだという事実に、改めて注目したいと思う。農工二部門の密なる連携こそ自立的国民経済を支える基礎であり、この基礎をいちはやく築きえたというところに、現代韓国の達成した最重要の開発実績を読みとらなければならない。

政府と財閥

韓国の自立的国民経済の形成に果た

した政府の機能に言及することに、私はこれまで慎重であった。しかしこのことは韓国の経済発展において政府の役割が小さかったという意味では決してない。むしろ逆である。韓国もまた、先発国を追上げる後発国がこれまでつねにそうであったように、国家主導型発展の経路をたどった国のひとつにほかならない。輸出促進、金融支援、外国資本・技術の導入、重化学工業部門の育成、セマウル運動などの面で演じられた政府の役割には大きなものがある。しかし、他のアジアNIESをも含めて経済発展における政府の役割を論じるのは、次章までまつことにしよう。

ここで注目しておくべきは、韓国の政府はこうした諸政策を活発に展開しながらもなお競争的市場の創出に努め、そうすることによって民間企業の活力を引き出しながら経済成長をはかるという基本的方針を忠実に守ってきた、という事実である。政府が低利の金融支援と外国借款の手厚い配分をもって輸出志向型の財閥系企業を一貫して保護してきた、という見解は一般的である。その見解は確かにまちがいではない。しかし経営資源の乏しい韓国がなお急速な資本主義的発展をめざそうという以上、好むと好まざるとにかかわらず有能な経営能力を集中させている大企業に発展の起動力を求めざるをえなかったというのも、他面の厳たる事実なのである。そのうえ財閥といっても、これは決して独占企業ではない。財閥相互間の競争は熾烈《しれつ》であり、実際一九七〇年代は「財閥戦争」の時代でもあった。競争に敗れて海面下に沈んでいった財閥の数も決して少なくなかった。一九八四年に売上高第九位を誇った国際財閥ですら、解体を余儀なくされたほどである。

誤解なきよう付言しておきたいのは、韓国政府自体が基本的には「反財閥的」であるという事実である。一九六一年の軍事クーデターによって新政権を樹立した兵士たちは、その指導者朴正熙がそうであったように多くは貧しい農村の出身者であった。解放後にいたっても、一部の特権的財閥が蓄財を進める一方、貧困にうちひしがれた農村がまったくその姿を変えないことに、彼らはいずれも苛立ちをもちつづけてきた。軍事クーデターの背後に農村の貧困があったことは否定すべくもない。新政権がすべてにさきんじて手がけたのが農村の高利債整理令であり、米の政府買上げ価格の引上げであったこと、あるいは一九七〇年代にセマウル運動を国家的規模で展開させたことなどは、現政権の「農本主義的」性格を物語っている。

その一方で財閥の行動様式を規制するという試みを、韓国政府は幾度となくみせてきた。近年の事例でいえば、一九七九年に経済安定総合施策を用いて財閥間重複投資を是正し、経営基盤の脆弱《ぜいじゃく》な企業を整理すべく、財閥系企業の権力的な統廃合を試みた。また一九八〇年には企業体質強化策を打出し、非業務用不動産の処分と財閥内部における関連性の薄い企業の廃棄を進めるという挙にも出た。財閥の行動を規制する公正取引法が国会を通過したのは一九八六年のことである。

韓国は後発国である。それがゆえにこの国がわれわれの社会に比べてより強く国家主導型の発展経路を採用してきたとしても、驚くにあたらない。しかしそれにもかかわらず、韓国政府が競争的市場を創出し、もって民間活力の発揚を求める基本戦略を崩さなかったという事実は、見落とされてはならない。

韓国の経済発展における政府の役割を眺める場合、考えるべきは政府の個別の政策ではない。チャーマーズ・ジョンソン教授いうところの「発展志向型国家」が政府の努力によってつくり出されたという点がより重要な視点にちがいない。この点についての議論も次章の展開にまつことにしよう。

韓国の経験とアジア社会主義

「従属を通じての自立」という用語法をもって語られる韓国型資本主義は、今日アジアにおいて自らの普遍性を強く主張しようとしている。従来の経済運営原則を見直し、韓国型経済開発の経験にあえて沿おうとする国ぐにが輩出し始めたのである。NIESはいうに及ばない。ASEAN諸国の一九七〇年代における輸出志向工業化政策の採用は、まぎれもなくその具体的な事例である。そして何よりもアジアにおける巨大な集権制社会主義国家中国が、自由化を通じて「溶解」を始めた。

集団主義的労働を中心とした農業経営、指令的計画管理体制下の工業企業経営、国家による一元的対外貿易の三つを大胆にも修正して経済改革を進める中国の新実験は、この国を取りまく韓国を初めとするアジア太平洋諸国経済発展のインパクトによって現実化したとみてまずまちがいない。さらにこの自由化の波は、アジアにおけるもうひとつの計画的統制国家インドにもおし寄せつつある。

一九八六年秋、久方ぶりにインドの経済調査に携わる機会をもった。そして経済自由化がこの国経済の新しい運営原則になろうとしている状況を眺め、ある感懐をもって帰ってきた。インドは、独立以来「社会主義型社会」を標榜し、その理想を実現すべく厳しい統制的計画経済体制を維持してきた。しかしこの体制の帰結は、巨大なる非効率にほかならなかった。社会主義型社会の実現はいまだはるか彼方にあり、住民の過半が飢餓線上をさまよう絶対的貧困はなおこの国を苛めつづけている。インドは統制経済が生み出す非効率をいよいよもてあまし、一九八〇年代に入ってもはやそれに耐えられなくなったようにみえる。

一九八〇年に政権に復帰したインディラ・ガンジーは、非効率性を生んできた最大の要因が、大きな公共部門を擁してこれを手厚く保護し、他方で民間部門を厳しい統制下においてその活力を奪ってきたことにある、という認識を公けにした。そして統制的計画経済体制の自由化を通じて公共部門を縮小し、民間部門の活力を発揚させるための具体的な政策が、一九八四年末のラジブ・ガンジー政権の誕生以来、積極的に展開されるにいたった。競争的市場圧力をつくり出すことによって効率性の向上をはからねばならないという認識が、今日ほど高まった時期は独立以来の長いインドの経済開発史のなかで初めてのことである。

社会主義的計画体制を正当化したものは、市場メカニズムによる資源配分よりも計画的資源配分のほうが公平かつ効率的であるのみならず、これによって自立的国民経済の達成を確実にしうるという論理であった。しかし中国とインドにおける計画経済の経験を通じて、その正当性は脆くも否定されようとしている。中国とインドは市場経済化と対外経済開放を通じて、先発国に発するインダストリアリズムの波をいかに受容しつつ自立的国民経済の実現に成功しうるであろうか。その意味で、韓国型資本主義の経験が中国とインドにおいてどの程度の有効性をみせるであろうか。経済発展論の刺激的なドラマがアジアを舞台に展開を始めたようにみえる。

第Ⅱ章　発展志向国家群の生成

民族主義と工業化

後発国における急速な工業化への要請は、自国の植民地化もしくは軍事的侵略への脅威によって触発されることが多い。工業発展を通じて自国を強国たらしめぬ以上、植民地化や軍事的侵略は避けられないという危機意識に促されて、工業化がかけがえのない国家的目標であるという認識が指導者に生まれ、次いでこの認識が広く国民に受容される。かくして工業化が強い民族主義的イデオロギーにまで高まり、これが近代化運動の中核的要素となっていくのである。

日本の工業化は帝国主義勢力の「西力東漸」に対抗しつつ胎動した。もっとも、欧米先進に大きく遅れて工業化をスタートした日本が、資本主義的西欧を自国の求むべき範としたのはいたし方ない。資本主義的西欧は、往時の日本に与えられていた唯一の「近代化モデル」であった。しかし明治期日本がこのモデルを現実化すべく発揚したのは、功利主義や個人主義といった西洋の資本主義的価値ではなく、精神主義、さらには国家主義に強く傾斜した価値であった。工業化のための技術的基礎、制度的基盤において脆弱であった当時の日本が、帝国主義的勢力に対峙しながら急速な経済近代化をねらうためには、国民的求心力の強化を求めて精神主義を発揚し、国家主導型の発展経済を求めて国家主義を鼓吹したのは自然である。後発国日本にとって、工業化は功利主義や個人主義、あるいは自由競争や極大利潤といった普遍的な理念にあるのではなく、よりナショナリスティックなイデオロギーによってこれを追求するより他に方途はなかったのである。

日本だけではない。そもそも後発国の工業化は、そのほとんどがある種の宗教的な情熱に支えられ、この情熱を体現した工業化イデオロギーに「煽動」されつつ推進されるのだ、とみなしたのはガーシェンクロンである。

「後進国における停滞の障害を打破り、国民の想像力に火をつけ、国民のエネルギーを経済発展へと向かわしめるためには、資源をより適正に配分するとか、パンをより安く手に入れるようにするとかといった約束ごとではなく、それよりもはるかに強力なひとつの薬剤が必要であった。停滞を克服するためには、事業家にとってさえ、古典的な意味での勇敢で革新的な企業家にとってさえ、単なる高利潤動機というよりはなお一層強力な動因が不可欠であった。瑣末な日常と先入見を排除するのに用意さるべきは、何よりも信念であり、サン・シモンの言葉でいえば、黄金の時代は人びとの過去にあるのではなく、未来にあるのだという信念にほかならないのである」(A. Gerschenkron, *Economic Backwardness in Historical Perspective*, Harvard University Press, Cambridge, Massachusetts, 1966)。

この文章で想定されているのは、サン・シモン主義であり、ガーシェンクロンはこのイデオロギーのなかにナポレオン三世治下、イギリスに対抗して進められたフランスの工業化の指導的理念を読みとっている。

後発国の工業化が特有のナショナリスティックな求心的イデオロギーに支えられて進んだのは、後発国においては工業化の主体が企業家にあるのではなく、銀行や国家が工業化の有力な組織者《オーガナイザー》となって「上からの工業化」を推進せざるをえなかったという事実に関連している。

一国が経済的に後進的だということは、すなわち工業化に要する資源動員能力ならびに産業組織が自成的には発達していない、という事実を意味する。したがって工業化を開始するためには、資源を動員し、工業部門の創成を誘導し組織化する主体が「上から」形成されねばならない。フランスにおける世界最初の投資銀行クレディ・モビリエ、また長期工業融資を重要な業務としたドイツ型銀行は、イギリスに比べて後発の大陸ヨーロッパ諸国における工業化の組織者であった。金融制度自体の未発達な、より後発のロシアでは、国家自らが財政政策を武器に工業化の指導的役割を演じた。明治期日本の重要な工業化の主体もまた、国家であった。かくして後発国においていわゆる「金融資本主義」や「国家資本主義」が一般化するのである。

こうした議論は、今日のアジアNIESの発展経緯を眺める場合にも重要な視角を提供する。帝国主義勢力の「西力東漸」に対抗して進められた明治期日本のナショナリスティックな工業化を支えたイデオロギーが「富国強兵」「殖産興業」であったとすれば、韓国における「滅共統一」、台湾における「光復大陸」もまた、急速な国力増強によって自国を興亡の危機から守ろうとする工業化イデオロギーであったと解釈することは可能であろう。

日本の長期にわたる植民地支配のもとで強い「抑工政策」を敷かれてきた韓国と台湾において、工業化のための基盤は日本に比べて一段と幼弱であった。その両国が、韓国においては北朝鮮との、台湾においては巨大な大陸中国との厳しい政治的・軍事的緊張下において経済近代化を進め、かつ競合国ひしめく国際市場競争にうちかって輸出志向工業化をなしとげようというのである。資本主義的発展をめざしながらも、日本よりはなお強力な国家主導型発展経路を選択したのは、驚くにあたらない。

資本主義的発展志向型国家論

チャーマーズ・ジョンソン教授は、『通産省と日本の奇跡』（佐々田博教訳、勁草書房、二〇一八年）において日本を「資本主義的発展志向型国家」と命名した。この概念は、アメリカを典型とする「規制志向型国家」に対置される。規制志向型国家においては経済発展の主勢力は民間企業にあって、政府は民間企業の行動がある基準から逸脱した場合にのみこれを規制するにとどまり、総じて「市場合理的」な発展を特徴とする。一方、発展志向型国家においては国家主導の産業政策が定着しており、政府と民間企業との協調のもとで「計画合理的」な発展がめざされる、というのである。

すなわち、日本のような産業化が遅れた国においては、「国家自体が産業化の推進、すなわち発展志向型機能をになった。私的経済活動に対するこのふたつの異なった志向、すなわち規制志向と発展志向は、ふたつの異なった型の政府と経済の関係をつくり出した。アメリカは規制志向が卓越している国家の適例であり、一方、日本は発展志向が卓越している国家の適例である。規制的あるいは市場合理的な国家は、経済競争の形式と手続き（規制）にかかわりあうが、本質的な事柄にはかかわりあいをもたない。例えばアメリカ政府は、企業の規模にからむ独占禁止関連の法規を数多くもっているが、どの産業が存続すべきで、どの産業がもはや必要でないかについては、かかわりあいをもたない。これと対照的に、発展志向的な、あるいは計画合理的な国家は、まさにその顕著な特徴として本質的な社会的、経済的な目標を設定している。両者を区別するもうひとつの方法は、経済政策における国家としての優先度選択について考察することである。計画合理的な国家においては、政府は産業政策、すなわち国内産業の構造、しかも国際競争力を高めるような構造の振興を最優先するものである。産業政策の存在そのものが、経済に対する戦略的ないし目標志向的な取組みを意味する。一方、市場合理的国家は通常、産業政策をもたないものである。」

ジョンソン教授の解釈によれば、日本は経済近代化の過程において、「国家的に支持された経済上の目的設定」につねに大きな重点をおいてきたという。殖産興業、富国強兵、生産力の拡充、輸出振興、完全雇用、高度成長といった、明治初期以来次つぎと打ち出されてきた国家的目標がその事例である。そしてこのような目標を実現すべく、政府は例えば国家支援カルテルのような、民間企業による発展目標の達成を国家が認可するといった「自主管理」、戦前期ならびに戦中期における電力産業や軍需産業のように、経営を所有から分離してこれを国家の監督下におく「国家管理」、さらには第二次大戦後において一般化した行政指導にもとづく「官民協調」、などを試みてきた。

そして教授は、発展志向型国家としての日本をひとつの有効なモデルとした場合、次にあげる四つがその最重要の要素となると考える。第一は、その体制のなかで得られる最良の管理専門家をスタッフとしてもつエリート官僚層であり、この官僚層に産業構造政策、産業合理化政策、監督指導の任務を与えたことである。第二は、この官僚層が指導権を握り、十分効率的に活動できる政治体制が整備されたこと、第三に、国家が経済に介入する場合においても、国家が自らの優先的政策目標と両立しうる程度の競争をつねに存続させるという配慮、すなわち行政指導のような市場調和的方法を完備させてきたことである。第四は、商工省や通産省のような水先案内人的な機能の有効性である。

このような、いわば「官」主導型の発展志向型国家という概念自体は、ジョンソン教授にあっては、「遅れて産業化を行った国家であるという状況に規定された国家主義から生まれた」という考え方と結びついていることが大きな重要性をもつ。なぜならば、外圧にうちかつべく効率的に組織化された国家主義型の資本主義的発展こそが、日本のみならず今日のアジアＮＩＥＳを含む急進的後発国の発展を特徴づける中心的用語法だからにほかならない。

韓国、台湾は、明治期日本と同じく、いなむしろ明治期日本より厳しい外圧による存亡の危機意識につき動かされてきたのであり、さればこそ両国は官僚に主導された一段と計画合理的な発展志向型国家たりえたと考えざるをえない。工業基盤を育成すべく韓国、台湾に与えられた時間的余裕は著しく限られたものであり、それに間に合わなければもうひとつの分断国家からの軍事的侵略は不可避であったと認識されたのである。

官主導型資本主義――韓国

一九六年五月一六日に韓国で起った軍事クーデター、いわゆる「五・一六革命」は、現代韓国の経済発展史において決定的な意味をもつ政治的事件であった。その翌一九六二年に第一次経済開発五ヵ年計画を発足させ、以来今日の第六次計画にいたるまで、韓国は首尾一貫した経済計画を用意し、この計画に沿いつつ政府の強い指導力のもとで官主導型資本主義を積極的に展開してきた。明確な目標を設定し、その実現のための資源配分を明示し、これに見合わせて資源動員をはかっていく、いかにも軍人政権らしい組織的な経済運営の方式は、韓国の歴史にかつて例をみない。

一九六一年軍事クーデターがおこった頃の韓国においては、近代化を牽引するパワーグループは軍部以外には何ひとつ存在していなかったといっていい。一九五一年にウェストポイント（アメリカ陸軍士官学校）に範をとって改編された韓国陸軍士官学校は、政治学、経済学、国土開発、世界戦略と国防についての新知識をさずける、当時の韓国における近代的エリートの唯一の供給源であった。朝鮮戦争は、創設されて間もない幼弱な韓国軍を強力な組織をもつ集権的機能集団へと変貌させていく試錬の場となった。グレゴリー・ヘンダーソン教授の表現によれば、「長い間軍隊は一貫した訓練を受けており、とくに朝鮮戦争以降は合理的な教育を与えられてきた。文官の団体や組織で、明確かつ比較的公正に管理された職務を遂行しているという点で、軍隊に近い水準にまで達した例は他になかった」のである（鈴木沙雄・大塚喬重訳『朝鮮の政治社会』サイマル出版会、一九七三年）。

李朝以来の長期にわたる韓国の儒教的伝統のなかでは、武人が政治支配権を握るという事実自体が、すでに稀有であった。儒教的政治支配の根幹は「徳治主義」にあり、そこでは儒教の倫理によって民衆を教化し、民衆の徳が高まることによって自然の社会的秩序が守られることが理想と考えられてきた。政治支配の中枢を占めたのは、儒教の思想を徹底的に習得して「科挙」に合格した文治官僚であった。文治官僚の関心は原典『四書五経』の習得と実践にあり、その思考様式は旧守的、観念論的、行動様式は事大主義的、形式主義的であった。現状を改革すべく新たに目標を設定し、その実現に向けて効率的に対処しようという「進取の精神」とはおよそ対極であった。実際のところ、儒教的倫理において「賤商思想」は根深く、ここでは私欲は蔑視の対象であり、利潤の追求はさげすまれてもきた。一九六一年の軍事クーデターは、儒教的風土のなかで厚く培われてきた文治官僚制とそれを支える思想と倫理を打ち破った、韓国史における画期的な政治変革だったのである。

韓国の軍部支配の過程において見落されてならないのは、軍部が経済近代化を最優先の課題とし、しかもこの近代化を支える重要な主体として経済官僚と官僚制度を積極的に保護育成したことであった。賤商思想の根強い歴史をもつこの国において、かつてであれば想像だにできない革新的な試図であった。強固な経済官僚組織を擁することによって、軍部支配の「もろい」統治構造が補強されたと表現してもいいであろう。そして実は官僚制度の拡大と整備の帰結として、軍部は自らの相対的地位を低下させるという政治的寛容を賢明にも許したのである。

韓国は第一次経済開発五ヵ年計画の発足に際し、この計画の立案と実施に強力な権限をもつ官僚機構として経済企画院を創設、ここに農林部、商工部、交通部、財務部などの経済関係省庁を監督、指導する権限を与えた。経済企画院長官には副総理があたり、開発行政の強力な一元化が試みられた。経済企画院に象徴される新官僚機構の創設と改編の過程において守旧的な貴族的官僚が排除され、開発行政の実務官僚として有能な若手がその出自にかかわらず広範に登用されることになった。

韓国における資本主義的発展の直接的な担い手は財閥である。しかし財閥の伸長は、官僚の庇護と嚮導《きょうどう》があって初めて可能になったといわねばならない。官僚の作成する経済開発のブループリントに応じて財閥が行動し、政府もまた財閥を支援することにより、両者の効率的な連携関係のもとで韓国のすみやかな工業化が展開してきたのである。「世界経済の同時的拡大」と表現される黄金の一九六〇年代に、韓国は輸出志向工業化戦略を採用し、この戦略遂行のために海外から大規模な借款と技術を導入し、これを財閥系の輸出産業の育成に向ける、という政策を採用した。繊維、電子工業を中心に新興財閥のラッシュがつづき、これらは「借款財閥」とも呼ばれた。

韓国経済は、一九七〇年代に入ると重化学工業化への傾斜を強めた。政府は、一九六七年に造船育成法、一九六九年に電子工業振興法、一九七〇年に鉄鋼工業育成法、石油化学振興法を制定し、重化学工業化の体制づくりを進めた。財閥企業は、政府の提案する計画のうちから自社に適切と思われるものを選定し、政府の計画に見合う事業計画案を作成、政府との協議の結果、認可のおりたプロジェクトについては政府によって資金的裏づけがなされ、工場建設と増設を行うという手順がとられた。各財閥は、それまでほとんど手がけたことのない産業分野であっても、それへの参入が有利とみるや、政府支援を後楯にただちに計画を実行に移すという機敏な行動をとり、多くの財閥はいくつかの産業分野にまたがる多角的なフルセット主義経営にのり出していった。

そして財閥は、経営規模の激しい拡大をつづけて今日韓国経済において占める比重を圧倒的なものとするにいたった。韓国経済における財閥の地位を卓越したものにしたのは、政府による政策的金融支援である。韓国の主要な金融機関は一九八二年までは政府直営、もしくは政府の強力な管理下にあり、有利な資金確保の道はこの銀行を通じて政府が流す政策金融以外にはなかった。資金不足を恒常化させてきた一九六〇年代、一九七〇年代の韓国においては、政府の金融支援にあずかることができるか否かが、財閥の興廃を左右する鍵であった。厳しい資金不足の韓国経済において、企業経営の資金チャネルを握っていたのは政府であり、それがゆえに財閥は政府の指示に従順に応じるよりほかなかった。外国借款もまた政府を通じて供給された。海外資金を調達しうるのは政府のみであり、調達された資金をどう配分するかは政府にまかせられた裁量であった。こうして韓国は、圧倒的な官主導のもとで財閥を誘導しつつ、経済開発を進めていったのである。

対外的ナショナリズムと対内的ナショナリズム

しかし、それにしてもである。エリートの思考様式においてひたすら守旧的、観念論的であり、その行動様式において事大主義的、形式主義的であったあの韓国において、どうしてかくも迅速な経済発展が可能であったのか。そもそもあの賤商思想はいかにして払拭されたのであろうか。

経済的価値への低い、もしくは負の価値づけが一般化している社会にあっては、官僚が経済政策の立案と施行に腐心したり、有能な人材が産業界での成功によって社会的威信を得るといったことはありえない。伝統的価値の転換がなければ、多少なりとも大規模な形での経済近代化は生起しえないはずである。

伝統的価値を劇的な形で転換せしめる契機をつくり出したのは、日本においても韓国においても、外圧によって触発された激しいナショナリズムにほかならない。正田健一郎教授は、明治維新に湧きおこった日本のナショナリズムを、「対外的ナショナリズム」と「対内的ナショナリズム」のふたつに分類している。前者は、「攘夷のスローガンのもと維新動乱を生き抜き、やがて明治国家の指導的位置についた人びとのナショナリズム、つまり、発生的には国家的（国権論的）性格の強い上からのナショナリズムであり、『富国強兵』はその理念と心情を簡潔に表現している」と考える。また後者は、「江戸時代の政治、社会構造に強い抑圧感をもっていた人びと、および貧困に打ちひしがれながら、光明を求めていた人びとのナショナリズム、つまり、国民的（民権論的）な下からのナショナリズムであり、その理念と心情の集約語が『自由民権』であった」と解釈する（『日本資本主義と近代化』日本評論社、一九七一年）。

そしてこのふたつのナショナリズムが、表面的には抗争を繰り返しながらも、しかしその本質において「相互補強的」であったことを教授は見抜いている。すなわち、「民主化志向的な下からのナショナリズム運動は、民衆を国民へと陶冶する運動、つまり、江戸時代社会においては多大の疎外感をもっていた人びとを積極的なコミットメントをもつ国民として包摂し、対外的ナショナリズムの基礎たらしめる運動となっているのである。こうした民衆の国民化が、日本の独立の根底は経済の発展＝資本主義の形成、発展であるとの認識と結びつくとき、経済活動は高い価値の対象として、ナショナルな規模に拡大していったことが容易に理解されるであろう」というのである。この卓抜なナショナリズム理解は、韓国が伝統的価値の拘束から脱却しえた経緯を考えるのにも、確かに有効だというべきである。

韓国の対外的ナショナリズムは、何よりも北朝鮮との対立によって強化された。北朝鮮の軍事的脅威と政治的挑発とは、独立後の韓国にとってほとんど日常的でさえあった。強国への志向性と強国を支える工業的基盤の形成が、国の存亡をかけた不退転の課題であることを韓国民に認識させたのである。とりわけ一九七〇年代に入って加速した、アメリカの朝鮮半島における軍事的コミットメントの希薄化、在韓米軍の段階的縮小は、韓国軍民の間に経済、軍事の両面における自立化の緊急性を意識させ、重化学工業化への強い国民的支持を醸成した。一九七七年一月のカーター政権登場と同時に発表された在韓米地上軍の撤退計画は、朝鮮戦争後の韓国に与えられたおそらくは最大の政治的脅威であり、重化学工業化計画がこの時期に急速に進められたのも決して偶然ではない。生産労働人口のうち軍務に従事する人口は常時五〇万人をこえ、加えて国内総生産の五％、国家予算の四〇％を占める軍事費負担が、韓国の経済発展にとって「過重」であったことは当然である。しかし、韓国の重化学工業化を推進した重要な要因のひとつが、この過重な負担を支える対外的ナショナリズムにあったというのは、他面の争いがたい事実である。「滅共統一」が韓国工業化のイデオロギーとして作用したとさきに記したのは、このゆえである。

韓国における対内的ナショナリズムの源泉は何であろうか。これは、李朝期における賤商思想、ならびに日本植民地時代における抑工政策によって厳しく圧伏されていた商工業者の、新たな発揚の場を求める企業家的エネルギーにほかならない。李朝後期から植民地時代において、資本蓄積、合理的経営、自己革新への志向性を少なからずもつ商工業者が潜在していたものの、この時代そうした志向性は抑圧され、これが顕在化することはなかった。朝鮮戦争を経て一九六〇年代の初頭以降、まったく突如として韓国がめざましい経済近代化の時代に入っていったのは、すでに潜在していた商工業者の発展志向性がこの時期に初めて大きな発揚の場を与えられ、これがいっせいに顕在化されたからだと解釈する以外にない。商工業者に活力伸長の場をつくり出したのは、一九六一年の軍事クーデターである。この革命は、韓国の歴史上初めて、経済近代化に至高の価値をおく国家運営のシステム、すなわち発展志向型国家をつくり出したという点において特筆される。この新しい国家運営のシステムのなかで、アクティブな企業活動がにわかに開始されることになったのである。

韓国の財閥のほとんどは、朝鮮戦争後にその事業活動を開始し、いくつかはまたたく間に今日世界のビッグ・ビジネスに匹敵する規模を誇るまでになった。現代財閥の事業活動は朝鮮戦争の復興需要に端を発したものであり、大宇財閥にいたってはその創立は実に一九六七年のことである。韓国における財閥の創成は、企業家的職能がひとたび胎動するならば、これがいかにすみやかに伸長しうるかを劇的に示した事例にほかならない。

こうして韓国は、強力な官主導のもとで、財閥をもうひとつの主役にしながら資本主義的システムに沿う経済近代化を開始したのである。資本主義的近代化は、経済活動への個人の自発的な参加を要請し、国民もまたその参加を通じて自らの所得水準を上昇させるという、かってない経験を掌中にすることになった。「成就の欲求」はおおいに触発され、大規模な社会的動員の過程がつくり出された。正田教授のいう対内的ナショナリズムは、韓国においても確かにこれを観察することができる。そしてこの対内的ナショナリズムが、経済基盤を強化しつつ北朝鮮との対抗に勝利しようという対外的ナショナリズムと結びつき、伝統的な賤商思想をいちはやく払拭していったとみることができる。

儒教的伝統と経済発展

儒教圏の経済発展というテーマが脚光をあびている。今日急成長をとげつつある西太平洋諸国のほとんどは中華文明圏の一部を構成し、それがゆえに儒教の文化的伝統を程度の差はあれとどめていることは否めない。しかしその「程度の差」はかなり大きく、したがってまた儒教圏とはいったいどこの国をさすのかは、なお曖昧である。大陸中国、台湾を含めて漢民族華人の価値観の基底を長きにわたって支えてきたのは、「不老長生」などの現世利益の恵与を約束してくれる呪術的な道教であった。東南アジアに在住する華人の価値観もまたそれである。日本においては、儒教は徳川幕藩体制におけるイデオロギー的基礎となり、とりわけ朱子学は幕府の強い奨励を受けて官学化したものの、あくまで政治支配層知識人の思想と学問にとどまり、これが国民の生活倫理を形づくるまでに深く浸透することはついぞなかった。

儒教が正統的な政治理念としてのみならず、国民の社会規範、生活倫理そのものとして全的に受容されたのは、李朝時代以降の朝鮮半島においてであり、それが比較的近年にいたるまで強固に温存されてきたのも、この半島をおいてである。それゆえ、儒教的伝統と経済近代化に何らかの関連があるのかと問われれば、現代の韓国を対象としてその答えを導くべきであり、少なくとも第一次的な探究の場としてこの国に範を求めるのが自然である。そして問いをそのように限定してこの課題を究明するならば、「儒教の文化的伝統と経済近代化」は、興趣つきない関心を呼びおこすテーマとなるのである。

一九六一年軍事クーデター以降の韓国の経済近代化は、儒教的伝統の否定のうえになされたといった趣旨のことをさきに述べた。しかしながら、ここにひとつのアイロニーがある。賤商思想を色濃くとどめた守旧的イデオロギーである儒教は、ともあれひとまずはこれが否定されない以上、経済近代化が開始されえないのは理の自然である。しかし、ひとたび経済近代化の過程が始まるや、かつては経済近代化の桎梏として機能した儒教的伝統が、こんどはその経済近代化を効率的かつ安定的に運営するための優れたエートスとしてたちあらわれたとみなされるのである。このアイロニーのなかにこそ、儒教的伝統と経済近代化という容易には理解しがたい主題を理解する鍵があるように思われる。

ピューリタニズムの倫理は、現世を合理的に「支配」しようとしたのに対し、儒教的倫理は現世に合理的に「適応」することを求め、それがゆえに儒教社会においては近代資本主義の発生が阻止された、というのがマックス・ウェーバーの洞察であった。しかし適応すべき儒教社会の「現世」はかつての伝統社会ではない。植民地化によって近代資本主義の洗礼を受け、激しいナショナリズムのもとで急速な資本主義的経済発展を開始した社会なのである。

資本主義的な経済近代化は、経済活動への個人の自発的にして自由な参加を要請し、個人もまたその参加を通じて自らの所得水準を上昇させるという、かつてない経験を一般化させた。こうして儒教社会においても「成就の欲求」はおおいに触発され、社会的動員の過程が開始されたのである。むしろ現世への積極的な適応こそが、大規模な社会的動員をつくり出した要因にほかならない。しかもこの社会的動員は、韓国にあってはひとつの確固たる秩序のなかでなされた。儒教社会には組織的秩序を尊ぶ伝統が根強い。確かに儒教社会における秩序は、上下の身分階層を固守する権威主義的なそれであった。しかし現代の儒教社会が追求している価値は権威主義ではなく、経済近代化である。追求すべき価値をいわば「入れかえる」ことによって、儒教社会に固有な秩序それ自体は強固に守られてきたのである。すでに述べた韓国における官主導のナショナリスティックな発展志向型国家のシステムは、韓国にあっては儒教的伝統があって創成されえたのだとみなすほうが実情に近い。

組織の基礎は集団的秩序にあり、しかもこれが上下の人間関係によって貫かれている場合には、組織運営は効率的にちがいない。しかも、儒教社会の秩序原理の中核は家族・同族である。何よりも韓国における財閥の成功は、家族・同族的経営の効率性を示した好個の事例にほかならない。

韓国の財閥において家族・同族的経営形態が一般的なのは、この国の財閥が生成したばかりであり、多くがなお創業者の時代にあるという、企業発展段階における「若さ」のゆえであるとみなすことは、もちろん可能である。しかしより重要な要因として、韓国が儒教国家に特有な家族主義もしくは血縁主義の伝統を色濃くもち、企業経営のなかにもこの伝統が拭いがたく生きながらえているという事実を見落すことはできない。韓国においては、父から子に伝わる血縁の継承原理はきわめて強いのである。

現代、三星、双竜、楽喜などいずれの財閥においても、家族・同族による閉鎖的経営支配はゆるぎなく成立しており、主要傘下企業の最高幹部職に家族・姻戚以外の人間が座るという事例はほとんどみられない。日本においては家産の観念が血縁の観念に優先し、家産を継承していくために血縁を排除することすらなされてきた。血縁者以外から養子を受入れて家業を継承するといったことは、江戸時代の商家ではよくみられたことであった。この伝統は明治以降の企業発展史のなかにも受継がれ、血縁的同族が財閥経営に直接関与することは日本では少なかった。三井、住友の直系家族が財閥経営に携わったことは、創業期を除けばほとんどなかったといっていい。

血縁者が経営から身をひき、専門的経営者に実権を委譲しながら、企業の近代化がはかられてきたのである。日本の財閥企業が株式を公開し、所有を分散化することにそれほどのこだわりをみせなかったことなども、こうした「企業文化」の伝統に由来するとみていいであろう。家に求心力があり、家産の継承を重んじる日本に比べて、韓国は血縁継承の観念においてより強く、そのために家族・同族的経営支配は大組織を擁する現在においてもさして変わることはない。

こうした家族・同族支配を支えるのが、総帥《そうすい》一族による株式支配にほかならない。韓国の財閥においては、株式所有者が同時に経営の唯一にして最高の意思決定者なのである。経営と所有の分離ではなく、両者の強い一元化が韓国財閥運営の大きな特徴となっている。表II－1によると、現代財閥に属する主要企業二四社のうち、鄭周永氏一族の単独の持株が四〇%をこえる企業が現代建設を含めて四社、二〇%をこえる企業が一一社ある。現代建設は、鄭氏が自らの事業活動のなかで最もはやい時期に手がけた企業であり、鄭氏の個人的企業としての性格が濃い。そして現代建設は、いまなお現代財閥内の中核的な親会社として君臨している。したがって現代建設による傘下企業の持株比率が高いことは、鄭氏一族による傘下企業の株式支配の強さを間接的にうかがわせる。鄭氏一族、ならびに現代建設の株式所有を合計したものが四〇%をこえる企業は、二四社中実に一一社に及ぶのである。残りの一三社の場合でも、現代建設以外の財閥内他企業の株式のもち合いが大きく、財閥外の株式所有比率はさしたる規模にはなっていない。三星財閥の場合も事情はおおよそ同じであり、李秉喆氏一族が家族ならびに財閥内同族企業を通じて強い支配力を有している株式は、上場企業のみをとりあげた場合大略四〇%、非上場企業を含めると六〇%に近い。

このような家族・同族による経営支配と株式支配のもとで、つまり「所有と経営の分離」ではなく、逆に所有

表Ⅱ－1　韓国「現代」財閥内主要企業における株式所有状況

（単位：%）

財閥傘下企業	鄭周永一族（A）	現代建設（B）	（A）＋（B）
現代建設	47	n. a.	47
現代重工業	27	3	30
現代自動車	7	13	20
現代尾浦造船	—	—	—
現代車輛	4	2	6
現代重電機	4	8	12
現代エンジン	4	11	15
現代精工	17	43	60
現代自動車サービス	47	—	47
現代鋼管	6	70	76
現代セメント	45	—	45
現代エンジニアリング	25	—	25
現代木材	3	70	73
現代綜合商事	7	7	14
漢拏建設	28	48	76
韓国都市開発	34	52	86
韓国舗装建設	17	74	91
仁川製鉄	1	9	10
大韓アルミニウム	—	—	—
極東石油	25	—	25
東西産業	28	27	55
金剛開発産業	49	—	49
現代商船	28	—	28
国一証券	—	—	—

（資料）　服部民夫・大道康則『韓国の企業——人と経営』日本経済新聞社，1985年。

と経営とを強力に一元化させるという「前近代的」構造のもとにありながら、なお韓国の財閥は今日巨大な多国籍企業に比肩する国際的ビッグビジネスとしての地位を築きえたのである。『フォーチュン』誌の世界の製造業売上げ高上位企業調査によれば、一九八五年のアメリカ企業を除く売上げ高上位企業一〇〇社のなかに、三星（一三位）、現代（二五位）、楽喜（四三位）、大宇（四九位）、鮮京（六七位）と五つの代表的財閥が顔を出し、三星と現代はアメリカを含む世界のすべての企業ランキングでみても、それぞれ四二位、四四位の地位を誇っている。家族・

同族経営によって、先進国の「超近代的」な多国籍企業とならぶ力量を備えるにいたったという事実は、まことに示唆的である。

儒教社会の編成原理は企業内組織におけると同時に、企業と政府との関係においても効率的である。このことは、儒教社会における官僚の地位の高さに関連している。儒教社会において官僚は国民の社会的上昇の頂点に位置し、つねに政治支配の中枢を占めてきた。官僚の権力は強く、威信は高い。儒教の倫理と思想を習得して頂点をきわめた文治官僚の思考様式はなるほど観念的であり、現状改革への志向性は薄い。しかし経済近代化を国是とする現代の儒教社会において、官僚は最も急進的な経済プランナーへと翻身し、しかしその威信はかつてと同じように高いのである。そのために、経済近代化をめざして官僚が掲げるプログラムに企業は忠実にしたがい、官僚もまた産業育成のための金融的・物的・技術的支援を手厚く行う。韓国を「官僚資本主義」と呼ぶのはその意味で的を射ている。「韓国株式会社」とも称される企業と政府との効率的な連携関係は、正統的儒教国としての韓国の伝統に根ざすものだとみて誤りないであろう。

また儒教国家における徳治主義と文治官僚制は、教育重視の伝統をつくり出してきた。儒教的秩序にもとづく政治支配の体制を維持し、これを強固なものとすべく、儒教社会においては民衆に対する教育は他のいずれの社会よりも強く鼓舞されてきた。儒教の思想と倫理をもって民衆を厳しく「教化」するその保守的な教育は、なるほど経済近代化をおしとどめる弊ともなった。しかし、ひとたび経済近代化が開始されるならば、教育重視の伝統が培ってきた識字能力、論理的思考様式、何よりも高度の知識を求める国民の志向性は、近代化のための秀でた人材を供給する基盤となったのである。科挙は、出自を問わない官僚登用のシステムであった。もちろん伝統社会においては実際に科挙に合格しえたのは、そのための十分な準備をなしうる「両班」の子弟にかぎられていた。しかし科挙は、社会的上昇のチャネルが教育にあることをシンボリックに示した伝統的制度にほかならない。教育を通じて社会的上昇をはかろうとする青年の熱い思いが、今日の儒教社会にみなぎっていることを顧みるならば、科挙の伝統はなお強く生きながらえ、これが経済近代化を支える人材供給の「イデオロギー」となっているということができよう。

外圧と経済発展——台湾・シンガポール

外圧に発する強いナショナリズムのもとで、宮主導の経済近代化が試みられたという点では、台湾、シンガポールも韓国と多分に同類である。

台湾において現代の政治経済の原型が形づくられたのは、一九四九年一二月以降のことである。国共内戦に敗走した国民党が台湾に移転し、新しい国家形成努力を開始したのがこの時期だからである。国共内戦に勝利して一九四九年に中華人民共和国を成立させた中国共産党政権は台湾開放の旗幟《きし》を鮮明にし、台湾海峡は一触即発の緊張下にあった。この危機を一時的に救ったのが一九五〇年六月に勃発した朝鮮戦争であり、このわずかに発生した軍事的真空状態のなかで、アメリカの第七艦隊と軍事・経済援助に助けられながら、台湾政府は「復興基地」の固守に全勢力を傾けることになった。存亡の危機を克服すべく台湾に与えられた時間的余裕は、まことにわずかであった。当時の台湾にのしかかった軍事的負担は耐えがたく重いものであった。加えて国民党の台湾移転にともなって、この時点の台湾人口の二〇%に相当する約一五〇万人もの官吏、軍人、企業家ならびにその家族が台湾に流入してきたのであり、この余剰人員を吸収するためにも、経済開発は切迫した課題となった。

台湾における国民経済の形成は、著しく強い外圧と危機意識のもとで出発せざるをえなかったのである。小国としての台湾が巨大な大陸中国との対決姿勢を鮮明にしながら建国を進める以上、まずは国力の基礎としての経済力の増強が最優先の課題とされたのは当然であり、しかもこの課題に短期間に応えるべく強い官主導の開発戦略がとられることになったのも、想像に難くない。実際のところ台湾は、開発途上国で依然困難をきわめている土地改革にも、整備された官僚群の力量を背後にして一九四九年に着手し、いちはやい成功をみせた。

その後の台湾の経済成長の基礎となる国・公営企業の運営に直接携わった企業家の多くが、官僚であったという事実自体、台湾における官僚が他の開発途上国のそれとは異質の高い能力を備えていたことを示している。大陸中国においてすでに確立されていた官僚制度のもとで実践的経験をつんだ官僚群が、大陸中国の巨大な圧力下で小国中華民国の国家形成を、しかも短期間になさなければならないという要請を受けて、その能力と資質が花開いたとみることができる。この国の場合、一九五二年に第一次経済建設四ヵ年計画を発足させており、アジア諸国のなかではインドとならんで最もはやい時期から、国家主導型の経済開発計画を実施した国となった。経済力増強への強い志向性は、電力、化学肥料はもとより、重要な開発投資のほとんどを国家が担うという形になってあらわれ、実際、第一次経済建設四ヵ年計画における工業生産の過半は国・公営企業に発するものであった。

官主導型経済発展が軌道にのった一九六〇年代の後半、台湾は再び国際環境の激変に翻弄されることになる。国際政治の潮流が中華民国台湾から中華人民共和国中国に向かい、台湾への政治的支持は一九六〇年代後半から減少の一途をたどった。極東におけるアメリカの政治的コミットメントは、この時期にわかに後退を始めたのである。一九六五年にアメリカの台湾援助は打切られる。また米中国交回復につづいて、一九七一年に台湾は国連脱退を余儀なくされ、翌年には日本との外交関係も断絶し、いよいよ絶望的な政治的孤立状態に追いこまれる。

一九七九年の一月には米中国交が正常化の段階を迎えるにいたった。こうした厳しい国際政治環境が、経済力の増強によって自国の「存在証明」を鮮やかなものにしようという意思を固める方向に作用したということができよう。急速な経済発展のみが、厳しい国際社会において自国を存続させる唯一の道であり、ひいては大陸中国との政治的交渉力を強化する方途でもあるという「自立自強」の自覚のもと、台湾はさらにナショナリスティックな大規模国家経済建設の挙に出たのである。一九七三年官主導のもとで着手された重化学工業化計画、いわゆる「一〇項目建設」がそれであり、鉄鋼、石油化学、造船の三つの基幹産業部門、交通運輸、空港、港湾、原子力発電など七つの社会間接資本部門に巨大な政府投資がなされた。この一〇項目建設は、一九七七年に「一二項目建設」、一九八四年には「一四項目建設」へと拡張され、基幹部門の充実がはかられた。

自らの存在証明を経済力によって顕示しなければならないという志向性は、シンガポールにおいても強い。この国は国土面積、賦存自然資源、人口基盤のいずれより眺めても、まさに典型的な「小国」である。小国であることに加え、依存度は低下したとはいえ中継貿易を長らくその体質としてきたために、近隣諸国の政治経済変動の波をまともに受けざるをえないという悲哀をつねにかこってきた。シンガポールとマラヤによるマレーシア連邦の形成は、インドネシアのスカルノ政府による激しい「対決政策」を招来し、当時のシンガポールの生命線であった中継貿易は決定的な打撃を受けた。そして華人が国内人口の八〇%を占めながら、なおシンガポーリアンの形成をめざすこの国は、中国の積極的な東南アジア進出のなかで、いよいよ自らのアイデンティティをきわだたせなければならないという、もうひとつの現実がある。選択の道は経済力の増強しかない。政治的、経済的のみならず、人種的な「外圧」すらもが、この国を経済発展に衝き動かしてきた要因だといわねばならない。

経済運営の中枢を占めたのは、シンガポールでも官僚である。実際、官主導型の資本主義的発展という点において、シンガポールは東南アジアにおける最も典型的な事例だといっていい。この国は、官僚機構を組織的中枢とするひとつの強固な経営体のごとくである。

アジアNIESの激しい経済近代化への衝動は、彼らをとりまく国際政治・経済環境が触発した鮮烈なナショナリズムの産物であると表現していい。B・K・マーシャル教授は、その著『日本の資本主義とナショナリズム』（鳥羽欽一郎訳、ダイヤモンド社、一九六八年）において、一九世紀末葉の日本における社会変革原理の核心は「反撥的ナショナリズム」にあったとして次のように指摘した。「日本において工業化が叫ばれたのは、何よりもまず、それが西欧列強の圧力のもとでの屈辱的地位から脱却する手段として必要と考えられたからであった。明治維新とそれによって引起こされた驚くほどの変化が、国民的危機意識から生じたものであり、またこうした危機意識にもとづいて当然変革されるべきものと考えられたという事実は、それ以後の日本の政治・社会・経済思想に大きな影響を与えた。」

これまでに論じた分脈からするかぎり、この指摘は正鵠《せいこく》を射ている。そしてこの表現は、そのまま現在のアジアNIESの経済発展のありかたを解釈する有効な洞察でもある。

経済発展と政治体制

工業化の基礎的諸条件において未熟な後発国が、強い外圧とわずかに与えられた時間的余裕のなかで急速な発展を遂げようというのであれば、国家主導型の開発戦略の採用は不可避であり、すでにみたごとくこれはひとつの「経験則」でさえある。国家主導型の開発戦略とは、政治体制の観点からこれを眺めるならば、多かれ少なかれ権威主義的な近代化路線である。多種多様な要求をもつ国民大衆の広範な政治参加のもとで政策決定をなす民主主義的政治システムよりは、官僚を中核とする少数のエリートが政策目標を設定し、この目標に向けて大衆を動員していく政治システムのほうが、後発国の開発戦略を効率的に推進していくのにはより適合的にちがいない。しばしば「寡頭支配（オリガーキー）」と称され、「開発独裁」と呼ばれる政治体制が開発途上諸国において一般的なのは、何よりもそのためである。この意味からすれば、開発途上諸国のいわゆる開発独裁を民衆排除型の開発戦略の遂行システムであるとしてこれを強く論難するのは、これら諸国の「初期条件」に思いをいたさない短絡だというべきである。繰り返すならば、後発国が内外の厳しい条件下で急速な経済発展を遂げようというのであれば、ある種の権威主義的な開発戦略と政治体制は避けられないのである。

しかし主張されなければならないのは、そうした権威主義的システムのもとでの開発戦略が成功裡に進められるならば、その帰結として権威主義的政治体制それ自体が「溶解」するという論理が存在しているという事実である。この一、二年の間に韓国と台湾を舞台に演じられた激しい政治的民主化の動きは、この事実をシンボリックに示したものだということができよう。韓国、台湾は後発国経済開発の有力なモデルである一方、権威主義体制「溶解のモデル」をも提供したとみられる。

昨年六月二九日の民正党盧泰愚氏による八項目民主化提案、いわゆる「六・二九民主化宣言」は、韓国の政治が軍部を背後においた「力の政治」から、国民の政治的要求を体現する「政党政治」へと急角度に転換したことを示す象徴的なできごとであった。

一九六一年軍事クーデタ以来の長きにわたって、韓国における組織化された政治勢力は、唯一軍部のみであったといっても過言ではない。厳しい南北対立のもとでこの国を強固にも支えてきた軍部の威信と力が卓越したものであったのは、当然である。与党の中枢に位置していたのもまた軍部であった。この軍部・与党を支配してきた政治イデオロギーが、反共的民族主義にほかならない。反共的民族主義は、韓国を厳しい貧困から脱却させるべく組織化された官主導型開発路線を推進する効率的な求心力としても作用したのである。

しかし、かくして推進された経済開発の成功は、所得水準の上昇と社会階層の多様化を帰結した。所得水準と教育水準において高い都市中間層を大規模に創出したことが、とくに注目されねばならない。今日韓国の大学進学率は、アメリカに次ぐ高さを誇っている。民主化宣言にさきだつ六月九日付の『韓国日報』は、全国九都市の中産階層一、〇四三名を対象にした調査の結果を発表し、その圧倒的多数九六％が、「非民主的政府と権力に対して抵抗する国民の権利を憲法に明示すること」を強く望んでいるという事実を明らかにした。「客観的な分類基準によれば、全国民の約四〇％が中産層であり、『自分が中産層に属する』という主観的基準によれば、七〇～八〇％が中産層であるというのが多くの社会調査の共通した結論である。一九六〇年に学生たちが四・一九デモを通じて自由党政権を打倒したときは、職業分類による中産層は約二〇％だった。二倍以上に拡大した一九八〇年代の中産層は、とどろきおこった六月事態によって軍部統治の時代に終止符を打とうとしている。この六月事態を通じて、韓国を導いて走る主体勢力は、軍人でも政治家でも財閥でもなく、中産層に代表される国民だという事実を確実にした」（趙甲済「六月政変と中産層の反乱」『別冊宝島　新しい韓国を知る本』一九八七年九月）。

所得水準の上昇、社会階層の多様化にともない、反共的民族主義は国民統治のイデオロギーとしてもはや有効に機能しえなくなったというべきである。その意味からすれば、いずれは解消されねばならない「経済発展」と「政治発展」とのギャップを劇的な形で埋めたのが、六・二九民主化宣言であったということができよう。この宣言によって盧氏に対する中産階層の支持は圧倒的となり、それがそのまま大統領選における同氏の地すべり的勝利につながったとみられる。

韓国と軌を一にして台湾もまた長期にわたる権威主義体制の転換期を迎えようとしている。今日の台湾における政治体制は、すでに指摘したように、一九四九年に中国共産党との内戦に敗れてこの地に移った国民党が「大陸反攻基地」の創出をめざして形成されたものである。国共内戦を前提につくり上げられたものである以上、それが名目はともあれ実質において国民党の一党独裁を中核とした権威主義的な政治支配体制であったのはいたし方ない。

一九四九年には戒厳令が布告された。総統の権限が著しく強化され、三権分立制度は骨抜きとなった。戒厳令は前述した台湾海峡の危機が去った後も解除されることなく維持され、台湾の権威主義体制を守る最強のとりでとして機能してきた。若林正丈氏によれば、「共産主義の脅威を理由に施行しっぱなしの、その施行期間の長さで世界に類例をみないこの戒厳令こそ、台湾の権威主義的政治体制のよってたつ根拠であり、象徴であった。戒厳令およびそれに根拠をもつ錯綜した諸治安法令と台湾警備総司令部を中心とする戒厳令実施諸機関こそが、共産党との内戦態勢を恒常化させた支配機構の要であり、国民の政治的自由を抑えつけ、『中華民国憲法』の約束する競争的代議政治実現を長く阻んできた、その当のものであったからだ」という(「岐路に立つ政治体制」若林正丈編『台湾—転換期の政治と経済』田畑書店、一九八七年)。

しかしこの戒厳令が、一九八七年にいたり国民党自身の手で解除されることになったのである。同年に開催された台湾の三中全会すなわち第一二期第三回中央委員会総会は、一連の大胆な政治革新を打出し、つづいて台湾民主化の二大障害とされてきた「党禁」と「戒厳令」のいずれをも完全に解除するという転換をみせた。党禁とは、国共内戦の非常事態を理由に長らく施行されてきた新党結成禁止令のことである。一九八六年一〇月七日に国民党はこの党禁解除の方針を明らかにし、一五日国家安全法の制定と同時に戒厳令をも解除した。また同年一二月には台湾史上初の複数政党選挙が行われ、新たに認められた野党民主進歩党も躍進をみせた。さらに一九八七年に入り、報禁すなわち新規新聞発行禁止令もまた解除された。

長期にわたる権威主義的政治体制が国民党自身の手で自由化に向かったのは、韓国の与党民正党の盧氏による六・二九民主化宣言に類似した「体制内改革」であるが、そうした改革の背後には、当然のことながらこれを要求する国民の意識がある。国民の政治的自由化要求を昂揚させ、国民党の大きな譲歩を引出したのは、韓国と同じくここでも高度経済成長のもとで堆積した中産階層の動向にほかならない。都市化の進行、教育の普及に裏づけられた本省人中産階層の発言力の高まりを顧慮せずして、台湾政治の民主化を語ることは不可能であろう。「経済発展がもたらす生活水準の向上と中流意識の肥大は、社会における価値体系の多様化をもたらし、政治意識においても大きな変化を与えざるをえない。とくに台湾の場合、従来の専制的な政治体制に対する不満や独裁的国是（反攻大陸的価値判断）の強制に対する懐疑的態度が強まる素地ができつつあることは疑いないところである。中流意識は狭い意味での中間階級を基盤としながら、広範で多様な中間的諸階層から形成されている。ここに中流意識に支えられた台湾民主化勢力の社会経済的底流がある」というのが劉進慶氏の確かな判断である（劉進慶「ニックス的発展と新たな経済階層―民主化の政治経済的底流」若林正丈編、前掲書）。

ASEAN――もうひとつの発展志向型国家群

発展志向型国家という観点からASEAN諸国を眺めると、これはどのように解釈されるであろうか。答を導くのは容易ではない。しかし、長期にわたる植民地支配のもとで経済近代化のための物的ならびに人的な条件に恵まれることのなかったＡＳＥＡＮ諸国が、すみやかな近代化を求めて官主導の資本主義的発展の経路を選択したことはどうやらまちがいない。その「熟度」において韓国、台湾に劣るとはいえ、ＡＳＥＡＮ諸国のなかにもうひとつの発展志向型国家群の生成をみてとることができるかもしれない。

タイ——新しいテクノクラートの時代

タイは、疑いもなく「官僚資本主義」の国である。この国は、一八六八年に即位したチュラロンコン王によるチャクリ改革を経て、国王を頂点においた中央集権的絶対王制を確立し、これを支える官僚国家体制を強固なものとした。一九三二年にその政治体制を絶対王制から立憲君主制へと移行させる「立憲革命」に成功したものの、官僚国家の体質自体には何の変更もなかった。立憲革命を主導した人民党は、同時に民族主義的な経済政策を広範に施行した。欧米資本や華人経営の工場を買収してこれを国家所有とし、さらにはタイ経済の生命線であった米の対外貿易、精米、海運、金融、保険などの諸部門への国家資本の進出がなされた。

もっとも、華人の力量が圧倒的に強いこの国において、その力を排除することは容易ではない。権力による華人排除はタイ経済の循環機構それ自体を麻痺させてしまうことになりかねない。表面的には反華人政策をとりながらも、実際には国営企業の経営を華人に請負わせたり、国営企業への出資を華人に依存したりするという「柔軟性」をみせた。そうすることによって官僚は華人経営企業の役員となるとともに、「東洋外国人」たる華人もまたそれを許容することにより、タイにおける自らの地位安定を掌中に入れることができた。末廣昭氏は、この政治権力と官僚機構に依存しつつ「経営請負い」を行う特権的経済グループの存在に注目して、これを現代版

「サクディナー経済」だと命名した（末廣昭・安田靖編『タイの工業化――NAICへの挑戦』アジア経済研究所、一九八七年）。サクディナー制とは、全国土を領有する国王が国民にそのステイタスに応じて水田の使用権を下賜し、その水田の規模によって位階勲等を定めた、タイに伝統的なパトロン＝クライアント関係のことをいう。

現代版サクディナー制のもとで急成長をつづけ、タイ経済発展の中核を占めたのが、しばしば五大家族とか十大家族とか呼ばれる財閥にほかならない。そのほとんどが華人系であり、この国において大きなプレゼンスをもつ外資系企業との合弁先のほとんどもこれら華人系企業である。東南アジア最大の商業銀行となったバンコク銀行は、その典型例である。この銀行は、傘下に金融、保険、製造業部門に六〇以上の企業を擁し、その融資に決定的に依存する一四〇社をこれに加えて二〇〇社からなるバンコク銀行グループを形づくる一大コングロマリットである。バンコク銀行は、当初政府を最大の株主として出発し、かつまた政府の金融関連業務を代行したことに示されているごとく、政府への依存度が高く、かつ官僚を役員に招入れて業体の拡大をはかってきた。同時にバンコク銀行は一九七〇年代に入って本格化した経済開発計画に協力し、今日大規模に展開しつつあるタイ東部臨海工業地帯の開発計画など大型プロジェクトへの積極的な参入を試みている。二〇の業種に及ぶ四三の企業を配下におさめて、一万人の従業員を抱えるタイ最大の民間企業サイアム・モーター社、日系企業との合弁を通じて事業の多角化をはかりつつ、巨大企業グループを形成したサハ財閥も同様である。

これらの財閥の事業展開が本格的に開始されたのは、いずれも一九六〇年代に入ってからのことであり、その歴史は短い。それにもかかわらず、タイ国内のみならず東南アジア諸国においても傑出した経営規模を誇る企業にまで成長しえたこれら財閥系事業体の活力には、目をみはらせるものがある。家族・同族による閉鎖的経営支配という「前近代的」体質をいまだ払拭してはいないものの、わずか二十数年にして巨大な近代的企業を築き上げた実力と旺盛な経営活動は、確かにタイ経済近代化の主役というにふさわしい。民族系企業の力量は、華人系のそれに比べればいまだ小さいとはいえ、セメントはもちろん、鉄鋼、機械、紙・パルプ、タイヤ、貿易部門に、主力企業のみで二一社をもつサイアム・セメント・グループは、タイの基幹産業の中核に位置する民族資本である。

しかし経済サクディナー制のもと、官僚の庇護をふんだんに享受してきたタイ企業も、その経営規模を拡大し、業種を多様化するにいたった現在、旧来の官僚支配を次第に桎梏と感じ始めており、経営の自律性を求めてそこからの脱却をはかっている。官僚もまた、巨大化した企業グループをサクディナー制的な対応で御していくことはもはや有効ではないことを認識している。国家的規模での開発計画を策定し、これに企業家の積極的な協力と参画を促しながらより組織的な官主導型の発展をつづけるという、体系的な両者関係が形成されつつある。その意味でタイは、サクディナー的官僚体制から職能的テクノクラート体制へと転換をとげようとしている。この転換の成功いかんに、タイがＮＩＥＳタイプの発展志向型資本主義国家たりうるか否かの鍵が潜んでいるようにみえる。

インドネシア――軍主導の資本主義

インドネシアは、オランダによる長い植民地支配のもとで、当初はコーヒー、甘蔗、次いでゴム、石油のモノカルチュア経済にくみこまれ、工業発展のための組織、制度、何よりも人的資源を深刻にも欠落させてきた。経済近代化をになうグループは、独立戦争を通じて強固な組織集団として練上げられた軍部以外にこれを見出すことはできなかったといっていい。軍部が強い主導力をもって経済開発の主役を演じる以外、他に選択肢はありえなかったのである。とくに一九六五年の九・三〇事件以降、軍部はインドネシア統治の頂点をきわめ、軍政一致の中央集権体制を維持してきた。枢要な閣僚のほとんどが軍人であり、文民の影は薄い。この軍支配体制のもと、しばしば「バークレー・マフィア」と俗称される、その多くがカリフォルニア大学バークレー校に学んだ経歴をもつエコノミストを中心に、最優秀のテクノクラートが経済政策の中枢に位置した。インドネシア大学経済学部長を経て貿易大臣の経歴をもつ経済学者スミトロ氏は、テクノクラートの代表格である。

九・三〇事件によってスカルノ政権に代わったスハルト政権は、前者の「革命」完遂の政治主義的路線から、「開発」を進める経済優先主義路線に転じ、石油を中心とする資源の開発、外資導入を通じての工業化、緑の革命の成果を積極的に導入しての食糧増産計画を推進した。そしてこれらの開発課題を実現すべく策定されたのが、一九六九年以降に開始された国家主導型の経済開発計画にほかならない。

この国の場合、主要な大企業は、国営石油公社プルタミナ、国営食糧公社ブログを含む二八の国・公営のもとにあり、より直接的な国家経済運営を試みてきた。これら国・公営企業の役員・幹部は、その多くが現役もしくは退役の軍人である。軍人の関連する企業の数は国・公営企業以外にもきわめて多い。例えばインドネシア最強の師団のひとつに数えられ、西部ジャワのバンドンに司令部をもつシリワンギ自体の経営する建設会社プロペラットは、傘下に三〇以上の関連企業を擁する巨大な事業体である。

インドネシアの華人は人口比においては東南アジアでは最も小さいが、それにもかかわらず華人の経済的力量は大きい。華人系企業は、軍部の支配する国・公営企業のネットワークに入りこんで、事業経営の一部を請負うとともに、民間部門において依然として強い支配力を行使している。それぞれトヨタ、ヤマハの合弁事業先としても有名なアストラ財閥、ハラパン財閥、さらにはゴスイキ財閥、パンライキ財閥、チェンダナ財閥などは華人系企業のうちでも著名な大財閥である。これら財閥は軍、官僚の庇護をうけ、その開発計画に協力しながら、巨額の富を築いた代表例である。外国企業との主要な合弁相手も、もちろん財閥系企業である。

強力な軍・官僚支配のもとで開発計画にもとづく工業化を試み、その工業化における中枢的位置を国・公営企業が占め、周辺に華人系財閥さらには外資系企業を擁して工業化を実現してきたという点において、インドネシアもまた官主導型資本主義国家としての色彩が濃厚である。

マレーシア——複合民族社会の経済運営

マレーシアは典型的な複合民族社会である。この国の経済開発の態様は、すべて複合民族社会の課題解決と何らかの関連をもっているといっていい。複合民族国家マレーシアの最大の政治課題は、独立以来一貫して複数民族の国民的統合におかれてきた。一九六九年五月におこったマレー人と華人との抗争のすぐあとで公表された第二次マレーシア計画、ならびにこの計画をその一部として含む長期展望計画は、マレー人の経済的地位を向上させ、もって複数民族間にバランスのとれた経済力の配分構造を実現する以外に、マレーシアの国民的統合を長期的に保障する道はない、という明瞭な政策認識を披瀝するものであった。

すなわちマレーシアの国民的統合は、複数民族間に均整のとれた経済力の配分構造を実現することによって達成されるべきであり、そうした配分構造実現の成否は、いつにマレー人の経済的地位を向上させうるか否かにかかっている、というのがマレーシア政府の中心的な政策認識である。マレーシアの現政権は、経済的弱者の立場にあるマレー稲作農民にその支持基盤をもつ保守的マレー人指導層から構成されている。それゆえ、マレー人の経済的地位を高めるべく採用された人種間格差是正政策は、複数民族間の対立が厳しいものになればなるほど、一層積極的に展開されるという逆説的なメカニズムをもち、したがってこの政策は長期にわたって持続されてきたのである。

マレー人の経済的地位の向上をともないつつ、複数人種間の統合を実現しなければならないという困難で錯綜した国家課題を抱えるこの国において、官主導型の資本主義的発展がとられたのは、これもみえやすい道理である。マレー人系が圧倒的比重を占める官僚の地位は卓越している。イギリス植民地時代の伝統を引継ぎ、高級官僚は厳しい選抜試験にパスした少数のエリートにかぎられ、マレー人の経済的・社会的地位の向上をめざした政策の立案と施行に強い権力を行使してきたのである。この官僚の力を背後に、一九六九年の第二次マレーシア計画以来、この国も経済への国家介入政策を強めた。

一九六九年に国営企業公社(PERNAS)が設立され、潤沢な政府資金をもって既存大企業の株式買収を行うとともに、外資系企業の合弁相手先ともなった。PERNASに加えて州経済開発公社(SEDC)が全州につくられ、企業の合弁・新設の主役を演じ、マレー人企業家の育成をめざす都市開発庁(UDA)もまた活発な事業展開を行った。さらに一九八一年には重化学工業化の遂行を目的に重工業公社(HICOM)が設立された。政府系列企業は、今日六〇〇社をこえる数に達しており、製造業の重要な部分を掌握しつつ強い官主導の事業運営を試みている。こうした政府系企業系列の創設と運営は、マレー人の工業企業家の育成と参画を促し、もってこの国の土着人種の経済的ステイタスの向上をはかろうという政府の意図を反映している。

それにもかかわらず、華人を中心とした既存の工業企業や、これと結びつく外資系企業にはむしろ自由な経済活動を許容し、とくに輸出関連産業には競争的市場を提供するという賢明な態度を崩すことはなかった。一九七〇年代に入って以降のマレーシアにおける電気・電子機械、輸送機械、繊維、雑貨類などの生産の伸びはめざましい。しかもこれら工業製品の輸出志向性はかなり高いことが注目される。マレーシアは国内人口が小さく、効率的な工業化を実現するためには、当初から海外市場を考慮に入れた工業化をめざさなければならなかったのである。外国民間企業が工業化の主たる担い手であったことが、この国の工業化を「輸出志向的」たらしめた要因であるとみていい。工業製品輸出のなかで電気・電子機械はとくに注目する。輸出志向的な多国籍企業がその生産と輸出の拠点をここに求めたことによって生まれたひとつの特有な工業化パターンを、マレーシアの電気・電子機械にみることができる。

複合民族国家の抱える厄介な経済課題に対処すべく強い官主導型開発戦略を採用しながら、なお民間活力の発揚を促すべく、競争的市場の創出と外資の導入に積極的であったマレーシアもまた、西太平洋における発展志向型資本主義国家の一角を占めるものと判断されよう。

フィリピン——権威主義的開発戦略の悲劇

一九六五年に大統領となり、一九七二年高まりつつある反政府運動を制すべく戒厳令を敷いて政治権力を一身に集めたマルコスの治政下フィリピンは、アジアでも典型的な権威主義的開発戦略を歩んだ国のひとつである。特筆すべきは、この政権がしばしば「マルコス王朝」とも名づけられるごとく、大統領とその側近が強力な支配力を用いて、旧来の特権的財閥や大地主を中心に組みたてられてきた寡頭支配体制を変容させ、もって新しい権威主義的開発体制をつくり出したことであった。小作農解放令と名づけられた土地改革を通じて、米ならびにとうもろこしの作地を中心に七ヘクタール以上地主の土地を小作人に解放・譲渡し、自作農創設をまずは試みようとした。さらにはマルコス政権登場にさきだつ十数年の腐敗を排除し、政権と癒着して特権的地位をほしいままにしてきたロペス、ハジェントなど旧来の財閥からその特権を奪いとるといった「革新的」な行動をもみせた。大地主、旧財閥による寡頭支配体制に代えてマルコスが新たに育成した開発のための組織的集団のひとつがテクノクラートであり、もうひとつがマルコスの開発戦略に忠実にしたがう新興財閥であった。かつてであれば政界内の力関係でしか決まりえなかった閣僚も、マルコス治政下においては大統領の意によって自由にその地位を与えることができるようになり、フィリピン大学経営学部長ビラタ氏を大蔵大臣、さらには首相に任命し、氏を強力な権限をもつ新しいテクノクラートのシンボル的な存在とした。ビラタ首相、アルバ予算相、エンリレ国防相等々のテクノクラートの輩下には、欧米の大学で学位を取得した有能な職能官僚集団が集い、彼らが政策立案と施行を担当した。

旧財閥から利権を奪いとり、若い有能な企業家に新たに利権を与えることによってその事業拡大を支持し、新企業をマルコスの考える開発路線に向けて動員していくという方向も選択された。シルベリオ・グループ、ヘルディス・グループなどがその典型であり、のちに「マルコス・クローニィ」と呼ばれることになる新興財閥群がそれである。旧財閥でありながらマルコスに最も近い側近として活躍したコファンコ氏を頭とする企業集団もこれに含まれる。

一九七〇年代にマルコス政権は、豊富に入手した外国資金を用いて積極的な経済建設を試みた。そのひとつが電力を中心とした大規模な社会的間接資本投資であり、もうひとつは開発銀行を媒体とした多額の製造業融資であった。この時期激しい速度で事業を拡大した新興財閥は、後者の融資に強く依存することになった。マルコスは、新興工業企業家を育成し、これに製造業拡大の主導的役割をになわせたばかりではない。一九七〇年代末には、一貫製鉄所、石油化学、ディーゼル・エンジン製造などを含む一一に及ぶ重化学工業プロジェクトの建設を目論み、しかもこの建設の主体を国家開発公社とした。国家資本による重化学工業部門への直接的参入という積極的な行動にうって出たのである。

しかし、こうしたマルコスの権威主義的開発戦略は、一九八〇年代に入って急速に悪化した国際金融情勢によって完遂にはいたらなかった。国際金融情勢が引金となって生じた経済危機と、さらにこれに連動して湧きおこった民主化運動とによって、マルコス体制それ自体が終焉《しゅうえん》するという激動を迎えた。

権威主義的開発体制は、経済近代化のための条件を整備していない後発国がなお急速な経済近代化をねらう以上、おそらくのところ不可避の選択である一方、それが自律的な経済運営のシステムにたよるよりも官主導の裁量的資源配分に重きをおくために、対外的条件や国内政治変動に対して意外なもろさをも露呈せざるをえない。フィリピンの悲劇は、権威主義的開発戦略のもつそうした脆弱な一面をかいまみせたのである。

ソフト・ステート?

ミュルダールは、その著『アジアのドラマ』(板垣與一監訳『アジアのドラマ』東洋経済新報社、一九七四年)のなかで「基本的な改革を制度化し社会的規律を強いる能力も意思もない」アジア諸国の政治体制に言及し、こういう体制下にある国家に「ソフト・ステート」という名称を与えた。しかしこのような視角は、事実を正確に反映しているようにはみえない。アジアNIESはいうに及ばない。ASEAN諸国もまた秀でた能力と権力をもつ官僚がしばしば軍部を背景に経済計画の立案と施行の中枢を占め、財閥系企業と外資系企業とをこの計画に参画させつつ、急速な工業化をになってきた。発展志向型国家は、現在のASEAN諸国においてもひとつの具体的な事例を新たにつくり出しつつある。政権崩壊という事態に至ったマルコス体制といえども、その政権が「基本的な改革を制度化し社会的規律を強いる能力も意思もない」がゆえに発生した悲劇的終末では決してない。社会改革を強くめざしながらも、しかし権力者の傲慢が改革のシナリオを狂わせてしまったがゆえの悲劇である。

長期にわたる植民地支配の時代にあって、近代的工業発展の基礎的諸条件を剝奪されてきたアジアの開発途上国が急速な工業化をもくろむ以上、植民地独立戦争の過程で近代的組織運営能力を身につけた軍部が開発の主導権を握りつつ、この軍部が自ら育てたテクノクラートとともに経済近代化を組織化することになったのは、むしろ自然である。東南アジアの場合、企業家的職能を有しているのは少なくとも独立時点においては華人系住民以外にはなく、「アメとムチ」をたくみに使ってこの華人系企業に開発の直接的にない手を演じさせ、さらにまた華人系企業を導入された外国企業の合弁先としてきた。経済近代化の資源を次第に政府が蓄えていくとともに、国・公営企業が華人・外資系企業とならぶもうひとつの主役となっていったのも、民族系企業が不十分にしか育成されてこなかったASEAN諸国の実情からすれば、これも他に選択肢のない方途であった。軍部を背後においた権威主義的な官主導の開発戦略を「開発独裁」といったマイナス・イメージの濃厚な用語法でくるみ上げるのは、正当ではない。アジア諸国がおかれた歴史的条件のうえで、なおかつ急速な工業化をはからねばならなかった以上、他にいかなる選択肢がありえたというのであろうか。

何よりも、かかる体制のもとで実現されたASEAN諸国の経済成長率と工業成長率は、アジアNIESにそれほど遜色のないほどの高さにあり、このことは次章で論じる。ASEAN諸国がNIESとならんで世界の開発途上諸国のなかで最も高い成長率を実現し、アジア太平洋における「成長地域」となったことは、今日もはや疑いのない事実である。

第Ⅲ章　アジア工業化の文明史

虚構の南北問題世界観

われわれは「南北問題」という用語法をずいぶんと気楽に使ってきたように思う。考えてみれば、これはなんと傲慢な概念であろうか。意識されていると否とにかかわらず、南北問題という用語法は、「北」のインダストリアリズムは「南」に波及することはなく、先発国と後発国との地位はすでに固定化してしまったという前提にたっている。南北問題とは、南と北の「連続性」を否定することによって初めて成りたつ二分法概念にほかならない。いかにも「非歴史的」な概念ではないか。工業化の世界史のなかでほとんど恒常的に生起してきた先発国と後発国との地位交替現象が、現代の世界においてはおこりえないと考えなければ、この二分法は成立しない。

どうやらわれわれは豊かになりすぎてしまったようだ。豊饒の世界の安穏のなかで、豊饒それ自体をつくり出した革命的変化の歴史のことをすっかり忘れ去ってしまったかにみえる。そして、自らの豊かさに比べて南の国ぐにはひたぶるに貧しく停滞的にしかみえない。己れの国がかつて経験したのと同じように激しい、いなそれ以上に激しい革命的変化がそこで確かに展開を始めているにもかかわらず、この変化に目を向けようという知的好奇心と、それに共鳴しようというナイーブな感受性を麻痺させてしまった。

今日のアジアに生起しているのは、まぎれもなくひとつの社会革命であり、その中核に位置するのは産業革命である。そして先進世界における産業革命がかつてそうであったように、これら諸国の革命もまた先発国インダストリアリズムの波及によって触発されたものにほかならない。アジアＮＩＥＳ工業化の実績は、インダストリアリズムの世紀的な波及過程がなお衰えをみせることなく持続し、ついに開発途上世界の岸にまで及んだことを示す工業化の世界史の一過程なのである。

本章は、ＮＩＥＳを中心とするいくつかのアジア諸国の経済発展を、インダストリアリズムの世紀的波及史における一頁として位置づけてみようという試みである。

インダストリアリズムの波及――過去

後発国の工業化は先発国に発するインダストリアリズムの波及を受けて開始される、というのが歴史的な一般則である。一八世紀の後半期にイギリスに自生した工業化の波は、技術、資本、商品、人口の国際移動を通じて、ドイツ、フランスなどの大陸ヨーロッパ諸国とアメリカへ伝播し、これら諸国の工業化を誘った。かくして進捗した欧米諸国の工業化は、一九世紀末までにより後発の日本とロシアを工業化過程に引入れ、両大戦間期にはオーストラリア、アルゼンチン、トルコの工業化をも胎動させた。一九世紀におけるイギリスの工業成長を「自生的」と形容するならば、それにつづく周辺諸国は、中心国のインダストリアリズムの強い影響下におかれ、多かれ少なかれ「他律的」な性格を有してきたといえよう。ガーシェンクロンの用語法をもってすれば、周辺国は中心国の発展がつくり出した「後発性利益」を享受しつつ、その工業化を開始することができたのである。

綿業によって開始されたイギリスの工業化は、蒸気力を中心とする動力革命と製鉄業の発展によって加速した。これら諸産業の発展を促したのは、この時期に集中的に創成された紡績・紡織機、蒸気機関、製鋼法における技術革新である。新技術は、これがイギリス国内で事業化されてしばらくを経過したのちに周辺諸国に向けて伝播を開始した。その伝播は、何よりも新しい技術を「体化」した資本設備の貿易を通じて、さらには企業家、熟練職工の国際移動を通じて、加えて外国投資を通じてなされた。一九世紀における周辺諸国の工業化は中心国からの「技術移転」によって開始され、周辺諸国工業化の初発的技術は「導入技術」であった。

先発国から後発国に移転したのは技術ばかりではない。資本の移転もまた重要な役割を演じた。後発国は後発国であるがゆえに国内貯蓄率が低く、そのために投資能力は弱い。工業化を開始させるに足る国内資本を不十分にしか有していない周辺諸国が急速な工業化を望む以上、銀行、国家による大規模な国内資本動員に加えて、先発国から資本を導入し、これをもって投資水準を引き上げていくことが不可欠であった。鉄道建設、製鉄業、石炭産業、機械工業など周辺諸国の産業革命を支えた諸部門の資本需要は巨大であり、これを国内資本のみによって賄うことはとうてい不可能であった。鉄道建設に対する外国資本の流入は、とくに重要であった。大量生産によって特徴づけられる近代工業技術の導入は、大きな国内市場を要する。そのために輸送施設を拡充して狭隘な国内市場の制約を打破することが、いずれの周辺国においても避けられない要請であった。大陸ヨーロッパ諸国、アメリカ、ロシアのいずれにおいても、輸送施設の建設に外国資本を利用できたことは大きな後発性利益となった。人口増加ならびに工業発展にともなう都市化が発生させた住宅や公益事業などの資本需要もまた大きく、この融資の相当部分を外国資本に依存しえたことも見落しえない。

資本需要を国内貯蓄のみで充足しえた国はイギリス以外にはなく、後発国であるアメリカ、カナダ、ロシアの工業化は、イギリス、つづいてドイツ、フランスなどからの資本導入をまって可能となった。資本移動の中心は外債引受けを中心とした証券投資であったが、鉱工業においては直接投資もまた貢献をなした。後発国の旺盛な資本需要は高い利潤率を結果し、これがまた新投資を誘うという累積的経緯が展開した。アメリカやカナダなどでは、技術、資本の国際移動に加えて、移民の役割もまた重要であった。

先発国インダストリアリズムの波及を受けて開始された後発国の工業成長は、実は先発国のそれよりも一段と激しいものとなる傾向をもった。後発国は後発国であるがゆえに工業化の基礎的条件において未熟であり、工業化の開始は容易ではない。しかしひとたびこれが開始されるならば、先発国の工業成長を凌駕するというのが、ガーシェンクロンの見出したもうひとつの経験則である。先発国の開発した新技術、先発国の蓄積した資本を導入しながら工業化を進めることができるという後発性利益のゆえにそうなるのであり、さらには後発国が先発国に伍する以上の集中的努力をもって工業化を開始しえぬかぎり、後発国の工業化はそれ自体がそもそも不可能であったという理由のゆえに、そうなるのである。

一八七〇年から第一次世界大戦前夜までの間、工業生産指数の伸びにおいて最も高かったのはアメリカであり、つづいてドイツであった。この時期、イギリスの工業生産は低迷の色を濃くした。二〇世紀に入って以降、工業生産能力を顕著な速度で蓄積したのは日本とロシア（ソ連）であり、第一次大戦以後における両国の工業生産指数の伸びは他のすべての西欧諸国のそれをうわまわった。中心から周辺へと向かうインダストリアリズムの波及は、その過程を通じて「工業生産能力の世界的再配置」を帰結したのである。

インダストリアリズムの波及——現代

アジアNIESの発展過程における何よりも大きな特徴は、短期間に実現された高度経済成長である。資本主義世界における最後進は長らく日本であり、第二次世界大戦後における日本の経済成長率は、いずれの先発資本主義国の歴史的経験に比較しても高い。しかし、一九六〇年代初頭に開始されたアジアNIESの経済成長は、実に日本のそれをもうわまわるものであった。韓国や台湾における工業成長率、投資増加率等のマクロ指標は、いったんこれが上方に向かい始めるや、日本のそれよりも鋭い上昇カーブを描いた。

一国の経済成長を促進する最も基礎的な要因は、機械、設備、工場、港湾、鉄道、道路など一国の生産活動を支える資本ストックが投資を通じて年々蓄えられていくこと、すなわち資本蓄積にある。韓国ならびに台湾の一九五〇年代初頭以降における投資額の国内総生産に対する比率、すなわち投資率に注目してみよう。日本を含む三国の同比率を示したものが、図Ⅲ-1である。ここからわかるように、韓国、台湾の投資率は一九六〇年代の中頃に始まり、その後の一〇年間に及ぶ激しい上昇の結果、一九七〇年代の中頃には日本のそれとほぼ肩をならべるまでになった。この間の両国の実質投資額の年平均増加率は、それぞれ韓国二〇％（一九六四―七四年、一九七五年不変価格）、台湾一七・〇％（一九六四―七五年、一九八一年不変価格）であった。一九八〇年以降の台湾の投資率が大きく減少しているのは、この国の輸出の著しい拡大によって、国内総生産に占める投資のシェアが下がったことの反映である。

図Ⅲ－1　日本・韓国・台湾における国内総固定資本形成の対 GNP*比（経常価格）

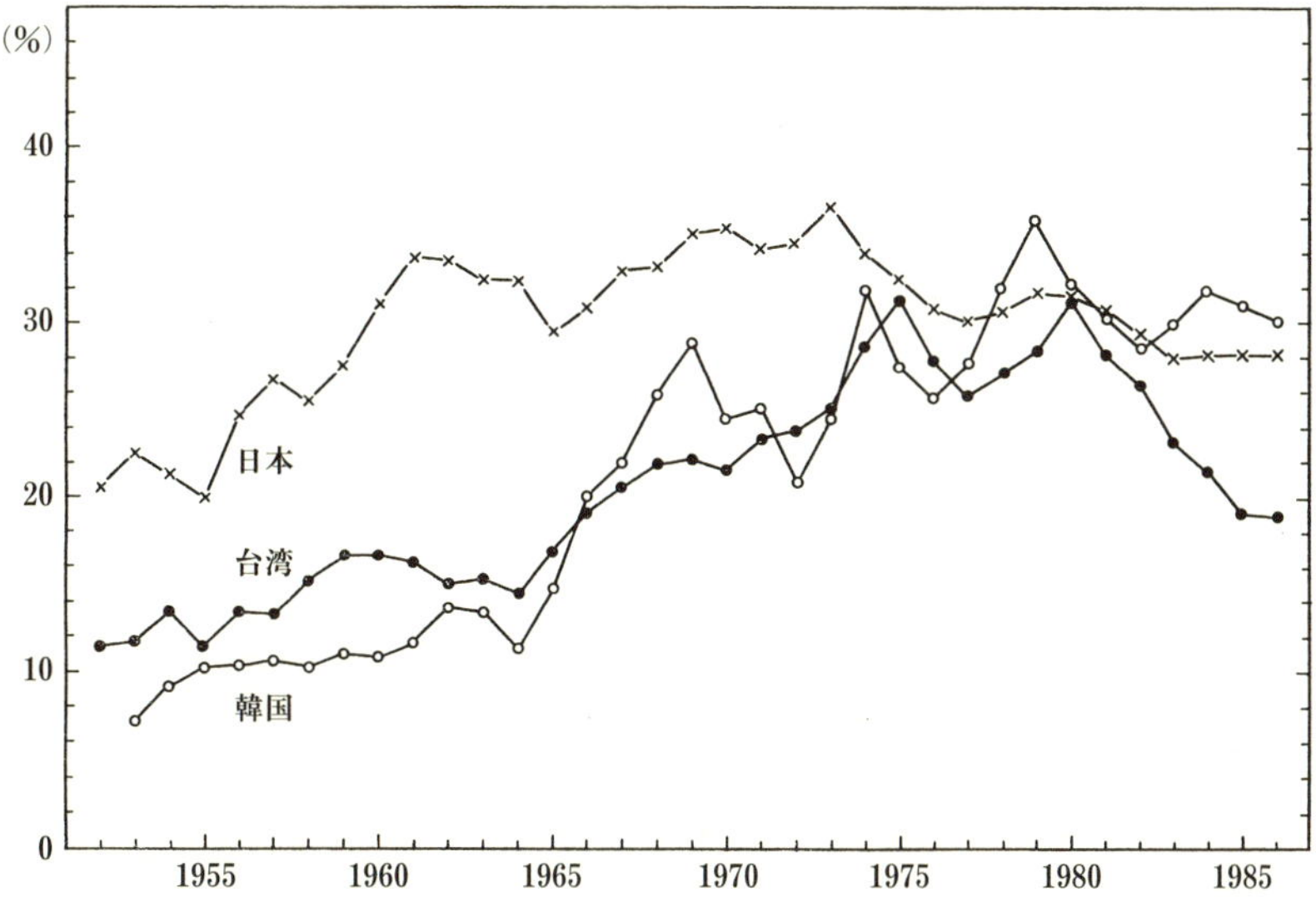

（注）　＊台湾は対 GDP 比。
（資料）　UN, *Yearbook of National Income Statistics*, New York.

こうした投資率の上昇はとくに工業部門において激しく、それにともなって高度工業成長が発生した。高い工業成長率を反映して、韓国、台湾の国内総生産に占める製造業生産高の比率すなわち工業化率は、一九五三年のそれぞれ九%、一一%から、一九六二年の一四%、一七%、一九七二年の二二%、三二%を経て、一九八六年には三一%、三九%に達した。一九八六年における日本の同比率は三〇%であり、この点でも韓国、台湾は日本と同水準にいたった。

平均的な工業化率が高まったというにとどまらない。重化学工業化を通じて工業構造を高度化させていく速度においても、韓国、台湾の両国は先発国よりも格段にはやい動きをみせた。重化学工業化の指標として、ホフマン比率すなわち重化学工業部分付加価値に対する軽工業部門付加価値の比率をとりあげ、韓国のこの比率の低下が先発国の歴史的経験に比べて三倍から四倍の速度をもったことについては、すでに第Ⅰ章で述べた。台湾のホフマン比率の低下

表Ⅲ－1　世界各国・国グループの工業製品輸出シェア

（全世界輸出＝100）

		1965	1975	1984
工業製品全体	日本	8.01	11.16	15.73
	アジア NIES	1.67	3.42	8.80
	ASEAN 諸国	0.08	0.45	1.26
	アメリカ	17.65	14.57	13.55
	EC 諸国	39.55	40.14	33.81
機械	日本	6.71	12.34	21.70
	アジア NIES	0.53	1.87	6.70
	ASEAN 諸国	0.01	0.20	0.73
	アメリカ	24.15	19.58	17.64
	EC 諸国	39.37	38.29	29.71
電機・電子機械	日本	9.62	13.44	27.10
	アジア NIES	1.07	5.29	13.35
	ASEAN 諸国	0.01	0.36	2.40
	アメリカ	21.05	16.63	17.28
	EC 諸国	42.12	39.22	24.18
鉄鋼	日本	15.97	24.57	24.69
	アジア NIES	0.63	1.03	5.50
	ASEAN 諸国	0.01	0.03	0.14
	アメリカ	7.83	5.94	2.39
	EC 諸国	51.55	47.80	41.07

（資料）　UN, *Yearbook of International Trade Statistics*, New York.

速度もまた韓国とほとんど軌を一にしている。

重化学工業部門の中核的産業である鉄鋼業において、その発展速度は一層めざましい。一八八〇年を前後する時点で粗鋼年産一〇〇万トンからスタートしたイギリスとドイツが一、五〇〇万トンの生産規模を達成するのに要した期間は、それぞれ六〇年と五四年である。もっとも急速な粗鋼生産能力の拡大をみせたアメリカと日本ですら、それぞれ二四年と三四年という期間が必要であった。これに対して、韓国と台湾はわずか一〇年を少しこえる短期間にこの巨大生産規模に達することが予想されている。両国は先発国鉄鋼産業の発展過程を、確かに「圧縮」しているのである。

高い工業成長率と重化学工業化を通じてアジアＮＩＥＳに工業生産能力が蓄積されるとともに、工業製品の輸出能力も次第に強化され、先進世界との国際競争力格差もまた縮小してきた。実際のところ、ＮＩＥＳが達成した工業製品輸出増加は、過去の先進世界の経験に例をみない高率であった。ＮＩＥＳは、強い競争力をもって先進国市場の懐深く侵入し、その市場を占有してきた先進国への追撃を開始したのである。表Ⅲ－1に注目されたい。日本は一九六五年以降の二〇年間において、世界の工業製品輸出に占めるシェアを八・〇一％から一五・七三％へと二倍に近く増加させたが、ＮＩＥＳは一・六七％から八・八〇％へと実に五・二七倍の激しい増加をみせた。市場シェアはいまだ小さいとはいえ、ＡＳＥＡＮ諸国のシェア拡大速度も顕著である。これと対照的にアメリカとＥＣ諸国のシェアははっきりと後退している。この傾向は機械のような高度技術産業においてもみられ、電気機械において一層顕著である。鉄鋼においてもまた傾向は同じである。

アジアＮＩＥＳにおけるこうした工業生産・輸出能力の拡大は、先発国に発するインダストリアリズムの波及によって促されたものであり、彼らが享受しえた後発性利益は大きい。ＮＩＥＳは日本に代位して新たに資本主義先進世界の最後尾に位置したことにより、先進技術や資本さらには企業経営能力までをも豊かに導入しえたのである。それがゆえにＮＩＥＳは、技術の開発や資本の蓄積に要する歴史的時間を圧縮しつつ、高度経済成長経路にのることができた。ＮＩＥＳの経済成長のよってきたるゆえんをこのように眺めるならば、これら諸国はかつてガーシェンクロンが描写した一九世紀ヨーロッパ世界における後発国の経済発展と基本的には同様の経路をたどったとみなすことができよう。ＮＩＥＳの享受した後発性利益は、一体どのように理解されるべきであろうか。

後発性利益とアジアＮＩＥＳ

第二次大戦後の世界市場は工業製品の自由貿易が顕著に進んだ時期であり、しかも貿易商品の範囲が最終財から中間製品・資本財にまで及んで、ありとあらゆる工業製品が国際貿易の世界に組みこまれた時期として特筆されよう。先進諸国が資本財の巨大な生産能力と輸出能力を有するに至った現代の世界において、後発の国ぐには資本財産業の欠落を輸入を通じて満たしていくことが、かつてに比べてより容易になったのである。産業技術は、

表Ⅲ－2　西太平洋諸国における国内生産の支出別構成（経常価格）

（単位：％）

	消費		投資		財•サービス輸出		財•サービス輸入	
	1960年	1986年	1960年	1986年	1960年	1986年	1960年	1986年
インドネシア	92	76	8	26	13	21	13	23
フィリピン	84	81	16	13	11	25	11	19
タイ	86	75	16	21	17	27	19	23
マレーシア	72	68	14	25	54	57	40	50
シンガポール	103	60	11	40	163	123	177	123
香港	94	73	18	23	82	112	94	108
韓国	99	65	11	29	3	41	13	35
台湾	87	64	20	17	11	60	18	41
日本	67	68	33	28	11	12	11	8
アメリカ	81	85	19	18	5	7	5	10
先進国	78	79	21	21	12	17	11	17

（資料）　World Bank, *World Development Report*, New York.

何よりも資本財の中に「体化」されて移転する。

すなわち現代の開発途上国が享受した後発性利益の第一は、資本財の輸入を通じて先進技術を豊富に導入しうるという事実のなかにある。このことは第Ⅰ章でも指摘したが、もう一度述べればこうである。資本財の自給能力において劣る開発途上国の場合、投資は先進国から資本財を輸入することによって可能となる。資本財の輸入によって可能となった投資は、それに体化された先進技術を通じて生産性の向上と輸出競争力の強化をもたらし、かくして拡大する輸出が再び資本財輸入能力と投資を強化する、という「拡大循環メカニズム」を帰結するのである。アジアＮＩＥＳはこのメカニズムを齟齬なく展開させることによって資本蓄積を進め、新技術を次つぎと導入していくことができた開発途上国の一典型にほかならない。

表Ⅲ－2にみられるとおり、アジアＮＩＥＳにおける輸出比率（輸出額／国内総生産）の上昇はきわだっている。韓国、台湾の輸出比率は、一九六〇年から一九八六年の間に、それぞれ前者は三％から四一％へ、後者は一一％から六〇％へと著増した。こうした輸出拡大は同時に輸入能力の拡大であり、同表にみられるように輸出比率の増加は輸入比率（輸入額／国内総生産）の大きな増加をともなっている。輸入の拡大速度はしばしば輸出のそれをうわまわって、貿易収支の赤字を恒常化させることのほうがむしろ一般的であった。実際のところ韓国は、あのめざましい輸出拡大にもかかわらず、輸入拡大の速度がさらにそれを上まわり、一貫して大きな貿易赤字額を累積させてきた。韓国が貿易収支を黒字化したのは、ようやく一九八六年においてであった。輸入の中心は資本財であり、かくして投資が進む。

アジアＮＩＥＳにおける投資率（投資類／国内総生産）の増加は、輸出率のそれに劣らない。彼らの投資率は、この二十数年の間に先進国の平均水準二一％をこえて、日本の水準二八％に近づいており、韓国とシンガポールは日本の水準を凌駕している。すなわちこれら諸国の高度経済成長は、「輸出志向工業化」のゆえばかりではない。輸出と投資のふたつが、高度技術を体化した資本財の輸入を通じて相互に補強し合う拡大循環メカニズムを想定しなければならないのである。ＮＩＥＳの輸出志向工業化という用語法は、発展のこうした内的メカニズムを包摂した概念として新たに設定される必要がある。そしてこのメカニズムを経由することによって、先発国のインダストリアリズムはＮＩＥＳの経済に「内部化」されていったということができよう。

ついでながら、アジアＮＩＥＳの資本財の輸入先として傑出した位置にあるのが日本であったことをつけ加えておこう。ＮＩＥＳは、産業構造における資本財部門における欠落を、日本からの供給によって満たしつつ経済成長と輸出拡大を持続することができたのであり、かくして彼らが享受しえた後発性利益は大きい。他面からすれば、日本はアジア諸国の工業化に対して資本財の重要な「供給基地」として機能してきたということもできるのであるが、この点については次章で再び論じる。

ところでアジアＮＩＥＳの輸出が高い増加率をみせたということは、海外諸国がその製品を大きく需要したからにほかならない。実は、韓国、台湾などのNIESが急速な輸出志向工業化を開始した一九六〇年代初期から一九七三年の石油危機に至る十数年間は、先進諸国経済の「同時的拡大期」であり、いずれの先進国も資本主義世界二〇〇年の歴史のなかでまれにみる旺盛な活力を顕示した時期であった。先進国の経済成長率はかつてないほどに高く、貿易の成長率はさらにそれをうわまわって、各国の貿易依存度は相当の速度で上昇していった。輸出志向工業化によって経済成長を開始したNIESにとって、対外環境条件はこの時期実に恵まれたものであった。

先進国は高度経済成長過程で次つぎと新しい成長産業を生み出すとともに、衰退化する産業もまた少なくなかった。衰退化した産業の諸資源を成長する産業が吸収しながら、産業構造の高度化をつづけていったのである。高度成長がつくり出した労働市場の逼迫化が賃金上昇をもたらし、それがゆえに苦況に陥った労働集約財部門が衰退産業の代表である。アジアNIESの輸出志向工業化を主導した製品は、当初、低賃金労働力を武器とした繊維製品、雑貨類、電気製品などの労働集約的製品であり、彼らは衰退化した先進国の同産業の「すきま」に参入していくことが可能であった。NIESは、先進国市場の拡大と産業構造の変動からも多くの後発性利益を享受しえたのである。

アジアNIESは外国資本の受入れを通じてもまた、後発性利益を受けることができた。韓国の国内投資における外国資本の寄与については、すでに前章の図I－2に示した。改めてそれを確認されたい。台湾の国内投資に占める外国資本の寄与をみたものが図Ⅲ－2である。韓国ほどではないまでも、しかし一九六〇年代初期までのその比率は、四〇％前後の水準を維持した。

ロストウの「離陸」条件の第一は、一国の投資率が五％未満の状態から一〇％以上の状態へ飛躍的に増加する、というものであった。韓国は、この条件を二〇—三〇年を要したとされる先発国の歴史的経験よりはるかに短く、朝鮮動乱後の数年間で満たしてしまったようにみえる。この事実の背後に、さきの図I－2にみられたような外国資本の大きな寄与があり、高度の投資率はこれがあって初めて実現されたという点に改めて注目したい。台湾の場合には、一九五二年国民党の台湾政府成立時点で国内投資率はすでに一〇%ほどであり、このことは台湾の国内貯蓄率が韓国に比較して、当初からより高い水準にあったことを示す。にもかかわらず、アメリカ援助の大

図III－2　台湾の総投資に占める国内資本と外国資本

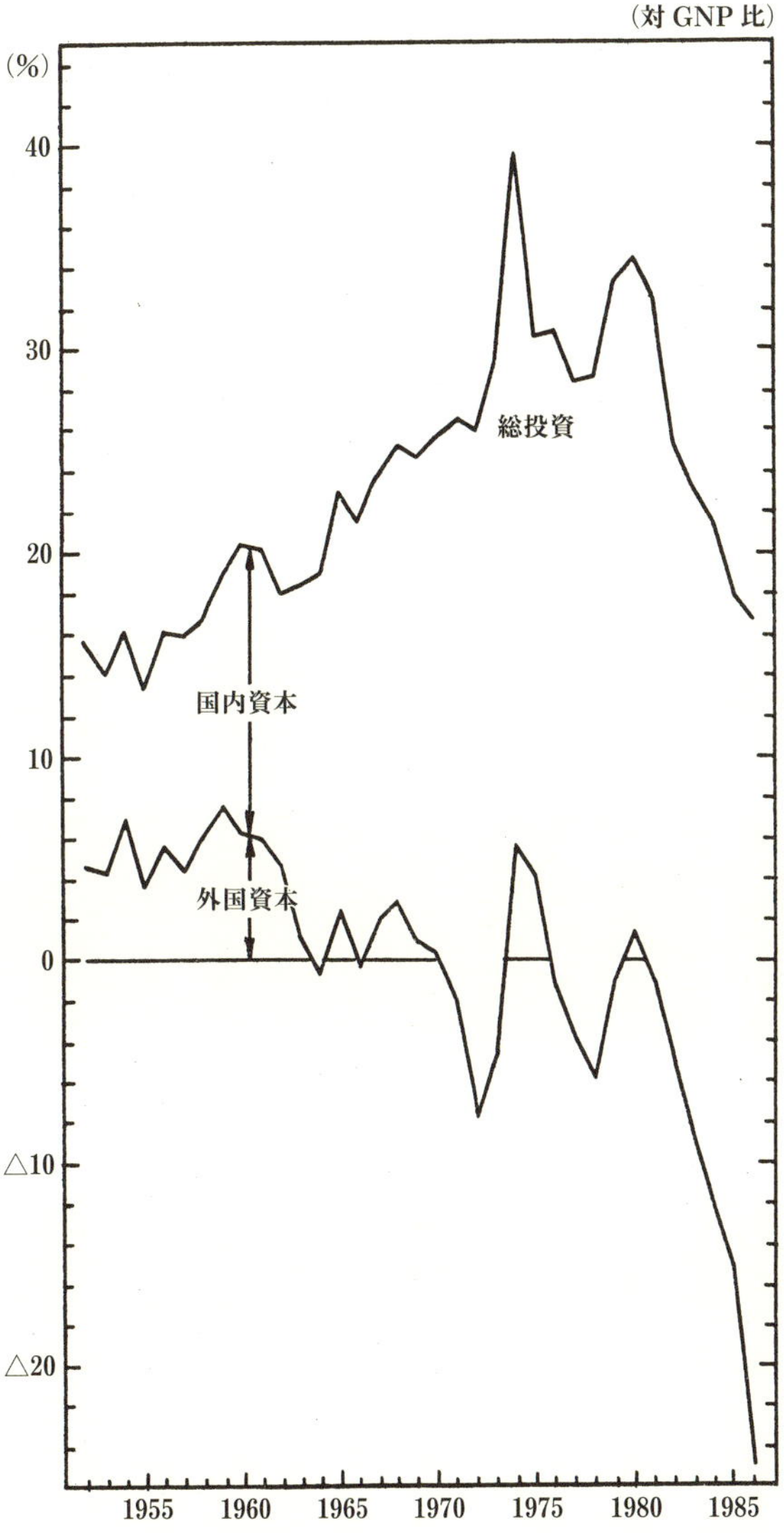

(資料)　Council for Economic Planning and Development, *Taiwan Statistical Data Book*, Taipei.

量投入を通じて実現された投資の拡大には顕著なものがある。

こうして韓国、台湾の場合、国内投資に対する外国資本の初期的貢献は、きわだって大きいものがあった。しかしその貢献は両国のいずれにおいても時間の経過とともにはっきりと低下傾向にある。図I－2、図III－2は、韓国と台湾のいずれにおいても一九七〇年代中頃と一九八〇年前後のふたつの石油危機時にどこの非産油開発途上国でもみられた外国資本の大規模流入期を別にすれば、投資率が急速な拡大をみせる一方で、外国資本への依存度がかなりの速度で減少に向かっていることを如実に示している。そしてこのことは、両国が外国資本を積極的に導入して拡張主義的経済運営を試み、そうすることによって達成した高度経済成長のもとで投資資源を国内に次第に豊富に蓄積することができた、という事実を反映している。

この点で台湾の事例は劇的ですらある。アメリカの援助は、台湾経済の自立化を確認したうえで一九六五年に打切られた。その後流入する外国資本の中心は借款、ならびに日本、アメリカ、海外華人からの直接投資へと変化し、その量も相当規模に及んだものの、しかしこの外資流入額を台湾からの海外資本進出、過去の借款の元利返済や利潤・配当送金などの流出額がうわまわって、二度の石油危機時以外台湾への外資純流入はマイナスである。台湾の国内貯蓄は国内投資を完全にこえ、今日貯蓄超過を「構造化」させたとみることができる。台湾の経済発展にとって、外国資本はもはや「限界的」な意味しかもっていない。台湾は外国資本による初期的インパクトを「内部化」し、後発性利益をすでに自家薬籠中のものとした開発途上国の典型例としてこれをみることができよう。

外国資本のうち、開発途上国が享受しうる後発性利益という視点からみてとくに重要性をもつのは、外国民間企業による直接投資である。なぜならば直接投資とは、単なる資本、あるいは単なる技術の移転ではない。直接投資を通じて開発途上国に移転されるのは、資本や技術を有効に組織化する企業経営の主体や能力それ自体である。外国民間企業は直接投資を通じて、資本、技術はもとより、企業者的職能をも含む、要するに企業経営能力の全体をいわば「パッケージ」として受入国にもちこむのである。

外国民間企業の開発途上国への移転が、現在これほどまでの規模で発生しているのは、なぜであろうか。実はこのことは、現代における産業技術の進歩が、例えばエレクトロニクスなどに典型的にみられるようにまことに急速であり、したがってまたある一定の技術知識を体化した商品が生成し、成長し、成熟し、さらに衰退に向かうという一連のライフサイクルが、旧来の世界に比較して格段にはやいという事実に関係している。

高度技術商品は、強い技術開発力をもつ最先進国で生成する。図Ⅲ－3は、この技術開発国の特定高度技術商品の生産費P、生産量Q、純輸出NE（輸出マイナス輸入）が、時間の経過とともにどう変化するかを示したものである。高度技術商品Xは、当初は技術開発国の少数の国内企業によって独占的に生産・販売される。ここでの生産費はかなり高く、XP_1の水準にある。そのために生産量もXQ_1にとどまり、しかもこれは国内市場向けであり、輸出はまだ発生しない。しかし、新技術のこの「生成期」を過ぎてt_1以後の時期になると、次第に他の国内企業、つづいて比較的高い技術力をもつ後続先進国の企業がこの商品生産に携わり始め、大量生産・販売が一般化する「成長期」を迎える。すなわち生産量はXQ_1からXQ_2へ向けて増加し、大量生産による「規模の経済効果」を通じて、生産費はXP_1からXP_2の方向へ次第に低下していく。同時に輸出もNE_1からNE_2へと急増を開始する。

新商品が生成し、成長するこの段階では、生産の優位性は技術開発国にとどまるものの、後続先進国において国内生産が開始される結果、技術開発国の後続先進国に対する輸出は頭打ちから減少に転じる。技術開発国の生産量自体は増加をつづけるが、純輸出量はピークをこえる。大量生産の過程で技術は標準化され、商品も世界市

図Ⅲ－3　プロダクトサイクルの概念図

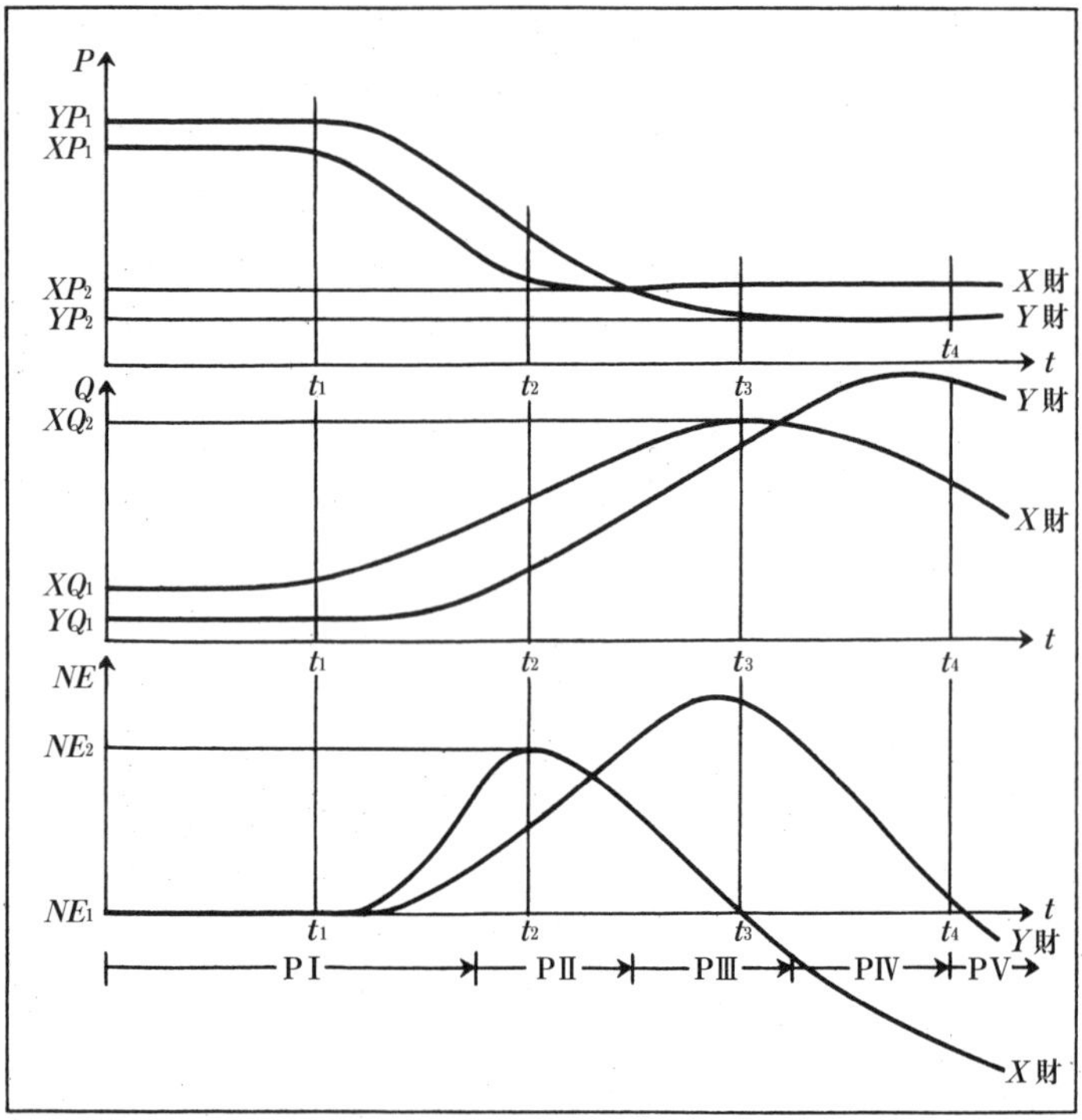

PⅠ：生産のすべてがアメリカで行われ，輸出もすべてアメリカに発する。
PⅡ：ヨーロッパで生産が開始され，アメリカの輸出はもっぱら開発途上国に向けられる。
PⅢ：アメリカの開発途上国向け輸出が，ヨーロッパにとって代わられる。
PⅣ：ヨーロッパがアメリカに輸出を開始する。
PⅤ：開発途上国がアメリカに輸出を開始する。

場における一般的なものとなる。t_3以後の「成熟期」に達すると、後続先進国による技術開発国への輸出が始まり、後者の国内生産自体も減少して、純輸出はマイナスとなる。この段階にいたるならば、後続先進国のみならず、開発途上国もまた容易に商品生産を試みることができるようになる。さらに技術の「標準化」が進んでいくと、こんどはむしろ開発途上国の未熟練・半熟練労働者の低賃金が、生産の優位性を決定づける最大の要因となる。完全な標準品となれば、マーケティング能力もそれほど必要とはされない。技術開発国は後続先進国からではなく、開発途上国から輸入するようになり、国内生産の減少傾向は加速する。

同図のPI～PVは、右に述べた時期を特徴づけたものである。そしてPIからPVへの移転は、実は技術開発国の民間企業が、技術の生成期、成長期、成熟期への変化にともない、海外直接投資を通じて生産拠点をより後発の国ぐにに移動させるという行動様式をとることによって生じる、という点がここでの主要論点にほかならない。そしてこの行動様式自体が、新商品のライフ・サイクルを短縮させる大きな要因となる。生産と販売の立地点を後発国に移動させ、もって技術開発国自らはより高度の別の技術集約的商品Yの生産を開始し、これを輸出するという道を再びたどるのである。ヴァーノン流のプロダクト・サイクル論は、こうした生産費、生産量、輸出、海外投資と技術ライフ・サイクルとの関連を解明した画期的成果として知られる。このようなプロダクト・サイクルを通じて、後発の国ぐにには先発国企業の直接投資を受入れ、そうして新しい技術知識を次つぎと導入していくという後発性利益を享受することができるのである。

韓国、台湾は先進国からの海外直接投資の導入を通じて、しばしば「国際的下請け」として特徴づけられる、ある種の「従属的」な工業化を展開してきた。実際のところ、技術的蓄積が浅いままに出発した両国が、その技術の多くを先進国企業に依存してきたのはいたしかたない。長らく韓国、台湾の輸出志向工業化をになった中心的商品は、合繊を中心とした繊維製品、電気・電子部品ならびに製品であった。これらの生産のための戦略的立地点である輸出工業団地に導入された生産主体の多くが外国民間企業であり、その技術は本国親企業の技術もしくはその技術体系の一分肢であった。

しかしこれらの初期的導入技術は、すでに韓国、台湾に完全に定着したとみられる。のみならず韓国、台湾のメーカーは、繊維産業などの労働集約的部門についてはＡＳＥＡＮ諸国への、電気・電子産業、自動車産業などのより技術集約的部門については欧米諸国への企業進出を目下相当の規模で試みつつある。鉄鋼や石油化学など最新の技術が設備に体化されているために技術の移植が比較的容易な産業においても、両国は積極的な外資導入に努めてきた。そしてこの二部門は、現在の韓国、台湾の輸出主力産業となった。さらにまた、技術的蓄積の相違による「製品差別化」が困難であり、したがって価格競争力が有効性をもつような産業、例えば造船などにおいても技術導入は有力であった。合繊、電気・電子部品ならびに同製品、鉄鋼、石油化学、造船など韓国、台湾の輸出志向工業化をになった産業は、いずれも先進国の技術と資本を導入しつつ、しかもこれを有効に吸収・定着していくプロセスをたどり、こうして生まれた強い国際競争力によって経済成長を牽引してきたということができる。

先発国のインダストリアリズムの波及を受けつつ急速な発展過程を歩んだアジアＮＩＥＳの経験をこのように眺めるだけでも、自由な貿易システムを堅持し、資本移動と技術移転の自由を保障することが開発途上国の開発にとっての要件であることが理解されよう。そして同じ事情を裏からいえば、開発途上国もまた後発性利益を豊富に内部化するための政策体系の創造に努めなければならない、ということになる。自立経済の確立と民族資本の育成をスローガンとして、開発途上国はしばしば保護主義的工業化政策と外資排除政策を採用してきた。しかしこうした政策は、国際市場にうずまく後発性利益享受の可能性を自らの手で放擲《ほうてき》し、結局のところ自立的な民族経済の達成それ自体をも危うくせざるをえなかったのである。

アジア成長の複数軸構造

アジアＮＩＥＳの高成長はすでに「歴史的事実」だと考える人びとでも、東南アジア諸国のこととなると、長い植民地支配の過程でモノカルチュア型経済を定着させてしまった農業国であり、工業化のための組織や制度、何よりも人的能力において劣る開発途上国だというイメージがぬぐいがたく強いようにみえる。韓国や台湾の工業的興隆を眼のあたりにすれば、南北問題ふうの世界観はやはりどこかおかしいとは思う。しかし、話が東南アジアに及ぶや、やはりここは南北問題が厳として存在する世界だと思いこんでしまう。そもそもわれわれは、二分法概念が好きなのである。あちらはいいのだが、こちらはだめだといった話は、俗耳に入りやすい。

しかし既出の表Ⅲ－2をもう一度眺めてみよう。この表によるかぎり、アジアＮＩＥＳとＡＳＥＡＮ諸国のマクロ・パフォーマンスの間に「非連続的」な差異があるようにはみえない。すなわちＡＳＥＡＮ諸国にもまた、ＮＩＥＳに高成長をもたらしたのと多分に同じ種類の輸出・投資拡大循環メカニズムを想定することができるのである。何よりも注目されるのは、この二〇年間ＡＳＥＡＮ諸国においても投資率が相当の上昇を示したことである。そして一九八六年において、フィリピンを除くすべてのＡＳＥＡＮ諸国が先進国の平均的投資率二一％をうわまわった。

機械設備を初めとする資本財の生産基盤をいまだ十分には備えていないこれら諸国が、国内投資をこれほどまでに増加させるためには、資本財を先進国から輸入してこれを進めるよりほかない。輸入をまかなうためには、いうまでもなく輸出が必要である。輸出比率の伸びは、同表にみられるごとくいずれの国でも大きい。しかも近年ＡＳＥＡＮ諸国の輸出構造は急速に高度化しつつある。これら諸国はいずれも植民地支配のもとで一次産品輸出経済としての体質を定着させ、それがゆえに当初輸出は食糧や工業原材料などの一次産品が中心であった。しかし、ＡＳＥＡＮ諸国における工業製品の輸出比率はこのところ顕著な上昇を開始し、一九八六年における輸出総額に占める工業製品輸出の比率は、タイ四二％、マレーシア三七％、インドネシア二一％、フィリピン六〇％である。産油国であるインドネシアを別にすれば、すでにかなりの比率に達していることがわかる。実際のところ、一九六五年の同比率は、それぞれタイ五％、マレーシア六％、インドネシア四％、フィリピン五％であったのであるから、この間のＡＳＥＡＮ諸国における変化がいかにめざましいものであったかが理解されよう。

ＡＳＥＡＮ諸国はこれほどまでに高度の投資率と輸出工業化率を達成し、しかもこのパフォーマンスを二〇年以上にもわたって持続してきたのである。その成長が「偶然的」であろうはずはない。ＡＳＥＡＮ諸国の経済成長を支えたメカニズムは、これを正当に評価しなければならない。

そして実は、アジアＮＩＥＳによる日本への追跡という事実に加えて、ＡＳＥＡＮ諸国がＮＩＥＳを追跡するという新しい事実が動き始めたのである。ＡＳＥＡＮ諸国は、西太平洋における「第三の波」にほかならない。日本、アジアＮＩＥＳ、ＡＳＥＡＮ諸国の工業発展段階の間には、今日、もはやかつてのような深くこえがたい溝はない。むしろ西太平洋地域は、先進から後進へと「連続的な差」をもって比較的なだらかに連なり合う特有な経済空間として特徴づけられることになった。その意味で、日本とアジア諸国との間に、韓国、台湾、香港、シンガポールなどのＮＩＥＳと呼ばれる中間的な「成長核」が形成されたことの意味は、ことのほか大きい。西太平洋地域は、ＮＩＥＳが日本を追い、そのＮＩＥＳをＡＳＥＡＮ諸国が追うという「重層的追跡関係」をもった動態的な経済空間として構成されているのである。

図Ⅲ－4　西太平洋諸国における機械産業国際競争力の重層的追跡

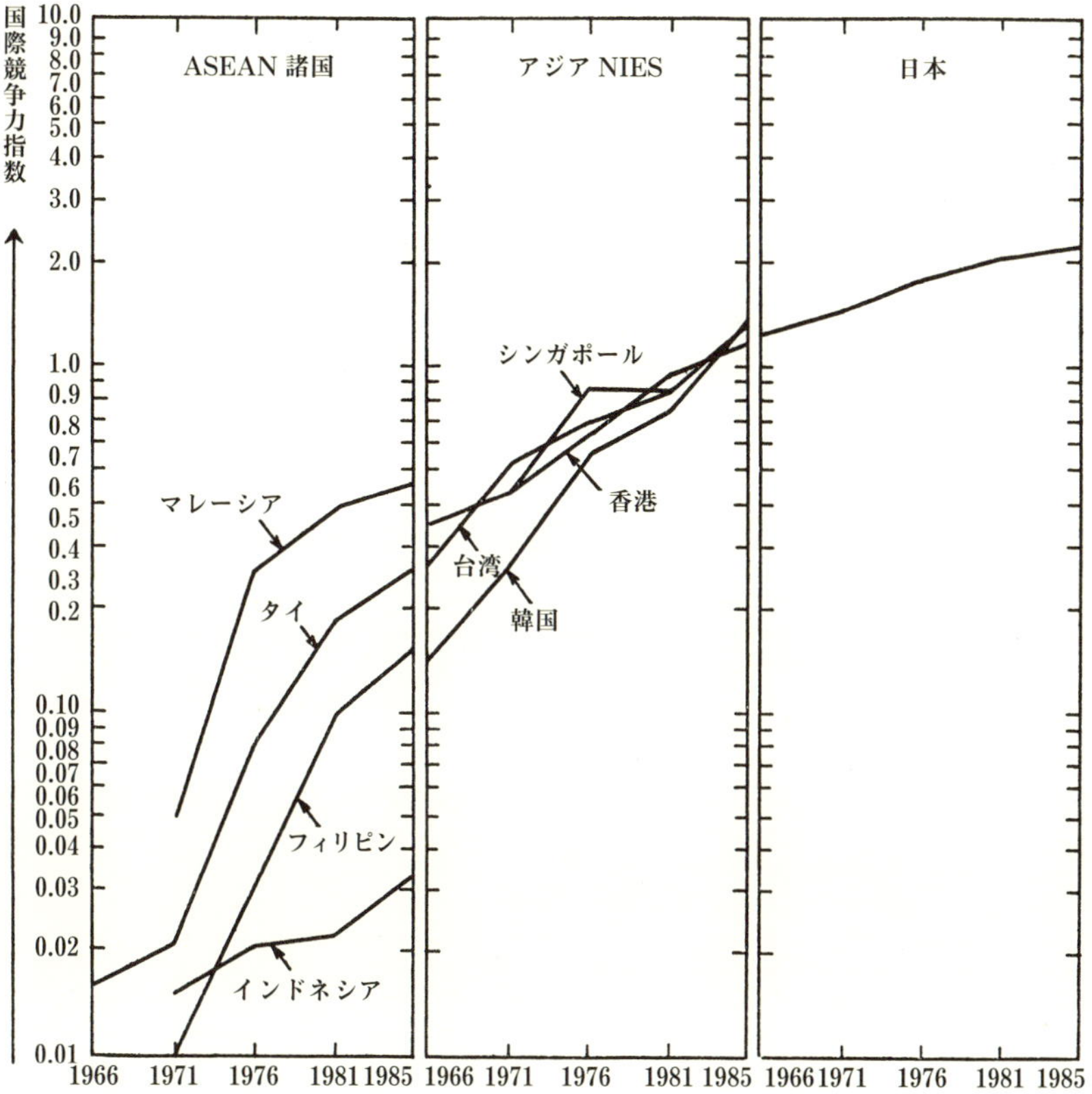

（注）　h国i商品の国際競争力は（E^i_h/E_h）/（W^i/W）であらわされる。E^i_hはh国i商品の輸出額，E_hはh国の輸出総額，W^iは世界のi商品輸出額，Wは世界の輸出総額である。この指数が1.00をこえた場合にはh国i商品の国際競争力は世界の平均を上回り，1.00を下まわったときには平均より低い。

（資料）　UN, *Yearbook of International Trade Statistics*, New York.

一国の産業技術水準を代表するものは機械製品にほかならない。図Ⅲ－4は、一九六六年から一九八五年までの日本、アジアＮＩＥＳ、ＡＳＥＡＮ諸国の機械製品の国際競争力（同図脚注参照）を計測し、それぞれを発展段階別に左から右に並べてみたものである。ＮＩＥＳが日本との国際競争力格差を著しい速度で縮小してきたこと、さらにＡＳＥＡＮ諸国がＮＩＥＳとの競争力格差を縮めつつあるこ

図Ⅲ－5　アジア NIES（韓国）と ASEAN 諸国（タイ）の国際競争力構造（1970–1985 年）

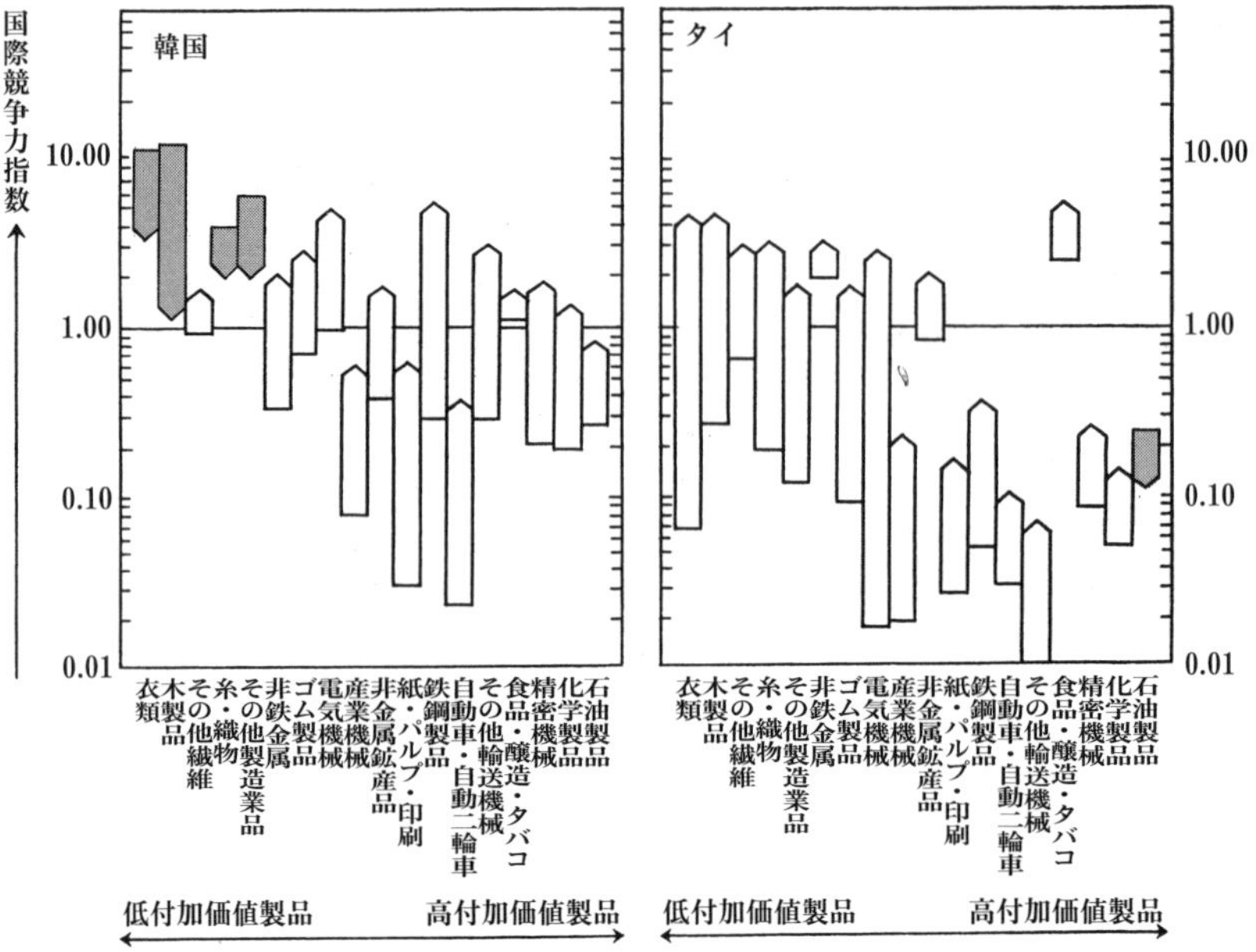

（注）縦軸は，国際競争力指数，図Ⅲ－4 と同じ。
（資料）UN, *Yearbook of International Trade Statistics*, New York.

とが観察される。かくしてこの図は、機械産業における日本、NIES、ASEAN諸国の三者の間に重層的追跡過程が発生していることをみごとに映し出している。また図Ⅲ－5は、韓国とタイを事例として、輸出商品を一人当り付加価値の低いものから高いものへ左から右に向かってならべ、それぞれの国際競争力指数の変化をみたものである。韓国は、低付加価値商品の国際競争力を低める一方、高付加価値商品のそれをかなりの速度で高度化させてきた。NIESによる先進国への追跡過程が、次第に高度の資本・技術集約財において展開され始めたことをうかがわせる。これと対照的にタイは、韓国が国際競争力を喪失させた低付加価値商品において競争力を顕著に上昇させており、この事実はASEAN諸国によるNIESへの追跡を示唆しよう。

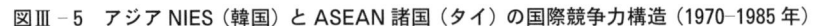

そして実は西太平洋が成長地域と呼ばれるゆえんは、ここがそのように動態的で重層的な追跡関係をそのうちに含む、特有な経済空間として形成されてきたという事実に求めることができる。すなわちこうした重層的関係のもとで、西太平洋地域の各国はそのいずれもがいつも誰かから後を追われ、それぞれが生産性の向上、工業構造と輸出構造の高度化をつねに「強要」されてきたのである。これら諸国の経済的活力は、自らをとりまく厳しい市場環境からの「挑戦」に効率的に「応戦」することによって発現されてきたのだ、ということができよう。

重層的追跡過程は、その過程の全体が将来にわたってさらに高度に展開していく可能性が強い。韓国、台湾はすでに一九七〇年代に重化学工業化の時代に入り、いまや電子、乗用車を中心としたハイテク産業における競争力強化の時代にふみこんだ。ASEAN諸国の輸出主力部門も、これまでの繊維製品に、さらに電気・電子機器、精密機器などのより高度な資本・技術集約財が加わって、多様化をみせ始めた。かくしてより後発のアジア諸国の国際市場参入を促す力がつくり出されるのである。中国はその市場参入の最有力の国にちがいない。

こうしたアジアNIESとASEAN諸国の間の比較優位構造のダイナミックな追跡的変化のもとで、NIESの生産・貿易構造の一層の高度化が促進されるとともに、両者の間には強い補完的関係が発生していくであろう。NIESとASEAN諸国との間の補完的関係を進捗させてきたのは貿易だけではない。むしろこの背後にあって補完的関係を強化する役割を果たしているのが、NIESの対ASEAN諸国投資である。

ASEAN諸国に対する投資国は、現在日本やアメリカなど先進国のみにかぎられない。アジアNIESは労働集約財において次第に優位性を失い、自らは資本・技術集約財の生産に重点を移行している。そしてNIES自身がその労働集約財の生産拠点を、より賃金の低い近在のASEAN諸国に移すという行動様式をとり始めていることが注目される。実際のところ、NIESの対インドネシア、対マレーシア、対フィリピン、対タイの直接投資残高は、同諸国に対する日本の直接投資残高のそれぞれ三一%、四三%、三〇%、四六%に達した。この比率はこんごなお増加していく可能性が濃い。

西太平洋地域における分業関係は、日本とアジアNIES、日本とASEAN諸国という、日本を中心とした関係においてだけでなく、NIESとASEAN諸国との間においても急速な展開をみせ、これら三つの国・国グループが真に有機的な連関をもつ成長地域たることが期待されているのである。加えてもうひとつの注目すべき事実は、韓国、台湾と中国とのここしばらくの貿易・投資を通じての経済交流の進展ぶりである。こうしたアジア諸国相互間の貿易・投資関係における近年の特徴的な動きについては、次章でもう少し詳しくみることにしよう。

アジアNIESは、生産・貿易構造を高度化しつつ、アジアにおける新しい「成長軸」として登場してきた。アジアにおける成長軸は今日もはや日本のみではない。NIESがもうひとつの成長軸として加わり、アジアは成長の「単軸構造」から「複数軸構造」の地域へと変容し、そうすることによって全体として強い成長誘発関係をもつ地域になったということができるのである。

第Ⅳ章　西太平洋の時代

「成長地域」としての西太平洋

現代産業技術文明の重心は、いま確かに大西洋諸国から太平洋諸国へ、わけても太平洋の西縁諸国へと向かって移動しつつある。一九六〇年代の初頭に始まり今日にいたるアジアＮＩＥＳの経済成長率は、世界の諸地域のなかでも最高であった。ふたつの石油危機をはさんで厳しい経済的低迷状況にあった一九七〇年代において、ＡＳＥＡＮ諸国の経済成長率は加速した。中国もまた一九七〇年代の後半、ようやくにしてあの巨大な体軀を動かし始めた。全体として足腰の弱くなった先進諸国のなかにあって、日本のみはなお劣えぬ活力をもって世界経済に君臨している。

この地域諸国はとくに工業成長率において高く、短い間に工業生産能力を著しい速度で蓄積してきた。工業生産能力の蓄積は、つづく時期に輸出能力を強化した。そして日本、アジアＮＩＥＳ、ＡＳＥＡＮ諸国を含む九つの西太平洋諸国は、世界の工業製品輸出に占めるその比率を、一九七〇年代中頃の一〇%から一九八〇年代中頃の二三%へと拡大した。太平洋の西縁へと向かう「工業生産能力の世界的再配置過程」が激しくも進行しているのである。

輸出が大きく伸びたということは輸入能力が強化されたことと同義であり、沈滞化する世界経済を需要面から下支えしている有力な地域もまた、西太平洋諸国にほかならない。世界の総輸入に占める上記九つの西太平洋諸国の輸入比率は、一九六五年の八・五%から一九八六年の一三・四%へと拡大した。かくして、これら諸国は輸出を通じて世界経済と「競合関係」をつくり出す一方、輸入を通じて「補完関係」をも強化し、要するに世界経済におけるプレゼンスを確たるものにしつつある。

顧みれば、この地域諸国は過去長きにわたって域外列強確執の場であり、自らが世界の政治経済動向を支配する力をもつことはついぞなかった。ほとんどの国ぐには列強の植民地として「帝国の辺境」に位置づけられてきた。そうした歴史的状況のもとにおかれてきた一群の国ぐにが、独立後ほどなくして世界の有力な「成長地域」を形成するにいたったという事実は、確かに画期というべきであろう。

西太平洋諸国はなお強い成長潜在力を秘めており、高い経済成長率をこんごも持続していくにちがいない。相対的に低い成長率の先進諸国相互が、拡大速度の遅い市場を奪い合うことによって深刻な経済摩擦に身を削るのではなく、豊かな潜在力をもつ西太平洋開発途上諸国の活力を一層大きく発揚させることを通じて、ここを世界経済の豊かな成長フロンティアたらしめるという新しい構図をわれわれは共有しなければならない。本章は、西太平洋開発途上国を世界の成長地域として位置づけ、その活力を世界経済再活性化の一要因とすべく、日本、アメリカ、アジアNIESが政策上の相互調整に最大限の努力を傾けるべきであるという主張を中心的なテーマとしている。

西太平洋活力の「供給者《サプライヤー》」と「吸引者《アブソーバー》」

西太平洋開発途上国の急速な経済発展を誘ったものは、先発国に発するインダストリアリズムの波及である。そして西太平洋開発途上国がこの波及するインダストリアリズムを自らの胎内にいかにして受容したかについてのわれわれの仮説は、「輸出・投資拡大循環」メカニズムであり、このことはすでに論じた。改めてその概要をまとめれば、図Ⅳ－1のごとくである。

図Ⅳ－1　輸出・投資拡大循環メカニズム

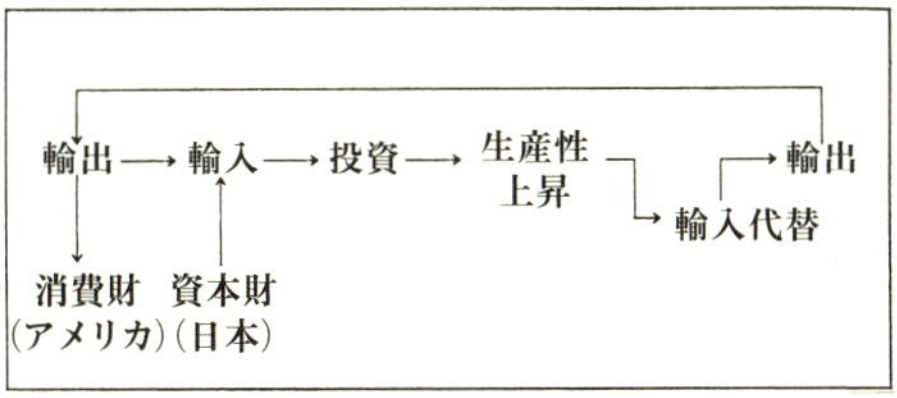

優秀ではあるが低賃金の労働力を豊富に擁する西太平洋開発途上国は、繊維を初めとする労働集約的工業製品を先進国市場に輸出し、その外貨をもって先進技術を「体化」した機械設備を輸入して投資を拡充してきた。その過程で生産性が上昇し、まずは輸入を国内生産によってきりかえる輸入代替を実現し、つづく段階で輸出拡大を可能とした。そしてこの拡大する輸出が再びより高度の先進技術を体化した機械設備の輸入と、したがって投資を進捗せしめるという拡大循環メカニズムを展開させたのである。

この地域諸国における輸出と、機械設備などの資本財ならびに中間財の輸入との密接な結びつきは図Ⅳ－2の中に読みとることができる。すなわち、ＮＩＥＳとＡＳＥＡＮ諸国における工業品輸出と資本財・中間財輸入との対前年増加率の変化をこの二〇年にわたって観察してみると、両者の間にほとんど例外をもたない強い連動がみられる。

西太平洋開発途上国は、輸出・投資拡大循環メカニズムをスムーズに進展させることによって先進技術を次つぎと導入していくことのできた典型的な開発途上国にほかならない。ところで、西太平洋開発途上国においてこの拡大循環メカニズムが滞りなく作動しえたのは、その作動を支える有効な国際的諸条件が整備されていたからだとみられる。その国際的諸条件のひとつは、図Ⅳ－2に示される。すなわち日本が西太平洋開発途上国に対する効率的な「資本財供給基地」として機能し、拡大循環メカニズムの重要な一環をになったことである。その意味で日本は、あえて命名すれば西太平洋開発途上国の経済力の「供給者《サプライヤー》」であった。さらにふたつには、広大にして多様な国内市場を擁するアメリカが西太平洋開発途上国の輸出商品を大量に吸収し、そうすることによって

図Ⅳ－2　西太平洋開発途上諸国における工業品輸出と資本財・中間財輸入との関係

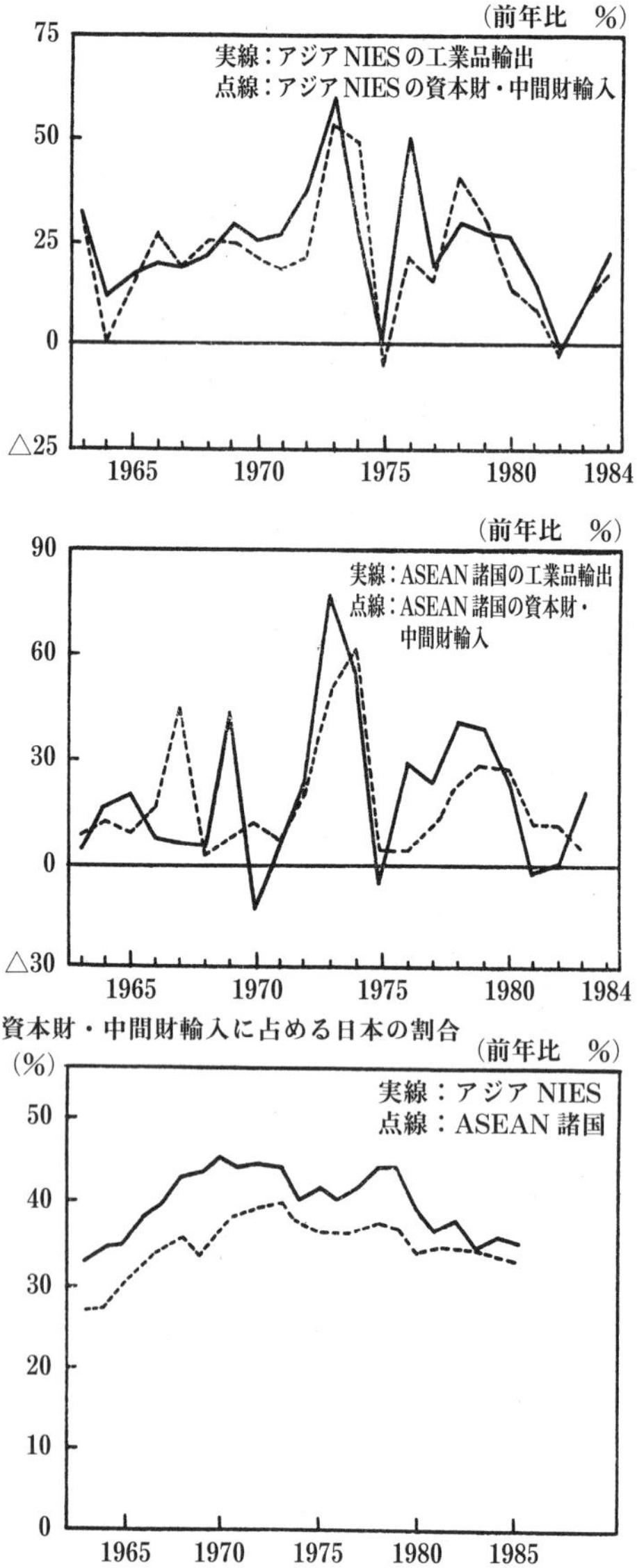

（資料）　経済企画庁『世界経済白書　1987』。

彼らの資本財と資本集約的中間財の輸入ファイナンスを可能にした。その意味からすれば、アメリカは西太平洋開発途上国の経済的活力の「吸収者《アブソーバー》」であった。

表Ⅳ－1は、アジアＮＩＥＳにおける工業製品の財別純輸出をみたものであるが、上述した事実がこの表に集約されている。ＮＩＥＳの工業製品は、一九七五年に純輸出（輸出マイナス輸入）をプラスに転じて以来、圧倒的に大きな黒字を累積化させており、この傾向は対米純輸出のなかにはっきりとあらわされている。これと対照的に、ＮＩＥＳの対日純輸出は大きな赤字である。

表Ⅳ－1　アジアNIESにおける工業製品の純輸出（輸出―輸入）

（単位：100万ドル）

		1965年	1970年	1975年	1980年	1984年
消費財	対世界	462	1,550	6,400	22,589	34,026
	対日	△ 100	△ 299	△ 401	△ 2,516	△ 3,057
	対米	265	1,261	3,319	11,479	24,188
中間財	対世界	△ 503	△ 1,297	△ 2,848	△ 3,999	△ 5,369
	対日	△ 335	△ 1,098	△ 2,756	△ 5,567	△ 6,594
	対米	△ 37	△ 47	△ 207	△ 803	453
資本財	対世界	△ 305	△ 1,272	△ 3,543	△ 8,281	△ 4,244
	対日	△ 137	△ 630	△ 1,770	△ 6,051	△ 8,191
	対米	△ 68	△ 286	△ 1,321	△ 2,394	948
合計	対世界	△ 455	△ 1,019	9	10,130	24,414
	対日	△ 646	△ 2,029	△ 4,927	△ 14,135	△ 18,443
	対米	161	929	1,792	8,281	25,590

（資料）UN, *Yearbook of International Trade Statistics*, New York.

アジアＮＩＥＳの対米純輸出の大きな黒字は消費財において発生しているが、最近年においては中間財や資本財においてもその純輸出を黒字化させるにいたった。ＮＩＥＳの対日純輸出はすべての財で赤字を計上しているものの、中間財、何よりも資本財における純輸出の赤字の規模は圧倒的に大きい。このことは、ＮＩＥＳの生産・輸出構造のなかに、日本から輸入された中間財と資本財が「ビルトイン」されていることを示す。すなわちＮＩＥＳは日本から輸入した中間財を、同じく日本から輸入した資本財を用いて組立・加工し、かくして生産された消費財を、日本にではなく、主としてアメリカに輸出するという構造を有してきたのである。

こうして西太平洋開発途上国は、日本からの中間財と資本財の供給を受けてその輸出力を大きく蓄積し、その輸出力をアメリカに向けて吐き出すことにより、輸出志向工業化を効率的に展開することができた。日本は西太平洋開発途上国活力の供給者であり、アメリカはその吸収者であった。それぞれそうした機能をもつ日本とアメリカというふたつの巨人の存在なくして、西太平洋開発途上国における工業化の拡大循環メカニズムを語ることはできない。

アメリカが西太平洋開発途上国の活力の吸収者であり、日本が供給者であったという上述した性格のちがいは、両国の海外直接投資行動の相違のなかにも反映されている。一九八〇年代に入ってアメリカ企業の海外直接投資は、アジア諸国への傾斜を一段と強め、とくに製造業のアジア向け直接投資の残高は一九八〇年末の二五億六七〇〇万ドルから一九八五年末の三五億三九〇〇万ドルへと大きく増加した。その中心が電気・電子産業であり、同産業のアジア直接投資残高は、一九八〇年の七億一〇〇〇万ドルから一九八五年の一四億八五〇〇万ドルへと倍増し、一九八五年の同地域向け製造業直接投資全体の四二%を占めた。

アメリカ製造企業の対アジア直接投資における注目すべき特徴は、対米輸出比率の顕著な高さである。一九八二年商務省ベンチマーク調査によれば、電気・電子産業の対アジア進出においてこの傾向はきわだっており、そこでは現地販売比率は一二・二%、第三国輸出比率は二一・六%であるのに対し、対米輸出比率は実に六五・二%である。シンガポール、マレーシア、台湾におけるアメリカ企業の対米輸出比率はそれぞれ七六・八%、七四・五%、七六・五%に達する。アメリカ企業の海外生産拠点からの調達いわゆる「アウトソーシング」は、一九八〇年のドル高時代に活発化したものの、ドル安時代のこの二年間も依然として活況を呈していることが注目されねばならない。アメリカ製造業のアジア進出にこのような激しさをもたらしているのは、いうまでもなく海外企業の収益率の高さにほかならない。

アメリカは、卓越した国内市場規模を擁する太平洋の巨人である。それがゆえにアメリカは、さきにも指摘したように成長する西太平洋開発途上国の輸出商品を大量に飲み込んでその活力の発揚を助けてきた。これに加えてアメリカは、一九八〇年代に入って以降西太平洋開発途上国への海外直接投資を増加させて、ここを対米輸出の一拠点とする傾向を強め、そうすることによって輸出と直結したアジア諸国の生産能力を強化してきた。このように眺めるならば、アメリカは西太平洋開発途上国活力の単なる吸収者であったのみならず、自らがアジアに出向いてそこに輸出力を創成し、これをさらに自らが吸収するという、一段と積極的な機能を果たしてきたとみることができる。

日本の直接投資もまた相当に大きい。日本のアジア向け製造業直接投資残額は一九八〇年末の四五億七一〇〇万ドルから八五年末には七五億一七〇〇万ドルへと著しい増加をみせた。しかし日本の海外直接投資の場合には、その製品の現地販売比率が圧倒的に高く、輸出比率が低いという点において、アメリカのそれとは性格を大きく異にしている。しかもその輸出のうちでも日本への輸出比率がとくに小さく、第三国への輸出比率が相対的に高いことを特徴とする。日米両国における海外直接投資のこの面での対照は、電気・電子産業において顕著であり、この部門におけるアメリカ企業の本国向け輸出の比率はさきにもみたように六五・二%あったが、日本の同比率は二一・〇%という低さにあり、また第三国への輸出比率はアメリカ企業が二二・六%であるのに対して、日本企業のそれは四一・七%という高水準にある。この面からみても、アメリカはアジアの吸収者としての性格がより強い一方、日本のそれはかなり低いということができる。しかも日本企業の第三国輸出比率においてアメリカ市場の占める比率は高く、すなわちアメリカは日本の海外企業製品のアブソーバーとしても機能している。日本の海外直接投資は、アジア諸国の活力を引出しながら、その活力を自国に吸収する力においてなお弱いのである。

以上の論点をもう一度まとめておけばこうである。日本は、西太平洋開発途上国に対する資本財供給基地として機能し、これら諸国の経済的活力を引出す重要な役割を演じてきた。他方、日本は西太平洋開発途上諸国からの輸入には輸出ほどの貢献をせず、同諸国の活力の吸収者としての役割には劣るところがあった。これら諸国の活力を引き出す日本のもうひとつの役割は海外直接投資にあったが、現地で生産された日系企業製品の多くは国内と第三国で販売され、これを日本が吸収する力においては再び劣るところがあったといわねばならない。日本の対西太平洋開発途上国貿易収支は大きな黒字である。西太平洋開発途上国の経済的活力を大きく吸収する力をもったのは、アメリカである。アメリカは一貫して彼らからの最大の輸入国であった。国内市場が広大であるというにとどまらず、近年のアメリカは自国内においては「非工業化」を進め、西太平洋開発途上国への海外企業進出ならびにその進出拠点からの商品調達を行ってきた。アメリカの進出企業は西太平洋開発途上国において輸出活力をつくり出し、その活力を再びアメリカが吸収するという形で、彼らの開発に傑出した貢献をなしてきたのである。かくしてアメリカの対西太平洋開発途上国貿易収支は大きな赤字である。

ところで、広く知られているようにアメリカの対日貿易収支は、これも圧倒的に大きな赤字である。加えて、日本は西太平洋開発途上国に対する大幅な輸出超過国であり、彼らの対米輸出商品のなかに日本の中間財・資本財がはっきりと組みこまれているとみなければならない。すなわちアメリカは、日本の商品を輸入すると同時に、西太平洋開発途上国の商品に組みこまれた日本の商品をも吸収してきた。要するにアメリカは、西太平洋諸国製品の全体を飲込む巨大な吸収者として君臨してきた。その帰結として、アメリカの対西太平洋諸国貿易収支赤字は、いよいよもって巨額たらざるをえない。

そしてこの赤字幅は、許容の限度をすでにこえたのである。いかようにかこの赤字幅の減少をはかりえない以上、アメリカが収支改善を求めて、すでに散見されているような、しばしばラディカルな保護主義的傾向にはしるのをとどめることはできない。そしてアメリカによる貿易収支赤字幅の縮小は、アメリカが西太平洋開発途上国の活力の吸収者としての機能を弱めることと同義である。

「双子の赤字」の是正は、アメリカ経済の健全化と世界経済の安定性維持にとって不可欠の課題である。しかしその一方、双子の赤字是正努力が本格化するならば、対米輸出拡大によって今日を築いた西太平洋開発途上諸国に甚大なデフレ効果が及ぶという二律背反が避けられないのである。すでに強調したごとく、西太平洋は二〇〇〇年にいたる世界経済のフロンティアであり、その経済的活力を最大限発揚させていくことは世界経済の活性化にとってきわめて重要な課題である。西太平洋開発途上国の経済的活力を一層発揚させつつ、なおアメリカのマクロ・パフォーマンスの改善をはかりうるような国際環境をどうやってつくり出していくか、これがアジア太平洋経済ひいては世界経済の帰趨をうらなう最大の課題だといってはばからない。その重要なカードを握っているのが日本である、という認識がわれわれのものである。

さまよえる巨人　アメリカ

アメリカの貿易収支赤字が著しく大きなものとなったのは、一九八〇年代に入ってからのことである。アメリカの貿易収支の赤字は一九七〇年代の初期以降恒常化したかにみえるが、これは石油輸入価格の急騰が原因であり、石油を別にすれば少なくとも一九八二年までは貿易収支は少なからぬ黒字であった。しかし一九八〇年代に入ってしばらくすると、石油を除く貿易収支でみても赤字幅は顕著な拡大をみせるようになった。実際のところ、レーガン政権登場の一九八一年の貿易収支は六三億ドルの黒字であったが、翌一九八二年にこれが赤字化し、一九八七年には実に一、六〇八億ドルという過去に例をみない巨額の赤字に達した。この赤字は輸入の著増によってもたらされたものである。このような巨額の輸入拡大を招いたのは、ほかならぬ巨額の財政赤字である。

レーガン政権は、経済の活性化によって「強いアメリカ」をよみがえらせ、一貫して低下をつづけるアメリカの世界経済における地位を再浮上させることをめざした。レーガン政権は、それまでのアメリカの経済政策が長期的な経済成長率の極大化をねらうのではなく、短期の経済変動に呼応して政府支出と通貨供給を繰返し増加させてきたことを強く反省した。そして、政府の肥大化と多様な政府規制が民間経済活動を圧迫し、税負担の拡大が個人と企業の活力を削いできたこと、さらには放漫な通貨供給がインフレの昂進を促してきたとして、政府支出の抑制、政府規制の緩和、大幅所得減税、安定的通貨供給の四本を柱とする「経済再生計画」にのりだした。

この計画のほとんどは実施に移され、その結果インフレの抑制、民間企業設備投資の活性化などの面で少なからぬ成果をみせた。しかし、他面ではいくつかの由々しき傾向をアメリカ経済につくり出してしまった。その最大のものが連邦財政収支の大幅赤字にほかならない。経済再生計画によれば、大幅減税の一方で、歳出を抑制し、かつ高い経済成長率のもとで税収が増加し、そうして一九八四年には収支均衡を達成するものと想定されていた。しかし事実はこの想定とはおよそ逆であり、一九八一年の七三八億ドルの赤字に始まり、一九八六年にはこれが二、二一一億ドルという空前の大赤字を記録するにいたった。選挙民の既得権益を守ろうとする議会の抵抗にあって歳出抑制は思うにまかせず、「強いアメリカ」の復活をめざした軍事支出拡大という歳出要因もこれに加わった。他方、一九八一年〜八五年の経済成長率が予測の三・八%を下まわる二・八%に終ったことも、歳入増の見込みを狂わせる一因となった。

この財政赤字は巨大な「スペンディング」であり、アメリカの供給力を大きくうわまわる超過需要を創出することになった。そしてこの巨大需要に支えられて日本、アジアＮＩＥＳ、カナダ、ＥＣなどの対米輸出は、一九八一年以降著しい速度で増大し、これら諸国の貿易収支黒字の拡大に貢献したのである。第二次石油危機によって不況にあえいでいた右記諸国の景気は、対米輸出の増加によってこの時期急速に回復に向かった。一九八二年から八五年までの日本、西ドイツにおける対米輸出の経済成長寄与率はそれぞれ二七・三％、三八・七％であり、韓国、台湾の同比率は四六・四％、七七・〇％という著しい高率に達した。ＮＩＥＳの高度経済成長がアメリカの輸入拡大にいかに大きく支えられたものであったかが、改めて認識されよう。

アメリカにおける財政赤字は、これもかつてない高金利を帰結した。巨額の歳入不足は、連邦債や政府短期証券の大量発行を促し、これが金融市場の逼迫化を招来して高金利をもたらしたのである。政府部門資金需要の増加は、民間部門の資金需要との競合をもたらし、後者に資金の「クラウディング・アウト」（締出し）を帰結した。その一方経済再生計画の一翼をになう規制緩和や企業減税は民間設備投資を活発化させ、その資金需要を拡大した。民間企業が金融市場からクラウディング・アウトされる一方、なおその資金需要が高くなったために金利は一層上昇することになった。通貨量のコントロールを重視するマネタリスト・アプローチが、高金利を持続させる一因となったという事情をもつけ加えておく必要がある。資金需要がこうして拡大する一方、依然として強い消費志向と社会保障を中心とした福祉社会の形成のゆえに、アメリカの貯蓄率は容易に上昇せず、むしろ低下さえしたのである。

レーガノミクスは、中高所得者層など貯蓄性向の高いと考えられる人びとを対象とした個人所得税率を引き下げて彼らの実質可処分所得を増加させ、かくして貯蓄率の引上げを目論んだ。しかし実際には可処分所得の増加がむしろ消費支出体質を強化することによって、貯蓄率は逆に低下するという皮肉な帰結をもたらしてしまった。政府・民間の資金需要が拡大する一方、貯蓄率は低下し、アメリカの高金利は一九八〇年代においてはっきりと定着してしまったのである。

アメリカは、財政赤字の巨大化がつくり出した厖大な超過需要のゆえに世界各国から商品を大きく吸引してきたのであるが、同時に財政赤字がつくり出した高金利を求める世界各国の資金をここに大量に引寄せることにもなった。アメリカへの資金供給の中心的な役割を演じたのは、日本である。日本はもともと高貯蓄国として知られる。民間設備投資のなかに吸収されてきた貯蓄は、一九七〇年代の中頃以降の低成長経済のもとでそこに吸収先を見出すことが困難となった。もうひとつの貯蓄吸収源は財政である。しかし一九七〇年代半ば以降、日本の財政は国家財政、地方財政のいずれも限界点に近い赤字を抱え、財政赤字の拡大を通じて民間貯蓄を吸収する能力は失われた。吸収先をもたない過剰貯蓄の帰結が低金利にほかならず、既述したアメリカの高金利とみごとな対照をみせた。この金利差を求めて、日本の過剰貯蓄が機関投資家の手を通じてアメリカへの債券・証券投資として大量に流出したのである。

一九八一年に一、四〇七億ドルという史上最大に達したアメリカの対外純資産は急速な減少傾向に入り、一九八四年末には四四億ドル、一九八五年末にはマイナス一、〇七四億ドルと、ついにアメリカはこの年七一年ぶりに、しかも巨額の純負債国へと転じた。一九八六年末にはマイナス二、六三六億ドル、一九八七年末のそれはマイナス四、〇〇〇億ドル（予測値）である。史上最大の純資産を擁していたのが一九八一年、史上最大の純負債国となったのが一九八五年、その間わずか五年である。いかに急速な資本流入が短期間に発生したかがわかろう。アメリカの資本収支は一九八三年に黒字に転じて以来これを累積化させていく一方、日本の資本収支は対米資本流出の巨額化のゆえに一九八一年に赤字化した。一九八六年においてアメリカの資本収支は八四三億ドルの黒字であるが、日本のそれは一、四四七億ドルの赤字である。一九八〇年末に一一五億ドルであった日本の対外純資産は一九八四年末には七四三億ドルに達し、ついに世界最大の債権国となった。一九八六年末の日本の対外純資産は一、八〇四億ドルである。

アメリカの高金利状態は、世界における開発資源のフローに深刻な「歪み」をもたらしたといわねばならない。本来、国際的資金は高度成長を経て成熟段階にいたった先進国から、活力をもって経済拡大を進め、かつ利潤率の高い後発国へと循環し、後者の経済成長率を一段と高めることを通じて、ダイナミックな世界経済の拡大を支持するものである。パックス・ブリタニカ時代のイギリス、パックス・アメリカーナ時代のアメリカは、まさにそうした役割を演じてきた。しかし現在のアメリカの異常な高金利は、後発国に向かってその活力を引出すべく海外直接投資の形態で投下されるはずの開発資源をアメリカに引寄せて、開発途上国の開発のための資源を国際的に「クラウディング・アウト」するという帰結をもたらしている。しかもアメリカの高金利は、金利差を求めて流入する日本の過剰貯蓄の、しばしば「マネーゲーム」と呼ばれる資産運用に堕してしまったかの感がある。もちろん債券・証券投資もまた一国の経済の循環過程のなかで間接的には生産力効果をもつことは否定できないが、さしあたりは金利差を求めての資産運用の域を出ない。先進国間のマネーゲームが開発途上国の開発資源を締め出しているのであり、そうであれば世界経済はそのダイナミズムを喪失していかざるをえない。

もちろんアメリカへの投資は債券・証券投資ばかりではない。日本、西ドイツ、カナダの対米直接投資の伸びも著しい。とはいえ、この直接投資は必ずしも自由な市場機構のもとで発生しているものとはいいがたい。日本の対米直接投資は、もともと金融、保険、不動産が中心であったが、一九七〇年代後半期からは製造業部門投資もめだった拡大をみせた。この製造業対米直接投資の拡大スピードは速く、同期間に大きく伸長した日本の対アジア直接投資の伸びをもうわまわった。しかし日本の対米投資は、高い利潤率を求めての資本の流れのようにはみえない。一九七〇年代後半期以降の対米直接投資の拡大に大きく寄与したのは電気・電子機械産業と輸送機械産業のふたつであるが、これらは前者は一九七七年におけるカラーテレビ、後者は一九八一年における乗用車の対米輸出自主規制に端を発した、日本企業の現地生産化への動きと軌を一にしたものであった。すなわちこうした対米企業進出は、日本企業が受入れ国の輸入規制に逢着しているがゆえの対応であり、さらには厳しい貿易摩擦を予期しての対応であることを示している。輸出への過度の依存が輸入国の保護主義的対応を招いて、将来における企業運営を危うくすることへの「ヘッジ」としての進出にほかならない。自由市場における高い利潤率を求めての直接投資では必ずしもないのである。アジアに進出した場合の企業利潤率のほうが、アメリカに進出した場合の企業利潤率よりも高いと想定されても、アメリカへの進出を余儀なくされた企業は決して少なくない。

このことは次のことからも推測されよう。日本企業の親会社と子会社における収益率を比較したものが図Ⅳ－3である。日本の親会社とアジア子会社の収益率を比較すると両者はほぼ同水準にあるが、他方日本の親会社とアメリカ子会社の収益率では後者が低く、一般機械、輸送機械にいたっては後者は少なからぬマイナスでさえある。日本企業の対米進出は、収益率は低くとも既存のシェアを維持するためのやむをえざる試みであったことが予想されるのである。厳しい保護主義によって歪められた海外直接投資の流れだというべきであり、対先進国直接投資が対開発途上国投資を締出すもうひとつのクラウディング・アウトであるということもできよう。

変動為替相場のもとでは、一国の巨額な貿易赤字は、当然のことながら当該国通貨の切下げというレート調整を促すはずである。しかしアメリカの場合、一九八五年秋のプラザ合意における劇的なレート調整の時期まで長

図IV－3　日本の海外現地法人の利益率（1983年）

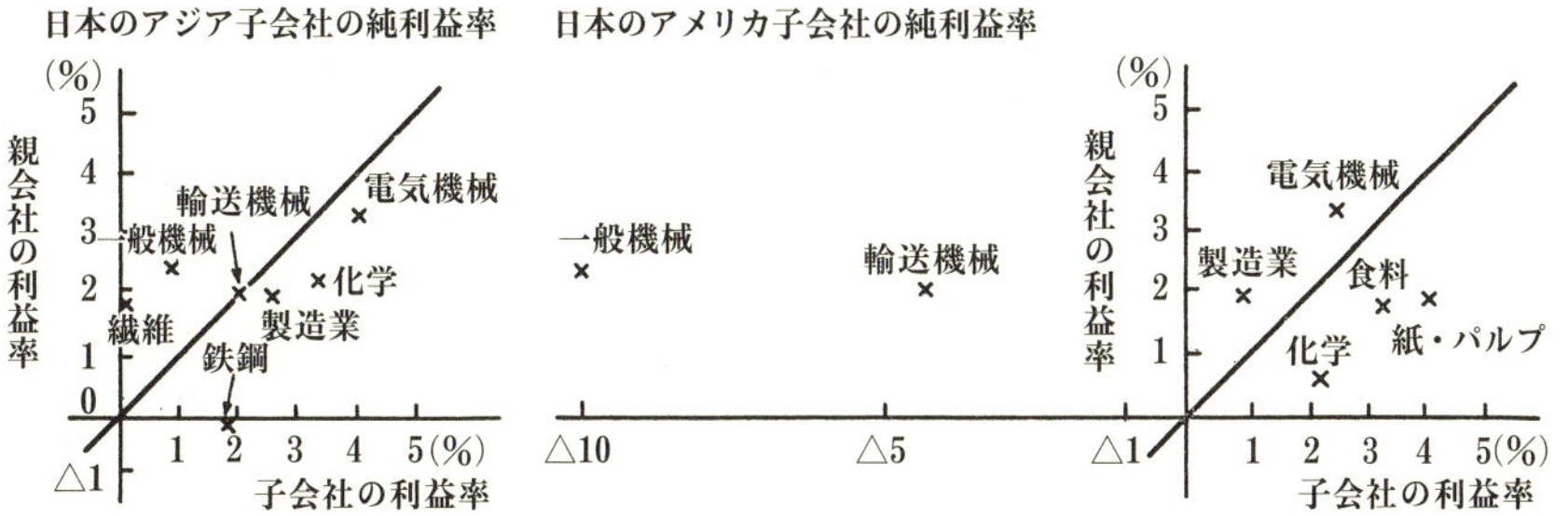

（資料）　経済企画庁『世界経済白書　1987』。

らくドル高が維持されてきた。貿易赤字のもとでのこのドル高を支えたのが、アメリカへの大量の資金流入にほかならない。変動為替相場制下での各国通貨のレートは、その通貨に対する需要と供給の関係で決定される市場実勢レートである。金利差を求めてのアメリカ債券・証券の購入は、円やマルクによるドル買いであり、対ドル需要の増大である。かかるドル資産への需要が、他国の通貨資産に対する需要をうわまわればドル相場は上昇する。そしてドル流入によって支えられたドル高それ自体が、再び為替差益を求めるドル資産への投資を促進するという因果関係が発生したのである。

こうして実現したドル高は、アメリカの輸入促進要因となるとともに、アメリカ企業の海外進出を促して、そこからの商品調達を求める企業の志向性をも強化した。技術進歩率と経済成長率、したがって収益率において高い西太平洋開発途上国に向けて、アメリカ企業が一九八〇年代に入り海外直接投資を加速化させたという事情についてはすでに述べたが、この事実は一九八〇年代前半期におけるドル高の帰結でもある。

ところで、財政赤字と貿易赤字の双子の赤字にアメリカがいつまでも耐えていくことはできない。この巨額赤字にアメリカ経済が耐えられたのは、高金利とドル高が相互に作用し合って、不安定ではあれどうにかあるバランスが一時的に保たれてきたからにすぎない。すなわち財政赤字が高金利をもたらし、その高金利に引寄せられて海外から大きな資本流入がなされ、これによって貿易赤字が相殺される。さらにこの資本流入の結果ドル高が維持され、そのドル高ゆえにドルへの信認が保たれ、それがゆえに資本流入が持続するという因果関係である。アメリカに貿易収支赤字をもたらし、他方アメリカに資金を供給するという両面において日本の役割はきわめて大きく、すなわちこの因果関係のなかに日本は拭いがたくビルトインされてきた。

しかし、このような関係はあくまで一時的に成立しうる不安定なバランスにすぎない。いずれこの因果関係のどこかに「狂い」が生じた場合、アメリカのマクロ・マネージメントは修復不能な時点にたちいたり、世界経済が大きな混乱の淵に投げこまれる懸念なしとしない。その懸念とは、アメリカへの資本流入が停滞し、さらにこれがアメリカから引き上げられる場合に発生するであろう。この懸念は、一九八七年年初の日本によるアメリカ債券購入の落ちこみによって債券価格が一挙に三〇%下落したことによって、一部現実化した。

もっとも、アメリカの対外純債務がかつてない大きな規模に達したからといっても、これによってアメリカが対外債務返済不能に陥り、ラテンアメリカ諸国と同じような債務危機が発生するといったことがにわかに現実化するわけではない。債務の絶対額は大きいとはいえ、アメリカの経済規模もまた著しく大きく、債務残高の対国内総生産比は今日の開発途上国の水準を下まわっている。また対外債務返済能力を示す指標としてしばしば用いられている対外債務残高の対輸出比率もまだ低い。ドルは劣えたりとはいえ依然として世界の基軸通貨であることには変わりなく、ドル債務の返済はアメリカの自国通貨で行うことができるために、返済に窮して債務危機が発生するといった事態が簡単におこりうるとも考えにくい。

しかしそれでもなおアメリカの対外純債務の増加速度は異常であり、このような速度は過去に例がない。この速度が持続するならば、債務残高の対国内総生産比、対輸出比率も遠くない将来に危機的水準に近づくことが懸念される。実際のところアメリカの純債務がいずれ一兆ドルをこえるという推計もいくつかあり、この時点での年間の対外債務返済額を考慮するならば、アメリカが仮りに輸出を相当規模で拡大しえたとしても、経常収支をプラスに転ずることはむずかしい。債務依存体質の恒常化が懸念されねばならないのである。

アメリカの経常収支が赤字体質を恒常化させるならば、ドル価値はたえざる低下圧力を受け、対米投資家はアメリカ国内にもつドル資産の減価に直面しなければならない。各先進国はこれまで大量の対米投資をつづけてきたために、外国投資家の資産ストックに占めるドル資産のウェイトは現在異様に高まっており、ドル減価への懸念は対米資金流入を急減させかねない。対米投資の中核にあるのは長期的な収益最大化をめざす直接投資ではなく、比較的短期の収益を狙う債券・証券投資であり、それがゆえにアメリカにおけるドル資産の収益率低下が予想されれば、それらの「逃げ足」は非常にはやいのであり、事態は一挙に最悪の方向に進んでしまうという惧れもある。かくしてドルが急落した場合には、アメリカはその事態に対処するために金利の急上昇を行わざるをえない。金利の上昇はアメリカ経済を深刻な不況に陥し入れ、このことは世界経済を深刻なデフレ状況に追いこまずにはおかないであろう。

アメリカにとって、さらに世界経済の安定化にとって、双子の赤字の縮小とドル高・高金利という「双子の高値」の是正は不可避である。その是正への動きは、一九八五年から一九八六年にかけて活発化した。一九八五年九月の主要五ヵ国蔵相・中央銀行総裁会議（G５）において主要国通貨当局による外国為替市場への協調介入が合意されたことにより、劇的なドル高修正が試みられたのは周知のところである。先進国の政策協調や外国為替市場への政策協調介入は、すでに一九八三年五月のウィリアムズバーグ・サミットや一九八五年一月のG５においても合意されていたが、これらがドル高是正への効果的な手段を誘うことはなかった。しかし一九八五年九月のC5においては、アメリカがドル高是正への意思を明確に打ち出し、各国もまたアメリカの意思を強固なものとみなして本格的な協調介入に同意した。こうした協調体制が市場関係者にもドル高是正姿勢を確信させることによって、為替市場に大きな影響が与えられたのである。以降ドルは一九八六年を通じて一方的に下降し、この傾向は一九八七年初までつづき、一九八七年二月下旬のルーブル合意以降ほぼ安定的に推移し、一〇月から再び安定的な下落を持続することになった。

一九八五年一二月には、グラム・ラドマン・ホリングズ法と通称される財政均衡法が成立した。もっともこの赤字削減目標は野心的にすぎ、一九八六年の赤字額が均衡法にうたわれる目標額をうわまわってしまったこと、またこの法律自体が連邦裁判所によって違憲判決を受け、そのために財政赤字削減努力が再び議会審議にゆだねられざるをえなくなったこと、などの事情により一九八七年九月には同法の修正が試みられた。この修正案によって赤字削減目標額がより現実性をまし、均衡目標年次も一九九一年から一九九三年へと二年延期されることになった。こうした努力は確かに効果を発揮し始め、一九八七年の財政赤字幅は、前年度の二、二一一億ドルから一、四八〇億ドルへと大きく減少した。さらに一九八七年における債券価格の低下と株価暴落は、アメリカをして財政赤字削減の緊急性をいよいよ強く認識させ、一九八七年一二月に可決された包括歳出法案では一九八八年に三〇二億ドル、一九八九年に四五九億ドルの削減案をもりこむことにも成功した。アメリカの財政赤字削減努力は、遅きに失したとはいえようやく本格化の段階に入ったということができよう。アメリカ政府は、不退転の決意をもってこの傾向を持続しなければならない。

ドル安による輸出拡大効果も着実にあらわれ、国際競争力が回復しつつあることをうかがわせている。既述した一九八五年九月におけるG5以降のドル下落は、アメリカの一九八六年末からの貿易収支にその効果をかなり明確にあらわし始めたということができる。輸出の伸びは明確であり、一九八五年マイナス一・七％であったその対前年増加率は、一九八六年に入って第Ⅰ四半期五・六％、第Ⅱ四半期マイナス一・四％と不安定な動きをみせたのち、第Ⅲ四半期以降、一九八七年第Ⅱ四半期にいたる一年間一〇％をうわまわる増加率をつづけ、とくに一九八七年第Ⅱ四半期の増加率は一七・九％という近年にない高率を達した。ドル安によるアメリカの輸出競争力の回復をうかがわせる数値だということができよう。一方、輸入の伸びが依然として高く、貿易収支自体はそれほど大きく改善していないというらみがある。しかしこの輸入増加は、Ｊカーブすなわちドル安による輸入価格の上昇が金額ベースの輸入増加となってあらわれるという短期的な一般則によるところが大きく、数量ベースでみると一九八六年第Ⅳ四半期以降、輸入は低下局面に入ったと判断していい。

この一年間にわたってつづいてきたアメリカのこうした貿易収支の改善傾向は、何よりもドルレートの下落が輸出を拡大し、輸入を抑制するという「価格効果」を通じて発現してきたことは疑いない。しかしより重要なのは、財政赤字の縮小がアメリカの需要超過圧力を次第に減殺し、「所得効果」を通じて貿易収支を改善していくという動きである。財政赤字の削減努力はいまようやくにして開始されたばかりであり、その効果は顕在化していないが、これに大きな期待を寄せていいように思われる。

ところで、ここにひとつの深刻な二律背反がある。すなわちアメリカによる双子の赤字の是正努力は、アメリカ経済の健全化と世界経済の安定性維持にとって不可欠のものであるが、この努力が本格化するならば、由々しきデフレ効果が世界をおおい、世界経済は縮小均衡に陥っていかざるをえない。貿易、資本の両面でアメリカへの依存度の強い西太平洋開発途上国のこうむる被害は甚大であろう。西太平洋開発途上国における対米輸出の経済成長寄与率は、実に圧倒的であった。一九八〇年代の前半期、西太平洋開発途上国は対米輸出の拡大なくして

図Ⅳ－4　アメリカ・韓国・台湾の経済成長率

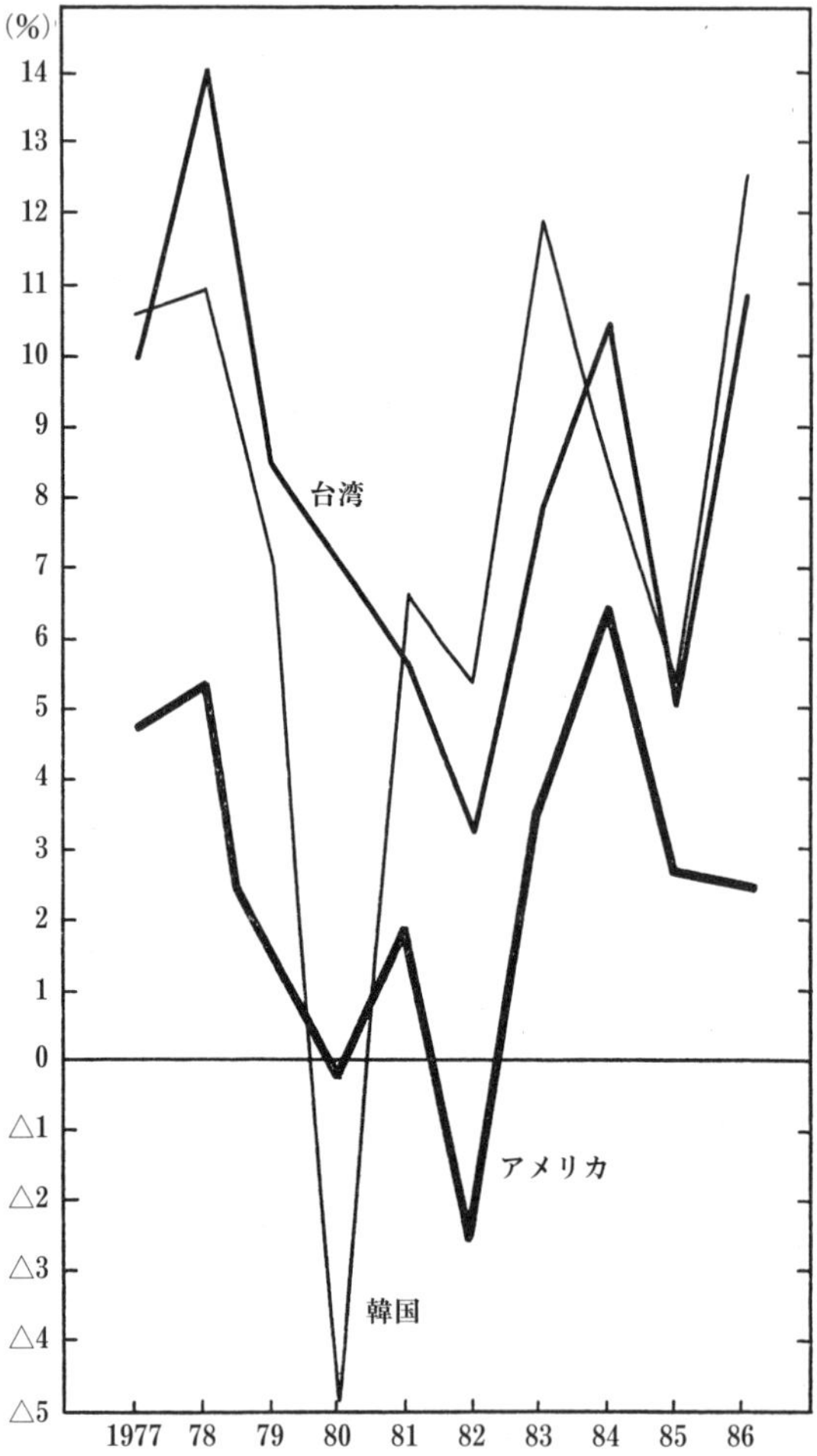

（資料）　UN, *Yearbook of National Income Statistics*, New York.

高度の経済成長率を持続することはとうてい不可能であった。図Ⅳ－4を参照されたい。この図は、アメリカ、韓国、台湾の経済成長率をみたものであるが、アメリカの経済成長率と韓国、台湾のそれとが一九八〇年代に入ってかなりはっきりと連動関係にあることをみてとることができる。この連動は、いうまでもなく韓国、台湾にとっての最大のアブソーバーであるアメリカの経済成長率がその需要効果を通じて韓国、台湾の対米輸出増加率を変化させ、対米輸出がその経済に大きな量的比重を占める韓国、台湾の成長率に変化を与えたという関係である。図Ⅳ－4と図Ⅳ－5を比較すれば一目で理解されるように、アメリカの経済成長率と韓国、台湾の対米輸出増加率との間にはみごとな連動関係が観察される。結果として韓国と台湾は、経済成長率、対米輸出増加率のいずれにおいても、かなりの程度において相似形である。もっとも一九八六年になると、アメリカの経済成長率は低下したにもかかわらず、韓国、台湾の対米輸出は大幅に伸び、両国の経済成長率もまた著しく高く、すなわち相似形は崩れた。これは、円高によって日本の対米輸出が減少する一方、ドルと連動する韓国、台湾の通貨システムのゆえに、ドル安がそのままウォン・元安となって両国の対米輸出が日本の対米輸出に比べて相対的に競争力を強め、それがゆえに日本のアメリカ市場シェアを喰う形で両国の対米輸出が伸びたという要因のゆえである。

これらの図からみられるとおり、韓国、台湾の経済成長にとって、そしてここには明示されていないものの西太平洋開発途上諸国の全体にとって、アメリカ市場の役割は傑出して高い。したがってこのアメリカが双子の赤字の是正努力を本格化するならば、深刻なデフレ効果がこの地域諸国を襲わざるをえないのである。加えて、今日急速に進んだドル高からドル安への動きは、アジアへと向かうアメリカ企業の生産拠点海外シフトの動きに歯どめをかけるよう作用するはずであり、このこともまた西太平洋開発途上国の活力を減殺させる作用をもつと考えなければならない。繰返し指摘するならば、アメリカにおける双子の赤字是正という課題は、アメリカ経済と世界経済全体の健全で安定的な運営のためには必ずやこれを推進しなければならない一方、そのような試みは、世界経済とくに次期の

図Ⅳ－5　韓国・台湾の対米輸出増加率

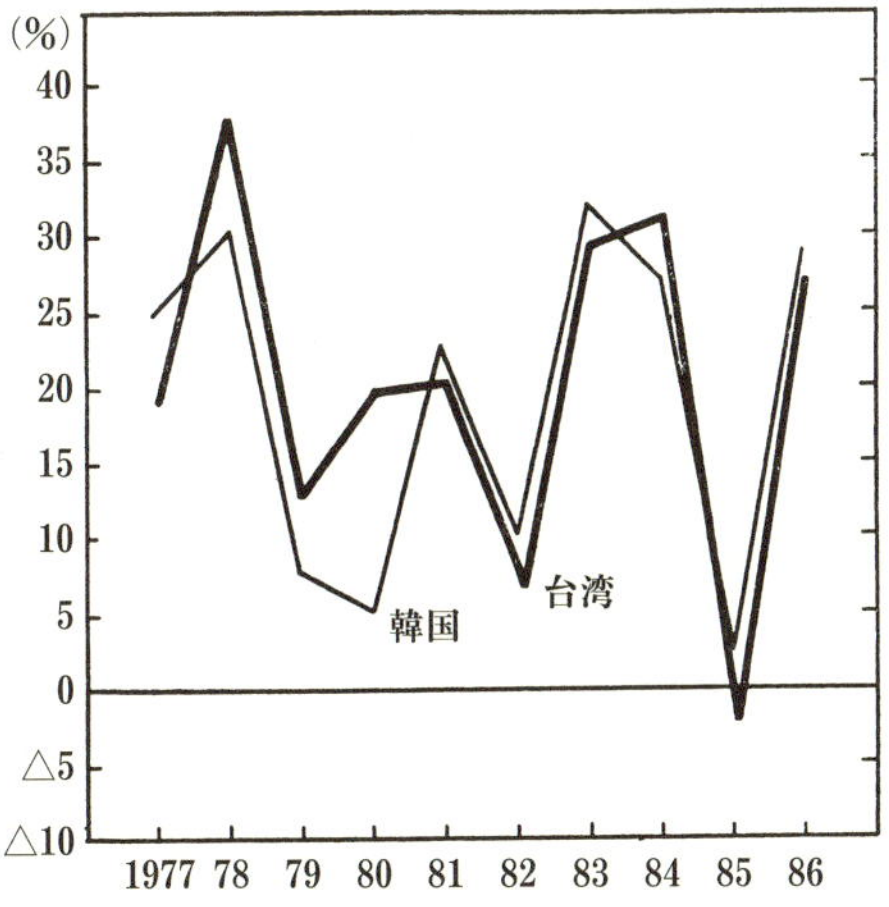

（資料） UN, *Yearbook of International Trade Statistics*, New York.

成長フロンティアを形成する最有資格地域である西太平洋開発途上国の活力を大きく削いでしまうというトレードオフ（二律背反）が厳として存在するのである。

もしアメリカの政策転換がもたらす、西太平洋開発途上国活力のアブソーバーとしての機能を日本が代替し、さらに日本が西太平洋開発途上国への直接投資と経済協力を一層拡大することになれば、アメリカの政策転換は西太平洋の経済活力を失わせることなく実現しうるというシナリオをつくり出すことができる。ここにおいて日本の役割は著しく大きいといわねばならない。そして同じく日本がこうした役割を積極的にになうことによって、日本の経済構造自体を世界経済と調和的に共存しうる方向に変化させていくという重要な帰結を期待しうるのである。

西太平洋の新しき巨人　日本

何よりも日本は、西太平洋開発途上国製品のアブソーバーとしての機能をこれまでに比べて格段に強め、アメリカが有してきたこの面での機能を代替していかねばならない。確かに日本の製品輸入はこれまでさしたる規模にはならず、資源保有国を除くほとんどの国との貿易収支において大きな黒字を計上してきた。しかしこの傾向は一九八〇年代に入ってかなり急速な変化をみせ始めた。世界の工業製品貿易は一九八〇年代において深刻な伸び悩み状態にあり、一九八〇〜八五年におけるその増加率はわずか二・九％にすぎない。しかし日本の製品輸入増加率は二二・五％ときわだって高い。一九八〇〜八五年は異常なドル高・円安が持続した時期であり、それにもかかわらず日本の製品輸入増加率がこのような高水準を維持したことは着目されていい。

表Ⅳ－2　日本のアジア NIES，ASEAN 諸国からの製品輸入

（単位：100 万ドル，％）

		輸入総額	製品輸入額	化学製品	機械機器	その他計				製品輸入比率
							鉄鋼	繊維製品	非鉄金属	
アジアNIES	1985	9,838	5,689	498	1,271	3,920	564	1,563	51	57.8
		△ 2.0	△ 0.8	△ 5.1	△ 1.2	△ 0.1	△ 11.3	△ 8.3	△ 16.4	
	1986	12,519	7,803	759	1,687	5,358	633	2,206	79	62.3
		27.3	37.2	52.4	32.7	36.7	12.2	41.1	54.9	
	1987	18,812	12,458	921	2,818	8,719	957	3,594	160	66.2
		50.3	59.7	21.3	67.0	62.7	51.2	62.9	102.5	
ASEAN諸国	1985	16,719	1,398	155	149	1,093	62	79	597	8.4
		△ 7.4	△ 0.4	4.7	△ 24.0	3.3	34.8	△ 13.2	△ 7.3	
	1986	13,768	1,483	198	188	1,096	66	97	431	10.8
		△ 17.7	6.1	27.7	26.2	0.3	6.5	22.8	△ 27.8	
	1987	16,348	2,220	208	244	1,768	131	157	470	13.6
		18.7	49.7	5.0	29.8	61.3	98.5	61.9	9.0	

（注）　下欄は対前年同期伸び率（％）。
（資料）　大蔵省『貿易概況』。

当然ながら一九八六年以降のドル安・円高のもとでその傾向は加速した。一九八六年、一九八七年の製品輸入増加率は、それぞれ三四・七％、二〇・二％という高率であり、その結果一九八五年には三一・五％であった日本の製品輸入比率は一九八六年に四四・一％、一九八七年には四三・九％となった。製品輸入増加率がとくに高いのはアジアＮＩＥＳ、ＡＳＥＡＮ諸国からのそれであり、一九八七年の数値でみると前者五九・七％、後者四九・七％であり、ＥＣならびにアメリカからの製品輸入増加率のそれぞれ三五・一％、一四・五％を大きくうわまわった。円高を契機にして、ほとんどすべての製品分野においてＮＩＥＳ、ＡＳＥＡＮ諸国からの製品輸入が激増していることが表Ⅳ－2よりうかがわれる。結果として日本のＮＩＥＳ、ＡＳＥＡＮ諸国からの製品輸入比率は一九八七年においてそれぞれ六六・二％、一三・六％に達したのである。

日本のこれまでのアジアＮＩＥＳからの輸入工業製品の大宗は繊維、衣服、雑貨類などであり、ＡＳＥＡＮ諸国からの工業製品輸入の四割が錫などの非鉄金属製品であった。

しかしこんごは、これら諸国の工業製品輸出競争力の高まりとともに、機械ならびに部品・中間製品の輸入比率が大幅に増加していくことが予想される。表Ⅳ－２に示されるＮＩＥＳからのこの二年間における機械機器類輸入の激増ぶりは、改めて注目されよう。実際のところ、一九八六年現在日本の半導体の輸入総額に占めるＮＩＥＳとＡＳＥＡＮ諸国からの輸入の比率は四三％であり、民生用電機部品、発電機・電動機、同部品にいたってはそれぞれ七五％、六二％、八一％という顕著な高さにある。

西太平洋開発途上国からの製品輸入の拡大は、これら諸国の技術水準の向上を通じて彼らの対日競争力が強まったがゆえばかりではない。さらには、日本の輸出志向型企業がアジアに進出し、その製品を第三国ならびに日本に輸出するという傾向を強化したことの結果であり、この傾向は円高を通じて一層強まった。日本はこの十数年にわたりアジアに対してすでに記したように相当規模の海外直接投資を行ってきた。一九八五年秋以降の激しい円高は日本企業の輸出競争力を低下させ、かくして生産・輸出拠点を海外に求める企業の志向性を一挙に高めつつある。

一九七七年一月～七八年一〇月の前回の円高期と、一九八五年九月以降の今回の円高期における日本の主要企業の対応を同一のアンケート項目で調査した通産省の研究は、次のような興味深い結果を明らかにしている。すなわち前回に比較した今回の日本企業の対応のきわだった特徴は、「海外現地生産への移行」「部品・材料の海外調達の増大」「国内販売の強化」の三つの対応が前回の調査に比べて大きく増加したこと、逆に「社内製品コストの引下げ」「非価格競争力の強化」「下請け企業への値下げ要請」の三つの対応が前回よりいずれも少なからず下まわったことにある。円高の進行にともなって、輸出依存度の高い産業部門においては海外現地生産への移行がなお強まっていくことが予想される。

海外生産拠点の重要な一角を占めるのが、既述したように西太平洋開発途上国にほかならない。実際のところ、一九八六年における日本の対アジア海外直接投資増加率は実に六二・六％に及んでおり、日本の直接投資がいかにアジアに集中して進出したかがわかる。製造業のみをとり上げると、同年のアジア向けの増加率は七四・八％である。アジアのなかでＮＩＥＳ向けの増加率は二二二・四％という圧倒的な高さであり、ＡＳＥＡＮ諸国向けではタイが一五八・三％、マレーシアが一四〇・〇％に及んだ。

進出形態も、これまでのように最終財組立・加工型の大企業が進出し、そこに部品・中間製品、資本財を日本から供給し、でき上った最終製品を第三国に輸出するというパターンは次第に縮少し、部品・中間製品、資本財それ自体を西太平洋開発途上国で生産し、これを日本に輸出するというパターンが次第に大きな比重を占めるようになった。日本での企業進出の中核的な部分はこれまで大企業であったが、このところの円高を通じて大企業の中小関連部門の海外進出もまためだち始めており、このことを通じてもまた部品・中間製品の海外生産比率が上昇していく可能性が大きい。

こうした一連の動きから、日本と西太平洋開発途上国との分業関係は、次第に部品・中間製品、資本財を相互に供給し合う産業内分業型もしくは水平分業型に変化し、地域産業連関が密に形成されていくにちがいない。ＥＵの例で明らかなごとく、水平分業の中心的産業は機械部門にほかならない。先進工業国とは、すなわち自国内に機械産業基盤を確立し、その輸出力をもつにいたった経済をさすといってもいい。しかしほとんどの先進国は、同時に輸入総額に占める機械の比重においても最も大きいという共通した性格をもっている。機械産業は、生産される財の範囲においてきわめて広く、このすべてを自国内で生産することはできない、もしくは得策ではない。各国が相互に得意な部品・中間製品生産に特化し、それらを貿易を通じて交換し合ったほうが、はるかに低いコストでの生産が可能となる。機械産業は多かれ少なかれこうした特徴をもつ。そのためにこの機械産業においては、先進国といえども自国内で生産を「自己完結」することはない。むしろ発展すればするほど、機械輸入額の総輸入額に占める比率は上昇していくというのが経験則である。そうした性格をもつがゆえに、機械部門は貿易相手国との間に同一産業カテゴリー内部の輸出入、すなわち水平分業を多角的に展開しうる中心的な産業にほかならない。

アジアNIESの輸出拡大過程のなかでとくに注目されるのは、機械（電気・電子機械、輸送機械、精密機械、一般機械）の輸出比率の高まりである。一九八六年現在その比率は、シンガポール三八％、韓国三三％、台湾三一％、香港二一％であり、先進国の平均四〇％を急迫している。すでに第Ⅲ章の図Ⅲ－4でみたごとく、NIES機械産業の輸出競争力は相当の速度で日本のそれに近づきつつあり、日本とNIESとの機械産業を中核とした水平分業は確かに本格的に展開する条件が生まれてきたということができる。

水平分業の進展とともに、一国の工業化が他国のそれを誘発し、逆に他国の工業化が一国の工業化を誘発するという工業化の相互的な波及効果は一段と大きくなっていく。伝統的な貿易理論によれば、貿易利益において産業内貿易（水平貿易）のほうが産業間貿易（垂直貿易）よりも大きいとする論拠はない。しかし水平貿易は、貿易を行う国相互に工業化の波及力を与え合うという動態的効果を内在させており、われわれが水平貿易に着目する理由もここにある。産業間の垂直的な貿易関係が一般的な時代にあっては交易される商品の中心は最終財であり、その生産は一国の内部で自己完結する。したがってその商品の貿易が他国の国内生産を誘発する度合は小さい。しかし産業内の水平貿易は明らかに中間財貿易をそのうちに含み、むしろその中心は中間財貿易にある。こうして一国の生産拡大は中間財貿易を経て他国の生産拡大を誘発し、そのような経路を通じて各国の生産波及をより緊密に生じさせる。日本とアジアＮＩＥＳは機械産業を中心とした水平分業の展開を通じて、工業化の波を相互に及ぼし合うダイナミックな関係を築きつつある。

ところで水平分業のこうした進展は、日本の工業構造に大きなインパクトを与えるにちがいない。アジアＮＩＥＳの工業的興隆は、彼らとの水平分業を通じて日本がもはや自らの身の丈に合わなくなった「フルセット自給型構造」を打ち破る重要な契機が発生したことを示唆している。水平分業の発展が日本の産業構造の調整を迫り、その構造調整が水平分業の拡大をさらに促すという、両者の「相互補強メカニズム」がこんご活発に展開していくものと考えられる。

ＥＣ諸国などに比べた場合の、日本の工業構造のきわだった特徴は、その自己完結性の高さにある。最終財に始まり素材、中間製品、資本財にいたる諸部門を国内にフルセット擁したがために、いずれの産業部門でもある財の生産拡大にあたっての誘発輸入はそれほど大きいものとはならないのである。日本の貿易収支における「構造的黒字不均衡」の原因は、まさにここに求められねばならない。

第二次世界大戦によって生産設備のほとんどを壊滅させ、かつまた膨大な労働人口を抱えた往時の日本が、経済活動のよりどころをまずは労働集約的で資本節約的な最終財産業に求めたのは自然であった。加えて日本の経済成長は第二次世界大戦後長きにわたって「国際収支の天井」にさえぎられ、この国際収支の不均衡という制約を解くことは重要な国民経済的課題であった。鉄鋼、化学、金属といった素材産業の進展はこの課題に応えようとしたものであり、その基盤のうえに現代日本の経済成長の基幹産業たる機械工業分野が花開くことになった。しかも日本は、素材から最終財までの諸部門をフルセットで抱えうるだけの、人口一億余の単一にして巨大な国内市場を有してきた。さらに日本は極東に存在する唯一の孤立した工業国であり、相互に水平分業を展開しうるような工業国家を周辺にもっておらず、またECのような水平分業を促進する地域協力組織に属するという恩恵にも浴しえなかった。こうした諸条件のもとで日本はその自給的体質をますます強化してきたのである。

もちろん、日本経済の自給的体質が戦後に採用してきた一連の保護主義的政策によって促進されてきたことも、これを率直に認めなければならない。しかしこの保護主義的政策は、現在では大きくとりはずされている。繊維産業は、日本の諸産業のなかで固定資本投資額の比率が急速に下がった分野であり、その意味で日本の衰退産業のひとつであるといってもいい。にもかかわらず日本の繊維製品の関税率は先進国中最も低い。また日本は多国間繊維協定（ＭＦＡ）にもとづく輸入規制をしていない唯一の先進国でもある。開発途上国の最大の輸出産業において、日本の市場がそのようなものであることはもっと強調されてよい。日本の残存輸入制限もこの一〇年ほどの間に大きく減少した。鉱工業品の場合、一九七〇年の残存輸入制限品目数は二五品目であったが、一九八一年以来五品目となって以来、他の先進国に遜色はない。平均関税率、あるいは輸入関税収入額を総輸入額で除した関税負担率でみてもまた日本は先進国のなかで最低である。貿易制度上の観点からいうかぎり、現在の日本が開放体制の下にあることは疑いない。それにもかかわらず世界各国の対日輸出が伸びない本当の原因は、すでに述べた日本経済の自給的体質にあったということができる。

しかしこの構造は現在大きく変化した。繊維産業、木材関連産業などの労働集約的産業は賃金高騰のゆえにはやい時期から衰退化し、輸入依存度の高い産業となった。基礎素材産業（パルプ・紙、化学、石油・石炭、窯業・土石、一次金属、金属製品）はエネルギー投入比率の高い産業分野であり、二度の石油危機によって大きく上昇した生産費のゆえに、原単位節約努力にもかかわらず多くが衰退化せざるをえなかった。また基礎素材産業は、世界的ないわゆる「軽薄短小」化傾向のなかで需要量も総体として減少しており、過剰設備を構造化させた代表的産業であった。他方、機械産業は組立産業であり、エネルギー投入比率が小さいのはもちろんのこと、高い技術進歩率と需要増加率に支えられて、日本の産業構造と輸出に占める比率を一九八〇年代に入って飛躍的に高めた。機械産業は日本が強い供給力をもった産業であるが、これとてその国内完結型の構造は変化しつつある。近年この産業における西太平洋開発途上国の輸出競争力は高まっており、日本と彼らとの水平分業は機械において最も速い速度をもって変化し始めたからにほかならない。

日本の機械産業の中核にあるのは巨大なアセンブル企業であり、この企業は周辺に多様な中小関連企業を擁して、そこから資材、原料、機器、部品を購入するという性格をもってきた。その意味で日本の機械メーカーは、補助関連企業部門をひとつの経営組織内に階層的に擁した垂直的統合を特徴とする欧米型巨大企業とは、対照的である。そして日本のアセンブル企業は、円高の急速な進行とともに、自動車、電気・電子産業を中心に部品・中間製品の輸入と、さらには活発な海外進出を開始したのである。アセンブル企業の部品・中間製品の輸入、そして何よりもその海外生産化は、このアセンブル企業の周辺にあった中小下請けを含む関連企業それ自体の動向に大きな影響を与えずにはおかない。大企業の海外進出と急速に進んだ円高によって深刻な打撃を受けたのは、中小関連企業にほかならない。事業転換の試みとともに、中小企業の海外進出がいま始まろうとしている。その展開が本格化するならば、伝統的な大企業・中小企業の結合パターンは崩れ、そうすることによって日本の工業構造はかつてない規模での再編成を生まずにはおかない。

同じ事実の反面がいわゆる空洞化である。しかし今日の時点で空洞化を懸念するのは時機尚早というべきであろう。日本企業の海外生産比率が欧米諸国のそれに比べていまだかなり小さいという意味においてばかりではない。少なくとも、目下進んでいる海外生産化は、日本の最先端技術部門でなされているものではない。円高によって競争力を失い、海外生産に活路を求めざるをえないのはあくまで相対的に「弱い」部門にほかならず、高度技術部門はこれを日本の国内に残すという形で構造調整がなされている。そうであれば、海外生産化とは日本の産業の高度化、高付加価値化を促進するものにほかならない。日本の産業が高度化に向かうダイナミックな活力を失ったときにのみ、空洞化は惧れられねばならないのである。

とはいうものの、日本もまた一〇年後には現在のアメリカに匹敵する大きな海外生産比率に達することが予測される。そして進出分野も相当に高度の技術部門にまで及んでいくであろう。進出企業の生産物が日本市場に大きな規模で浸透し、また第三国において日本の国内企業の生産物と鋭い競合を引きおこすことも懸念されねばならない。しかし、海外生産化は、ミクロの企業が保護主義的市場環境やレート調整その他の外的条件の変化に対応して、なお企業収益の極大化を求めようとする合理的な意思決定の帰結である。そうであれば、個別企業は自らの海外生産化を「空洞化」と認識することはありえない。

問題は「ミクロ」ではなく「マクロ」である。すなわち一国経済全体からすれば、生産の「心臓部」が海外に移転し、国内雇用にも少なからざる影響が発生する以上、これは「空洞化」とならざるをえない。しかし高い技術進歩率と強い競争力をもって拡大をつづける活力ある後発国の収益率は本国よりも一段と高く、この高い収益率を求めて本国の生産の相当部分をここに移譲させていくという流れをおしとどめるすべはない。むしろこうした生産拠点の移動こそが、後発国の活力を誘発して世界経済全体のダイナミズムを継承させていくための要諦だといわねばならないのである。

今日、いずれの先進国の大企業も国境にとらわれることのない超国家的行動を常態としており、グローバル・ビジネス・ネットワークともいうべき多様にして広範な企業活動網が形成されている。多国籍企業のそうした行動の結果として、現代の世界経済はかつてない「国際統合」を進めたとみられる。企業の超国家的行動は、利潤率を極大化しようという資本主義的企業の「衝動」にほかならず、これによってグローバルな資源の最適配分が実現される可能性もまた大きいのである。

若干の注釈

日本が西太平洋開発途上国のアブソーバーとして機能し、この機能をさらに高めていくという方途は以上のごときものである。ただし二、三つけ加えておくべきことがある。

第一は、いわゆる内需拡大政策についてである。内需拡大政策に期待されているのは、この政策がもつ貿易収支黒字の削減効果のゆえではない。日本の貿易収支黒字は、円高を通じての価格効果、生産拠点の海外移転にともなう海外調達を通じて、つまりは市場機構を通じて遠からず大きく縮小に向かうにちがいない。経済成長に対する外需の寄与率はこんごマイナスを継続し、成長率の減速を回避するためには内需寄与率がこれまでに比べて一段と大きくなっていく必要がある。内需拡大政策が緊急性をもった課題であるのは、外需の落込みを内需の拡大によってできるだけカバーし、成長率の減速をおしとどめることにあると認識しなければならない。

内需拡大政策が緊急性をもつもうひとつの理由は、構造調整過程で発生するコストをこれによって緩和しなければならないというところにある。調整コストの最大のものは雇用にかかわる。もちろん構造調整は円高のゆえにのみ発生したわけではない。物的生産部門から知識・サービス部門へと向かう就業者の流れは、第一次石油危機以来の日本経済を特徴づけてきた長期的構造変動の中核であった。円高はこの変動を加速させたのである。しかし円高によって不可避となった構造変動の加速化は、大きなコストを多くの産業と地域に与えずにはおかない。この構造調整のもとで失業の発生する職種・地域・年齢層と、経済のサービス化・情報化にともなって雇用増加が見込まれる職種・地域・年齢層とはしばしば異なり、労働の供給と需要の不整合が生じることは避けられない。内需拡大を通じて日本経済の潜在成長力を最大限発揚させるためのマクロ経済政策が不可欠であり、同時に職種間・地域間さらには年齢間の労働需給の不適合を是正するための総合的雇用対策の施行は、これを怠ってはならない。

第二は、日本の市場開放についてである。日本は自らのアブソーバー機能を拡充するために、市場開放をさらに徹底しなければならない。さきにも指摘したとおり輸入関税率や残存輸入制限品目数から眺めるかぎり、日本の市場開放は近年相当の速度で進められてきており、この面での努力は評価されていい。しかし大幅な貿易収支黒字を抱える日本である。一層徹底した自由化がなされねばならない。日本は、工業製品の関税率については、他の先進国にさきんじてこれを即時かつ一律に全廃すべきであり、GATTウルグァイ・ラウンドにおいてもこの方向に向けての主導権を握らなければならない。工業製品の残存輸入制限もまた完全撤廃をめざすべきである。

さらにここで指摘されねばならないのは、輸入関税や残存輸入制限などの貿易管理規制とは別に、日本には海外諸国からはみえにくい多様にして複雑な国内規制が依然として多く、これが輸入増加を抑制する機能をもっているという事実である。繁雑な基準・認証制度については、アクション・プログラムを通じてかなりの簡素化がなされたものの、さらに対象品目を削減し、基準それ自体を再検討する余地が残されている。取引き系列の閉鎖性、流通機構の特殊性ならびに流通分野への過度の行政介入、建設市場の閉鎖性などはこれを一刻もはやく是正しなければならない。

農産物については、二二の輸入制限品目が残存している。またコメに象徴されるごとく多くの食糧品の内外価格差は依然として大きい。農業生産性の向上が大きな課題であるが、これを適切に促すためにも農産物貿易を順次自由化していかなければならない。GATTによる輸入制限農産物の自由化要請に対して日本政府はこれに積極的に応じる態度をみせ始めており、この点は評価される。しかし自由化に対応して新設・拡充される関税割当制度、輸入課徴金、価格支持制度などの国内対策が過度のものとなり、これが新たな対外摩擦要因となることのないよう細心の注意が必要である。農産物輸入の自由化に際してはとくに開発途上国の諸要請に配慮しなければならない。ASEAN諸国ならびに中国の関心品目関税率の全廃、一般特恵制度におけるこれら諸国のシーリング枠拡大、熱帯産果物などの輸入の全面的解禁など一連の政策変更が望まれる。

第三は、日本の貿易収支黒字の開発途上国へのいわゆる還流（リサイクル）についてである。国際的資金は本来成熟段階にいたった先発国から、活力をもって経済拡大をつづける後発国へと向かって移動していくのが「常態」であり、これによって後者の経済の浮揚を助け、かくして動態的な世界経済が維持される。しかしアメリカにおける高金利が発生させた大きな国際的金利差は、各国の過剰貯蓄を世界の最先進国であるアメリカに引き寄せ、後発国が需要する開発資金をグローバルな規模でクラウディング・アウトするという、正常ならざる事態を恒常化させてしまった。国際的資金に対する開発途上諸国の潜在的需要は大きく、かつこれら諸国における海外投資の長期的利潤率も相当に高い。しかしアメリカの金利がこれをうわまわるのであれば、日本の余剰資金がアメリカに向けて大量に流出していくのをとどめることはできない。先進国間の資金移転が後発国の成長資源を締め出しているのであり、そうであれば日米ふたつの経済大国は、世界経済の拡大均衡化への道を自らの手でふさいでしまうということにもなりかねない。日米間の資金移動を正すべく、日本において民間資金の対外移動制限を課すことも一案ではありうるが、これは現下の国際金融市場の攪乱要因ともなりかねない。あくまで日米両国がマクロ構造の相互調整をはかり、これを通じて金利差を縮小させ、もって資金移動の流れを旧に復させるべきである。

そしてそのうえで、日本の貿易黒字を開発途上国へ還流(リサイクル)させるための諸手段が考慮されなければならない。さきに世界銀行内に創設された日本特別資金など一〇〇億ドルに加えて、こんご三年間に完全アンタイドの官民資金二〇〇億ドルを二国間ならびに国際機関を通じて開発途上国に還流させる計画が、一九八七年五月の緊急経済対策として公表されたことの意義は大きい。かつてない資金規模での還流計画である。しかし同時に還流された資金を真に有効に利用せしめるための協力も、これを怠ってはならない。還流の対象となっているプロジェクトを日本のイニシアティブのもとで積極的に掘りおこし、これを資金、技術の両面で支援する体制づくりが肝要であろう。三〇〇億ドル還流計画を効率的に促すべく、海外経済協力基金と経団連が共同で設立をめざしている「開発途上国経済活性化機構」(仮称)などは、そうした要請に応じるものとして期待される。さらにまた、ASEAN諸国への日本の民間投資を促進すべく、すでに設立が決定された、日本の証券・銀行などの主要企業と海外経済協力基金との共同出資による「日本ASEAN投資会社」も注目される。いまだ規模は小さいながらも、こうした試みが多様に拡充していくことが望まれる。

海外直接投資の流れは基本的に市場メカニズムによるべきことはいうまでもないが、その流れを安定的に促進すべく、投資受入れ国側の投資環境整備等の努力も重視されねばならない。海外投資保険制度や二国間投資保護協定等の充実・整備のための投資国、受入国双方の努力が要請される。海外直接投資は、受入れ国に技術を移転するための効果的な手段である。政府による技術協力とならんで、民間企業もまた受入れ国への技術移転をめざして、各受入れ国の多様な文化的背景を考慮しつつより体系的な方法を編み出すべきである。

西太平洋開発途上国に何が望まれるか

まず指摘さるべきはアジアNIESについてである。NIESは輸入自由化、為替レート調整を通じて、より後発の国ぐにのアブソーバーとしての機能を強化し、それとともに資本供与、技術供与の面でも、日本とならぶもうひとつのアジアにおける「成長軸」として形成されていくことが強く望まれる。

アジアNIESは、生産・貿易構造を短期間に急速に高度化させてきた。アジアにおける成長波及源はもはや日本のみにかぎらない。NIESがもうひとつの成長波及源として加わり、アジアは成長の「単軸構造」から「複数軸構造」へと変容し始めたのである。そのことにより、アジアは全体として多角的な成長誘発関係をもつ地域になったということができよう。

今日、西太平洋地域は、アジアNIESが日本を追い、そのNIESをより後発のASEAN諸国が追うという「重層的追跡」関係をもつ動態的な経済空間として形成されている。この重層的追跡関係のもとで、NIESは低付加価値製品の国際競争力を弱め、逆に高付加価値製品の競争力を相当の速度で強めながら、自らの比較優位構造を高度化させてきた。これと対照的にASEAN諸国は、NIESが競争力を失いつつある低付加価値製品において比較優位を顕著に増大させ、NIESへの追跡を開始した。こうしたNIESとASEAN諸国との間の比較優位構造のダイナミックな変化のもとで、NIESの生産・貿易構造の一層の高度化が促され、それとともに両者間には競合的関係と同時に強い補完的関係が発生したのである。実際のところ、一九八七年において

ＡＳＥＡＮ諸国の総輸出に占める対日輸出比率は二五・八％であるが、対ＮＩＥＳ輸出比率も二〇・七％に及んでおり、後者の比率は今日では思いのほか大きいのである。

アジアＮＩＥＳとＡＳＥＡＮ諸国との間の補完的関係を強めているのは、貿易だけではない。むしろ貿易の変化の背後にあって補完的関係を強化する役割を果たしてきたのが、実はＮＩＥＳの対ＡＳＥＡＮ諸国投資である。ＡＳＥＡＮ諸国に対する投資国は今日アメリカや日本にかぎられない。ＮＩＥＳ自身がその生産拠点を近在のＡＳＥＡＮ諸国に移すという行動様式をかなりの規模でとり始めている。台湾、香港、シンガポールは華人国であり、ＡＳＥＡＮ諸国華人資本との連携がきわめて密であるという事情も、これにつけ加えられよう。わけても注目されるのは、この一、二年における台湾企業の動向である。一九八七年に台湾企業の対タイ投資は前年の三三件から一挙に一六〇件に増加し、投資金額でもアメリカを抜いて日本に次ぐ規模に達した。昨年台湾企業は対マレーシア投資においても日本に次いで第二位、本年一〜三月にはフィリピン投資額において日本を追いこして第一位の実績を達成した。こうした、ＮＩＥＳによる対ＡＳＥＡＮ諸国投資がさらに促進されなければならない。

もうひとつの注目すべき事実は、アジアＮＩＥＳの対中国接近の動きである。ＮＩＥＳと中国との産業構造はより強く補完的であり、政治外交関係の改変をともないながら、貿易・投資関係はかなりの速度で緊密化していく可能性がある。現在の韓中貿易は第三国籍船を用いた香港経由の間接貿易が主流であるが、それでも一九八七年における貿易額は韓国の対中輸出が五億二五〇〇万ドル、同輸入が七億二一〇〇万ドル、往復で十二億ドルをこえる規模となった。両国とも北朝鮮を配慮して正式な報告はしていないものの、現実には直接貿易も相当規模行われているもようであり、それを加えると往復で二二億ドルに達しているのではないかともささやかれている。両国の補完的関係を反映し、韓国の対中輸出品はカラーテレビ、鉄鋼製品、合成繊維などであり、同輸入品は原綿、生糸、織物などである。韓国の対中投資も開始され、三星グループの深圳経済特区での化学調味料工場建設、現代自動車ならびに起亜産業の山東省での自動車組立工場建設、大宇グループの福建省福州市での家電工場建設などが計画されている。

台中経済関係も同じく緊密の度合を強めており、昨年の両者の貿易規模は往復二〇億ドルに達した。台湾企業の対中投資とくに対岸の福建省への投資は急増中である。『北京週報』(一九八八年四月十九日)によれば、福建省に立地する台湾企業は、製靴、縫製、栽培、養殖などの労働集約的部門を中心にすでに五〇社、投資額も五、〇〇〇万ドルに達したという。

韓国、台湾は、対米貿易収支の大幅な黒字を蓄積し、そのためにアメリカから市場開放と為替レート調整の両面において強い圧力を受けている。しかしアジアNIESは、アメリカとの間に時に激しい緊張をはらみながらも、しかし基本的には自由化とレート調整の両面における要請を受け入れる方向にあり、この点は高く評価されなければならない。NIESは輸出志向工業化によって今日を築いた国であり、自由な国際貿易体制の最大の受益者であった。したがってNIESは世界における有力な輸出国となった現在、自由な貿易体制の維持に自ら強い責任をもたなくてはならない。関税・非関税障壁の自由化、為替レートの調整、一般特恵制度享受国の地位返上、知的所有権保護などの面で、NIESはより積極的な姿勢を公けにすべきである。そうした姿勢を促すべく、先進国側は新たに韓国をIMF八条国とし、GATTウルヴァイ・ラウンドにおけるルール作りへのNIESの積極的な参加を促し、さらにはOECD加盟への積極的な対応をみせなければならない。日本としては、NIES製品のアブソーバーとしての機能を一段と強め、もってNIES自身が市場開放と為替レート調整への努力を促進するよう働きかけていくことが必要である。

次は、ＡＳＥＡＮ諸国についてである。近年におけるＡＳＥＡＮ諸国工業化の実績にはみるべきものがある。とはいえ、アジアＮＩＥＳなどに比較してなお一次産品への依存度は高く、一九八〇年代に入って以降の一次産品国際価格の低下は、これら諸国の経済成長に少なからざるマイナスの影響を及ぼした。工業化への一層の努力が望まれるゆえんである。

ＡＳＥＡＮ諸国の工業化は、長らく手厚い保護政策に守られた輸入代替型のもとで進められてきたが、近年では輸出志向型へと転換を始めており、とくに労働集約財産業では強い輸出競争力をもって国際市場に進出しつつある。アジアＮＩＥＳにおいては国内における賃金高騰と先進国における輸入規制のゆえに、労働集約財輸出の優位性は失われつつあり、ＡＳＥＡＮ諸国がＮＩＥＳを急追しながら輸出拡大をはかる好機である。タイが第六次経済社会開発五ヵ年計画のもと、輸出産業育成のための品質改善・生産性向上・マーケティング拡大をめざした計画を公表し、またマレーシアが工業開発総合計画によって資源活用型の輸出志向型産業育成の新戦略を打出すなど、このところＡＳＥＡＮ諸国においてもにわかに輸出産業育成政策が活発化しつつある。しかしＡＳＥＡＮ諸国が工業製品輸出を本格的に拡大するためには、輸出産業関連インフラを拡充し、輸出産業を支える部品・中間製品部門を整備するなど試みねばならないことは依然として多い。

輸出関連インフラ、輸出志向型産業ならびにその周辺産業への外国借款や海外直接投資などの積極的な受入れは、そうした国内的努力を補完する役割を果たすであろう。円高にともない日本企業の対ＡＳＥＡＮ諸国進出はかつてない規模で展開を始めており、アジアＮＩＥＳもまたこれら諸国への直接投資に積極的である。ＡＳＥＡＮ諸国は、投資受入れの条件整備にいまこそ力を入れなければならない。これまでのＡＳＥＡＮ諸国の外資導入関連法規は、資本所有、輸出義務、現地資源利用、現地人登用などの面で多分に強い規制的色彩をとどめてきた。

これら諸規制ならびに製造ライセンス・輸出ライセンスを緩和するとともに、煩瑣な投資許可手続きを簡素化することにも努めなければならない。また、ASEAN諸国は、陸運・海運・航空・通信、さらには石油・金融等の分野のみならず製造業分野においても国・公営企業を広範に抱えており、これがしばしば非効率的な経営体として存続している。ASEAN諸国経済の一層の活性化をはかるためには、国・公営企業の民営化・規制緩和が急務である。

最後に中国についてである。中国は現在大胆な対外経済開放政策の試みを持続している。中国の対外開放政策において特記されるべきは、これまでの中国においては考えられもしなかった、大きな自由裁量権を与えられた四つの経済特区が誕生したことである。一九八〇年三月の全人代は「広東省経済特別区条例」を承認・公布し、これを受けて深圳、珠海、汕頭に三つの特区を、また同年一〇月には福建省厦門にもうひとつの特区を成立させた。加えて一九八四年四月には沿岸の一四の都市ならびに海南島を、経済特区に準ずる優遇措置・裁量権をもつ沿岸開放都市として指定した。海南島は本年一九八八年四月により大きな開放特権をもつ省へと昇格している。また近年では、こうした特区・開放都市を含んで河川デルタ地域全体や半島の全体をひとつの沿海経済開放区として指定するという試みも始まった。長江デルタ、珠江デルタ、閩南デルタ、山東半島、遼東半島などがそれである。

これら開放区域の形成は、香港、そして将来における台湾の中国復帰を齟齬なくかつ効率的に行いたいという中国政府の意図とも関連があろう。香港は中国の最大の窓口であり、外貨収入源としての地位は卓越している。香港は、国際金融センターとしての役割、長い間に蓄積されてきた企業家的職能、熟練労働、技術といった諸資源を豊富に擁しており、中国政府がこうした諸資源をいかようにか「内部化」したいと考えるのは当然であろう。

権力的な香港復帰はそうした諸資源の海外流出を招くはずであり、復帰後香港の現状維持と「港人治港」が基本的原則である。

中国政府の意図は、香港の現状維持ということにとどまらない。開放区域を創成し、香港資本、東南アジア華人資本を導入し、中国企業との合弁・合作事業を行い、さらには中国資本が香港に進出して香港企業との合弁活動を試み、在外華人の人心を安定させながら「拡大香港」を成功裡に実現したい、というものである。現に経済特区は、在外華人の代表的出身省である広東に三つ、福建省にひとつ立地している。深圳は香港に隣接し、珠海はマカオとの国境に近い。福建省廈門が台湾の対岸に立地しているのも象徴的である。開放区域は、先進諸国、香港、つづいて香港を経由する東南アジア華人資本、さらには将来における台湾の発展ダイナミズムを自らの胎内にとりこみつつ、先行する国ぐにに発するインダストリアリズムの内部化をはかろうとする中国政府の遠大な構想を反映している。

中国における経済改革路線はいまだ完全に定着したとはいいがたく、対外開放政策も直線的に進むとは考えにくい。しかし時に激しい「ゆれ」をともないながらも、基本的には対外開放政策は持続されていくものと予想されよう。この過程で、開放区域と西太平洋諸国経済とは次第に強い有機的連関をもち始めるにちがいない。このような有機的経済連関の強化は、中国経済の潜在的能力を掘りおこすのに大きく貢献するはずであり、加えて中国をアジア太平洋世界に引入れ、その対外開放政策を後退不能なものとしよう。中国の対外開放政策に対する長期的観点にたった多様な協力が望まれるゆえんである。中国もまた貿易に対する国家的統制の緩和、投資環境の整備などを進めることにより、対外開放政策が将来の中国においても不変の方向であることを明示し、もって西太平洋諸国ならびに在外華人との互恵的協力の前提となる信頼関係の醸成に努めねばならない。

三極政策調整の基本的視点

本章は、世界経済を再び活性化させるためには、太平洋に面する経済大国アメリカと日本、新たな経済的興隆期にある西太平洋諸国の三つが、いかなる構造調整を相互に行うのが望ましいのかという観点から、日本のあるべき貢献の姿を浮び上らせようという試みである。論点が多岐に及んだので、最後にそのエッセンスを要約しておこう。

まずなされねばならないのは、日米間に発生している厳しい経済摩擦の解消である。そしてこの摩擦の解消のためには、両国の需要構造を相互に調整し合う政策努力が不可欠である。アメリカは国内供給力をうわまわる超過需要を抑制すべく財政赤字の削減努力を強力に推進し、他方日本は内需を拡大し外需への依存度を引き下げるよう一層の努力をつづけねばならない。アメリカにおける財政収支均衡化のための努力はとりわけ大きな重要性をもつ。アメリカは、昨一九八七年年初における債券価格の下落、秋の株価暴落というコストを支払って、ようやくにして財政赤字削減への努力を本格化するにいたった。この努力が最終的に実を結ぶよう、アメリカの不退転の決意と各国の密なる政策協調が望まれる。

しかし、ここにひとつの深刻な二律背反がある。すなわち財政赤字削減努力はアメリカ経済の健全化と世界経済の安定性維持にとって不可欠のものであるが、この努力が本格化するならば、由々しきデフレ効果が周辺諸国をおおい、世界経済は縮小均衡に向かっていかざるをえない。ここにおいて、日本の役割は著しく大きいといわねばならない。大きな貿易収支黒字を擁する日本が、アメリカに代わる新しい「アブソーバー」としてたちあらわれ、世界経済の縮小均衡化への防壁の役割をになわねばならないのである。日本はアメリカに対して財政赤字削減を強く要求すべきであるが、この要求は日本のアブソーバー機能強化のプログラムがあって初めて正統性をもちうるとわれわれは考える。円高は、このような役割をもたしめる方向に日本経済の構造を転換させる強い自律的な調整力として機能しており、この機能をさらに積極的に活用すべきである。内需拡大政策は、日本経済のそうした構造転換がもたらす多様なコストを緩和する役割を演じなければならない。

この数年は日米両国の需要構造の調整期間であり、世界経済が順調な拡大過程を回復するのにはいましばらくの時間を要するであろう。調整期間を終えた次期の世界経済の拡大均衡化を牽引する最有力の地域は、これまでの顕著な成長実績とその潜在力からみて、アジアNIES、ASEAN諸国、中国を含む西太平洋の開発途上諸国となる可能性が大きい。低い成長率の先進諸国相互が、拡大速度の遅い市場を奪い合うのは「徒労」である。成長潜在力を豊かに擁する世界の低開発諸国の開発を促進し、もって世界経済を拡大均衡に向かわしめることが長期的には最重要の課題であることをわれわれは認識しなければならない。

西太平洋開発途上国はいずれも日本と強い経済的連携を有しており、日本はこれら諸国の発展に大きな影響力を与えうる位置にいる。日本は、これまで西太平洋開発途上諸国の工業生産・輸出能力を供給面から支える「資本財供給基地」として機能してきた。これに加えて日本はこの地域諸国の生産物を大きく輸入するアブソーバー機能を強め、さらに直接投資と経済協力の拡充に一層の努力を傾けねばならない。西太平洋開発途上国の活力を引出すためのそうした一連の努力を通じて、日本は世界経済の活性化に多大の貢献をなしうると考える。日本のこの地域諸国からの輸入増加は、これら諸国のアメリカからの輸入増加をもたらし、アメリカの貿易収支改善に少なからず寄与することも期待されよう。そして何よりも西太平洋開発途上諸国からの輸入増加を通じて、日本はこれら諸国との間に有力な産業内分業圏を形成していくはずであり、この分業圏が発揮するダイナミズムは日本経済の将来の成長フロンティアとなるにちがいない。

西太平洋開発途上国のなかで、アジアＮＩＥＳはすでに先進国に劣らぬ経済的力量をみせるにいたっている。しかもＮＩＥＳは自由貿易体制の大きな受益者として今日を築いたのであり、こんごは市場開放や為替レート調整を積極的に進めつつ、自らも自由貿易体制の維持に貢献しなければならない。かくしてＮＩＥＳは、ＡＳＥＡＮ諸国や中国などのより後発の西太平洋開発途上諸国の成長を促す、日本とならぶもうひとつの「成長軸」として機能することが期待される。

西太平洋開発途上国を世界の「成長地域」として位置づけ、その活力を世界経済再活性化の一大要因とするための努力が、いま本格的に開始されねばならないのである。

第Ⅴ章　溶解するアジア社会主義

インダストリアリズム　アジア社会主義国への波及

インダストリアリズムの波は、アジアＮＩＥＳとＡＳＥＡＮ諸国に及んでその急速な発展を誘ったばかりではない。この波はアジアにおける巨大な集権制社会主義国家中国の岸を洗い、強固に維持されてきたその計画経済体制を「溶解」させ始めたことが注目されなければならない。人民公社下の集団的農業経営、指令的計画管理体制下の工業企業経営、国家による一元的対外貿易は、その非効率性によって長らく中国経済を苦しめてきた。その中国をとりまくＮＩＥＳやＡＳＥＡＮ諸国の経済的躍進は、新たな方向を求める中国の経済政策に少なからぬ影響を与えた。経済発展段階において類似し、文化的にあい似たＮＩＥＳやＡＳＥＡＮ諸国の発展を導いた市場経済機構と対外経済政策は、中国の経済体制改革に現実性のある有効なモデルを提供したのである。経済改革は、農業部門における人民公社の解体と生産責任制の実施、工業部門における企業自主権の拡大、積極的外資導入と開放区域の設置・拡大を謳う対外開放政策の三つを柱としている。これは一九七八年の中国共産党第一一期党中央委員会第三回総会、いわゆる「三中全会」以降に開始された。

波及するインダストリアリズムを自らの胎内にとりこんでいくためには、何よりも旧来の「堅い」集権制社会主義の制度的機構を熔解させなければならない。農業と工業、対外経済政策の三面で一九七八年以降に開始された体制変革は、これまでの中国の計画経済のありようをみてきたものにとっては信じられないほどに大胆で柔軟なものであった。そしてこの大胆さと柔軟性のなかに、中国経済の将来をうらなう一大要因が潜んでいるように思われる。集権制社会主義システムの変革、ならびにその変革がもたらした経済的成果が如実に顕現しているのは農業であり、その意味で農業改革は中国体制改革の向かうべき方途がいずこにあるのかをはっきりと映し出している。

一九七八年の三中全会における新農業政策の決定は、現代中国の農政と農業発展に重大な変革をもたらす一画期であった。建国以来の中国農業は人民公社制度のもとにおかれ、集団的労働、鋏状価格差（シェーレ）、均分主義的配分の三つによって、農民の生産意欲を減殺してきた。三中全会にさきだつ数年間に深刻化した「増産不増収」は、中国農村を疲弊状態に追いこみ、この「不合理」をただす新農政を求める農民の強い現実主義的要請を誘った。この要請は党中央を激しくもゆさぶり、かくして実現した新農政は、農民を不利化してきた価格体系を是正し、集団的農業経営に代えて家族的小農経営をくまなく全土によみがえらせる空前の変革となった。この変革を通じて農業の生産と生産性は大きく上昇するとともに、農業・農村構造もまたかつてない多様性と有機性を備えるにいたった。

本章は、現代中国における経済体制変革のエッセンスを農業改革の経緯のなかに読みとり、この農業改革が中国経済の循環と蓄積の全体構造にもたらした変容のプロフィールを明らかにすることを目的とする。加えてそれとの関連で工業企業改革にも関心を寄せ、中国社会主義溶解の姿を描写してみたいと思う。

ところで、アジア社会主義の溶解というテーマで語りうるのは中国ばかりではない。アジアにおけるもうひとつの巨大な社会主義的統制国家インドもまた、自らのシステムの内部に長らく巣喰ってきた非効率性に耐えることができず、体制改革の必要性にようやくにして覚醒した。中国の体制改革とならんで、近年新しく展開を始めたインドの経済自由化への動きをも本章ではうかがってみたい。

中国農業発展における問題は何か

中国は典型的な人口過剰国である。人口過剰とは何よりも耕作可能な土地に対してである。中国の国土は広大であるが、耕作適地は意外なほどに少ない。現在、中国の耕地率（耕地面積／総面積）は公的統計によればわずか一〇・五％程度である。もっとも中国の場合、本格的な土地調査は建国以来一度も行われたことはなく、確定的な数値は得られない。一九九〇年の完成をめざして現在土地調査が進行中であるが、調査担当官の見解によれば耕地面積は公表のものより三〇％程度少ないとすらいわれている。

国土の大半はゴビ砂漠やチベット高原、荒蕪地《こうぶち》など耕作不適地で占められる。新疆《しんきょう》・青海・甘粛などを含む「西北区」、西蔵《チベット》・雲南などを含む「西南区」、ならびに「内蒙古」の三つの、国土全体に占めるそれぞれの面積比率は三二・〇％、二四・五％、一二・七％である一方、耕地率は三・九％、四・九％、二・五％にすぎない。耕地率が低いのみならず、森林被覆率（森林面積／国土面積）もまた全国平均で一二・一％であり、アジア全体の二〇・一％、世界平均の二二・四％よりかなり低い。このことが土地肥沃度の低下や表土流出の被害を大きくして、農業生産性を低める要因となっていることもつけ加えられねばならない。

古くから過剰な人口を擁し、かつ高い人口増加率のもとにあった中国が、耕作適地を外方に求める「外延的拡大過程」をたどってきたことは想像に難くない。しかしこの過程は新中国成立のはるか以前に終焉してしまったのであり、中国に耕地フロンティアはもはやない。一連の農作業に著しく多くの労働力を投下し、丹念にして細密な栽培管理を行う「情耕細作」と呼ばれる典型的な高密度農業が、古くから中国農法を特徴づけてきた。そうすることによって一定の土地から最大可能な農産物を「絞りとり」、土地生産性を極限にまで高めながらあの巨大な人口をどうにか養ってきたのである。

それゆえにこそ、耕地造成を通じてフロンティアを拡大しようという欲求につき動かされてきたのも他面の事実である。実際、人民公社制度下の大規模な無償労働動員のもとで、しばしば生態系を無視してまで開墾による耕地造成が精力的に試みられてきた。にもかかわらず耕地面積は一九五七年が最大値であり、この年に一億一、一八三三万haに達した後はむしろ漸減傾向にある。一研究者の整理によれば、一九四九年から一九七八年までの間に新たに開墾された耕地面積が約二、〇〇〇万ha、他方国家基本建設ならびに農村建設による転用、林地・牧地への地目転換および荒蕪地化などのために三、一二三万haの耕地潰廃があり、差引き一、〇〇〇万ha強の耕地面積の減少が発生したという（田島俊雄「中国の土地利用と労賃・地代」『アジア経済』第二三巻第三号、一九八二年三月）。一億haを前後する耕地面積の中国において、三〇年間に三、〇〇〇万ha以上の耕地が潰廃されざるをえなかったということの事実のなかに、フロンティア消滅の抜きさしならぬ現状が示唆されている。

もちろん耕地は、多期作化・多毛作化・輪作化などを通じてその利用率を上昇させるという、耕地の「内包的

図V－1　中国における播種面積，農業労働者，農業生産高

（指数　1952年=100）

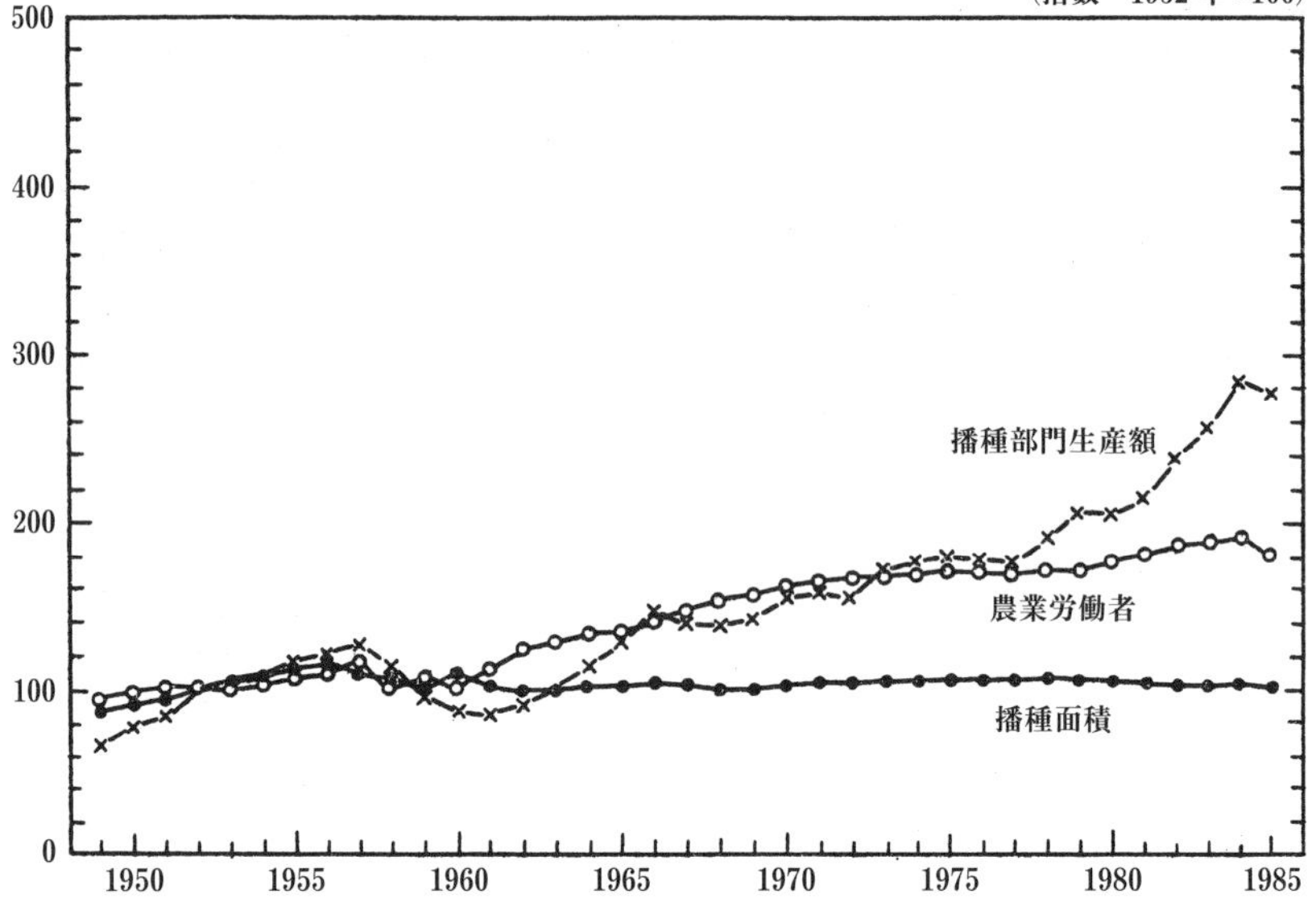

（資料）国家統計局『中国統計年鑑』中国統計出版社，北京。

拡大」が可能である。人口過剰の中国が、耕地造成すなわち「外延的拡大」とならんで耕地利用率の極大化を追求してきたことは当然である。播種面積（ここでは食糧・綿花・油性植物・麻類・糖類などの播種農業を営む面積）を総耕地面積で除して得られる耕地利用率は一五〇％程度であり、建国以来この水準にはほとんど変化がない。中国の農業技術水準からするかぎり、耕地利用率のこれ以上の拡大は不可能なのである。こうして播種延面積は図V－1にみられるごとく、まったく一定である。開拓を通じての耕地の外延的拡大に厳しい制約が課せられる一方、多期作化などを通じての利用率上昇による内包的拡大の余地もまたすでに消滅したということができよう。いずれの面から眺めても、中国農業における耕作地フロンティアの消滅は、瞭然である。

その一方、農村における高い人口増加率を反映して、農業労働者は高率で増加してきた。一九五二年を一〇〇としたその指数は、一九八四年には一八八に及んだ。ただし一九八五年にはこれが下って一八〇になったという事実は、最近年における「郷鎮企業」を中心とした農村内非農業部門の労働需要の発生に呼応したものであり、この注目すべき新しい事実については後に改めて触れる。こうして土地労働比率（総播種面積／農業労働者）は、図V-1にみられるような少なからぬ低下傾向をたどったのである。

ところで農業生産額（播種農業生産額）は、図V-1のような傾向、すなわち、(イ)一九五〇年代前半には半封建的農村構造を打破してよみがえった小農経営のもとで順調な生産拡大が実現し、(ロ)一九六〇年を前後する数年間においては急速にすぎた農業集団化政策のもとで生産が減退し、これに一九五九年から三年連続の大凶作が加わって著しい低迷状態に陥り、(ハ)一九六〇年前後にはいわゆる「大躍進」の調整期における回復があり、(ニ)一九六〇年代央から文化大革命期における混乱期の停滞がつづき、(ホ)さらに一九七〇年代の後半以降は新農業政策のもとで建国後中国における最大の伸びをみせる、という錯綜した変化を経過してきた。

各年の農業生産額を播種面積ならびに農業労働者数で除すことによって、それぞれ土地生産性（単位面積当り収量）と労働生産性（労働者一人当り収量）を計測し、その変化を眺めたものが図V-2である。土地生産性は一九六〇年代前半期に停滞を脱して以来、安定的な上昇傾向を持続し、この傾向が一九七八年以降加速されていることが観察されよう。すなわち一九五二年を一〇〇とした土地生産性指数は一九六三年には九九であったが、これが一九七七年には一九七となり、一九八五年には実に二七二に達したのである。耕地不足の中国が、稀少な耕地の生産性を高めるべく最大限の努力をここに傾注してきたことの結果にほかならない。土地生産性のこのような上昇は何によってもたらされたのであろうか。耕地が稀少な人口過剰国においては、耕地の有効利用をはかるべく、肥料投入の増加によって土地生産性を上昇させていくという、肥料集約的な、いいかえれば土地節約的な

図V－2　中国農業の労働生産性，土地生産性，土地労働比率

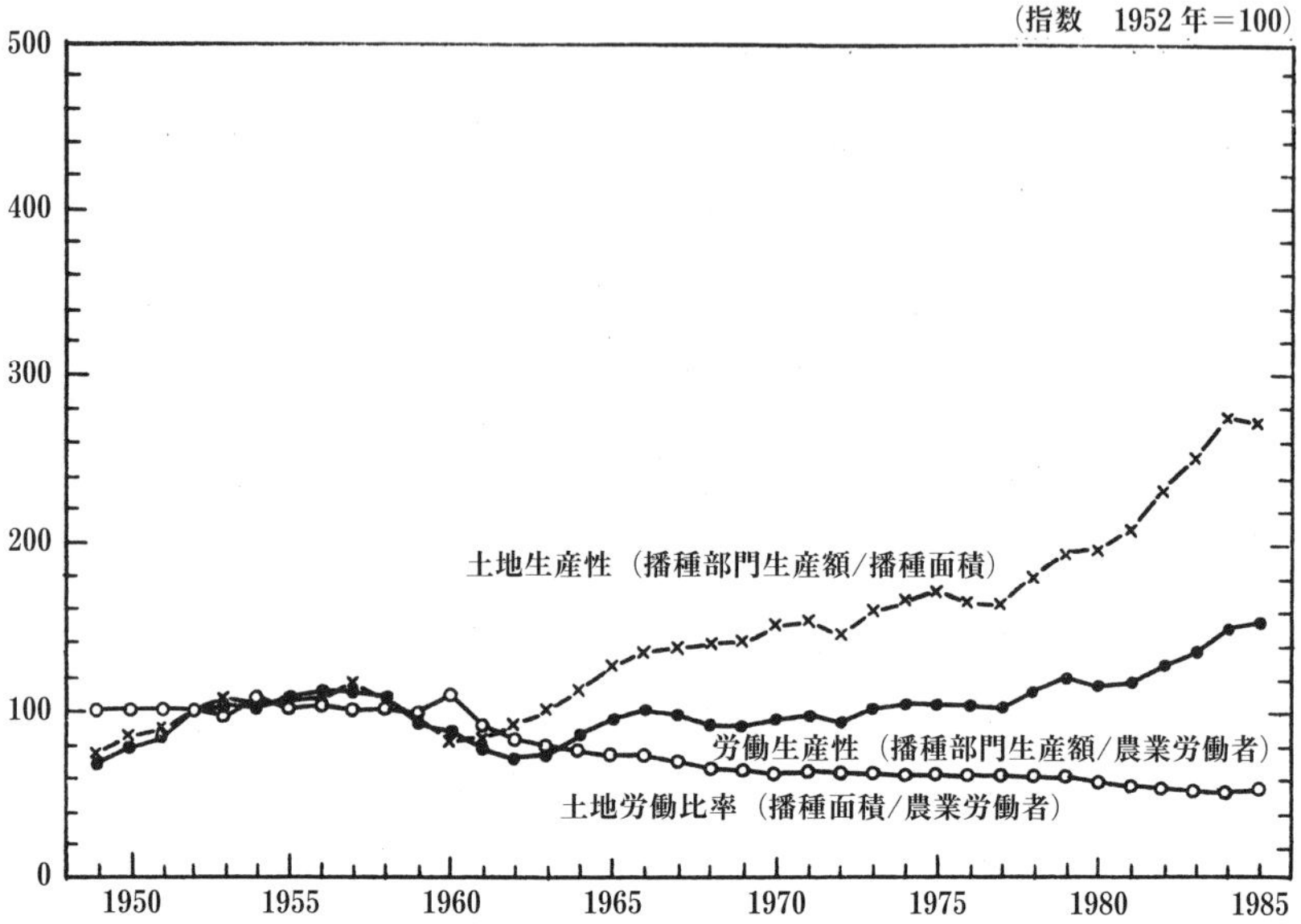

（資料）　国家統計局『中国統計年鑑』中国統計出版社，北京。

農業発展経路が選択されるのが自然である。国連食糧農業機構（FAO）統計によれば、一九八一年における中国の耕地面積一haに対する肥料投入量は一五〇kgであり、日本ならびに韓国のそれぞれ三八七kg、三五一kgには及ばないものの、マレーシア九二kg、インドネシア七四kg、フィリピン三二kg、インド三四kgを大きくうわまわり、開発途上国の標準からすれば中国は相当の多肥農業国であることがわかる。これを反映して同統計によれば、中国における穀物の土地生産性は一ha当り三、〇九一kgであり、日本、韓国のそれぞれ五、二一一kg、四、九九一kgよりは低いが、マレーシア二、八八一kg、インドネシア三、〇二一kg、フィリピン一、六六三kg、インド一、四〇三kgよりは高い水準にあった。

　施肥効果を穀物に及ぼすためには、当然ながら農業用水管理すなわち灌漑・排水施設を整備する必要がある。肥料投入は灌漑施設の整備率と同時

並行的に上昇するというのが経験則である。中国の灌漑建設は人民公社下の「労働蓄積」と呼ばれる無償労働力の動員によって急速に進み、耕地面積に対する灌漑面積の比率は一九八三年現在四六％に達した。この比率もまた同年の日本七五％、韓国五七％には及ばないものの、マレーシア三七％、インドネシア三八％、フィリピン一九％、インド二四％を少なからずこえている。

図Ｖ－３によれば、一九五二年を一〇〇としたそれぞれ化学肥料ならびに灌漑面積の指数と土地生産性指数との結合値が、いずれもはっきりとした右上り傾向にあることが観察されよう。もっとも灌漑面積の伸びは一九七〇年代の後半期に限界点に達したが、一九七八年以降の肥料投入量の伸びと土地生産性上昇との右上りの結びつきははっきりしている。さらに化学肥料の投入は、投入された化学肥料によりよく感応する多肥多収性改良品種の創成を促す可能性が強い。伝統的に在来

図Ｖ－３　中国における肥料投入率（F/R），灌漑面積率（R_i/R），土地生産性（Q/R）

（指数　1952年＝100）

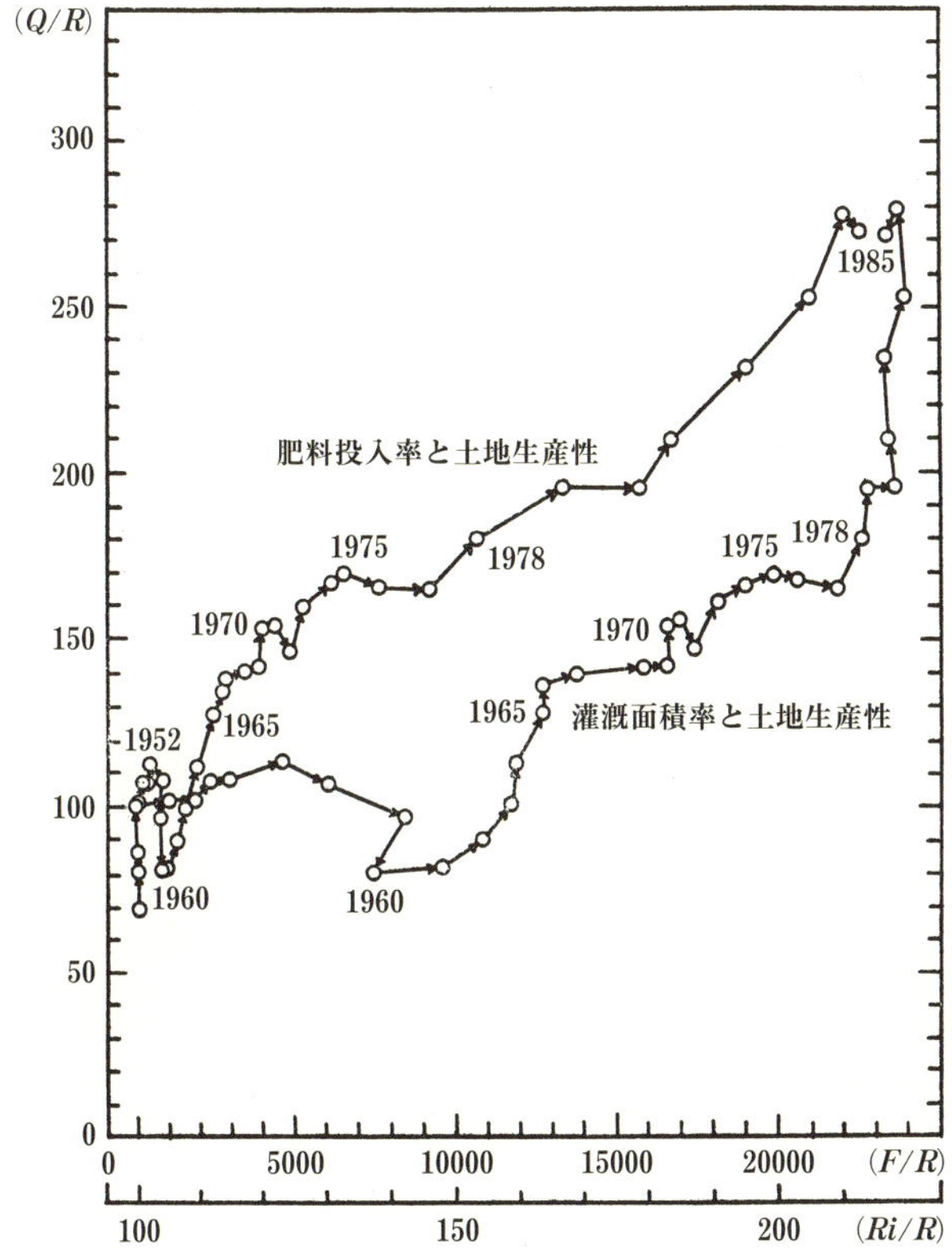

（資料）国家統計局『中国統計年鑑』中国統計出版社，北京。

種の数が他国に比べて多い中国では、多様な在来種のなかから優良品種を選別してこれを同一の環境条件で栽培・普及するという方式がとられてきた。実際この方式は一九五〇年代以来、「四自一輔」のスローガンのもとで積極的に展開されてきた。「四自」とは、種子の「自」選、「自」給生産、「自」分の責任による保存、種子を販売用にではなく「自」家用分として使用することであり、「一輔」とは種子消毒のための薬剤は国がこれを供給する、というものであった。

しかし一九七〇年代に入ると、より高度の交雑技術の裏づけをもつ多肥多収性品種の創成に力点がおかれるようになり、国営農場内での種子生産の専業化とその普及がはかられた。これが「四化一供」である。「四化」とは、種子生産の専業「化」、種子加工の機械「化」、種子品質の標準「化」、品種の地域的統一「化」であり、「一供」とはこうして創成された新品種の国・県による供給である。その成果は大きく、多肥多収性品種の播種面積は一九八二年現在、高粱《コーリヤン》では総播種面積の八〇％、トウモロコシでは七〇％に及んでいる。水稲改良品種の普及は開始されて間もないものの、単収の増加率は相当に高い。水稲のha当りkgで示される土地生産性は、一九五七年の二、六九三から一九七八年の三、九七五を経て一九八五年には四、三二〇に達した。

土地生産性にはこのような上昇が観察されるものの、農業労働者の増加率は一段と高く、そのために労働生産性は一九七八年にいたるまでは停滞的であった。労働生産性すなわち労働者一人当りの収量の増加がなければ、農民所得水準の上昇は望むべくもないのである。図V－2にみられるとおり、一九五二年を一〇〇とした一九七七年の労働生産性は一〇三にすぎない。しかし以降これも急速な上昇局面に入り、一九八五年には一五四に達した。農業生産高をQ、農業労働者数をL、土地面積をRとしよう。そうすると労働生産性はQ/L、土地生産性はQ/R、農業労働者一人当り土地面積はR/Lである。労働生産性は土地生産性と農業労働者一人当り土地面積との積、即ち$Q/L=(Q/R)\cdot(R/L)$としてあらわされる。各年の労働生産性を、土地生産性と整業労働者一人当り土地面積との結合値として示したものが図V－4であり、この結合値の右上方へのシフトが労働生産性の上昇である。この図のなかに建国後中国の農業発展のありようが概略されている。一九五〇年以来一九七八年にいたるまで労働生産性はまったく停滞的である。一九七八年以前の労働生産性の最高値は一九五七年に達せられ、一九五二年を一〇〇としたこの年の指数は一一二であった。一九七七年までこの水準をこえた年はまったくない。一九七八年にその指数は一一二となってようやく一九五七年時点の水準にもどったにすぎない。この間土地生産性にはかなりの上昇があったが、それをうわまわる農業労働者一人当り土地面積の減少があって、結局のところ労働生産性の上昇はみられないというプロフィールがこの図のなかに要約されている。

図V－4　中国における土地労働比率（R/L），土地生産性（Q/R），労働生産性（Q/L）

（指数　1952年＝100）

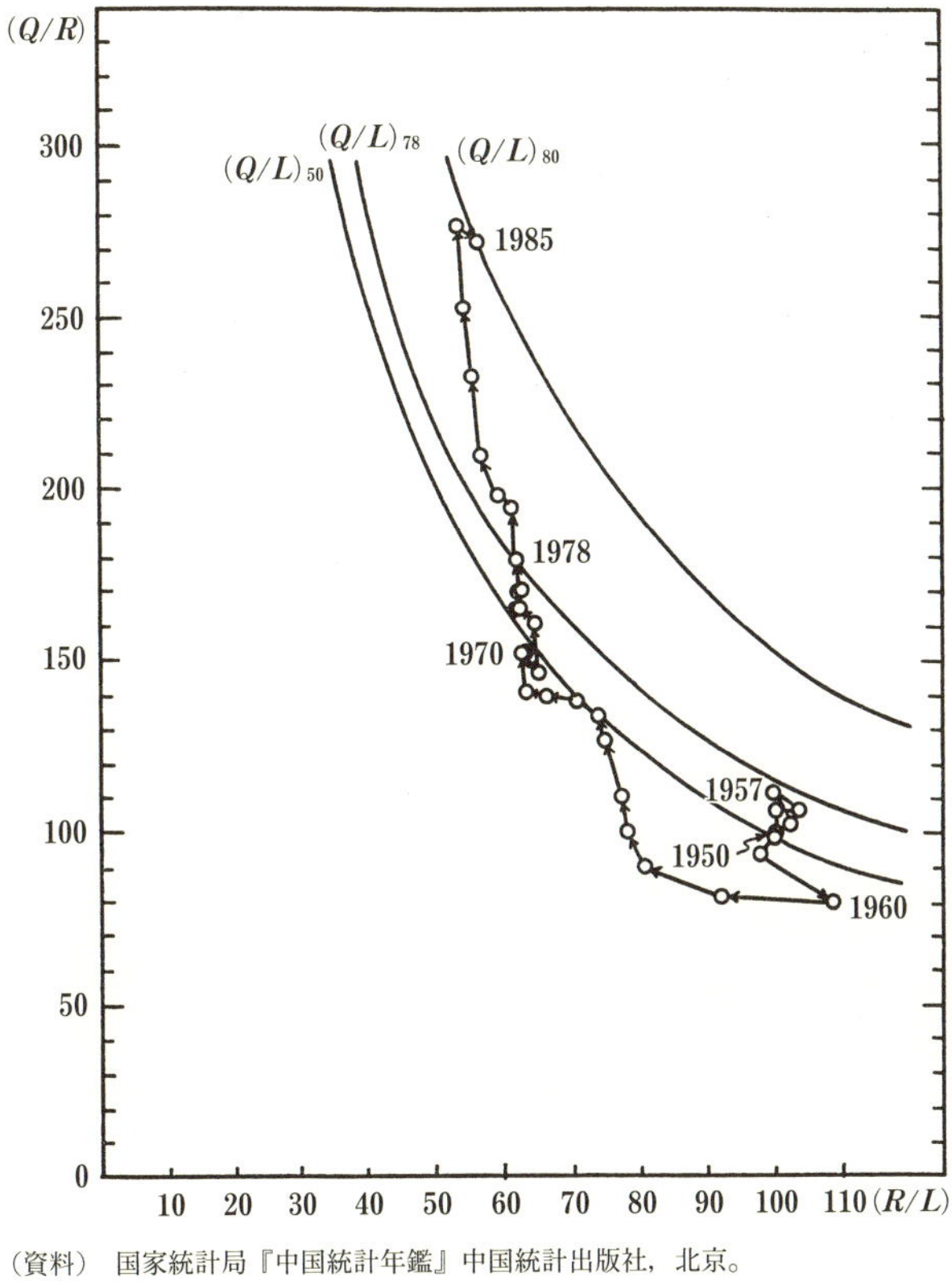

（資料）　国家統計局『中国統計年鑑』中国統計出版社，北京。

上述した恒等式を年平均増加率でみれば、$G(Q/L)=$

$G(Q/R)+G(R/L)$である。一九五〇年から一九七七年までのこの式の実測年率は、〇・九七％＝二・七五％－一・七八％である。土地生産性の上昇が農業労働者一人当り土地面積の減少によって相殺され、結局のところ低い労働生産性を帰結せざるをえなかったことが再び確認されよう。ちなみに、同じ計測を特定のアジア諸国について試みると、韓国四・三二％＝四・四二％－〇・一〇％（一九五六―八一年）、フィリピン一・七一％＝三・一一％－一・四〇％（一九六四―八〇年）、インドネシア一・三二％＝二・六三％－一・三一％（一九七一―八〇年）である。韓国もまた中国と同じく過剰人口を抱えた土地不足の国であったが、しかし第I章で論じたように韓国の工業化が発生させた工業部門の労働需要は強く、この需要のゆえに農業労働力が継続的に引出され、農業労働者一人当りの土地面積にはほとんど変化はない。その結果、韓国の労働生産性のほとんどは土地生産性の上昇によってもたらされたということができる。これに対してフィリピンやインドネシアにおいては、土地生産性は少なからぬ増加をみせたものの、そのほぼ半分が農民一人当り土地面積の縮小によって洗い流され、結果として労働生産性はわずかな上昇にとどまったのである。少なくとも一九七〇年代末に至るまでの中国農業の発展パターンは、人口過剰の東南アジア諸国のそれとほぼ同類のものであったことが推測されよう。

しかし一九七八年以降、このプロフィールに劇的な変化が発生した。さきの図V－1にみられるごとく、播種面積や農業労働者数の傾向にはとりたてていうほどの変化はみられない一方、播種農業生産額が顕著に増加し、土地生産性と労働生産性とがふたつながら上昇を開始したのである。実際のところ、一九七七―八五年における$G(Q/L)=G(Q/R)+G(R/L)$の実測年率は、五・四五％＝七・一六％－一・七一％である。

要約しよう。一九七七年以前においても土地生産性は上昇をみせたものの、これは労働者一人当り土地面積の減少をつぐなってわずかに余りある程度であり、そのために労働生産性は長期にわたって停滞してきた。しかし

図V－5　中国における農民収入，職工賃金

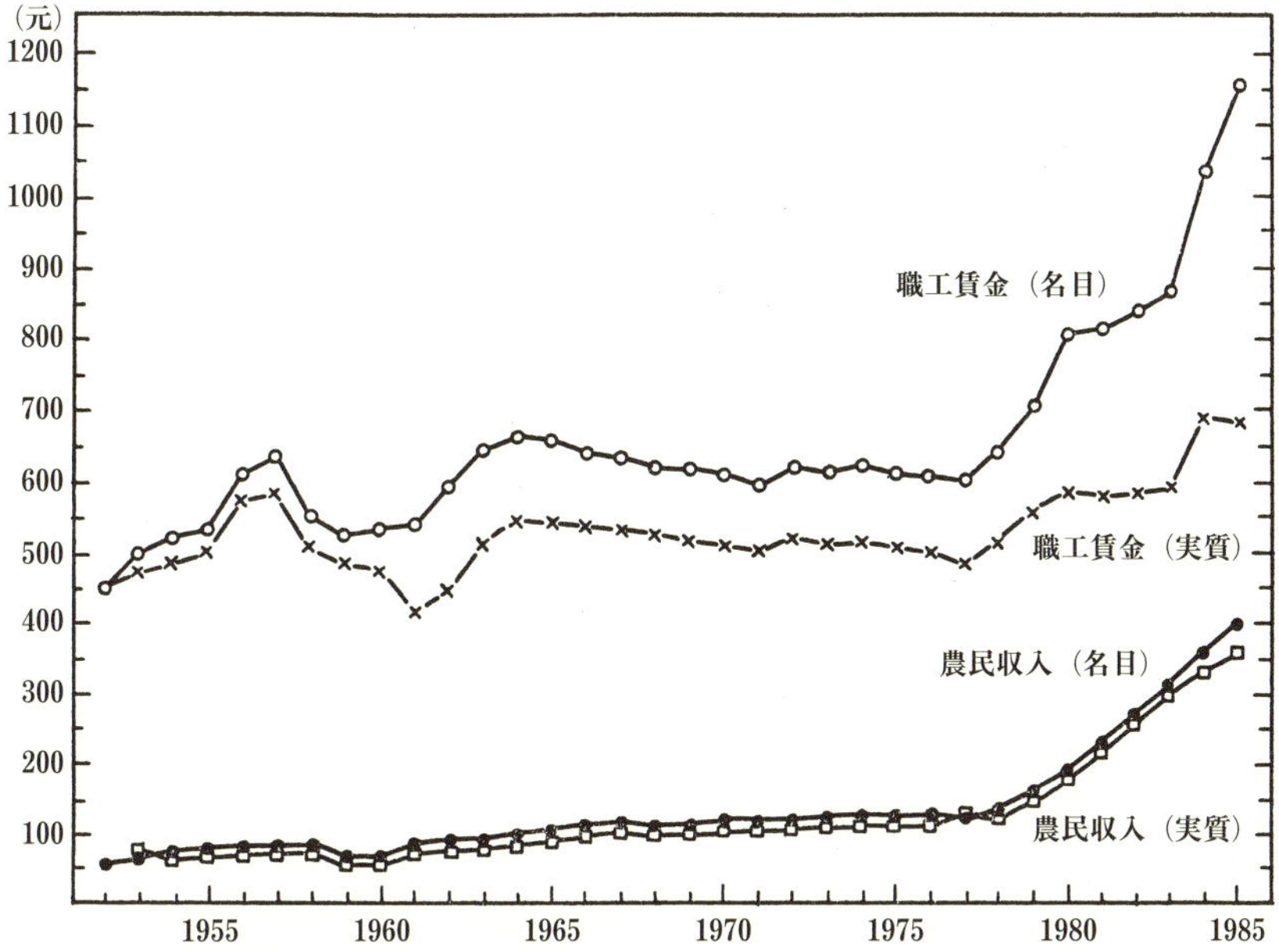

（資料）　国家統計局『中国統計年鑑』中国統計出版社，北京。

一九七八年以降、労働者一人当り土地面積はそれ以前と同様の下降をみせる一方、土地生産性が激しく上昇し、かくして労働生産性もかつてない上昇局面に入ったのである。そしてこの労働生産性の上昇を反映して、図V－5にみられるように農民収入もまた一九七七年までの厳しい低速状態を脱し、一九七八年以降明瞭な上昇過程に入った。ひとつの画期が到来したというべきである。

ところで、上述してきたのは播種農業のみである。一九七八年以前の中国農業は、播種農業の中核である食糧を「かなめ」とする食糧生産第一主義によって代表され、食糧以外の綿花・油類などの経済作物、さらには播種農業以外の林・牧・漁業の発展は不十分であった。過剰な人口を抱える中国が、食糧生産の拡大に最大限の努力を傾けてきたのは無理からぬ。ところが一九七八年以降の注目すべき事実は農業の「全

図Ⅴ－6　中国における非農業収入比率と農民収入（1985年）

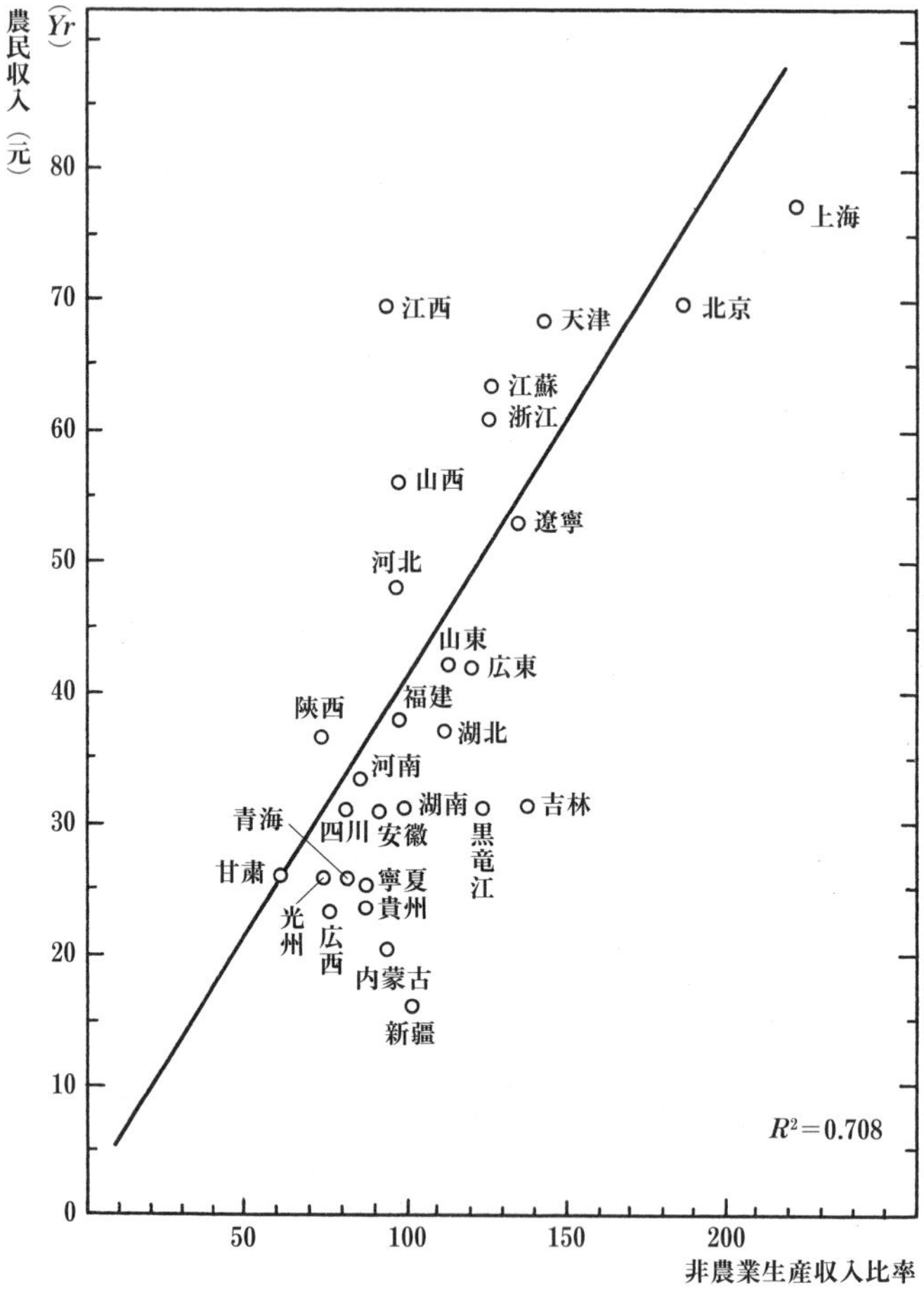

（資料）　国家統計局『中国統計年鑑』中国統計出版社，北京。

面的発展」であり、経済作物と林・牧・漁業、さらには副業の発展にはめざましいものがあった。

後に述べるように、一九七八年以降の中国農村においては「専業戸」と称される中核専業農家、この専業戸を中心に再編された「農村新経済連合」、「郷鎮企業」など、工業、サービス業を含む錯綜した生産形態が出現し、これらの生産量が著増して農村生産構造は格段の多様化をみせることになった。実際のところ、一九七八年における農村社会総生産額に占める農業生産額の比率は六九％であったが、一九八五年にはこれが五七％へと急落した。一方、同期間に農村工業総生産額は一九％から二八％へ、農村建築業生産額は六％から八％へ、農村運輸業総生産額は一％から三％へ、農村商業・飲食業総生産額は三％から四％へと上昇したのである。さきに述べた農民収入の一九七八年以降における急上昇は、農業生産における労働生産性の上昇に由来するものであったが、同時にこうした農村内における非農業生産の著増の結果でもある。農民収入と農村内非農業収入比率（非農業生産収入／総収入）との省別結合値を図示した図Ｖ－６からも、このことは十分に推測されよう。

新農業政策はなぜ必要であったか

一九七七年以前の中国農業における低生産性は、いずれも人民公社制度のもとで生まれた「増産不増収」と「均分主義的配分」のふたつに由来する。まず前者の問題を眺めてみよう。図Ｖ－７の、一九五二年を一〇〇とした農家販売総合物価指数に注目されたい。一九六〇年を前後する三年間の大凶作からの回復をめざした政府は、農民に生産意欲をつくり出してその増産意欲を引出すことを目論み、農産物買上げ価格を一九六一年に前年の一二九から一六六へと引き上げた。しかしそれ以来、一九七八年の大幅引上げにいたる十数年間価格指数にはほとんど変化はなかった。一九七七年の同指数は一七三であり、一九六一年からこの年までの引上げ指数幅はわずか七である。それゆえ嚢家販売総合指数は低迷してきた。

農家購入総合物価指数もまたほぼ一定水準に保たれ、そのために農家販売総合物価指数を農家購入総合物価指

図V－7　中国における農家交易条件

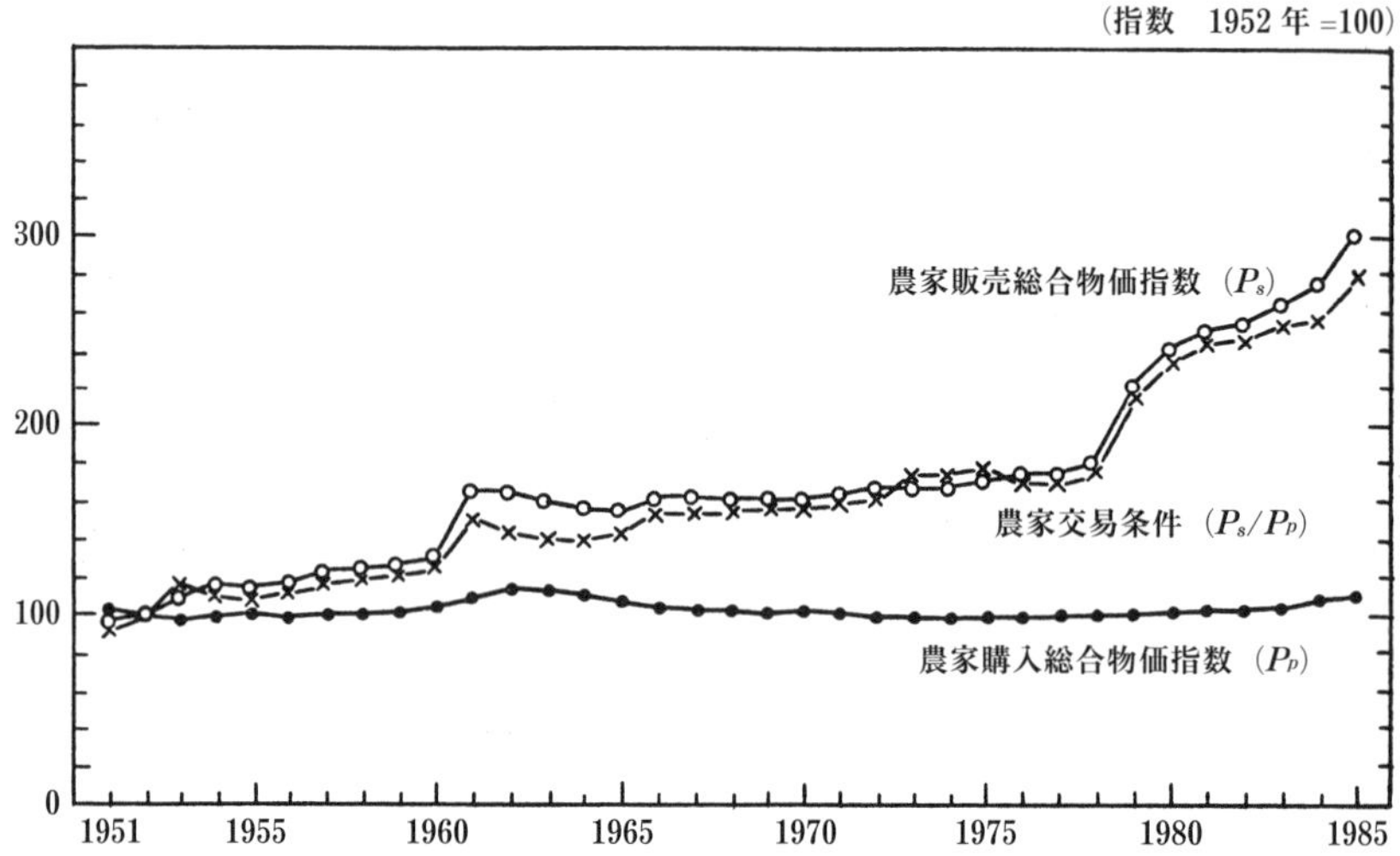

（資料）　国家統計局『中国統計年鑑』中国統計出版社，北京。

数で除して得られる「農家交易条件」は、一九七八年まではほぼ一定あるいは微増傾向で推移してきた。とはいえ、この図はあくまで一九五二年の両者の総合物価指数を一〇〇とした場合のその後の趨勢値であって、物価水準それ自体を示すものではない。実際には、政府による農産物買上げ価格が低水準にすえおかれる一方、肥料、農薬、農業機械など投入財の購入価格は高水準に保たれ、そのために農産物の販売価額から投入費用をマイナスした純収益はわずかなプラスか、しばしばマイナスですらあった。

農産物の低価格、工業製品の高価格は「鋏状価格差（シェーレ）」と呼ばれ、この価格体系が社会主義中国の蓄積パターンを支える基礎であったことは後で述べる。過大な人口を養いつつ経済発展を進めていくためには食糧生産第一主義は不可避であり、農民は自らに不利な価格体系のもとにおかれながらも、なお指令された生産目標に向かって食糧増産に駆りたてられてきたのである。

『中国農業年鑑一九八一』に記載の、国家物価総局など七機関による、全国三〇〇〇余の生産隊サンプル調査のデータを吟味すると、次のような事実が浮び上ってくる（小島麗逸「生産局面への影響」日中経済協会『中国の長期経済計画下における農業政策』一九八三年四月）。一九六五年、一九七六年、一九七八年の三時点において、食糧（米・小麦・粟・トウモロコシ・高粱・大豆の六部門の加重平均）五〇kgの生産費は四・一五元、四・八七元、五・〇八元であり、また五〇kg当りの標準労働日ではかった労働投下量は同期間に七・九八、八・八七、七・九二であった。一標準労働日の単価を〇・八元とすると、労働費用はそれぞれ六・三九元、七・一〇元、六・三四元である。したがって生産費用と労働費用を合計した総生産費は、同期間に一〇・五四元、一一・九七元、一一・四二元であった。他方、同期間の五〇kg当り食糧価格は一一・四六元、一二・七八元、一二・一七元であり、価格から総生産費用を差引いた値は、〇・九二元、〇・八一元、〇・七五元にすぎない。しかしこれは純収益ではない。総生産費に一定率を乗じた農業税が支払われねばならず、これを費用に算入すると農民の純収益はゼロもしくはマイナスとなる可能性がある。農業税は生産費用の一四・四一%であるといわれるから、同期間の税額は一・五二元、一・七二元、一・六五元であり、粗収益からこれを差引いて得られる純収益はいずれの年次においても、実にマイナスである。

全国一、二九六の生産隊を対象に一九七六年になされたもうひとつの調査は、さきの六種類の食糧の生産費用と農業税の合計が一〇〇斤当り平均一一・六元である一方、この時点での政府の平均買上げ価格は一〇・七五元であり、七・四%の欠損が発生したことを伝えている。また食糧以外でも一九七七年に試みられた三〇二の生産隊調査では、繰り綿一〇〇斤当り平均費用は一〇九・〇元であり、買上価格が一〇六・九元であったために二%の欠損が発生したともいう（『人民日報』一九七八年一〇月二五日。古沢賢治『中国の経済建設過程にみる「社会主義的原蓄」の一考察』現代中国研究叢書XXⅢ、アジア政経学会、一九八五年）。「増産不増収」にほかならない。

このようなコスト割れによる欠損は農民に十分自覚されていながらも、人民公社制度下の「上意下達」による生産目標の達成はほとんど強制的であった。農民にとっては価格体系がいかに不合理なものではあれ増産は至上命令であり、こうして増産不増収は避けられないものであった。事実がそうあれば、農業の持続的な拡大再生産の基盤は確かに失われざるをえない。何よりも増産不増収のもとで、農民に生産性向上への意欲が容易にわきおこらなかったのはいたし方ない。

加えて過剰な労働力を抱えた一九七〇年代末までの中国の農村にとって、一定の土地に最大可能な農民数を投入していくことは不可避の要請であった。しかも中国は長期にわたって食糧生産第一主義を原則としてきたがゆえに、農業の多角的な発達が促されることはなく、そのために農業が労働力を吸収する力にはおのずと限度があった。労働力が食糧農業のなかに押しこまれ、労働力を「極限」にいたるまで多投するという方向が選択されたのである。

『中国農業年鑑一九八一』に記載される全国三、〇〇〇の生産隊の調査によれば、一九六五年から一九七六年までの五〇kg当り農作物に対する標準労働日ではかられた労働投下量は、この二時点で食糧の場合には平均七・九から八・九へ、油料作物の場合には一八六から一九・五へと少なからぬ増加をみせたことが知られる。また河北省の事例では一九六五年から一九七六年の間に、小麦の場合には一畝当りの労働投下量は一九・一人から三三・〇人へ、綿花生産の場合には四二・六人から四九・八人へと増加したという。労働力多投によって土地生産性を極大化しようという中国農業の「衝動」の帰結であるが、この同じ事実が労働者一人当りの土地面積の極小化をもたらし、結局のところ労働生産性と農民所得の上昇を厳しく制約してきたのである。

中国農業の生産性を低位におかしめた第二の要因は、人民公社下の集団労働と均分主義的配分であり、これによる農民生産意欲の減退である。人民公社における分配制度は、「工分制」と呼ばれる労働点数制度であった。労働をその強弱によって「分級」し、それぞれに固有の基本点数を与え、これに各農民の作業時間を乗じて総点数を計算し、総点数を基礎に分配を行うという「死分死記」がその最も単純なものである。労働の質的差異を作業内容の難易によって分級し、それぞれに定額を決め、各農民の実際の作業をこれに乗じて算出された総点数を基礎に分配を行う「労働定額制」もまた広く採用されてきた。文革期には、先進農民の労働点数を基準に、それとの比較において各農民が自らの労働点数を自己評価し、これを集団討議にかけて決定するという「標準工分・自報公議」と名づけられる「大寨方式」すら採用された。

いずれの方式でも、個々の農民の生産意欲を刺激して生産性を上昇させる効果は少ない。「死分死記」であれば、労働の強弱ごとに事前に基本労働点数が定められているがゆえに、労働密度を薄めつつただ作業時間を過せばいいという風潮が生まれることは避けられない。「労働定額制」の場合でも、農作業における各農民の仕事の質までを評価することは難しい。作業に精を出して質の高い労働を提供しても、これが評価の対象となることが少ないのであれば、農民の積極的な勤労意欲を引き出すことはできない。密度の低い労働を、定められた時間だけ行えば、他の人びととさして変らぬ所得を獲得することができるわけである。中国の伝統的農法は、さきに指摘したように丹念にして細密な栽培管理を特徴とする「精耕細作」であり、したがって農民の労働投入がそのように「粗」であれば、生産性はどうしても低迷せざるをえない。

こうして増産不増収ならびに均分主義的配分は、農民の生産意欲をそぐとともに、農業生産性と農民所得の上昇を阻止する由々しい要因として作用してきた。農村の疲弊を救い、生産性を目にみえる形で上昇させるための、旧来の方式とは異なった何らかの新しい方式が編み出されなければならない、という地点にたちいたったのである。一九七〇年代の最後半にこの認識は強い現実的要請となって党中央をつき動かした。「国民経済の基礎である農業がこの数年深刻な破壊を受け、目下総体としていえばなお非常に弱体であり」、したがって「国民経済の急速な発展ならびに全国人民の生活水準の向上のために農業生産の回復と発展を加速しなければならず」、そのためには「農民の民主的権利」を確保し、「農民の物質的利益を十分に配慮」することが基本的な要請である、とした三中全会の異例に率直な態度表明のなかに、現状に対する党中央の危機的認識が読みとれるのである。

新農業政策の施行は何をもたらしたか(1)
――よみがえる家族農業――

中国農政の大転換を象徴するものが、一九七八年三中全会で採択された「農業発展をはやめるための若干の問題に関する決定」にほかならない。この決定において何よりも注目されたのは、国家による農産物買上げ価格の引上げ、農業投入財価格の引下げによって農家交易条件を一挙に有利化させ、かくして農民の増産誘因を強化しようという試みであった。すなわち食糧の統一買上げ価格を一九七九年夏季の出荷時以降二〇％引上げ、超過分買付け（後述）価格についてはこの二〇％に五〇％を上のせすること、さらに経済作物・副業生産物の価格をも順次引き上げていくことが決定された。一九七八年から一九七九年にかけて食糧統一買上げ価格はほぼ決定どおりに引き上げられ、その後今日まで一九七八年の買付価格が維持されている。こうした農産物価格の引上げこそが、一九七八年以降における農産物増産の直接的要因である。

農産物統一買付け価格の引上げとならんで重要性をもつのは、一九八五年に入って以降、統一買付け制度

（「統購」）が協議買付け制度（「合同定購」）へと移行し、そのために価格上昇が一層急速化したという事実である。中国の農産物は、国民経済の発展と人民生活にとっての重要度という観点から一類から三類まで分級されている。一類は、食糧・食用油脂・綿花など最重要の農産物であり、その買付け・販売・調査・備蓄・輸出入などすべての管理責任は国務院が掌握している。二類は、麻類・役畜・卵などの一類に次ぐ重要農産物を含み、その生産計画は国務院によって設定されるものの、管理責任は省級地方政府にゆだねられる。三類は、二類より重要度の劣る農産物であり、地方各級計画部門の管理下におかれる。中国の農産物価格制度はこの一〜三類に応じて設定されてきた。一類が既述した国家による統一買付けの対象であり、国家が人民公社に課した一定の売渡し数量を公定価格のもとで国営商業が計画的に買い付ける。一類の統一買上げ基準を満したあとの超過分の割増価格による買上げが、超過買付け（「超購」）である。二類については、需要供給に関する判断にもとづいて国家買付け分と農民留保分が決められ、国家買付け分については国営商業が人民公社と契約を結び、この契約にもとづいて公定価格で割当買上げ（「派購」）を行う。三類は、需要に応じて国営商業部門が売手との協議価格で買い付ける（「議購」）ことになっており、価格は自由市場価格に近い。それ以外が農民による自由販売分であり、その売買は自由市場価格による。

一九八五年にいたって、上述した一類農産物に適用されてきた統一買付け制度が廃止され、これが契約買付け制度へ変更、また二類に適用されていた割当買付け制度は協議買付け制度へと移行した。契約買付け制度とは、国営商業部門が播種期前に農民との間にそれぞれ食糧・綿花・油料作物の数量・品質に関する契約を結び、収穫後にこの契約にもとづいて買入れを行うという方式である。契約買付け価格は、これを食糧についてみると「逆三七」すなわち旧統一買付け価格三、旧超過買付け価格七の比率で決定することとされ、これは旧統一買付け価

表Ⅴ－1　中国における主要作物の生産費と収益（1畝および1頭当り）

（単位：元）

	粗収益		物的生産費	労働費	コスト	純収益	
	1978年価格	1979年価格				1978年価格	1979年価格
食糧作物平均	39.93	47.91	19.25	32.65	51.90	−12.17	−4.19
油料作物平均	46.26	57.82	14.76	31.70	46.46	− 0.20	11.36
綿花	83.54	90.07	28.83	63.03	91.86	− 8.32	4.21
豚	89.33	112.55	74.27	39.15	113.42	−24.09	−0.87

（出所）　若代直哉「生産計画」，日中経済協会『人民公社解体下の中国農業と農業協力』1984年4月。

格の平均三五％の引上げになると評価されている。

国家買付け価格の引上げ、買付け制度の変更を通じて農産物価格が大きく上昇する一方、農業投入財すなわち農業機械、化学肥料、農薬、農業用ビニールなどの出荷ならびに販売価格は、一九七九年から一九八〇年の間に一〇％から一五％の幅で引き下げられた。これを受けて、例えば化学肥料の投入指数が一九七八年以降急速に上昇したことは、さきの図Ⅴ－3でもうかがわれる。農産物価格が急上昇する一方、農民の購入する工業品価格が安定的に維持した結果、図Ⅴ－7でみたように農家交易条件は一九七九年以降著しい改善をみせた。これが農民の増産意欲を強めるよう作用したことは、当然である。

増産不増収も、こうした価格政策の転換によって修正されたとみなければならない。表Ⅴ－1は、一研究者による整理であるが、農産物買付け価格の上昇によって一九七九年の粗収益が一九七八年のそれに比較して増加していることがわかる。物的生産費と労働費をプラスした生産費の合計が仮りに両時点間で変化しなかったとしても、粗収益から生産費を差引いた純収益は大きく増加している。もっとも食糧作物と豚については一九七九年においてもなおその純収益はマイナスとなっている。しかし実際にはすでに指摘したとおり、農産物価格引上げによって誘発された超過買付け分の増大が、政府をして割増し価格による「超購」を余儀なくさせたのであり、それがこの表では評価されていない。また一九七九年の物的生産費は投入財価格引下げによって一九七八年より低下しているはずである。ただし純収益のマイナス要因として作用する農業税もまた考慮に入れられねばならない。統計の制約上確たることはいえないまでも、こうした要因をすべて斟酌して、一九七九年の純収益は食糧でもプラスとなったことも予想しえないわけではない。しかもすでに指摘したように、統一買上げ価格の契約買付け制度への移行が「逆三七」を通じて買上げ価格の一層の上昇をもたらしているのであり、「増産不増収」は一九七九年以降消滅したとみていいのであろう。

さて価格体系の改革とならんで大きな重要性をもつのは、農業生産責任制として知られる新しい農業生産システムの導入にほかならない。中国農業は、長らく公社、生産大隊、生産隊の「三級所有制」よりなる人民公社制度のなかに組みこまれてきた。末端の生産隊が基本的採算単位であり、これが農地、役畜、農業機械などの生産手段を所有し、かつ人民公社より下達された生産目標を達成すべく農民の集団労働を組織し、かつ農民に対する分配は「工分制」のもと均分主義的になされてきた。このシステムのもとで、農民の増産意欲が容易に発揚されなかったことは、すでに述べた。

集団主義的農業経営方式を家族的小農経営方式もしくは個人農方式に転換させることにより、農業生産拡大のためのインセンティブ（誘因）を強化しようという方向が示唆されたのは、これも一九七八年三中全会の決定においてであった。これ以降多様な類型の農業生産責任制が主唱され実施に移されたものの、最終的に全国農家で広範に普及することになったのが、「包産到戸」すなわち各戸生産請負い制と、「包幹到戸」すなわち各戸経営請負い制のふたつであり、とりわけ後者は一九八三年末までに全農家の九五%がこれを採用するにいたった。

前者はこうである。農民は生産隊との協議によって、どれだけの土地、労働力を用いてどれだけの生産量をあげるかを契約して、生産隊から農業生産を請負う。農地の大部分または全部が生産隊から農民に配分される。トラクターなどの大型・中型の農業機械は生産隊の統一管理下におかれるものの、役畜、犂《すき》などは各農家の管理・使用にまかせられ、あるいは有償で譲渡される。農民はこれら諸手段を用いて生産を行い、生産物のうち請負い契約分が生産隊に引渡される。生産隊は引渡された生産物から農業税と集団留保分を控除し、残りを各農家の労働点数に応じて配分する。請負い生産量をこえる生産量はもちろん各農家の超過収入となる。以上が各戸生産請負い制である。

各戸経営請負い制はこれをさらに徹底させて、農民が農業経営そのものを生産隊から請負うものであり、請負った耕地において農民はほぼ完全な自主的経営権をもつ個人農として行動する。ここではもはや農民は労働点数にもとづく生産隊による統一分配を受けることはない。すなわち農民は生産高のうちから農業税支払いと所定の食糧供出を行い、さらに公共積立金、公益金などの集団留保分を上納し、その残りのすべてを自分のものとすることができる。完全に近い自主的経営権をもった家族農業というべきであり、これが中国全農家のほとんどを占めたということになれば、人民公社の実質的機能は消滅したのも同然である。実際のところ一九八四年末までに全国で九八％の人民公社が解体され、最後に残った西蔵自治区（チベット）の公社も一九八五年中に解体した。これにさきだつ一九八二年一二月の第五期全国人民代表大会第五回会議において新憲法が批准され、人民公社の「政社分離」が試みられた。「政」治的機能と合作「社」経済機能のふたつを合せもつ強力な集権的制度として君臨してきた人民公社から、前者の機能が分離・排除され、公社は共同組合を初めとする一群の集団所有制組織の一形態に「格下げ」されたのである。

土地公有制と土地の非商品化は、社会主義農業の基礎的原則のはずであった。しかしついにはこの土地においても、ある種の私有制が復活しつつある。党中央一九八四年一月一日の第一号文献は次のようにいう。「土地を、次第に耕作に長じた農家へ集中するよう奨励する。公社員が請負い期間中に、耕作する能力を失うか他に転業することのために、土地の請負いをやめるか減少させることを希望する場合は、土地を集団に渡して統一的配分にゆだねてよい。また集団の同意を経て、自ら相手を探し、又請けさせてもよい」（小島麗逸「一九八五年農政の特質」日本貿易振興会『中国経済』一九八五年八月）。

富農への土地使用権の集中は、党公認のものとなったかの感がある。同文献において土地請負い期間は一五年以上と規定され、さらに一九八五年三月の国務院指示によれば、河川、干潟についてはその請負い期間は三〇年以上でもよいことが通達された。また右の引用にも示唆されるように、土地の集団的所有組織への返却はもちろんのこと、農民同士の土地所有権の貸付け（「転包」）も認められることになった。土地の農民間での貸借関係において「借地料」が発生している可能性が大であり、これを小作制度の発生のきざしとみることもあながちまちがいとはいえない。経営自主権を確立した各戸経営請負い制度下の意欲ある農民は、こうして請負い期間の長期化と土地貸与の自由化をも享受しつつ、いよいよ強い増産誘因を付与されていったのである。

このように中国は、人民公社下の集団主義的農業を廃止し、自主的経営権をもった家族的小農経営をよみがえらせ、そうして生産性を一挙に高めることに成功した。家族的小農経営の集団的農業経営に比較しての利点は何であろうか。杜潤生氏は次のように指摘する。

「農業はまず第一に生命ある物質の生産と再生産である。それは自然界の諸要素（気温、雨量、土壌など）の制約を受けるが、これらの要素は変化が複雑で掌握しにくい。ある要素の変化はその他の諸要素の新たな組合せを要求するかもしれない。したがって農民が細心に臨機応変に主人公としての高度の責任感をもってその管理にあたることがとりわけ必要である。生産者とその生産から利益を得る者との間につながりを欠き、あるいはそのつながりが密接でなければ、これはやりとげられない。

農業の第二の特徴は、その経済収益が最終生産物に集中することである。生産過程の労働のいずれの一環も最終生産物の質と量に影響するが、〔それぞれの段階では〕労働の価値が実態として凝固することはない。このため生産者の利益と最終的成果を連結させ、生産者をして最終成果に関心をもたせ、労働の各段階をまじめにりっぱに行うことが必要になる。過去に農村で実行されてきた各人毎に労働点数を記録する分配制度はこの条件に合致しない。

農業の第三の特徴は、そのおもな生産手段が土地という特殊な生産に依拠していることである。土地は有限だが、人々の土地への労働投下が土地の肥力に転化すれば、長期的に効果を発揮し、差額地代を得ることができる。土地を利用する者が努力して土地を養えば、土地はますますよくなる。逆にもし略奪式経営を実行し、おてんとさま次第であるならば、土地はますます悪くなる。つまり長期的社会的利益のためには生産者は土地を温かく育てる必要があり、彼らがそれをやるか否かは、生産者と土地の間に安定した切実な利害関係があるか否かにかかっている。〔……〕この点をわれわれはこれまで重視していなかった」（杜潤生「聯産承包制和農村合作経済的発展」『人民日報』一九八三年三月七日。この引用は、矢吹晋「中国社会主義の農業問題」アジア・低開発地域農業問題研究会編『第三世界農業の変貌』勁草書房、一九八六年）。

杜氏の主旨を改めて敷衍するならば、こうである。自然に依拠する農業において、適正な成果をあげるためには日々刻々変化する気象に応じて、灌漑、排水、播種、収穫、施肥などの時期や量を細心に管理していくことが不可欠である。しかも投入される労働内容のよしあしは、最終的に収穫を完了し、そこで得られた収穫物の質量において初めて確認されるものであって、生産過程の各段階でこれを評価することは難しい。それがゆえにこそ中国の伝統的農法は個人農による「精耕細作」を特徴とし、徹底的に細密な農場管理によって土地生産性の極大化をはかってきたのである。人民公社下における集団的土地所有、集団労働、労働点数制は、そうした中国農業の伝統的な農法の合理性に背馳した、中国農業の技術体系に適合しない政策ミックスであったといわねばならない。

伝統的な農法の無視は、集団主義的経営と均分主義的配分とを社会主義農業の「規範」と考える固定観念に由来したものであった。河地重蔵教授の指摘によれば、「長い歴史を経て自然的に形成されていた伝統的な農村経済のシステムを、混乱させることなく、個別経営を包摂した社会主義的集団経営として再編成するには、経験を積み重ね、各地の事情にあった形態、方法を選択し、農民の自発性にもとづいて慎重に指導していく必要があった。しかし実際には、農民の自発性によってつくられたものもあったけれども、全体としていうならば、それとは反対に、経験もないまま、画一的な形態、方法を上から押しつけ、急速な協同化の進展を追求したのである」(河地重蔵「中国の『生産責任制』と社会主義農業」大阪市立大学経済学会『経済学雑誌』第八四巻第四・五号、一九八四年一月)。

もしそうであれば、各戸経営請負制の採用は中国の伝統的農法の「合理性」を再確認し、それを「合法化」した画期的な試図であったということができよう。

もっとも、旧来の集団主義的農業経営に合理性がまったくなかったといってしまえば、これもまた極論であろう。家族的小農経営における零細な耕地を再編成して、土地利用における「適地適作化」をはかるためには、ある種の社会主義的協同化が必要であった。また大規模な農地造成、水利施設の建設のためには集団的労働が不可避でもあり、人民公社制度がこれに少なからぬ貢献をなしたことは疑えない。

しかし建国後の中国において土地再編成による適地適作化が必要であったとしても、再編された土地はこれを改めて家族経営にまかせて個人主義的営農を持続させるという選択肢は当然ありえたはずである。農地・水利建設が人民公社下での大規模な「労働蓄積」によって実現し、それが今日の中国農業発展の重要な基盤を形成していることはまぎれもないけれども、しかしそれとても大多数の農民を動員して年間を通じてこれを行うといった恒常的な作業であるはずはない。むしろ農地・水利建設は「一過性」を特徴としており、時に応じて試みられるその建設が終了するならば、田畑の管理は個別農民にまかせるという方式は十分に可能であったはずである。可能であったこの方式が選択されなかったのは、再びいえば集団的農業を社会主義農業の「規範」と考える硬直的なイデオロギーのゆえにほかならない。

人民公社制度下の集団主義的農業経営を崩壊させ、個人農をよみがえらせたのは、党中央の意識変革ではなく中国農民自身であったという事実が、ことがらの本質である。党ではなく、家族的小農経営を求める農民の積極的な行動が今次農政転換をもたらした主力要因であったというこの事実のなかにこそ、過去の人民公社制度がイデオロギー過多の固定観念の産物であり、中国の伝統的農法の合理性に背を向けるものであったことを何よりも雄弁に物語っている。

現在における農業生産責任制普及のきっかけをつくったのは、安徽省鳳陽県であったと伝えられている。ここで「ヤミ政策」として行われていた責任制が、一九七八年この地を訪れた当時の万里同省第一書記により公的に認知され、周辺に拡大していったという。仮りに責任制の出発がこの時であったとすると、責任制の最終的形態ともいうべき各戸経営請負い制が中国農家の九五%によって採用されることになったのが一九八三年であり、その間わずか六年である。あの広大な中国に、しかも人民公社制度にがっちりと組みこまれてきた中国農村に、きわめて短期間に家族的小農経営が蘇生したのである。驚くべき速度であり、このような速度はとうてい行政的措置のみによって実現さるべくもない。いかに農民が責任制を歓迎し、これを積極的に受入れていったのかを推測させるに十分である。むしろ党中央は、はやすぎる責任制の普及・拡大を危惧し、これを抑制しようと何度も試みてきたといった方が真実に近い。実際のところ、一九七八年の件の「農業の発展をはやめるための若干の問題に関する決定」でもまだ、各戸生産請負い制ですら名ざしてその普及を許さない旨明言していたのである。一九七九年の四中全会でようやく陽のめをみたものの、僻遠の山地や貧しい後進地域にかぎってその採用を公認したにすぎない。

農民が各戸経営請負い制を含めて、いかなる形態の責任制を導入してもよいと認められたのは、一九八二年四月に、前年一二月の全国農村工作会議の決議を中共中央が批准して以降のことである。しかし、この時点一九八二年六月において各戸経営請負い制はすでに中国農民の六七％によって採用されていたのであり、「事実」が「決定」をはるかにうわまわる速度で進んでいたことが理解される。小島麗逸教授は、現代中国における個人農化は、「党中央の先見性ある指導によるものではなく、農民の個人農化への欲求と熱狂に引きずられ、追認に追認を重ねてきた結果である」と表現している（小島麗逸「中国―人民公社の解体と三中全会農政の概況―」アジア・低開発地域農業問題研究会、前掲書）。

新農業政策の施行は何をもたらしたか⑵
——農業・農村構造の多様化——

一九七八年の新農業政策、すなわち新価格制度の導入、家族的小農経営の復活と人民公社制度の崩壊は、右に述べたような経緯を通じて農民の生産意欲を強化し、農業生産性と農民所得水準を大きく上昇させてきた。新農業政策の帰結はそれにとどまらない。新農業政策がつくり出した中国農業の「市場経済化」が農業生産構造と農村構造の多様化をもたらしたという事実もまた、注目されなければならない。生産責任制の採用が意欲ある農家に資源的余裕を創出し、この余裕資源をより収益性の高い多様な経済活動にふり向けることによって構造の多様化がもたらされたのである。

農業・農村構造の多様化を象徴するのが、「専業戸」と呼ばれる中核専業農家群の出現にほかならない。責任制の普及によって生産性を上昇させた農家に余剰労働力が発生し、さらには農産物買付け価格の引上げや自由販売量の増大によって資金的余裕もまた生まれた。責任制の導入によって発生した余剰労働力は、一説によれば農民数の三〇％から五〇％に達するといわれている。この労働力と資金を用いて食糧はもちろん綿花・麻などの経済的作物、豚・鶏・アヒルなどの養殖業、搾油・精米・製粉などの加工業、農機耕作・育種・病虫害防除などの技術サービス業、その他運輸業、建築業、商業、飲食業など多様な業種に専業的に携わる農家が出現したのである。一九八五年において専業戸は全農村戸数の一三％を占めたという。専業戸は、今日専業村、専業郷へと移行し、より規模の大きい中核専業農家群へとまとめられていく傾向にある。現在この専業戸は、㈠専業収入が家計総収入の六〇％以上、(ロ)専業生産品目の商品化率が八〇％以上、(ハ)専業生産品目の出荷販売額がその農家の属する県の一戸当り平均出荷額の二倍以上、の農家であると定義されている。政府はこの専業戸を農業開発の中心的勢力とみなし、この農家を対象に優先的金融支援を開始している。

こうして各戸経営請負い制の進展は、意欲をもつ農家に労働力と資金の余裕を生み出し、これが専業戸の創出へとつながっていった。公社制度下での多様な職業規制が排除された現在の中国農村において、専業戸は一段と収益性の高い組織的な生産単位へと再編されていく傾向にある。こうして形成されたのが「農村新経済連合」と名づけられる互助合作組織である。自主的経営権を獲得した企業家的専業戸が高収益を求めて自発的に結合した連合組織にほかならない。

この連合は、農家が数戸から十数戸集って協同組合をつくるといった小規模のものから、各農家が生産隊と協同したり、あるいは生産隊や生産大隊が手を組んで協同組合化するといった大規模なものにいたるまで多様である。地域的にみても、在来の自給自足的な村落の枠や、さらには生産大隊、公社、県の地域枠をもこえた「職能的」な広がりをもつ協同組合組織が出現している。各農家あるいは各生産隊がそれぞれ資金・土地・労働力・技術その他の資源を協同組合に出し、協同して養鶏業・養殖業・果樹園・桑園などを経営したり、農業機械を購入して機械耕作・井戸掘りなどを請負ったり、加工設備を購入して農副産品加工工場をおこしたり、職種はこれも多様である。生産隊農家は、出資金や労働力に応じた利益分配を受けるよう設定されているのが通常であり、とくに前者の出資金に応じた分配がなされる場合には、これはある種の「持株会社」的機能をもつとも解釈できる。

このように、人民公社制度のもとで形成されてきた上意下達の行政システムは大きく崩れ、高収益を求める職能的な組織が横断的に形成されつつあり、中国農村の機能的分業体制とこれにともなう商品経済化は、いよいよ本格化の過程に入ったとみなすことができよう。

ところで、専業戸や農村新経済連合とならんで、中国の農村構造の多様化に大きな貢献をなし始めたのが、「郷鎮企業」である。人民公社あるいは生産大隊の経営下にあった「社隊企業」は、公社の解体とともに、「社」企業が町営企業に、「隊」企業は村営企業に模様替えし、このふたつを合わせて郷鎮企業と呼ばれることになった。

郷鎮企業は、軽工業品の恒常的な不足と高価格に悩まされてきた中国農村に、人民公社の制度的拘束を離れて自由にモノを生産し販売する主体として形成された新しい経営形態であり、その生産性と収益は農業のそれよりは格段に高い。それがゆえに農民が郷鎮企業に向けて余剰資金と余剰労働力を大量に投下しつづけたのである。実際のところ一九七八年から一九八六年までの間に、農業から郷鎮企業を中心とする農村内非農業部門へと向けられた投資額は一八〇〇億元である。また後者は同期間に農業から七、九〇〇万人の労働力を引出した。一九七八年時点で郷鎮企業の前身である社隊企業に就業していた労働力二二〇〇万人をここから差引いたとしても、八年間で五七〇〇万人の非農業就業人口が新たにつくり出されたことになる。これは全人民所有制企業が一九五二年から一九八六年までの三十数年間に吸収した労働力の実に七〇％に相当する。画期的なことだといわねばならない。

郷鎮企業は生成して間もないにもかかわらず、今日すでに中国経済におけるプレゼンスを確たるものとした。一九八八郷鎮企業生産額の全国農工総生産額に占める比率は短期間に急上昇し、一九八六年には二三％となった。一九八五年にはその生産額は農業生産額をもうわまわったのである。郷鎮企業の中核は工業部門であり、一九八六年においても郷鎮企業総生産額に占めるその比率は六八％であった。郷鎮企業は現在中国の総輸出額においても一六％

を占めている。郷鎮企業の拡大とこれによる農村余剰労働力の吸収に成功しうるか否かは、有機的な農工二部門間関係をつくり出し、中国の経済発展過程のなかに新しい循環メカニズムを創出しうるか否かを占う最重要の要因にほかならない。

中国経済における蓄積様式の変容

一九七八年の新農政の施行にともなって発生した中国農業の発展類型の変容は、右のごときものであった。中国はいまなお圧倒的な農業国である。したがってそうした農業発展類型の変容とは、すなわち中国経済全体の基底の変化にほかならず、経済の循環と蓄積の構造全体に大きな変容を招来せずにはおかない（河地重蔵・藤本昭・上野秀夫『変貌する中国経済』世界思想社、一九八七年、第二章）。

一九七八年までの中国経済は、農業余剰を極大化し、これを投資にふり向けて高い成長率を実現しようという典型的な「高蓄積」パターンのもとにあった。実際のところ、図V－8にみられるように中国の投資率はその所得水準に比較してかなりの高さにあり、このパターンが開発途上国全体やアジア諸国のなかでいかに特異なものであるかがわかる。

農業余剰の極大化は、農産物買上げ価格水準を低位におく一方、工業生産物価格水準を高位に据えおき、要するに農家交易条件を農民に不利な状態にとどめおくという、いわゆる「鋏状価格差」を固定化することによって実現されてきた。合作社に始まり人民公社にいたる農業集団化のもとで、個々の農民のイニシアティブによる農産物販売は禁じられ、すなわち農産物支配権は公社組織に握られていたのである。その意味で人民公社は、低価

図V－8　開発途上国の１人当り国民所得と投資率（1985年）

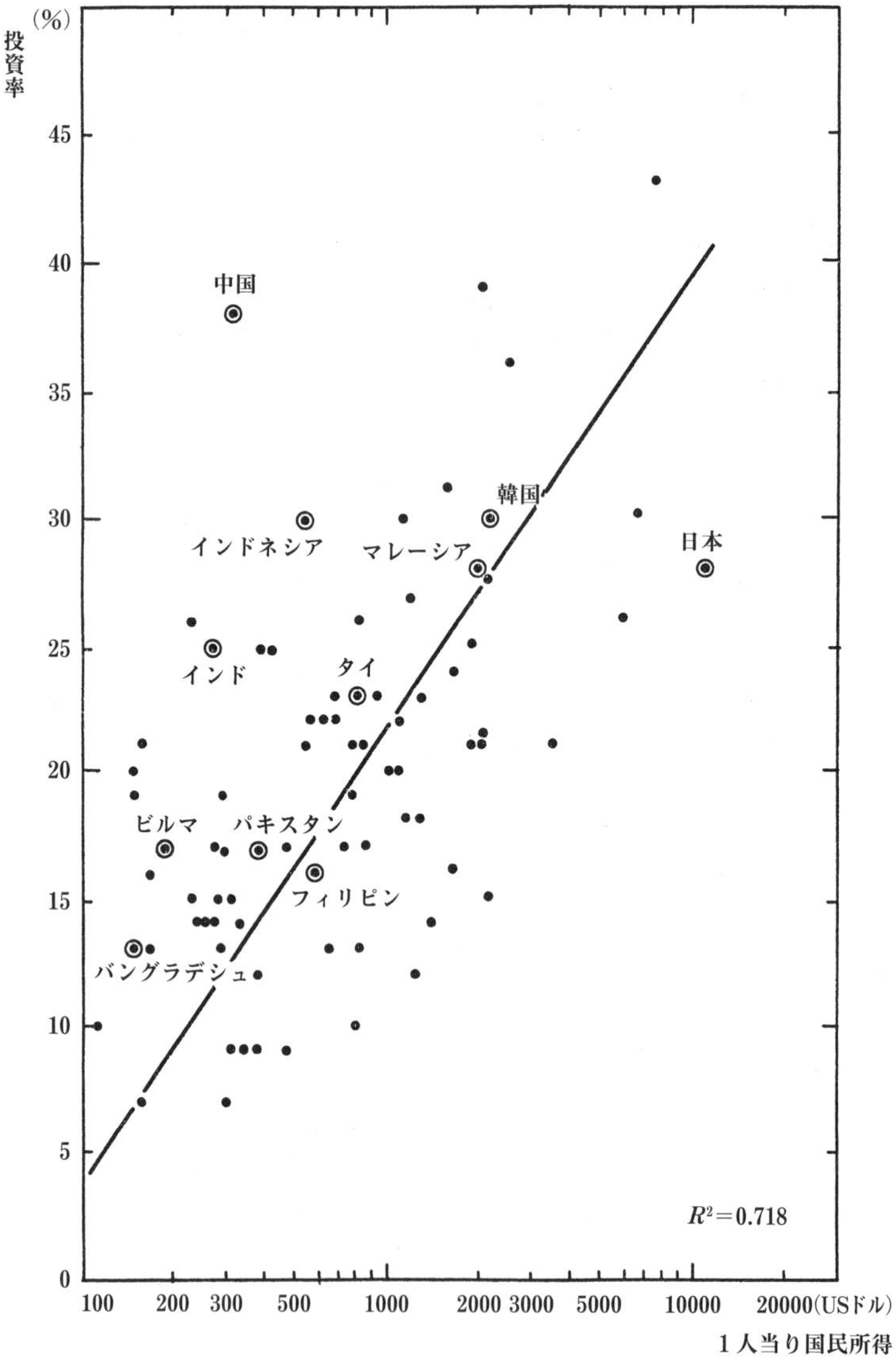

（資料）　World Bank, *World Development Report 1987*, New York.

格食糧を掌握し、かくして極大化した農業余剰を国家に「吸引」するための制度的機構にほかならなかった。

国家が低価格で買上げた農産物は、やはり低価格で国営軽工業部門に販売され、ここで製品化された消費財、農業投入財が国営商業を経て、こんどは高価格で農民と労働者に販売された。それがゆえに国営工商業の利潤は著しく大きく、この利潤は工商税とともに国庫に上納され、国家財政収入の中核を形成した。国営工商業の上納利潤、工商税の総額が国家財政収入に占める比率は、一九七八年以前において九〇%をこえる圧倒的な高さにあったのである。国営工商業の高利潤に寄与したもうひとつの要因は労働者の低賃金であったが、この低賃金を可能にしたものが、再び低農産物価格にほかならない。加えて国営工商業の高価格での工業製品販売が、労働者の実質賃金水準を低位に固定化する要因ともなった。

このような経緯で蓄積された豊富な財政収入は、「以鋼為綱」のスローガンのもと鉄鋼業を中心とした重工業部門に投入され、中国は低所得水準の経済にありながら、他の開発途上国に比較して一段と高い重化学工業化率を達成してきたのである。図Ⅴ－9にみられるとおり、投資総額に占める重化学工業投資の比率は長期にわたって大略五〇%を持続し、かつ工業投資に占める重化学工業投資の比率は実に九〇%前後の高さにあった。中国のような低所得水準の国で重化学工業部門に投資資源をこのように集中してきた国は他に例をみない。ちなみに、一九七〇年代に入ってめざましい速度で重化学工業投資を進めた開発途上国の典型例である韓国の重化学工業化率を中国のそれと比較したものが図Ⅴ－10である。一九八五年における一人当り国民所得は、中国が三一〇ドル、韓国が二、五五〇ドルであり、両者の間には大きな隔りがあるのにもかかわらず、少なくとも一九八〇年までは中国の重化学工業化率は韓国のそれを大きくうわまわっていたのである。

第八期一〇中全会以降、中国では農業生産の発展を国民経済の基礎とする、いわゆる「農業基礎論」がスロー

図V－9　中国の投資に占める重化学工業部門の比率

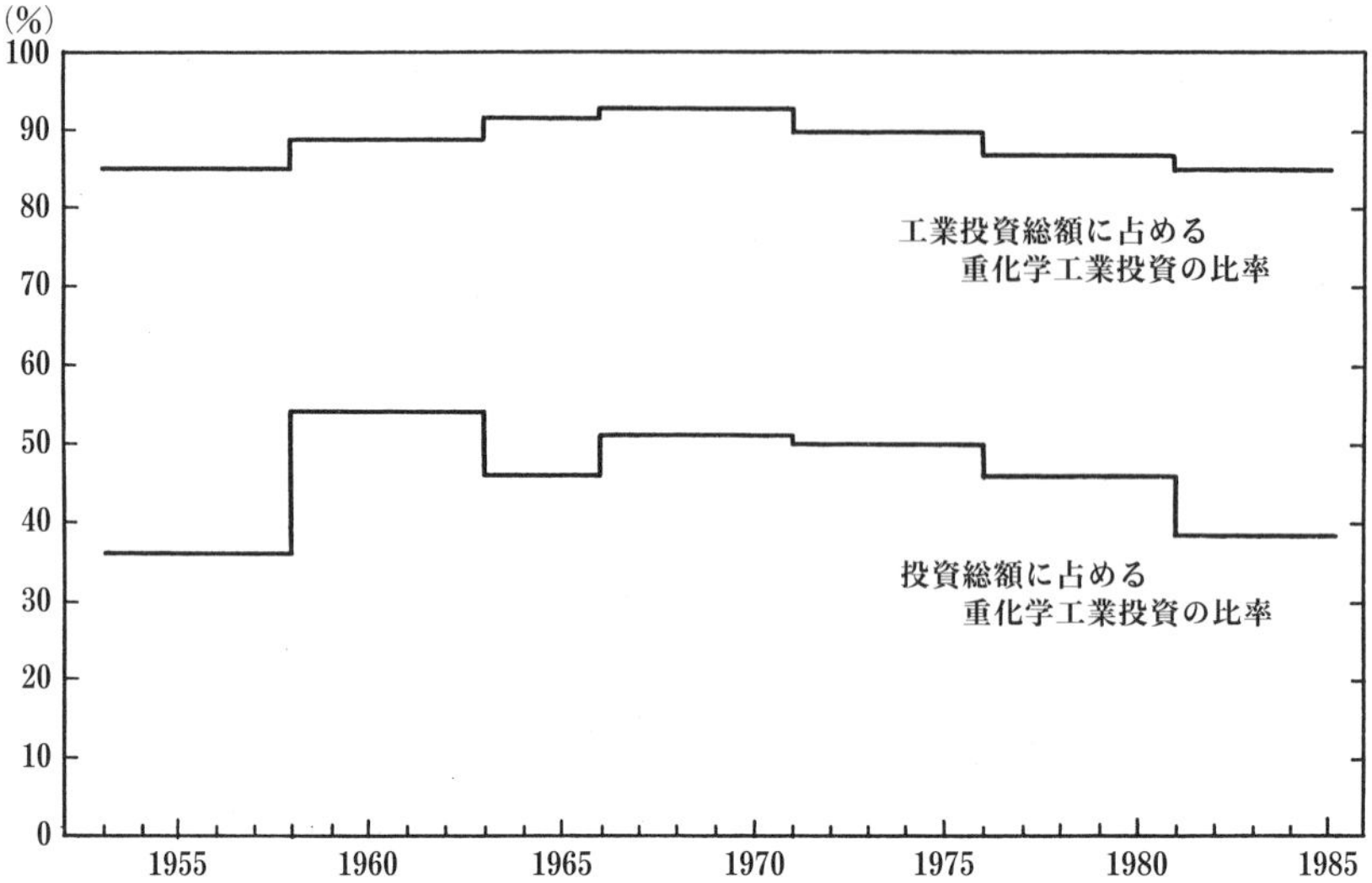

（資料）　国家統計局『中国統計年鑑』中国統計出版社，北京。

ガンとして掲げられ、「農業は大寨に学ぶ」運動が大規模に展開されてきた。この運動によって農業余剰を極大化し、極大化した余剰を鉄鋼業を中心とした重化学工業部門へ移転させるという高蓄積パターンの維持・拡大がはかられた。「農業は大寨に学ぶ」は「以鋼為綱」と奇妙なる、しかし蓄積パターンの観点からすれば確たる論理的な結びつきをもっていたのである（藤村俊郎「『農業基礎論』再考」近藤康男・阪本楠彦編『社会主義下甦る家族経営―中国農政の転換』農文協、一九八三年）。

一九七八年の新農政は、中国経済のこの蓄積パターンに大転換をもたらさずにはおかない。その論理はもはや明白である。三中全会による政府農産物買上げ価格の引上げは農家交易条件を顕著に上昇させ、鋏状価格差を縮小した。そのために、農業部門はかつてのような重化学工業のための蓄積源としての役割を減殺せざるをえない。今日深刻化しつつある中国における財政収支の大幅な赤字化は一九七八年新農政の帰結であ

図V－10　中国と韓国の重化学工業化率

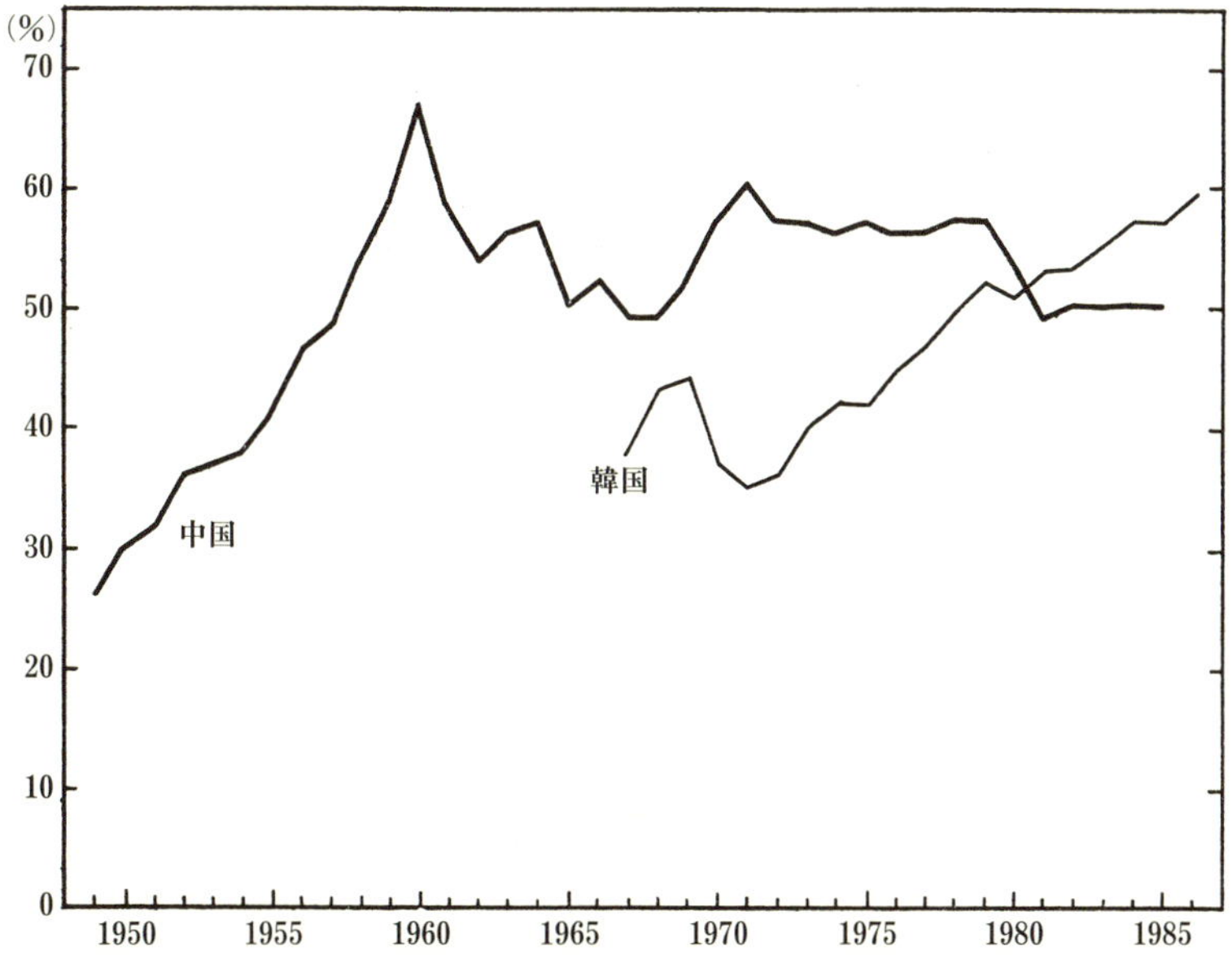

（注）　機械・金属・化学産業生産額の全産業生産額に対する比率。固定価格評価。
（資料）　国家統計局『中国統計年鑑』中国統計出版社，北京。Economic Planning Board. *Korea Statistical Yearbook*, Seoul.

って、農業部門はもはや国家的「搾取」の対象ではなく、むしろ被保護部門と化してしまったかの感がある。何よりも農業余剰創出の制度的機構たる人民公社はすでに消滅したのである。高蓄積を可能としたもうひとつの要因である労働者の低質金も、さきの図V－5から知られるようにそれまでの低迷を脱して一九七八年以降これもめだった上昇過程に入った。

農産物買上げ価格の急上昇は、まずは何よりも国営工商業部門の利潤の大幅な減少をもたらし、したがって国営工商業部門が国庫に上納する資金を涸渇させ、これがまた財政赤字の一要因をつくり出した。しかも農民、労働者の所得水準の上昇は、消費財生産のための軽工業の拡大を招来せずにはおかない。図V－9にみられる一九七〇年代後半期以降の重化学工業部門の比率減少、軽工業部門の比率上昇は、このことがすでに現実化したことを示唆している。重化学工業投資余力はますます厳しい制約を受けざるをえない。蓄積の源泉をひたすら農業に求め、集権主義的制度機構をもって農業余剰を「絞り出す」ことによって実現してきた従来の蓄積類型は、ここに終焉したのである。経済拡大のための持続的蓄積の源泉を農業に求めることが困難になれば、工業部門はその源泉を自部門の内部に求めなければならない。

顧りみれば、国営重化学工業を中核とする中国の工業化は、蓄積源泉を自部門外に求めて、しかも競争的市場圧力を回避しつつ展開されてきた「安易な」量的拡大の過程であった。「効率性」の追求はここでは二の次であった。高蓄積の裏側は低効率にほかならない。指令制的管理体制が生んだ企業運営の脆弱なありようもまた、効率性追求を阻止する要因であった。中国の工業化がその蓄積源泉を自部門に求めざるをえなくなった以上、残された道は工業管理体系の変革を通じて既存の工業部門における潜在的能力を掘りおこし、効率性を追求することより他に方途はない。企業自主権の拡大をその中心におく「都市改革」の試図は、かくして論理的必然なのである。

企業自主権の拡大

一九七八年の三中全会以前、中国の工業企業の大部分は、中央もしくは地方の行政機構の直接的管理下におかれ、自主的経営権をもつことは許されなかった。企業は上級行政機構の付属物にすぎず、長期的利潤を追い求める「企業者的行動」をとりうる余地はまったくなかったといっていい。各企業のなかに党支部が設けられ、支部書記が工場長のうえにいて党中央の意思のもとで直接的な管理と指導を行ってきたのである。企業が達成すべき指令性目標が上級管理部局から一方的に「下達」され、企業はその目標を忠実に遵守して生産を行うことが期待されるにとどまっていた。

指令された計画生産に要する原材料やエネルギーなどの投入財は、上級部局の物資部門から配分され、企業の生産物は同じく上級部局の商業部門がこれを引きとって販売するという手順がとられた。上級部局から配分されるのは投入財やエネルギーにかぎられない。固定資産投資に要する機械を初めとする工場設備はもちろん、給与などの流動性資金もまたそこから配分された。労働力も企業側からの要求に応じてではなく、上級部局から割りあてられ、人事管理権は企業にはまったくなかった。利潤を企業内に留保することも許されなかった。納税のあとに残る利潤のすべてが上級部局に上納されて、企業が自らの裁量で使いうる財源はほぼ完全に断たれていた。そもそも企業の長である工場長は、党委員会の強い指導のもと、上級意思の忠実な「執行者」にすぎなかったのである。集権制計画経済体制の一典型というべきであり、事実この体制は一九二〇年を前後する揺籃期ソ連邦の「戦時共産主義モデル」に強く影響されて形成されたシステムにほかならない。

臨戦体制下の非常時において必要不可欠な財の供給を確保するためには、なるほど有効性をもちうるであろうこのシステムも、これを恒常的な生産体制として定着させようとするならば、その欠陥はほとんど自明である。このシステムにおいては、利潤の極大化を求めて効率的生産を追い求めるという、企業家的行動を期待することはできない。経営効率の不断の改善という、資本主義的企業であれば経営努力の中核を占めるべきはずの要素をすっぽりと欠落させてしまっても、なお存続が許されたのである。企業は経営効率の改善に何らの責任を負う必要もない。仮りに経営効率をあげて黒字を出してもその利潤は上納され、逆に赤字を出してもこれを上級機構が補塡してくれるようなシステムのもとでは、加えて工場長から労働者にいたるまで一定の賃金が支払われ、馘首《かくしゅ》の懸念のまったくないようなシステムのもとでは、人びとが効率改善への志向性をもつことは考えにくい。だいいち経営効率をあげようにも、このシステムにおいては、企業経営者が自らの裁量でそれを行うための権限と資源的余裕はなきに等しいのである。

もっとも上級部局の指導がつねに整合的であり、しかも指令を出す部局の意思決定が一元的であるならば、集権制指令経済の欠陥は若干なりとも緩和されよう。しかし中国の経験を眺めるかぎり、そうした整合性と一元性はないがしろにされることのほうが一般的であった。生産指標を下達する部局と投入財・エネルギーを配分する部局、さらには販売を担当する部局との、つまりは上級行政機構相互間の有機的連関はしばしば不整合であった。そのために投入財・エネルギーの不足によって企業の生産目標の達成が不可能になったり、あるいは逆に投入財・エネルギーの滞貨が発生したり、販売部門での不足や超過在庫が深刻化するといったことは、実際日常茶飯事ですらあった。

集権制計画経済の欠陥は、行政機構の整合性と一元性を確立すれば是正されうるかといえば、ことはそれほど容易ではない。著しく錯綜した実体経済は、人智で統御しうるほど単純ではない。いま述べたような欠陥は、中国の計画経済運営の欠陥に由来するというよりは、むしろ集権制計画経済体制それ自体の欠陥だといったほうが真実に近い。巨大にして複雑な中国経済は市場機構がもつ自動調整メカニズムのもとでこれを是正する以外、他に方途はないのである。何よりも現在の中国が、集権制計画経済体制の欠陥をただすのにその体制の強化や一元化をもってするのではなく、逆に市場機構の大胆な導入をもってこれに対処するという挙に出たという事実は、長い試行錯誤のあとで中国がようやくにして市場経済原理に覚醒したことのあかしだというべきであろう。

工業企業改革はなお道半ばであるとはいえ、かつての強固な集権制社会主義中国を眺めてきたものにとって、それは信じられないほどに革新的である。いくつかの点が指摘されねばならないが、要するにポイントは市場メカニズムの導入と企業自主権の拡大である。国家計画委員会、省・市・自治区の、企業に対する直接的管理を原則的になくし、これら上級部局が計画・下達する指令制目標を大幅に削減する方向が選択された。一九八五年には、国家計画委員会が管理する指令制計画工業生産物の数は、それまでの一二〇項目から六〇項目へと縮小した。省・市・自治区のそれも少なからず削減され、上海市の例ではその数は一五〇項目から三六項目へと劇的な減少をみた。

さらに企業に対して国家が固定価格で供給する投入財・エネルギー配分の比率をも次第に減らし、企業が自主的に市場価格で購入しうる部分が増加した。また国家が企業から統一的に買上げて販売する生産物のシェアが縮小し、企業が自ら販売できる部分が増加し、しかもその販売価格は市場価格に近づきつつある。こうして個別企業は次第に市場需要の動向をうかがい、投入財・エネルギー購入を自主的に行い、販路の開拓を自分の努力でなしうる裁量の幅が増加したのである。

企業経営の基盤は何よりも利潤にある。この利潤の企業内留保の幅が大きく上昇しつつあることが、おそらくのところ決定的な意味をもつ。一九七八年三中全会後の経済改革の初期においては、「利潤留成」すなわち企業利潤の一定比率留保が一般的であった。しかし現在では、事前に決められた上納利潤額を企業が上級機構から請負い、その額をうわまわるすべての利潤が企業内留保を許されるという利潤請負い方式に変った。さらに一九八四年以降、利潤上納はこれを租税納付方式に切りかえるための改革（「利改税」）がなされ、一定の租税支払いの後の利潤の完全企業内留保が実現した。留保利潤の使用にはいまなお若干の制約が残されているとはいえ、この改革を通じて企業経営基盤はかつてに比べて格段に強化されたと評価することができよう。

企業自主権を支える人的要素についても改革が試みられた。これは工場長責任制に集約される。かつての工場長は計画指標の単なる執行者であり、多くの場合現場の生産・技術・経営についての十分な知識と経験をもたない上級部局の意思に諾々としたがうのみであった。この方式を改めて、工場長は企業経営管理の権利と責任を与えられ、経営効率を改善する重要な主体としての地位を固めつつある。また同時に、それまでは全国一律の賃金表にもとづき、同一業種・職種・等級ごとに同一額を支払っていた賃金方式を変更し、企業の自主的決定にこれをまかせていくという方向も選択されるようになった。企業による雇用の自主的決定の幅が増加し、ついに労働契約制が導入されることにもなった。すなわち企業は労働者の雇用に際して、双方の権利・義務を定めた労働契約を結ぶようになり、労働者雇用に際しての企業裁量の幅が拡大したのである。

このような企業自主権の拡大は、企業をとりまく制度的諸条件の創出・改善にまで進まざるをえない。企業の投入財・エネルギーの購入、製品の販売が自由化されるとともに、それまでのような硬直的な流通体制を継続させることは不可能となる。国家による計画買付け商品項目数は減少し、それ以外の工業品については国営あるいは集団経営の商業企業さらには個人経営商業企業からこれを自由に売買できるようにした流通機構改革がそれである。同じく企業自主権の拡大は個別企業の経営資金の需要量を増大させ、これに見合って銀行貸付け量を増加させるべく、人民銀行による固定資産貸付け、工商銀行による流動資金貸付けなどが開始された。企業は、かつての財政的拘束から解き放たれ、相対的に自由な銀行貸付けに依存することにもなった。企業は無償の財政支援にかわって元本・利子返済を要する銀行貸付けに依拠することにより、言葉の真の意味での「企業」として運営され、経営効率の不断の改善を最重要のポリシーとせざるをえないのである。

企業自主権の拡大は、企業経営をとりかこむ一連の環境条件の自由化を誘発し、「自由化は自由化を呼ぶ」という論理が今日の中国を渦まいている。この改革のおそらく最後に位置するのが、価格改革にちがいない。農産物の政府買上げ価格が引き上げられたことはすでに述べた。小売工業製品価格の自由化も完成し、次第にエネルギー、原材料、機械類など生産財や資本財の価格自由化が俎上に上ろうとしている。一九八四年以降、これら生産財、資本財のうち、国家による生産計画分については固定価格を、計画外分については市場価格をとるという二重価格制が実施されている。これをいかに一本化しうるかが目下の焦点である。資本主義と社会主義とを分かつひとつの重要な指標が価格決定のメカニズムにあるとすれば、現代中国における価格改革のありようは、ひときわ強く注目されなければならない。

低迷のインド国家資本主義と経済自由化

インダストリアリズムの波は、アジアにおけるもうひとつの巨大な計画的統制国家インドにもおしよせつつある。インドは独立以来「社会主義型社会」の目標を達成すべく、厳しい計画的経済体制を持続してきた。しかしこの体制がもたらしたのは社会主義型社会ではなく、極度に非効率な「ハイコスト・エコノミー」であった。インド経済の非効率性はもはや忍耐の限度をこえたというべきであろう。こうした認識が政策レベルに反映され、統制経済の自由化への方向が選択されたのは、一九八〇年代に入って以降のことである。

一九八〇年に政権に復帰したインディラ・ガンジーによって開始され、ラジブ・ガンジー政権下の第七次計画においてさらに強調されている経済自由化の動きは、確かに注目に値する。工業発展の基本的な問題が、投資資源の不足よりもむしろその効率的利用の欠如にあったこと、そして資源の効率的利用を妨げてきたものが旧来の統制的産業政策にあり、したがってこの産業政策を自由化することによって競争的市場を形成し、もって資源の効率的利用への道を開こうという方向を、インド政府は独立後の長い開発史のなかで初めて選択しようとしているのである。

インドにおいて社会主義的計画原理が経済運営の具体的手段のなかで鮮明な形をとってあらわれるようになったのは、一九五六年に始まる第二次経済開発五ヵ年計画期においてであり、その計画を理論づけたものが、「一九五六年産業政策決議」にほかならない。一九五六年決議は、現在にいたるインド産業政策の性格を決定づけたものとして特筆に値する。この決議は、一九五四年の議会において採択された社会主義型社会の実現を目的とし、「国家的目的としての社会主義型社会の採用ならびに計画された急速な発展の必要性は、基本的かつ戦略的な重要性をもつ、あるいは公共事業的性格をもつあらゆる産業が国家部門に属すべきことを要求している。現状において国家のみが提供できる規模での投資を必要とする他の諸産業もまた、国家部門に属さなければならない。国家はそれゆえ経済の広範囲にわたって直接的責任をになうべきである」と明言した。

そのうえで、国家が演じるべき役割を基準として、次の三つの産業分類が明瞭にされた。第一はA表産業である。これは新事業の建設について国家が排他的責任をもつ産業部門であり、鉄道、航空、武器、弾薬、原子力、鉄鋳鍛造、重機械、電気機械、重要鉱物採掘、造船、電信・無線装置、発電などが含まれた。第二はB表産業である。これは国家が新事業の建設に累進的に参加していくが、民間部門も独立もしくは国家の参加をえて発展する機会をもつ産業部門であり、アルミニウムを初めとする非鉄金属、工作機械、肥料、合成ゴム、薬品・塗料、プラスチックなどが含まれた。第三はC表産業である。これはA・B表産業を除くすべてを含み、国家による投資・生産規制のもとで民間企業にゆだねられる部門である、とされた。

A表産業は、一見して明らかなごとく重化学産業であり、これを中核においた国家部門に工業開発の主導的役割が与えられることになった。そうした国家主導型の経済運営を促すべく定められた政策的枠組が「産業ライセンス制度」にほかならず、これは後述する一九八〇年代以降の自由化政策の時期まで、インド工業化の方向を規定してきた最重要の制度であった。インドに存在するすべての企業は、企業活動に関する必要事項の細目を政府に登録することを義務づけられ、政府の発行する産業ライセンスをもたずに事業を開始することは許されないのはもちろんのこと、既存設備能力の拡大すらもが許可されない、という厳しさであった。市場メカニズムを通じての資源配分原理よりは、行政的統制にもとづく国家主導型の計画原理を優先させることによって、独立後の産業開発が開始されることになったのである。

重化学工業部門の主力を演じたのは、鉄鋼、機械、石油化学などの国家部門であった。総投資に占める国家部門の比率は、第一次計画期から第二次計画期を経て第三次計画期にいたるまでの間に四六％、五五％、六一％と著しく高く、いわゆる「国家資本主義」体制が次第に固められていった。国家部門製造業の中核に位置したのは鉄鋼ならびに機械であった。ことに鉄鋼業の生産能力の拡大は顕著であった。第二次計画期中にそれぞれソ連、西ドイツ、イギリスの援助によって、ビライ、ルールケラ、ドゥルガプールの三つの国営製鉄所が新たに建設された。第三次計画終了時の一九六〇年代中頃において、鉄鋼と機械のみで全工業部門投資額の実に六割以上を占めた。

こうして国家部門に属する重化学産業を中心に、工業化は第二次計画期、第三次計画期において急速な進展をみせた。しかし第三次計画期が終了する一九六〇年代中頃から、表V－2にみられるように工業化はそれ以前のような拡大傾向を停止し、第三次計画最終年に二二％の工業比率を達して以来、現在まで大略その水準が保たれ

表Ⅴ－2　インドにおける各計画期末の産業別構成

（単位：％）

	計画前 50/51	第一次計画期末 55/56	第二次計画期末 60/61	第三次計画期末 65/66	年次計画期末 68/69	第四次計画期末 73/74	第五次計画期末 78/79	第六次計画期末 84/85
農林水産業	58.9	57.3	54.2	45.6	46.3	45.2	41.6	37.8
鉱業・製造業・建設	14.9	15.9	17.7	22.0	21.2	21.6	22.5	20.6
電気・ガス・水道・運輸・倉庫・通信	3.9	4.2	4.9	6.1	6.4	6.8	7.4	8.1
サービス業	22.3	22.6	23.2	26.3	26.1	26.4	28.5	33.5

（資料）Planning Commission, *The Sixth Five-Year Plan 1981/82–1984/85*, New Delhi. 1984/85 は, Department of Statistics, *National Income Statistics*, New Delhi.

ているにすぎない。このような工業化の停滞は、インドが独立後に採用してきた工業化のパターンに関連がある。

独立後インドの工業化の最重要目標は「輸入代替」であり、一九六〇年代の中頃までの急速な工業化は、明らかにこの方式を通じて実現されてきたと評価していいであろう。輸入代替工業化とは、高関税障壁、数量統制などの輸入制限政策を用いて工業製品の輸入を規制し、その結果生まれた国内市場に向けて国内企業による生産を次つぎと開始させながら、輸入を国内生産によって代替していくという方式である。インドの輸入は一貫して厳しい制限下におかれ、輸入許可リストに含まれない商品の輸入のすべてが無制限に規制されるという「ポジティブ・リスト」方式のもとにあった。さらに、機械、自動車部品、医薬品、化学製品、非電気機械、プラスチック原料、電線などには、高率の輸入関税が賦課された。

このような厳しい輸入制限により保護された国内市場が生まれ、この国内市場に向けて工業化は当初相当の速度で進んだ。輸入制限によって創出された既存の国内市場需要を満たすまでの間は、工業化はその国の所得増加率とは関係なく急速に進みうる。しかし、輸入代替が既存の多分に固定的な国内市場に依拠するものであるかぎり、輸入代替機会は早晩涸渇し、市場規模が拡大しなければ、それ以降はこの工業化は低迷することにならざるをえない。

インドは独立以来の急速な工業化の結果、一九六〇年代の中頃までにこの輸入代替を完成し、実際のところ消費財、中間財の輸入依存度、すなわち国内総供給（国内生産プラス輸入）額に占める輸入額の比率は、それぞれ四％、一二％、資本財すらも一八％という低水準にいたった。他の開発途上国に例をみないはやい速度で国産化の達成に成功したのである。しかし輸入代替機会が涸渇したこの頃から、インドの工業化は停滞期に入る。アジアＮＩＥＳなどの経験によれば、輸入代替工業化は自由化政策と輸出促進政策をともなって、つづく時期に輸出志向工業化へとすみやかに転換していくことができ、次期の成長を牽引したのは輸出であった。一方、インドの場合には保護下で累積した産業的非効率性のゆえに、輸出志向工業化への転換は生じることがなかった。手厚い保護政策に守られ、かつ生産の主体が国家部門であったがために、インドの工業部門は深刻な非効率性を構造化させてしまったのである。

政府の公刊文献をも含めて諸般の研究によれば、インド工業部門の限界資本産出高比率は長期にわたって著しく高い水準に維持されてきたことが確認されている。高い限界資本産出高比率とは、追加的資本一単位当りの産出増加分が低いこと、すなわち資本生産性の低下を意味する。その比重の大きさからして、国家部門の劣悪なパフォーマンスは、経済の全体に大きな非効率性を招来せずにはおかない。公共部門における非効率性の端的な指標は、その稼動率の低さである。公共部門の中核に位置する鉄鋼部門において、このことはとりわけ顕著である。表Ｖ－３にみられるごとくインド鉄鋼会社（ＳＡＩＬ）に属する国営鉄鋼業の操業率は、鋼塊ベースでみても、鋼材ベースでみても、民間部門（ＴＩＳＣＯ）に比べてかなり低く、これが原因となってインド鉄鋼業全体の稼

表V－3　インドの1970年代後半における鉄鋼業の稼働率

（単位：％）

	75/76	76/77	77/78	78/79	79/80
鋼塊					
SAIL	74	81	80	73	73
TISCO	89	95	98	93	89
合計	78	84	84	77	76
鋼材					
SAIL	79	89	86	77	70
TISCO	99	103	107	101	96
合計	84	92	90	81	75

（資料）SAIL, *Annual Statistics*, New Delhi. 石神悦朗「インド国営鉄鋼業の発展とその特質」，小池賢治『アジアの公企業―官営ビッグ・ビジネスのパフォーマンス』アジア経済研究所，1982年。

動率は低水準を余儀なくされてきたことがわかる。稼動率のこのような低位性は、当然のことながら収益性を低め、企業の自立性を喪失させざるをえない。表V－4にみられるように、公共部門は国内資本形成に占める比率においてはきわめて大きい。一方、自らの貯蓄比率はわずか二割前後にすぎない。他部門からの資源流入なくしてその存続は不可能なのである。

このことは表V－5のなかにはっきりと反映されている。この表は、第六次経済開発五ヵ年計画（一九八〇／八一―一九八四／八五）の貯蓄投資フロー・マトリックスである。公共部門投資総額九、七五〇億ルピーのうち、これを自部門の貯蓄でまかないうるのはわずか三、四二〇億ルピーすなわち三五％にすぎない。その不足分を海外から一、〇九三億ルピー（一一％）ならびに民間部門四、一四〇億ルピー（四二％）によって満たすという関係になっていることがわかる。民間部門にまわされてその活力を促すべきはずの資源が逆に同部門から締め出され、これが国家部門に向けられてきたのである。

こうした状態についに耐えられなくなったのが、現在のインド経済だといっていいであろう。インド経済の最大の問題がその非効率性にあり、「競争的市場圧力」によって効率性の向上をはからねばならないという認識が、今日ほど高まった時期は独立以来の長い経済開発史において初めてのことだといっていい。

アジアＮＩＥＳとＡＳＥＡＮ諸国の急速な資本主義的発展が注目を集め、加えて厳格な指令制的計画経済体制

表V－4　インドにおける公共部門の比重

（単位：%）

	1970/71	74/75	75/76	78/79	79/80	80/81	81/82	82/83	83/84
国内生産	14.9	16.2	18.3	20.0	21.0	20.6	22.1	24.5	23.2
国内貯蓄	18.5	21.1	22.4	19.9	20.1	16.0	22.3	22.1	18.0
国内資本形成	37.8	38.8	46.5	42.0	45.2	44.4	48.3	49.2	46.2

（資料）Ahmad, J., "Import Substitution and Structural Change in Indian Manufacturing Industries", *Journal of Development Studies*, April 1968; CSO, *National Accounts Statistics*, January 1978; Planning Commission, *A Technical Note on the Sixth Plan of India* 1980–85, New Delhi.

表V－5　インド第6次計画における公共・民間両部門の貯蓄・投資マトリックス

（単位：億ルピー）

	貯蓄					投資	
	自部門内貯蓄	他部門からの移転 公共部門からの移転	他部門からの移転 民間部門からの移転	海外からの移転	合計	固定資本	流動資本
公共部門	3,420.0	△252.5	4,139.6	1,092.9	9,750.0	8,400.0	1,350.0
民間部門	11,544.7	252.5	△4,139.6	△186.3	7,471.0	7,471.0	—
合計	14,964.7	—	—	906.3	17,221.0	15,871.0	1,350.0

（資料）Planning Commission, *The Sixth Five-Year Plan 1980/81–1984/85*, 1980, New Delhi.

下にあった中国が経済改革を通じて市場経済原理を大胆に導入したという事実が、インド経済政策のありようにひとつのインパクトを及ぼしたとみなすことができる。インド経済の自由化は、一九七〇年代における若干のアドホックな動きを別にすれば、多少なりとも目にみえる形でこれがあらわれるようになったのは、一九八〇年代の初頭以降のことである。とくにこの動きは、ラジブ・ガンジー政権下で急速な展開をみせつつある。一九八五年に開始された第七次経済開発五ヵ年計画は、そうした経済自由化政策のもとで、効率的な経済が実現されうるか否かをうらなう試金石ともいうべき位置にある。

インド経済の自由化はどのような形で進められているのであろうか。特筆すべきことの第一は、統制主義的産業政策の見直しである。産業ライセンス制度は、ライセンスを取得した企業に対して特権的地位を保障するものであり、しかも政府が一貫して採用してきた政策が輸入代替をめざす国内産業保護であったために、ライセンス取得企業は関税、非関税障壁によって外国の競合者から手厚く保護されることになった。保護政策は、大企業の生産性向上とコスト低減への意欲をそぎ、低い稼動率でもなお存続を可能ならしめるような非効率性を生み出してしまった。競争的圧力を加えることによって効率性を引き上げようという政府の志向性は、いまだ産業ライセンス制度それ自体を廃止するというところにまでは進んでいないものの、この制度の運用にいくつかの重要な修正を加えつつある。

旧来の産業ライセンス制度是正の気運は、一九八〇年インディラ・ガンジーが政権に復帰した頃から高まりをみせた。ガンジー政権は、同年七月に新たに「一九八〇年産業政策声明」を発表し、経済自由化への方向を明らかにした。この声明は、「産業ライセンス制度が生産最大化を妨げているのであれば、これは公益に反する」という精神をはっきりと前面に押し出した画期的なものであった。そして同声明では、ひとつには、生産能力を効率的に利用するために市場需要に応じてプロダクト・ミックスを弾力的に変化させること、ふたつには、規模の経済の利益を享受せしめるべく、生産規模の拡大に対する制限をできるだけ除去すること、を不可避の要請とみなしたのである。そして旧来の産業ライセンス取得の方式を修正して、簡素化された少数の産業カテゴリーごとに一括してライセンスを付与する方式に改めるという試みがなされた。

加えて、いくつかの重要産業については産業ライセンス制度それ自体の適用を除外するという重要な改正をも公表した。こうした自由化の動きは、「独占・制限的取引慣行法」と「外国為替規制法」の対象企業に対する規制の緩和、ならびにこの法律の改正という方向に及んでいった。インドは大企業による経済力集中ならびに外国資本による経済支配を排除すべく、この両者の活動には厳しい制限を敷き、それを右のふたつの法律による規制を通じて実現してきたのである。この法律の運用を軟化させる方向への改正は、大企業と外資系企業の活性化に少なからず貢献するであろうと期待される。

近年における経済自由化への動きのなかでもうひとつとり上げるべきは、貿易の自由化である。一九八〇年の産業政策声明は、貿易政策面においても大きな潮流の変化を示すものであった。この声明では、輸出拡大の重要性が強調され、輸出志向型企業の設立ならびに輸出を目的とする企業の既存設備の拡大に対しては、輸入関税を免除したり、独占・制限的取引慣行法の適用を免除したり、さらにはいくつかの税法上の特典を施すといったことが目論まれた。

一連の自由化は、社会主義型社会を支える「大きな政府」を縮小し、消費需要と民間企業投資を拡大させ、もって民間活力の発揚をめざすべく、大幅な減税を試みようという方向に進んだことが、最後の注目すべき動きとして特記されねばならない。一九八五／八六年度予算書はラジブ・ガンジー政権初の経済政策の表明であり、経済自由化戦略が財政金融面においてどのような具体性をもつかを判断する重要な材料であったが、その内容は民活の発揚をめざした画期的なものであった。個人所得税については、免税点所得が一万五〇〇〇ルピーから一万八〇〇〇ルピーまで引き上げられ、一方累進所得税の最高税率が従来の六二％から五〇％へと引き下げられた。また資産税、法人税についても税率の引下げがなされた。その他、減価償却引当金の拡大、受取利子税の軽減、ローヤルティ・技術収入に対する税率の軽減等の投資拡大インセンティブが多様にもりこまれている。

右に述べてきた産業ライセンスの自由化、独占法ならびに外資法の運用弾力化、外資導入の自由化といった最近の経済自由化の要素のすべてを含んで、それを最も象徴的に示しているのが、エレクトロニクス、自動車のような、政府が次代の戦略部門とみなしている産業の振興策である。ラジブ・ガンジー政権は、新内閣を組織するや、ただちに一九八〇年初め以降に展開されてきたそれまでの自由化戦略をさらに強化する試みに出た。そのかなめに位置したのがエレクトロニクスと自動車、とりわけ前者であった。

一九八〇年代に入って開始され、ラジブ政権下の第七次経済開発五ヵ年計画において加速されつつある経済自由化の動きは、確かに注目に値するものであろう。しかしこの自由化の動きが、経済全体の効率性向上を促すひとつの整合的な自由化体系にまで練り上げられていく可能性は、いまだ不透明である。現在の経済自由化政策がこれまでの長く厳しい統制主義的計画経済の歴史からみれば、画期的な試図であることは否めない。とはいえ、独立後のインドにおいては、統制的計画経済体制を長期にわたって持続する過程で、産業ライセンス制度の運営のための官僚組織が、中央政府、州政府、各種公社、国営企業において広範に蓄積され、それ自体が統制的計画経済運営の膨大な既得権者としてたちあらわれている。計画的統制経済の自由化をめざす再編成がより大規模に試みられるならば、それはこれら既得権益と鋭い対立を生まざるをえない。インドがこの困難をいかにのりこえるか。巨大な実験が、中国と同じくここでも展開を始めたのである。

あとがき

既存の国際経済秩序は、もはや日本の発展にとっての「与件」ではない。秩序の再生と変革のために、その力量に応じた積極的な貢献を自らなさねばならないという時点に、日本はたちいたったのである。かかる貢献を怠るならば日本の発展もまた危ういというのが、ことがらの本質である。現下の国際政治経済状況をみすえ、その将来の変化を洞察したうえで、どのような貢献が日本に最もふさわしいものであるかについてのシナリオをつくり上げる努力が、いまほど強く求められている時期はない。

そうしたシナリオづくりの試みが、有名な前川リポートを初めここしばらく各所で精力的になされているのは、心強い。しかし、それらシナリオのほとんどは日米経済摩擦の解消を最優先の課題とする、その視野においていささか短期的な諸提言だという感をぬぐえない。

日米経済摩擦の解消が急務であることは論をまたない。その課題に応えるべく日本が外需への依存度を引き下げ、内需への依存度を引き上げて旧来の成長パターンを転換していかなければならないこと、これも否定すべくもない。幸いにして、アメリカの「双子の赤字」是正への動きが遅ればせながらようやくにして本格化し、日本は確かに内需主導型成長経路に入りつつある。一九八五年末のプラザ合意による激しいレート調整、一九八七年秋の株価暴落といったある種の「暴力的な」調整圧力によって、日米両国が自らの成長パターンの変容を強いられたことの帰結である。

日米間のマクロ経済構造の調整は避けられない要請である。しかしこれは重要な課題であるとはいえ、あくまでも「調整」にすぎない。調整が仮りに齟齬なく実現されえたとして、世界経済の順調な拡大がそれによって保障されるわけでは決してない。この世界は、何年かの調整期を経たあと再び拡大均衡に向かわなくてはならないのである。ところで、次代の世界経済の拡大を牽引する資格が先進国にあろうとは思われない。その最有資格国は、すでに実現してきた成長率ならびに将来の潜在力からみて、アジアＮＩＥＳ、ＡＳＥＡＮ諸国、中国を含む西太平洋の開発途上国にちがいないと私は確信する。

西太平洋開発途上国の経済的活力を最大限発揚させ、その活力を世界経済再活性化のための一大要因とするための政策努力が肝要である。成長潜在力を豊かに擁するこれら諸国の開発を促進し、もって世界経済を拡大均衡に向かわしめることが最重要の課題であるとわれわれは認識しなければならない。

そして西太平洋開発途上国の経済発展に決定的な影響力を与える先進国は日本であり、おそらくのところ日本をおいて他にない。日本が世界経済の拡大均衡に貢献しうる何よりも重要なチャネルがこの地域の開発にあるという事実を、私は繰り返し主張したい。

本書は、「西太平洋の時代」の到来を予感しつつ、私がこの一年間に書きとめたいくつかのエッセイをもとに、さらに二、三の章を新たに加えて編んだものである。第Ｉ章は、同名論文として『中央公論』一九八七年三月号に発表したものである。同誌にはこの論文をもとに、篠原三代平・竹内宏・佐藤誠三郎の三氏に私が加わって現代韓国の政治と経済を縦横に論じたすこぶる楽しい座談会記録が載せられているので、御参照いただきたい。幸い本章論文は、駐韓日本大使館の御好意で同大使館の韓国語広報誌に掲載されることにもなった。

第Ⅱ章と第Ⅲ章は本書のための書きおろしであるが、第Ⅱ章の最終節「ＡＳＥＡＮ——もうひとつの発展志向国家群」は、同名論文として『ジェトロセンサー』一九八八年二月号に寄せたものを用いている。

第Ⅳ章は、本書の中核的部分である。これは設立されて間もない日本国際フォーラム（大来佐武郎会長）の初年度の政策提言「日・米・アジアNIES間の構造調整」から生まれたものである。この提言は同フォーラムから出版、本年三月初旬、首相、外務大臣、外務政務次官に手渡された。提言趣旨は『読売新聞』一九八八年三月四日（金）号を初め、主要新聞でとり上げられたので、目にふれた読者もおられるであろう。たまたま私がこのプロジェクトのタスク・フォース主査をつとめ、提言の執筆と同時にこの提言を支えるバックグラウンド・ペーパーを書く機会にめぐまれた。本章はこのペーパーを書き改めたものである。そのエッセンスは「世界経済のフロンティアとしてのアジア」という論題で『正論』一九八八年二月号に載せられ、同時にジャパンエコー社の英文誌にも転載された。なお『正論』同号は「西太平洋時代の幕開け」を特集として組み、私のもの以外にもソウル大学韓昇洙教授、アメリカ外交問題評議会主任研究員マイケル・エイホー氏の論文を掲載しており、またこの三論文をもとに天谷直弘・伊藤憲一の両氏と私の三名で主題を論じた座談会記事も載せられているので御覧いただければと思う。

日本国際フォーラムでの一年間にわたる作業は、多くの秀でた政策委員にかこまれてまことに充実したものであった。大来会長、伊藤憲一同フォーラム理事長代行、タスクフォース・メンバーの鵜野公郎筑波大学助教授、青木健日本貿易振興会クアラルンプール事務所次長、森本光彦読売新聞解説部記者の三氏に深く感謝する。さらに同フォーラム高橋正雄前事務局長の寝食を忘れた組織づくりの努力に敬意を表したい。

第Ⅴ章は、「中国の経済発展と新農業政策」と題して『海外投資研究所報』（日本輸出入銀行）一九八七年八月号に発表したものと、インドについて書きおろした部分から成っている。本章は、アジア社会主義国についての私の初めての論文であるが、このテーマについては研究をさらに深めて将来、より本格的な形でまとめ上げたいと考えている。

なおプロローグは、「アジア太平洋経済」という表題のもと『経済セミナー』(日本評論社)一九八八年一月号に掲載されたものであるが、久和ひとみさんの優れたインタヴュアーとしての資質のゆえに、拙い私の考えがいいまとまりをみせたように思う。このインタヴュー記事もまた駐韓日本大使館のさきの韓国語広報誌に転載されると同時に、ジャパンエコー社の手で英語、仏語誌、スペイン語誌にも載せられた。

広い読者層を集める文藝春秋の作品群のなかに、本書のような少々固い主題の書物を収めてくれた竹内修司氏の御好意に改めて厚く御礼申し上げたいと思う。

一九八八年秋

渡辺利夫

II

アジア新潮流

――西太平洋のダイナミズムと社会主義

この連合体（自由な諸個人の連合体）はどんなぐあいになっているでしょうか。それについては、『共産党宣言』は黙して語りません。すべての社会主義政党の綱領全体は、それについて口を閉ざしたままであります。それはだれにもわからないという知らせをわれわれは受けています。ただいえる点は、現代の社会が没落する運命にあること、それが自然法則によって没落するであろうこと、それは、まずプロレタリアートの独裁によって解体されるであろうということであるにすぎません。そして、そのつぎに到来するものについては、人の人に対する支配の欠如ということ以外に、なにひとつとても予言できないのであります。

——マックス・ウェーバー（濱島朗訳）

序章　現代アジアを眺望する

1　転換するアジア像

アジアを語る場合の常套句は、長らく「停滞」と「専制」であった。専制君主が群小の共同体の上に君臨して形づくられる自己永続的な停滞せる水利社会、これが欧米知識人のイメージしたアジアであった。そうしたアジア像を理論化したウィットフォーゲル（K. A. Wittfogel）の『東洋的専制主義』（*Oriental Despotism: A Comparative Study of Total Power*）の初版が上梓されて洛陽の紙価を高めたのが、つい三〇年ほど前（一九五七年）のことであったのを顧みれば、うたた感懐である。欧米の近代化過程において、アジアはつねに「反世界」であり、教化と慈善、支配と搾取の対象以上の意味をもつことはなかった。

アジアを論じる現在の用語法は、「成長」と「民主」である。極端からもうひとつの極端へと向かうアジア像の転換が、わずか三〇年の間に発生したのである。確かにアジア的停滞のイメージはもはや過去のものである。

植民地支配の負の遺産を排除し、ほどなくしてＮＩＥＳ（新興工業経済群）は一九六〇年代に「趨勢的加速期」に入り、以来一貫して世界のスタンダードを上まわる成長実績をみせてきた。ひきつづき七〇年代に入ると、ＡＳＥＡＮ（東南アジア諸国連合）諸国が成長軌道にのり、ＮＩＥＳを追跡する新勢力としてたちあらわれた。七八年の中国共産党第一一期第三回中央委員会総会（三中総会）以降に展開された柔軟にして大胆な体制改革の過程で、中国経済もまた建国以来最高の昂揚期に入っていった。こうしてＮＩＥＳ、ＡＳＥＡＮ諸国、中国を含む西太平洋は、急速な成長過程を経て世界経済に占めるプレゼンスを一挙に大きいものとしつつある。

西太平洋は、長きにわたって域外列強確執の場であり、列強の一挙一動に応じて鋭敏な影響を蒙るだけのひたすら受動的な存在であった。しかし経済的プレゼンスの拡大とともに、こんどは自らが域外世界に影響力を行使する新しい主体としてたちあらわれ、次代の世界経済の拡大均衡を担う一翼たりうるという評価も生まれている。ＮＩＥＳは、激しい輸出拡大過程で輸入能力を強化し、一九八七年以来、世界の総輸入に占める比率において日本のそれを凌駕する存在となった。ＮＩＥＳは世界経済を需要面から支えこれを牽引する、すでにして日本より強い機能を備えた主体なのである。日本が西太平洋における傑出した大国であるかのように語る南北二分法の世界観は、もはやアナクロニズムである。

専制と隷従もまた過去のものになろうとしている。むしろ西太平洋は、経済発展がその過程で権威主義的政治体制をいちどきに崩壊させていく、葛藤のドラマの舞台となったようにさえみえる。

開発途上国とは、低開発段階にあるがゆえに、高成長を求めながら成長資源において厳しい制約下におかれている国ぐにのことにほかならない。それがゆえに開発途上国は、成長を極大化すべく、限られた資源を最大限有効に使う特定部門に、他の部門に先んじてこれを集中的に投下しなければならない。産業民主主義体制下で、こうした資源配分を実現することが容易であろうはずはない。多くの開発途上諸国において「開発独裁」と呼ばれる権威主義体制が一般的であったのは、何よりそのことの反映である。貧困からの脱出を求める後発国が、しかも厳しい国際環境のもとで急速な成長を遂げようというのであれば、権威主義的開発体制は多かれ少なかれ不可避である。NIESがその典型例である。

NIESは、かかる権威主義体制のもとで進められた経済開発に成功を収め、その帰結として所得水準と教育水準において高い中産層を大規模に創出し、その中産層が新たに政治的勢力の中枢を握って権威主義体制それ自体を「溶解」させるという、「弁証法的発展」を巧みにも演じることになった。この二年ばかりの間に韓国、台湾の両国で生起した政治的民主化運動の闘達は、「経済発展と民主化」を語る場合のまたとない教材である。NIESは、後発国経済開発の有力なモデルである一方、権威主義政治体制溶解のモデルをも提供しているようにみえる。

中国は一九四九年の建国以来、豊饒と平等の社会主義社会の建設をめざしながら、社会主義一党独裁のもと「東洋的専制」を、皮肉にもこの現代に再現してきた。しかし八九年六月に北京天安門で発生した悲劇的事態は、「経済発展と民主化」というテーマが中国においてもなお確実に意味をもっていることをわれわれに知らしめた。改革・開放に伴う経済活性化と所得水準の上昇が、学生・市民の一部にではあれ、権威主義政治体制を息苦しい桎梏と感じさせ、それと対決する新しい勢力を胚胎させたのである。そうであれば、天安門流血事件は決して悲劇的なばかりではない。

三〇〇〇年来の強大な王朝権力支配のもと市民社会の伝統を完全に欠落させ、今日なお低所得の社会にあって政治的民主主義を担う中産層を擁することのないこの国において、民主化運動がいささか「早熟症」的であるのはいたし方ない。それにもかかわらず、経済発展に応じて民主主義が志向され始めたことだけは確かな事実である。

再びいえば、「停滞と専制」のアジアから「成長と民主」のアジアへ、この像の転換にアジアはわずか三〇年の歴史的時間を要したのみである。

2 新牽引車としての西太平洋

西太平洋に渦まいているのは、活性のインダストリアリズムである。この二〇年にわたる消費と投資の増加率、経済成長率、貿易増加率などいずれをとりあげてみても、西太平洋は他地域のそれら諸指標を凌駕しており、この地域に汪溢《おういつ》するビジネス・チャンスは世界の経済活動をここに引きつける強い「磁力」をつくりだしている。西太平洋の磁力の及ぶ空間、すなわち「磁場」はすでにアメリカにまで広がりつつあり、西太平洋を中核とするアジア太平洋経済が形成されるのも遠いことではあるまい。

一九八〇年代後半から九〇年代前半にかけての世界経済の最重要課題は、日・米・西独など経済大国相互間の構造調整だといわれている。アメリカが内需を引き締め外需依存度を上昇させ、逆に日・西独が内需を拡大し外需依存度を引き下げるという、両者間の対照的な需要構造調整は、世界経済の安定性維持にとって欠くべからざる課題である。八五年九月の先進五ヵ国蔵相会議におけるいわゆるプラザ合意は、劇的な通貨調整をもってこの課題に応えようとした。この合意後、大国間の需要構造調整は、不透明な曲折を経ながらも、またその動きは迅速ではないまでも、しかし予期された方向に着実な歩みをつづけている。確かに「調整の時代」と命名すべきが現在である。

しかし、調整とはあくまで各国間の構造の「すりあわせ」であり、これが齟齬なく実現されえたとしても、世界経済の順調な拡大がそれ自体によって保障されるわけではない。世界経済が拡大均衡を達成するためには、過去の歴史がつねにそうであったように、その拡大を牽引する主導国・国群が存在しなければならない。「調整の時代」を終えた次代の世界経済の拡大牽引車は西太平洋以外にはない、というのが私の推量である。

アメリカの経済的覇権にその役割を期待するのは、かなわぬ夢である。「双子の赤字」是正はアメリカ経済再生の至上命題であり、ブッシュ政権の最優先の政策課題にほかならない。レーガノミクスのもと厖大な財政赤字によってつくりだされた、国内供給能力をはるかに上まわる国内需要が周辺諸国からの大量の輸入を誘発し、一九八〇年代を通じてアメリカは世界の製品を貪欲にものみこむ「需要吸収者」として君臨してきた。しかし、かくして発生した貿易収支の赤字についにアメリカは耐えられず、貿易保護主義を強めると同時に、財政赤字の本格的な削減にのりださざるをえなくなった。財政赤字の削減とはすなわち国内超過需要の削減であり、これにより対米輸出依存の上昇を通じて高成長を維持してきた周辺国は、ゆゆしきデフレ効果の波及をまぬがれえない。こんごのアメリカは、世界の成長主導国ではなく、逆にデフレ効果の波及源となっていくとみなされよう。

一九九二年に市場の完全統合を目論むＥＣ（欧州共同体）は「内向き」の姿勢をより強めるはずであり、内向きに転じたＥＣから世界経済を引張るかつてより強い力が発生すると考えることも困難である。ＥＣが市場統合をめざしているのは、第一次石油危機以降、先端技術開発にたち遅れ、同時期に飛躍的に技術力を強化した日本・ＮＩＥＳなどを含む西太平洋との拡大するギャップに危機感をつのらせたからにほかならない。このギャップを埋めるには、統合を通じて広域市場を創出し、もって規模の経済、競争促進による効率化を求めるより他に方途はないという認識が、ＥＣ統合の背後要因である。ＥＣ統合が強国グループへの対抗手段である以上、文面でいかにそれを糊塗しようと「フォートレス・ヨーロッパ（ヨーロッパの要塞化）」は避けられない、というのがことがらの本質である。

オーストラリア、ニュージーランドは、将来にわたり他地域への資源供給国としての地位にとどまり、世界経済の拡大を主導する能動的存在たることはありえまい。ラテン・アメリカは、第一次石油危機以前の輝きを完全に失っている。彼らの予見しうる将来までの最重要課題は、累積をつづける対外債務の返済であり、返済を可能ならしめる国内経済の調整にある。南アジアとアフリカは、飢餓からの脱出を求めてなおはるかなその課題の解決に苦悩する貧困地域である。ラテン・アメリカ、南アジア、アフリカに、次期の世界経済の拡大牽引機能があると考えるひとはまずいそうにない。

過去の成長実績と何よりもその潜在力からみて、次代の世界経済の拡大牽引車はやはり西太平洋以外にはないのである。決して私の思い入ればかりではない。簡単なシミュレーションは次のことを示している。過去五年すなわち一九八四—八九年の世界各国の経済成長率、貿易増加率等のマクロ指標がそのまま持続して九五年にまでいたると仮定すると、九〇年代前半期の六年間における世界の経済成長と貿易増加に対するＮＩＥＳ・ＡＳＥＡＮ諸国・中国を含む九つの西太平洋開発途上国の寄与率は、それぞれ三一％、四六％ほどになる。西太平洋開発途上国とそれ以外の国ぐにとの成長率格差は九〇年代においてさらに広がるものと予測されており、右述の寄与率はなお過小評価であるかも知れないのである。

それればかりではない。西太平洋は、ＥＣ市場統合、米加自由貿易協定などしのび寄る世界のブロック主義的傾向に歯どめをかけ、ブロック主義のレゾンデートル（存在意義）をなきものとするという、一段と積極的な役割を将来にわたって演じていくであろう。保護主義を求めて国レベルでの統合の動きが強まる一方、個別企業は自らの擁する経営資源を最大限発揚すべく、国境をいとも簡単にこえる国際的事業展開を活発に試みており、企業活動の「ボーダレス」化は今日いよいよとめどない。ＥＣ各国や米加の企業が、域内よりもビジネス・チャンスを豊富に擁する西太平洋との貿易・投資の機会を求めて、この地域への進出をつづけているのはそのためである。ミクロ企業のこうした行動様式の結果、ＥＣや米加の対西太平洋貿易・投資の増加率は域内貿易・投資の増加率を上まわり、かくしてＥＣや米加は、域内に向かう「インテグレーション（統合）」のベクトルよりも域外に向かう「ディスインテグレーション（分離）」のベクトルをより強めていく可能性が強い。こうして西太平洋の高成長は、この世界に自由貿易体制を復元させることに貢献しうるのである。付言すれば、このように積極的な役割を期待される西太平洋が、相互に協力して内に向かうベクトルを働かせようというアジア太平洋協力の構想は、浅薄である。

3　縮むアメリカ　広がる日本

しかし、西太平洋経済の将来に不安がないわけではない。むしろ今にも現実化しそうな大きな危惧がある。アメリカの「双子の赤字」の動向がそれである。

西太平洋の高成長は「輸出志向工業化戦略」によって達成されたものである。この戦略を可能ならしめたのは、西太平洋諸国の製品を大量に吸収したアメリカ市場の存在である。アメリカは、西太平洋諸国の工業化を需要面から牽引する傑出した機能を果たしてきたのである。日本は、西太平洋諸国に対する資本財ならびに中間財の一貫して最大の供給者であり、彼らの成長を供給面から支える重要な役割を演じてきた。アメリカは西太平洋の「需要吸収者」であり、日本は「資本財供給者」であった。西太平洋諸国は対米貿易黒字によって資本財・中間財の対日輸入をファイナンスしながら、経済の拡大循環メカニズムを遅滞なく展開することができたといいかえてもいい。西太平洋諸国の対米貿易収支が大幅な黒字であり、対日貿易収支が恒常的な赤字であったのは、そのためである。

西太平洋成長の因果的経緯をこのように眺めるならば、その起点はアメリカ市場の発揮する強い需要吸収力にある。かくしてアメリカの需要吸収力の減衰は、西太平洋成長の拡大循環メカニズムにただちに重大な齟齬を発生させざるをえないのであり、その危惧が現実のものたろうとしているのが現在である。すなわちアメリカは、積年の貿易収支赤字についに耐えられず、その赤字に最大のシェアをもつ日本とNIESに向けて、いささか衝動的ともみえる保護主義的対応を多発している。同時にアメリカは、一九八七年秋の株価大暴落によって双子の赤字という厳しい内外不均衡を長期にわたって持続することの危険性を「暴力的」に知らしめられ、それ以来、保護主義的対応に加えて財政赤字の削減にかつてない意欲をもって取り組み始めたのである。

財政赤字削減による内需抑制努力が本格化するならば、拡大するアメリカ市場に依存しながら今日を築いてきた西太平洋の蒙るデフレ効果は甚大である。経済企画庁経済研究所の世界経済モデルを用いてわれわれが試みた政策シミュレーションは、次のことを示している。アメリカの財政支出が同国の国民総生産の一%ずつ三年間にわたって累増的に削減されていくならば、これによって生ずる内需減少と為替レートの減価の双方がアメリカの輸入需要を低下させ、かくして対米輸出依存度の高いNIES（韓国）の実質国民総生産は三年目には四・五四%と大きく減少することが予測される。アメリカの財政赤字削減努力の本格化が西太平洋に与えるデフレ効果の規模と、三年間というわずかな期間に広がるデフレ効果波及の顕著な速度に改めて驚かざるをえない。

もっとも、アメリカ政府による財政赤字削減のプログラムが議会の抵抗にあって思うように進まず、不徹底な歳出抑制に終わる可能性もないわけではない。この場合には、巨額の財政赤字の持続によって相対的に高い成長は維持されるものの、それがゆえに輸入は引きつづき増加し、輸出は生産余力の縮小のために伸び悩み、大幅な貿易赤字がなお持続せざるをえない。そうなれば、アメリカ政府は金利の引上げを通じての内需縮小を余儀なくされるはずであり、金利の上昇はアメリカ経済をリセッション（景気後退）に追いこむことになろう。アメリカの景気後退に伴い、対米輸出依存度の高い西太平洋はやはりここでも少なからぬデフレ効果を蒙るであろう。また貿易収支赤字の巨額化は、貿易相手国の市場閉鎖性や「不公正」な通商慣行に対する議会の批判を強め、通商法三〇一条等の運用を積極化させるなど、保護主義的対応をさらに激化させる方向にアメリカを導く懸念も大きい。すなわち、アメリカの財政赤字削減が成功した場合はもちろんのこと、仮にそれに失敗したとしても、そのミスマネージメントをつぐなうべくなされる金利引上げによる景気後退や貿易保護主義の強化は、やはり厳しいデフレ効果をもって西太平洋を襲うこと必定なのである。西太平洋は次期の世界経済の拡大均衡を担う最有力の国家群である。しかし、西太平洋の活力を一挙に萎縮させてしまいかねない魔の手が彼らの背後に迫りつつある。西太平洋活力の萎縮は、アジア太平洋と世界の将来を暗いものにせざるをえない。西太平洋は、アメリカに代わる需要吸収者をいちはやく見出さなければならないのである。

まことに望ましいことに、この四年余にわたってつづいた円高とそれによって促された内需主導型経済への転換により、日本は西太平洋からかつてない規模での輸入を持続している。もちろん日本の市場はアメリカの需要吸収者機能を完全に代替しうるほどに大きいものではない。しかし、近年における日本の輸入市場規模の拡大は確かに加速的であり、西太平洋に与える「追加的」市場の規模においてはこの二、三年日本のほうがアメリカよりも大きい。日本が輸入志向的な内需主導型成長パターンを定着させる一方で、アメリカが財政赤字削減を通じて内需縮小型成長をたどっていくと予想するならば、こんごとも日本はアメリカよりも大きな追加的市場を西太平洋に与えつづけるにちがいない。

西太平洋の需要吸収者としての役割は、日本企業のこの地域への大量進出によっても促されている。プラザ合意以降の四年間における日本の対西太平洋（NIES・ASEAN諸国）直接投資の累計額は、同地域に対する一九五一年以来の四〇年になんなんとする期間の累計額の、実に過半である。日本企業の対西太平洋投資はこの円高期に集中したのである。加えて、現地販売と第三国輸出を目的とする企業進出パターンに代えて、対日輸出を目的とした「アウトソーシング（海外調達）」型企業進出パターンが次第に主流となり始めたことも注目されねばならない。日本企業は、西太平洋の海外子会社からの製品輸入にとどまらず、委託生産方式による海外企業からの製品輸入、OEM（相手先商標製品）輸入、流通企業による開発輸入をも含め、多様なチャネルを通じての海外調達を恒常化し、これを自らの経営戦略のなかに組みこんだのである。

日本企業は西太平洋を舞台とする活動的な海外調達行動を通じて、この地域諸国との「企業内分業」をすでに定着させたとみられる。その結果、ほとんどすべての工業部門を国内に擁して、その生産や輸出の拡大が輸入を誘発する度合のまことに小さい、日本のこれまでの「フルセット自給型構造」ははっきりと変質しつつある。日本の貿易収支の「構造的黒字不均衡」は産業構造のフルセット型のゆえであったことを顧みれば、後者が崩れつつあるということは、日本が次第に輸入誘発的傾向を強め、対外的に調和のとれた貿易収支運営を行ないうるようになったことを意味する。

こうして西太平洋は、圧倒的に強い需要吸収者機能をもってきたアメリカから次第に離脱し、旧来の資本財供給者機能に加えて新たに需要吸収者機能を合わせもつことになった日本とのリンケージを強化した。日本と西太平洋との関係は、日本が工業製品を輸出すると同時に彼らから工業製品を輸入する、その意味で相互依存的な水平分業関係に再編されようとしている。

4　西太平洋相互依存の時代

私は、日本の役割をいささか過大に評価しているのかも知れない。また、日本がアメリカの需要吸収者機能を代替しなければ西太平洋の活力が萎縮してしまいかねないと論じることによって、この地域諸国の「転換能力」を過小に評価しているのではないかとも惧れる。勃興期資本主義の旺盛な活力を秘める西太平洋諸国は、外的与件がたとえ不利な方向に動いたとしても、その新しい与件に合わせて自らを調整し、より高度の構造に転換していく「しなやかな」能力を擁しているとみなしたほうが真実に近いのではないか。そのように視角を定めて西太平洋諸国を眺めるならば、確かに彼らの「転換能力」にはめざましいものがあることに気づかされよう。

実は、この転換能力こそが、今日の西太平洋諸国の活力をあらわすキーワードだと私は考えている。しかも各国がこの能力を備えているがゆえに、西太平洋に生起する一国の構造変動が時を経ずして他国の構造変動を促すという「構造変動の連鎖的継起」が発生し、西太平洋地域の全体を渦まくダイナミズムが顕示されているのである。そのダイナミズムの解明は本書第一章の課題であり、ここでは詳述は避けたいが、さしあたり簡単に記しておけばこうである。

圧倒的に高い対米輸出依存を通じて超高成長を達成したＮＩＥＳは、その成功の帰結として近年、通貨調整（台湾元・韓国ウォンの切上げ）と賃金上昇という二つの厄介な問題に直面することになった。前者は、厖大な対ＮＩＥＳ貿易赤字に業を煮やすアメリカからの圧力によって余儀なくされたものであり、後者は、対米輸出の拡大過程で実現した超高成長の帰結である。この通貨調整と賃金上昇が、価格競争力を武器に輸出志向工業化への道を邁進してきたＮＩＥＳに厳しい経済調整を追ったのは当然である。しかしＮＩＥＳは強い転換能力をもって内需主導型成長路線に転じ、これに伴い西太平洋諸国から輸入を大きく増加することになった。通貨調整による海外生産の有利化は、賃金上昇によって苦境に陥ったいくつかの製造業部門を外に押しだす力をつくり、ＮＩＥＳの西太平洋への企業進出はこの時期に「爆発」的拡大の様相をみせた。

この好条件にただちに応じたのがＡＳＥＡＮ諸国であった。ＡＳＥＡＮ諸国の対ＮＩＥＳ輸出の増加率は空前の高さにあり、ＡＳＥＡＮ・ＮＩＥＳ間貿易は緊密の度をました。この傾向を促したのが、ＡＳＥＡＮ諸国による海外調達型ＮＩＥＳ企業の導入である。実際、ＡＳＥＡＮ諸国の海外直接投資受入額において、ＮＩＥＳは一九八八・八九年（上半期）と日・米を上まわった。円高、次いでＮＩＥＳにおける通貨調整と賃金上昇により西太平洋に生起した貿易・投資機会に迅速に順応して自らを転換させていく能力において、ＡＳＥＡＮ諸国は抜群の実績をみせたのである。この実績をもって、ＡＳＥＡＮ諸国の平均成長率は、八九年においてついにＮＩＥＳのそれを凌駕するという画期が到来した。

西太平洋における構造変動のこうした連鎖的継起のもとで、ＮＩＥＳ相互間、ＮＩＥＳ・ＡＳＥＡＮ間のリンケージが強化され、西太平洋は「相互需要吸収機能」を発揮し合う、新しい局面に到達したとみなされよう。西太平洋は外的与件の変動に対するこれまでの脆弱な体質を克服して、次第に強靭な足腰を備えるにいたったのである。次の数字のなかにこのことが反映されている。

一九八八年におけるＮＩＥＳの総輸出に占める対日輸出比率が一二・五％である一方、対ＮＩＥＳ輸出比率、対ＡＳＥＡＮ輸出比率はそれぞれ一〇・八％、六・七％であり、後二者の合計は前者を大きくこえた。ＡＳＥＡＮ諸国の総輸出に占める対日輸出比率は二四・五％と高いが、しかし同時に対ＮＩＥＳ輸出比率が二一・三％、対ＡＳＥＡＮ輸出比率が三・六％であり、後二者の合計は前者にほぼ匹敵する。ちなみに、中国にとっては香港が著しく大きな存在であり、それを反映して中国の総輸出に占める対ＮＩＥＳ輸出比率は三八・二％である一方、対日輸出比率は一六・八％にすぎないのである。ＮＩＥＳ、ＡＳＥＡＮ諸国、中国にとって、アジアにおける最大のトレード・パートナーは今日、決して日本ではなく、実は近隣のアジア諸国なのである。日本の需要吸収者機能が、仮にさきに私が述べたほどに強いものではないにしても、西太平洋諸国は相互に市場を提供し合う新しい発展の方途を見出すことによって、なお「高成長地域」たりうるという結論に帰着する。

さきのものいいをもう一度繰り返すならば、日本がアジアにおける卓越せる巨大国であるかのように論じる傾きは、すでにアナクロニズムである。

5　アジア社会主義国の改革・開放

西太平洋の将来を展望するに際して、どうしても問わなければならないもうひとつの重要なテーマは、中国、ベトナム、北朝鮮などのアジア社会主義国が改革・開放政策を展開し、西太平洋世界の活動的成員として加わりうるか否かである。巨大な需要潜在力を秘めるアジア社会主義国が、西太平洋世界に参入しうるという展望が切り開かれうるならば、この地域の相互需要吸収機能はさらに昂揚し、地域的強靭性は一段と強化されるにちがいない。

一九八九年六月四日の天安門事件によって、われわれは改革・開放とは別の、中国があらわにしたもうひとつの顔、社会主義一党独裁の顔をいや応なくみせつけられることになった。われわれは柔軟にして急激な経済体制改革の側面にのみ眼を奪われて、中国が共産党一党支配下の社会主義国であるという厳粛な事実を、迂闊にも失念してしまっていたようである。天安門事件を経て開催された中国共産党第一三期四中総会は、「四つの基本原則」は「立国の基本」であって、絶対にこれを揺るがせにしてはならないことを強い調子で確認した。四つの基本原則とは、社会主義の道、人民民主独裁、共産党の指導、マルクス＝レーニン主義・毛沢東思想、の四つの堅持のことである。

しかし、次の事実は正当に理解されねばならない。北京天安門での人民解放軍による学生・市民の弾圧は、これがいかに厳しいものであったとはいえ、また道義的に強く批難されねばならない事件であったとはいえ、鄧小平氏にあっては、改革・開放を社会主義一党独裁の枠内で行なうという、氏が一九七八年以来一貫していいつづけてきた原則の域をでるものではなく、したがってこれによって改革・開放への取組みが消極的になることはないはずである、という事実である。

天安門事件を前後する権力闘争の過程で、「保守派」が勝利したという。しかし、保守派といえども改革・開放に消極的なわけではない。改革・開放は「強国の道であり、断固として変わることなく、従来と同様に貫徹執行されなければならない。決してかつて歩んだ昔の道にもどってはならない」(第一三期四中総会の最終コミュニケ)という一点において、今日の党・政府指導部の見解はほぼ一致しているとみていい。

一九七八年第一一期三中総会以降、中国経済を一転して改革・開放の路線にのせてひた走らせてきたのは、鄧小平氏その人なのである。中国政治においていまなお傑出した影響力をもつ鄧氏を中核とする革命第一世代の長老派は、革命権力の無謬性と永続性に固執する「守旧的」イデオロギーの愛国主義者である。しかし、プロレタリアート文化大革命の長い混迷期に「新技術革命」の流れに完全にのりそびれてしまった中国に強い危機意識を抱いて、その窮状から中国を救いださねば永遠の「三流国」たらざるをえないことにいちはやく気づいたのも、愛国主義的長老派なのである。マイクロ・エレクトロニクスを中核とするこの「新技術革命」の現代にあって中国の「復権」を果たすためには、中国経済を固く締めつけてきた集権的統制の「紐」を解いて改革・開放戦略に打ってでる以外に方途はないという、まっとうな認識に鄧小平氏は誰よりもさきにめざめたのであり、その意味で氏は現代中国の政治家においてまれにみるプラグマティストだというべきであろう。

しかし、改革・開放は中国共産党の一元的支配の政治的枠組のなかで実現されねばならず、改革・開放が不可侵の権力である共産党の存在を脅かす政治的要素を孕んだ時には、時を移さずこれを徹底的に排除しなければならないという構図が、一九七八年以来もなお一貫してきたのである。八九年六月の天安門事件は、この構図の何よりも端的な証明である。

改革・開放と社会主義一党独裁とは長期的には無矛盾ではありえない。前者はいずれ後者の正統性を掘り崩していくにちがいない。しかし、プロレタリアート文化大革命の辛酸をなめつくした今日の党・政府指導部には、そもそも大衆運動というものに対する拭い難い拒絶反応がある。事実、ひたぶるの混乱に身を委ねて一〇年間の長きにわたって自らの出口をまるで見出すことのできなかった文革期中国のありようを想起するならば、指導部の拒絶反応にも、少なくとも中国政治発展の現段階においては、かなりの「正当性」が含まれているとみることも許されるのではないか。加うるに、活発な経済の多元化を強い政治の一元化のもとで進展させようというのは、決して中国の「占有物」ではない。韓国と台湾が長らく持続してきたシステムが「権威主義的開発体制」であったことは、さきにも指摘したとおりである。

天安門事件という悲劇的事態にもかかわらず、中国における改革・開放路線の転換はありえない。何よりも改革・開放は、この一〇年の過程で中国経済のなかにすでに強固に「ビルトイン」されてしまっており、インフレや所得分配の不平等に悩まされながらも、国民の大多数はこの路線の「受益者」なのである。この路線の転換は「反革命」でも覚悟しない限りありえない。

「沿海地域経済発展戦略」に象徴される開放型政策は、若干なりともこれを長期的な視野から眺めれば、中国近代化にとって他に方途のない開発シナリオである。「放」(改革積極派路線)と「収」(保守慎重派路線)を繰り返す、中国政治に固有の「政治サイクル」はなお避けえないにしても、中国がその国是である経済近代化を断念するのならいざ知らず、そうでない以上、結局のところ全体としての方向が改革・開放の方向に収斂していくであろうことは、まちがいあるまい。

経済政策についていう限り、中国が「放」と「収」を繰り返したのは、一九七八年以前の中国が集権制社会主義の統制経済を旨とし、しかも国際経済との接触面の小さい閉鎖的体制下にあって、右から左へ、左から右へと揺らぐ政治権力闘争が経済政策の「放」と「収」に直接的なつながりをもってきたからである。集権的統制経済においては、権力闘争によって生じる中央計画当局の政策変化は、「上意下達」の指令制機構を通じて経済の末端にいたるまで直線的な影響を与えざるをえない。しかも閉鎖的システムのもとでは、経済政策を国際経済とのリンケージを無視して容易に変更しえたのである。

しかし、今日の中国の農村においては人民公社が解体され、自由な家族的小農経済がほぼ完全な形で全土によみがえっており、企業自主権もかつてであれば考えられないほどの範囲で許容されている。経済行政における各省への分権化の傾向もまた強い。ここでは「放」から「収」への移行は、集権制下におけるほど簡単ではない。一九八八年九月の第一三期三中総会における調整政策の決定以来、改革・開放の動きが鈍っていることは確かである。しかし、この改革・開放政策の「後退」を過大に評価し、改革・開放の一〇年の過程で中国経済のなかに「ビルトイン」された確かな市場経済化の動きを軽んじてはならない。加えていえば、開放政策のもと、米・日との経済交流、香港やここを経由する東南アジア華人資本と広東省との関係緊密化、韓国と山東・遼寧両省、台湾と福建・浙江両省とのリンケージは、すでに相当の密度で形成されており、「放」から「収」へのゆりもどしは、対外経済関係に癒すことのできない傷をつくりださずしては不可能なのである。

ベトナムもまた、カンボジア侵攻に象徴される冒険主義的国際行動の矛を収め、改革・開放路線の推進を目論む南部改革派が政府・党権力の中枢を掌握し、ようやくにして新しいプラグマティズムに覚醒して国際的孤立と経済的停滞から脱しようという努力を開始した。

ベトナムは、抗仏戦争（第一次インドシナ戦争）、抗米戦争（ベトナム戦争）と打ちつづく戦争の過程で国力を著しく疲弊させ、その疲弊した経済を戦時共産主義的システムのもとで集権的に運営してきた。無理に無理を重ねてどうにかもちこたえてきた経済であった。しかもベトナム戦争が終結し、南北統一が実現して以降、統一政府は南部の社会主義的改造を企図し、これに対する住民の強い抵抗を力で抑えて、南部の農業集団化と国営・公私合営企業化を強行した。結果は惨憺たるものであった。

それにもかかわらず、党指導部は経済の惨状を顧みることなくインドシナ社会主義連邦を夢みてカンボジア侵攻という地域覇権主義にはしり、西側諸国による厳しい経済封鎖を余儀なくされた。またカンボジア侵攻の背後に、自国を南から牽制するソ連の覇権主義をみてとった中国により、ベトナムは「反越懲罰戦争」を挑まれることにもなった。経済力の衰えはいよいよ厳しく、ベトナムはこの間に絶望的な貧困国と化してしまった。崩壊を何とかくいとめたのは、ソ連の援助であった。しかしソ連の対越援助も中ソ和解のなかでその意味を失いつつあり、何よりも非効率的な援助を持続するほどの余力は今日のソ連にはない。ソ連自体が西太平洋のダイナミズムを導入しなければ、自らのフロンティアであるシベリア・極東地域の開発の見通しがたたず、それゆえ自国を「アジア太平洋国家」とする自己認識をすら表明するにいたった。

戦時体制が終焉し、ベトナムを翻弄しつづけた米中対立ならびに中ソ対立という国際的パワー・ポリティクスの構造が崩壊しつつある今日、この国を固く縛ってきた戦時共産主義のレゾンデートルは失せ、集権制システムのもつ負の遺産についに耐えられなくなったのである。集権制システムを溶解させ、農民や企業などのミクロ単位に潜む活力の発揚を図り、もってベトナム経済の潜在力を掘りおこすより他に方途はない。農業生産責任制の採用、企業自主権の拡大など、「刷新（ドイ・モイ）」と呼ばれる、長らく敵対してきた中国の体制改革の「コピー」がベトナムで展開されるようになったのは、そのためである。開発資源の絶対的不足状況のもとでの市場経済化の試みは、ここでも中国と同様、厳しいインフレというコストを支払わされており、改革は一進一退をつづけている。しかし、カンボジア撤兵が一九八九年九月に成り、これに応じて西側の経済封鎖はゆるみ始めた。ＡＳＥＡＮ加盟すらもがとりざたされるようになり、この機会を捉えてベトナム政府は新外資導入法を制定・施行するという挙にでた。六、四〇〇万の人口を擁する東南アジアの大国ベトナムに胎動しつつあるプラグマティズムは、西太平洋諸国にとってそのフロンティア拡大の好機を提供している。

もちろんベトナムもまた社会主義一党支配の体制下にあって、マルクス＝レーニン主義を正統性原理とする「イデオロギー国家」である。東欧圏における社会主義政権の崩壊に強い危機意識を触発されたベトナム共産党は、一段と強くマルクス＝レーニン主義への「回帰」を求めており、改革派グエン・バン・リン書記長体制においてこの傾きが強められているのは、皮肉である。しかし豊かな社会を求める経済思考の「刷新」とこれにもとづく改革・開放の動きはまぎれもないひとつの潮流であり、これをおしとどめるすべはもはや誰にもない。ベトナムもまた中国と同じく、共産党一党支配の政治的一元化のもとで経済の活発な多元化を追求する「二本足」の路線にのりだしたのであり、いかに不安定であれ、これ以外に現在のベトナムに与えられている選択肢はない。

そのゆくえがいまなお不鮮明なのが北朝鮮である。しかし曙光はさし始めたのかも知れない。北朝鮮は一九六〇年代以降、対立する中ソの狭間にあって、そのパワー・バランスを利用しながら両国から経済・軍事援助と政治的支持をとりつけるという外交的練達をみせ、主体思想にもとづく特異の共産主義を気ままにも展開することができた。しかし中ソ和解と中ソ両国の急速な対韓接近のもとで、北朝鮮の外交的オプションの幅はかつてなく狭い。アジア太平洋国家としての自己認識を公にしたソ連、ならびにNIES・ASEAN諸国との連携を重視する改革・開放下の中国は、朝鮮半島の長期的安定を強く求める立場へと変貌し、対北朝鮮政策を西太平洋全域の文脈のなかで運用するにいたった。加えて、東欧圏諸国のほとんどが韓国と国交を樹立し、北朝鮮が何よりも忌み嫌う「二つの朝鮮」が社会主義友邦によってまことにあっけなくも「公認」されてしまった。

北朝鮮と対峙する韓国の経済力は圧倒的な高まりをみせ、軍事力バランスでみても両者の差は消滅し、さらには南の優位性が固まったといわれる。しかも韓国は、強化された経済力と軍事力を背景に、長らくつづいた「固い」北朝鮮政策を一新し、北朝鮮を「民族共同体の同伴者」とする柔軟な南北統一枠を設定した。一九八八年に公表された「七・七宣言」として知られる「民族自尊と統一政策のための特別宣言」がそれである。そこでは、㈠南北交流の推進と海外同胞の自由往来、㈡離散家族の相互訪問実現への支援、㈢南北交易の門戸開放などを謳い、さらに㈢の提言を実現するための具体的措置を同年一〇月に発表した。同時に七・七宣言は、日米など韓国の友邦が独自に北朝鮮との交流を進めることを歓迎する方針を明らかにしており、韓国が自信とゆとりをもって北朝鮮を「取りこむ」態度をもち始めたことをうかがわせる。中ソ韓三国が等しく求めているのは、北朝鮮の改革・開放であり、同国の国際的「自閉症シンドローム」からの救出である。北朝鮮がその「外堀」をこれほどまでに厳しく埋められてしまった時期はかつてない。そのうえにルーマニアを初めとする友邦国において、社会主義一党独裁の政治支配システムは一挙に瓦解してしまった。北朝鮮の焦燥感と危機意識はいかばかりであろうか。

この危機意識が、中国やベトナムのようにここでも新しいプラグマティズムを生むのか、あるいはプラグマティズムを拒絶して閉鎖的「神聖国家」のなかにいよいよ深くとじこもっていくのか、はたまた政権の「瓦解」が発生するのか、判断はなお闇のなかにある。

6 東欧の政治変動とアジア社会主義

一九八九年二月、ハンガリーにおいて複数政党制が発足。同年六月にポーランドの自由選挙で「連帯」が圧勝、つづく八月に第二次大戦後初の非共産党政権が同国に生まれるという「快挙」以来、東欧圏の社会主義政権はなだれを打つごとくに倒潰した。東欧圏にひきつづいて、九〇年二月にはソ連自体において複数政党制への道を開く「共産党大綱（プラットフォルマ）」が採択され、社会主義一党独裁体制が「本家」において放擲されるという、にわかには信じ難いような激変が続発した。この東欧・ソ連圏の政治変動がアジア社会主義国にいかなる形で波及するであろうか、誰しも強い関心を抱く主題にちがいない。変動のさなかの現段階で答えを引きだすのは何とも難しいが、次のことはいいうるように思われる。

東欧圏社会主義は自らの内発的な力によって生成したものではない。第二次大戦終了の直前にソ連が試みた東欧軍事占領にその淵源があり、軍事占領地を新たに永続的な支配地域に固定化すべく、ソ連の意のままに動く社会主義国家として組みたてられたものが東欧社会主義国にほかならない。ここでは、「軍事力がすべての前提であり、社会主義はその付加物にすぎない」（野田宣雄「東欧―新たな悲劇の誕生」『マルクスの誤算』文藝春秋、一九九〇年）のであり、そうであれば社会主義権力の正統性はいかにも脆いものたらざるをえない。ペレストロイカの進展とともにソ連による東欧支配の「求心力」が弱まるや、東欧圏社会主義政権がいちどきに崩壊したという事実それ自体、彼らの権力が正統性において薄く、政治的基盤においていかにも脆弱であったことを何よりも雄弁に物語っている。

中国の社会主義は外国勢力によって「移植」されたものではまったくない。欧米日の帝国主義勢力に国土を無惨にもひきさかれた隷従の中国を救うべくわきおこった愛国的な民族主義がまずあり、その上に「先達」であるロシア革命の影響のもと社会主義イデオロギーがここに導入されたのである。ベトナム社会主義もまた独自のものである。仏領インドシナからの独立を求める長くつらい抗仏戦争を耐えぬいた民族主義が、その根幹にある。ベトナム共産党は民族主義を独立闘争のための戦力にまで高める指導党として機能してきたのであり、ここでは共産党は社会主義の前衛党であるよりも、より強く民族主義の前衛党であった。野田氏のひそみにならっていえば、中国とベトナムにおいては「民族主義がすべての前提であり、社会主義はその付加物」なのである。そうであれば、貧困からの解放、国民経済の形成、政治的国民統合といった民族主義的課題をいまだ不十分にしか成しとげていない中国とベトナムにおいて、社会主義権力がそう簡単には揺るがない威信をもってなお維持されているとみなければなるまい。東欧・ソ連の政治変動が容易にアジア社会主義国に伝播しない要因がこれである。

とはいえ、中国やベトナムにおいても社会主義が永続的であるとは思われない。実際のところ、プロレタリアート文化大革命により中国共産党が、南部における強引な社会主義的改造によりベトナム共産党がおかした重大な過誤は、今日にいたるもなお癒しえぬ傷を両国に残しており、共産党の威信にもかつてのような輝きはない。また改革・開放は、さきにも記したごとく両国にとって他に選択肢のない方途であるが、これを進める過程で必ずや惹起される政治的多元化への要求により、社会主義一党独裁体制はいくどとなく厳しい挑戦を受けていくにちがいない。それを暴力的に排除しようとすれば、その度ごとに社会主義政権の威信は低下していかざるをえない。そうであれば、中国とベトナムにおける社会主義は、東欧圏のそれとは対照的に、改革・開放の過程でほとんど必然的に生まれてくる政治的自由化・民主化要求との「おりあい」の過程で、段階的に「死滅」していくとみるのが合理的であるようにも思われる。

ルーマニアのごとき「瓦解シナリオ」がありうるとすれば、「ソ連製」の社会主義国家として出発し、極度に一元的な政治・経済運営を長らく継承して、改革・開放への動きもなおかすかな北朝鮮であろうと推論する人びとは少なくない。その推論が正しいのかどうか、情報の著しく限られている現状にあっては確かなことはいえない。しかし自らを朝鮮半島の「革命基地」とみたてて、「南朝鮮解放」を国是とするいかにも固い政治姿勢は、半島をめぐる米中ソの対決図式が塗り変えられた現在、その現実性をほとんど失ってしまったといわねばならない。国是の正統性の喪失は、現体制のなかに深刻な危機を醸成しないはずはないのであり、その危機を管理するシステムをもたない「王朝的」国家権力にあっては、瓦解シナリオもありえないことではない。東欧圏崩壊の衝撃波がアジア社会主義国に及ぶとすれば、それは北朝鮮であろうという推論にはやはり抗しえないものがある。

第一章　西太平洋の転換能力

――構造変動の連鎖的継起について

低迷する世界経済にあってきわだつ西太平洋の活力は、その高い「転換能力」の別名である。西太平洋諸国は、外的与件の変動に順応して自らを調整し、より高度の構造に転換していく能力において、他地域に比較して抜群の力量をみせてきた。しかも、それぞれがもつ高い転換能力のゆえに、この地域においては一国の構造変動がただちに他国の構造変動を誘発するという「構造変動の連鎖的継起」が展開し、かくすることによって地域全体の活力の発揚が促されてきたのである。

一九八五年九月のプラザ合意におけるかつてない円高を受けて、日本経済はほとんどのエコノミストの予想を上まわる高い転換能力をもって内需主導型成長を定着させることに成功した。内需の拡大に伴い西太平洋諸国からの輸入が激増し、日本はこの地域諸国に対する「需要吸収者」としての地位を確かなものとした。加えて円高による海外生産の有利化は、日本企業の西太平洋諸国への大規模進出を誘い、その供給力強化に少なからぬ貢献をなした。

ひきつづいて、NIESが円高に速やかに反応して対日・対米輸出を拡大し、未曾有の高成長を実現した。しかしNIESの猛々しいばかりの輸出拡大と高成長は、通貨切上げと賃金上昇を避けられないものとし、この新しい与件変動にNIESもまた内需主導型成長と海外直接投資をもって応じつつ、新しい構造へと転じることになった。そして、日本とこれにつづくNIESの構造変動は、ASEAN諸国などより後発の国ぐにを有利化するもうひとつの与件を生みだしたのである。この新しい与件に輸出の拡大と外国企業の積極的導入をもって応えたASEAN諸国は、一九八九年にいたりついにNIESをも凌駕する成長率を達することになった。画期の到来というべきであろう。

先発国の構造変動がつくりだす貿易・投資機会に後発国が迅速に反応して自らの構造を転換しつつ、一段と高い成長率により先発国を「追跡」していくという構図をもって描かれる地域が、西太平洋である。西太平洋とは、激しい与件変動の「挑戦」に高い転換能力をもって「応戦」しながら今日を築いた地域にほかならない。

私はかつて西太平洋を、NIESが日本を追い、そのNIESをASEAN諸国が追う「重層的追跡」の経済空間だと捉え、その内実を工業製品の国際競争力指標を用いて実証したことがある（『成長のアジア　停滞のアジア』東洋経済新報社、一九八五年〔『本著作集』第1巻所収〕）。先発国の構造調整が生んだ輸入市場や海外直接投資の拡大を、後発国が自らの発展に有利な「後発性利益」として内部化すべく、自国の構造を転換していく能力の高さこそが、西太平洋における「重層的追跡」の動因だといってはばからない。

西太平洋諸国の高い転換能力と、この能力をもって展開する構造変動の連鎖的継起のありようを眺め、加えて中国などアジア社会主義国が西太平洋世界に参入してくる可能性についても論じてみたい。

1　日本経済の円高調整

西太平洋諸国の転換能力の高さは、二つの石油危機を経過する過程で日本経済が顕示した活力のなかに、端的にこれを観察することができよう。この時期、石油価格の高騰によってエネルギー多消費型の基礎素材産業が苦境に陥るや、時を経ずして省エネルギー型技術の開発努力が開始され、さらにはエネルギー投入比率の低い機械を中心とした加工組立産業へと成長資源のシフトが試みられた。高い技術進歩率と需要増加率に支えられて、機械はほどなくして日本の最有力の産業部門となっていった。石油価格高騰による経常収支赤字がもたらした円安効果にも助けられ、輸出に占める機械部門の比率は急速に高まり、その強い輸出競争力によって日本の経常収支の赤字は次第に黒字へと転じた。石油危機は、日本の産業構造を、産業連関の密度の濃い機械産業を中核とした一段と「しなやか」なものとしたのであり、石油価格高騰という外的与件の変動に応じて自らを変質させていく高い転換能力を鮮やかにもみせつけたのである。

機械産業の競争力強化に一九八〇年代初めの石油価格の反転下落が加わって、日本の経常収支の黒字はいよいよ厖大なものとなった。この経常収支の大幅黒字は、巨大化した日本経済を国際的に調和のとれた形で運営することを困難にし、再びその構造の転換を迫った。構造転換を強いた何よりの要因は、プラザ合意による顕著な円高であった。

このかつてない円高に対しても、日本経済は石油危機時に劣らぬ高度の転換能力を発揮して、プラザ合意直後の多くのエコノミストの悲観論を現実によって打ち砕いた。日本経済の転換能力が経済分析のプロの洞察をはるかに凌いだのである。内需主導型成長への転換がその帰結であった。円高による交易条件の有利化は、日本の所得水準を大いに高めると同時に物価を安定させ、これに株価・地価など資産価格の急騰によるキャピタル・ゲイン効果が加わって、内需は強く刺激された。最終消費財支出と住宅支出の二つの民間内需の高まりは、空前であった。

民間内需の昂揚は企業の設備投資意欲を誘いだし、円高に伴う価格競争力の低下によって低迷していた製造業設備投資は、一九八七年後半期以降はっきりと拡大局面に入った。そして設備投資の拡大が生産・雇用・所得の伸長を誘発し、これが再び民間消費支出の拡大に結びつくという、内需主導型成長の「拡大循環メカニズム」が形成されたのである。外需（輸出マイナス輸入）の成長寄与率が八六年以来マイナスをつづける一方、内需（消費プラス投資）の成長寄与率がこれを大きく上まわり、結果として日本の経済成長率は、円高への厳しい調整を迫られた八六年の二・五％を経て、八七年、八八年、八九年にはそれぞれ四・六％、五・七％、四・九％という、成熟資本主義国のスタンダードからすれば相当に高率の成長率を持続することができた（図1）。再び鮮やかな転換能力のありようをそこに

図１　日本の実質経済成長率と内外需寄与度

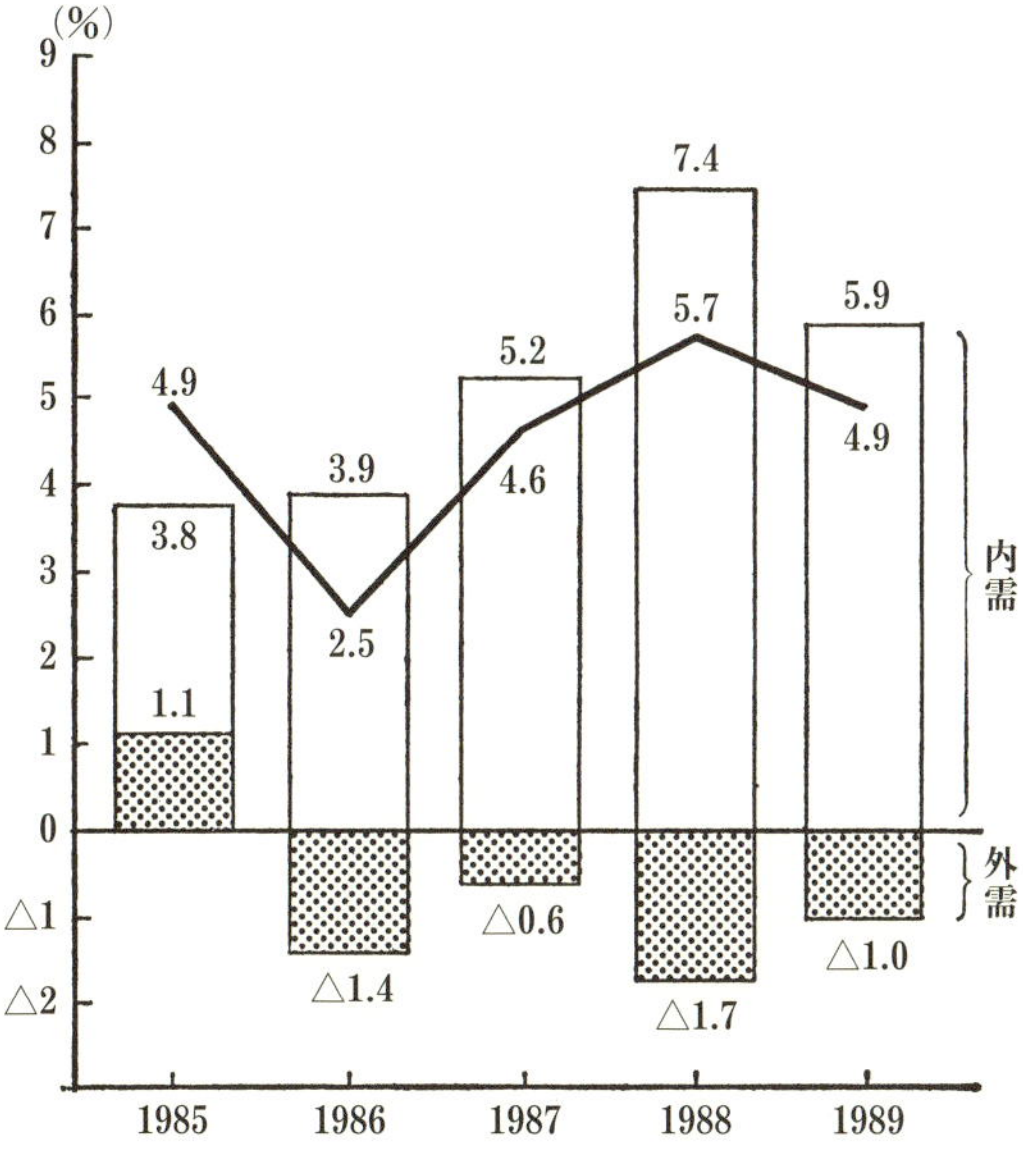

（資料）経済企画庁。

見出すことができよう。

円高は日本経済にとって第一次石油危機とならぶ規模の大きな突発的な与件の変動であり、「青天の霹靂《へきれき》」でさえあった。この二つの与件変動に際して、日本経済の息の根がとめられかねないかのような悲痛感がジャーナリズムをおおったのも無理からぬ。実際、二つの与件変動への調整過程で、各経済主体は「血の汗を流す」努力を強いられたのであるが、過ぎてみれば日本経済の全体は高度の転換能力をもってこれを「自家薬籠中」のものとし、その過程で己れの体力をより強靭なものにすることに成功したのである。

円高に応じて日本経済がみせた調整と転換についてもう少し話をつづけよう。何よりも大きな転換が輸入構造において発生した。日本の輸入は自国に賦存《ふそん》することの少ない原材料・エネルギーなどの資源もしくは資源集約財が中心であり、輸出は工業製品が圧倒的に多く、このいわゆる「加工貿易型構造」は容易に崩れないものとみなされてきた。経済発展に不可欠な資源の輸入をまかなうためには、製品の国内供給力と輸出競争力は強いものでなければならない。かくして日本の製品輸入比率は先進国のなかで例外的に低い水準を恒常化させてきた。

しかし、激しい円高は、強力な輸入誘発力をもってにわかには崩れることはないとみられていた日本の輸入構造をついに変容させることになった。一九八六年以降、日本の製品輸入の対前年増加率は、かつてであれば信じられないような高率で推移し、その結果、日本の総輸入に占める製品の比率は、八五年の三一・〇%から八九年には五〇・三%へという劇的な変化をみせた。世界のすべての国・国グループから少なからぬ輸入増加が発生したが、とりわけ注目されたのはＮＩＥＳとＡＳＥＡＮ諸国からの製品輸入であった。表1にみられるごとく、ＮＩＥＳからの対前年輸入増加率は八七年、八八年と五九・七%、四六・四%、ＡＳＥＡＮ諸国からの同比率は四九・八%、五三・三%という圧倒的な高率であった。八九年に入りＮＩＥＳの通貨切上げにより同諸国からの輸入増加率は若干減速するが、ASEAN諸国からはなお高い輸入増加率が持続している。円高のもと日本は西太平洋諸国に対する「需要吸収者」としての機能を格段に強化したのであり、後発国の成長を需要面から牽引するかつてない役割を演じるにいたった。

円高は西太平洋諸国に対する日本の需要吸収者機能を強化したのであるが、次のような経緯がさらに指摘されねばならない。円高の定着に伴い、日本企業は西太平洋諸国から消費財はもちろん部品・中間製品・機械設備などの輸入を増加させると同時に、生産拠点自体を西太平洋諸国にシフトしてここからそれら諸財を調達するという、いわゆる「アウトソーシング型（海外調達型）」の海外進出を積極的に展開するようになった。要するに、自らが購入したいものを自らが海外につくりにでかけるという行動様式の出現である。

日本貿易振興会がアジア地域に進出している日系企業を対象に試みた経営実態調査（一九八七年一〇月）によれば、プラザ合意以前に設立された企業（件数）では、進出先国内の市場確保目的が最も多く五八％、

表1　日本の地域別製品輸入（ドルベース）の推移

（単位：％）

		1985	1986	1987	1988	1989
アメリカ	対前年増加率	1.9	23.9	0.2	33.2	19.5
	製品輸入比率	55.2	60.7	56.1	56.0	58.3
	対世界シェア	35.5	33.4	26.8	25.6	26.5
EC	対前年増加率	△5.2	59.7	26.7	37.1	16.7
	製品輸入比率	84.2	85.5	85.7	86.3	86.1
	対世界シェア	18.6	22.7	23.0	22.6	22.8
NIES	対前年増加率	△0.8	37.2	59.7	46.4	12.4
	製品輸入比率	57.8	62.3	66.2	72.9	75.5
	対世界シェア	14.2	14.8	18.9	19.9	19.3
ASEAN	対前年増加率	△0.4	6.1	49.8	53.3	46.8
	製品輸入比率	8.4	10.8	13.6	17.9	23.0
	対世界シェア	3.5	2.8	3.4	3.7	4.7
中国	対前年増加率	22.1	12.5	49.3	57.8	23.8
	製品輸入比率	27.0	34.8	39.7	47.1	51.5
	対世界シェア	4.4	3.7	4.5	5.1	5.4
西太平洋	対前年増加率	2.4	25.2	22.1	41.2	18.9
	製品輸入比率	39.2	47.4	47.7	51.9	52.0
	対世界シェア	57.5	54.8	53.5	54.2	55.8
世界	対前年増加率	△1.1	31.4	25.0	39.2	15.5
	製品輸入比率	31.0	41.8	44.1	49.0	50.3
	対世界シェア	100.0	100.0	100.0	100.0	100.0

（資料）　大蔵省。

これに次ぐものが輸出目的で三七％であった。これがプラザ合意以降大きく変わり、前者が四一％に減少し、後者が六〇％へと増加した。加えて、プラザ合意以前においては輸出目的のうち日本向けは一五％であったが、以降においてはこれが二三％へと増加した。日本企業が、輸入品のみならず、アウトソーシング型進出を通じて海外で製造した部品・中間製品・機械設備を自らの生産体系のなかに積極的に組みこんでいこうという志向性を、円高を通じて強めたという事実がこの調査結果に反映されている。

かつての日本の産業構造は、部品・中間製品・機械設備の生産部門をフルセット国内に擁し、したがって日本の国内生産や輸出が拡大しても、それら諸財の「誘発輸入」は少なく、それがゆえに貿易収支の黒字不均衡の拡大は避けられないものであった。日本に特有なそうした産業構造を私はかつて「フルセット自給型構造」と名づけたことがある（『アジア中進国の挑戦』日本経済新聞社、一九八二年）。しかし、円高による企業の輸入拡大ならびにアウトソーシング型海外進出は、この構造をつき崩す強いインパクトをつくりだし、日本の産業構造を輸入誘発的で、それゆえ対外調和的なものに次第に変質させつつある。所得が一単位増加した場合に誘発される輸入単位数は、輸入の所得弾力性と呼ばれる。一九八六年に資本財、消費財ともに一・六前後であったその値は、八八年末には前者二・七、後者二・一にまで大きく高まった。所得弾力性のこのような短期間における急上昇はかつて経験したことのないものであるが、ここに日本の消費者や企業の輸入行動の変化がはっきりと投影されている。

確かに一九八六年以来、日本企業の西太平洋進出は表2にみられるように「爆発的」と形容するにふさわしい。とくにＮＩＥＳへの八六年から八九年（上半期）までの三年半の直接投資累計額は、五一年以来の四〇年近くに及ぶ累計額の五六％に及んだのであり、この円高期にいかに集中的な投資がここになされたかが理解されよう。

表 2　日本の対西太平洋諸国直接投資の推移

（単位：金額＝100 万ドル，件数＝件）

	1986		1987		1988		1989(上半期)		1951-89(上半期)累計	
	件数	金額	件数	金額	件数	金額	件数	金額	件数	金額
NIES	537	1,531	877	2,580	919	3,264	411	2,330	9,659	17,349
韓国	111	436	166	647	153	483	47	379	1,759	3,627
台湾	178	291	268	367	234	372	86	201	2,219	1,992
香港	163	502	261	1,072	335	1,662	191	940	3,355	7,108
シンガポール	85	302	182	494	197	747	87	810	2,326	4,622
ASEAN	183	553	341	1,030	628	1,966	395	1,304	5,544	16,054
インドネシア	46	250	67	545	84	586	70	338	1,648	10,142
マレーシア	70	158	64	163	108	387	68	286	1,249	2,120
タイ	58	124	192	250	382	859	204	579	1,889	2,571
フィリピン	9	21	18	72	54	134	53	101	758	1,221
中国	85	226	101	1,226	170	296	76	254	643	2,290
世界	3,196	22,320	4,584	33,364	6,076	47,022	3,280	30,824	54,063	217,180

（資料）大蔵省。

石油部門への長い直接投資をつづけてきたインドネシアを別にすれば、日本の対ASEAN諸国直接投資における同期間への集中率も四四％の高さであった。しかも、八五年以降、日本企業の海外直接投資は大蔵省への申告義務を免除されており、それゆえ最近年の数字は現実の直接投資額よりかなり低いものであることもつけ加えておく必要がある。

円高後の日本企業の西太平洋進出が、大規模なアウトソーシングを通じて日本の輸入を急増させたことは明らかである。しかしこれに加えて、円高後の日本企業の西太平洋における海外事業活動は、それ以前のように自然資源や低賃金労働力を求めての海外生産化や、進出先国の輸入規制に対応した現地生産化といった、「単線的」な進出の城をはるかにこえていることが指摘されねばならない。すなわち、円高後の日本企業は、生産・部品調達・技術開発・販売などに携わる多様な傘下企業を西太平洋の最適地に立地させ、自らのもつ経営資源をこの地域を舞台に多様かつシステマティックに編成し、かくして極大利潤を狙うという、一段とグローバルな海外事業展開を図るにいたったのである。その帰結として、西太平

表3　西太平洋における日本の主要電子・電機メーカーの現地生産品目

	日立製作所	東　芝	三菱電機	松下電器産業	ソニー	シャープ	三洋電機	日本電気	富士通
韓　国	コンピュータ ソフト開発	トランジスタ ブラウン管 モーター 発電機 蛍光ランプ	配電機器 電動工具	—	ステレオ ラジカセ ラジオ	電卓 オーディオ 電子タイプライター	テレコ ステレオ トランジスタ VTR 部品	ブラウン管	コンピュータ ソフト開発 磁気ヘッド
台　湾	カラー TV CD プレーヤー エアコン 電子部品 昇降機	電子管 半導体 冷蔵庫 エアコン 照明器具	ステレオ 昇降機 変圧器 蛍光ランプ	カラー TV ラジカセ カーオーディオ エアコン	VTR オーディオ	チューナー ラジカセ 冷蔵庫 洗濯機 VTR	VTR カラー TV 冷蔵庫 洗濯機 IC	コンピュータ 同関連機器 通信機器	受託計算
シンガポール	TV,ラジオ テレコ 掃除機 ブラウン管	カラー TV TV 用部品 オーディオ	カラー TV カーオーディオ FDD	ファクシミリ ラジカセ 精密モーター 半導体 テレコ	プラスチック部品 精密電子部品	TV シャーシ	カラー TV テレコ 電子レンジ エアコン 洗濯機	LSI リニア IC	LSI 電子部品
マレーシア	CTV 部品 トランジスタ LSI	トランジスタ IC LSI	—	エアコン 冷蔵庫 洗濯機 電子部品 カラー TV	カーステレオ ヘッドホーンステレオ カラー TV	冷蔵庫 カラー TV オーディオ	ラジカセ 電子レンジ 冷蔵庫 エアコン テレコ	リニア IC 電子交換機	キーボードスイッチ リレー コネクター
タ　イ	カラー TV 冷蔵庫 扇風機 エアコン 炊飯器	カラー TV ブラウン管 冷蔵庫 扇風機 炊飯器	FDD ブラウン管 扇風機 冷蔵庫 エアコン	カラー TV ラジカセ 扇風機 冷蔵庫	ビデオテープ	電子レンジ 冷蔵庫	冷蔵庫 カラー TV	—	プリンタ ファクシミリ 磁気ヘッド

（資料）　三井銀行総合研究所環太平洋研究センター。

洋における日本企業の各進出拠点は補完的連携のもとにおかれ、相互における部品・中間製品・機械設備の取引額は急上昇をつづけた。

電子・電気産業の事例でいえば、西太平洋に進出している日本企業は一九八八年五月現在三四五事業所に達しており、それらの代表例のみをとりあげただけでも表3のような多様さである。電子部品は台湾・韓国・シンガポール・タイが、産業用機械は台湾・韓国が、また家電は台湾・シンガポール・マレーシア・タイのそれぞれが中心的な生産拠点である。

円高下での日本企業のアウトソーシング志向を反映して、海外進出拠点からの対日輸出はもちろん少なくない。しかし同時に西太平洋域内での取引きもまた急速に増加しつつあり、これがNIES相互、NIES・ASEAN間、さらにはASEAN諸国間の相互依存的関係を強化する重要な要因となっているとみられる。西太平洋に進出する日本企業は、西太平洋各国の産業構造を「結合」させ、かくして相互の産業構造変動の「連鎖的継起」をひきおこすひとつのエージェントともなったのである。

2 円高とNIES

円高以降の日本経済は、与件変動に対する高い調整と転換の能力を顕示した典型例である。しかしより注目さるべきは、円高に伴って生起したこの日本経済の構造変動がNIESやASEAN諸国にとっての新しい与件となり、この与件変動に彼らは日本のそれにまさるとも劣らない転換能力をもって対応したという事実である。今日の西太平洋を特徴づけるのは、日本に始まり、NIES、ASEAN諸国へとつづく構造変動の連鎖的継起にほかならないのであるが、この継起的展開を可能にしたものは西太平洋諸国が秘めている高い転換能力だといわねばならない。

韓国、台湾の通貨は長らくドルにリンクしており、円高は同時にウォン安・元安であった。既出表1でもみたように、円高を契機にほとんどの国・国グループが対日輸出の拡大をみせたが、わけてもNIESの対日輸出の増加には一段と激しいものがあった。円高に対応して輸出地域構造を再編していくその迅速さにおいて、NIESは確かにきわだっている。

円高下におけるＮＩＥＳの輸出のなかでめだつのは、対日輸出とならんで対米輸出の拡大である。円高により日本の対米輸出競争力が相対的に弱まる一方、ＮＩＥＳの対米輸出競争力が強化されたのである。日本の対米輸出シェアの減少をＮＩＥＳの対米輸出シェアの拡大が補う形になり、アメリカの貿易収支赤字の対象国としてＮＩＥＳは日本に次ぐ大きなプレゼンスをみせることになった。実際、一九八八年におけるアメリカの貿易収支赤字一、一八六億ドルに占める対日貿易収支赤字は五二一億ドルとなお圧倒的に大きいが、これにつづく対ＮＩＥＳ赤字もまた二八四億ドルという巨額に及んだ。

円高すなわちＮＩＥＳ通貨安が対米輸出競争力強化の短期的要因である。しかしＮＩＥＳの対米輸出拡大の中核がハイテク製品であったことは、レート要因と同時に技術力強化がＮＩＥＳの対米輸出拡大にあずかって力をもった長期的要因であることをうかがわせる。繊維製品を初めとする伝統的輸出品に代わって、コンピュータ、通信機器などハイテク製品のシェア拡大速度はまことにめざましい。コンピュータならびに同部品・ＶＴＲ・電話通信装置・無線電信装置・半導体素子・集積回路などのいずれをとりあげてみても、アメリカの対ＮＩＥＳ貿易収支は、一九八六年以降その赤字幅を急速に拡大している。アメリカが対ＮＩＥＳ貿易収支において黒字を維持しているハイテク電子・電気部門は、半導体部品のみである。

そしてアメリカは、ハイテク部門を中心とする対ＮＩＥＳ貿易収支赤字についに耐えられず、〝日本バッシング〟につづいて〝ＮＩＥＳバッシング〟を開始することになった。アメリカは一九八九年一月よりＮＩＥＳを一般特恵制（ＧＳＰ）の適用対象国から除外するという挙にでた。これを機にアメリカは、包括通商法を武器にＮＩＥＳの電気通信分野などに対して関税・輸入数量の両面で市場開放要求を強化し、農産物やサービス市場の開放にも強い態度を継続している。何よりも、長らくドルにリンクしてきたＮＩＥＳ通貨の対ドル通貨調整を迫る

図2　日本・NIESの対ドル為替レート変化率（四半期ベース）

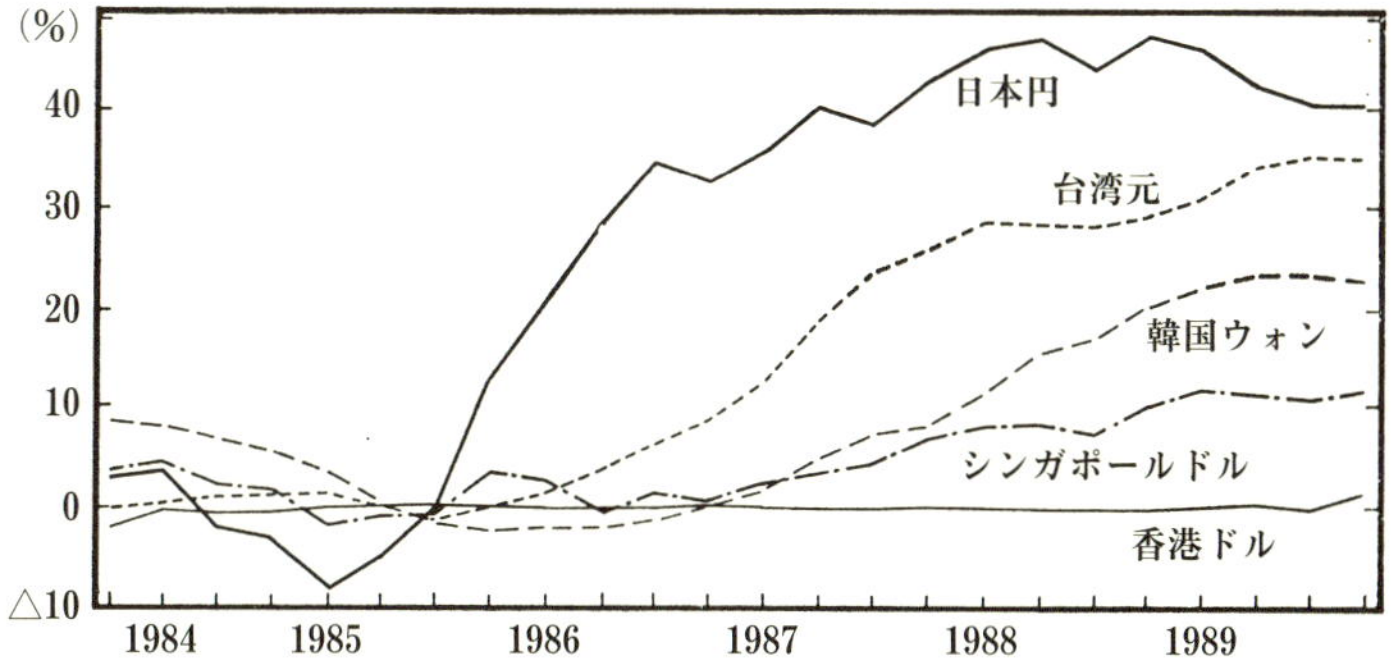

（資料）　IMF。

にいたった。

円、マルクの対ドル通貨調整は一九八五年初めに始まり、八五年九月のプラザ合意により劇的な切上げが試みられたことは周知のところである。ひきつづき八七年二月のルーブル合意にもとづき、NIES通貨に対するレート調整が開始されたのであるが、その後の動向は図2にみられるとおりである。韓国ウォンはこの年一八・七％の切上げを余儀なくされ、台湾元にいたっては同年に対前年比二四・三％という大きな調整をのまされた。プラザ合意以来八九年第Ⅳ四半期までの切上幅は、それぞれウォン二二・七％、元三五・一％であった。

NIESは通貨調整と時を同じくして、賃金の急速な上昇というもうひとつの問題と直面せざるをえなかった。NIESは一九八〇年代に入って対米輸出を中心に輸出主導型の成長をつづけ、とりわけ八六年以降には対米輸出のいつにないもり上りにより、経済成長率は加速度的な様相をみせた。韓国は、表4にみられるように八六年、八七年、八八年と一二・九％、一二・八％、一二・二％と三年連続一二％台の、高成長をもって知られるこの国においてもこれまで経験したことのない超高成長実績をみせた。台湾もまた八六年、八七年と連続して一二％を前後する高成長であった。シンガポール、香港を含む四つのNIESの八六年以

表4　NIES・ASEAN・中国の実質経済成長率

（単位：%）

	1985	1986	1987	1988	1989 I	1989 II	1989 III	1989 予測値
韓国	7.0	12.9	12.8	12.2	5.6	7.4	6.5	6.5
台湾	5.1	12.6	11.8	7.8	6.8	6.8	7.8	7.2
香港	△0.1	11.9	13.8	7.4	—	—	—	7.4
シンガポール	△1.6	1.8	8.8	11.0	8.4	9.4	8.7	9.0
インドネシア	2.5	4.0	3.6	4.9	—	—	—	6.2
マレーシア	△1.0	1.2	5.2	8.1	—	—	—	7.6
タイ	3.5	4.7	7.1	11.0	—	—	—	11.7
フィリピン	△4.2	1.8	5.9	6.7	4.1	5.3	5.6	6.0
中国	13.0	8.3	10.6	11.2	——5.6——			—

（資料）　各国統計。1989年予測値はアジア経済研究所。

降三年間の加重平均した実質経済成長率は、実に三年連続二桁であった。

この超高成長が労働力の規模においてさして大きくないＮＩＥＳで発生したのであれば、賃金の急上昇は不可避である。シンガポール、香港はいうをまたない。韓国、台湾が「労働過剰経済」から「労働不足経済」に転じ、未熟練労働力の供給制約局面に入ったのは、すでに一九七〇年代の前半であった。その上に生じたこの高成長は、両国の労働力不足を決定的にした。加えてこの時期、韓国、台湾は、経済発展が権威主義的政治体制を激しく「溶解」させる政治的民主化運動の真只中にあり、これを背景に澎湃《ほうはい》として両国におこった労使紛争が、賃金上昇を一層高率のものとする要因となった。

通貨調整と賃金上昇は、円高によって強化されたＮＩＥＳの対米輸出競争力を削ぎ、これにアメリカからの厳しい〝バッシング〟が加わって、これら諸国は大規模な対米輸出を通じて「輸出志向工業化」を追求するという伝統的な成長パターンの変更を余儀なくされた。ＮＩＥＳは円高の「受益者」として対日・対米輸出を拡大し、この輸出に牽引されて空前の経済的昂揚をみせたのであるが、しかしその成功の帰結として生まれた通貨調整と賃金上昇、さらにはアメリカの保護主義的対応に直面して、厳しい構造転換を迫られたのである。

しかし、NIESのNIESたるゆえんは、かくして生まれた対外的与件の変動に強靭な転換能力をもって対応を試みようとしている事実にあり、この転換に成功するならば、NIESはその経済的実質において先進国としての地位を掌中に収めることになろう。現下の転換過程は、NIES先進国化への最後の急峻な坂道にちがいない。さきの表4からもうかがわれるように一九八九年に減速し、九〇年においても高成長を望みえないNIESを眺めて、「壁にぶつかるNIES」論、「曲り角にきたNIES」論が、日本においても当のNIESにおいても少なくないが、これは浅見である。NIESにおける現下の成長減速は、すでに触れた八六年円高調整期における日本経済の低成長とほぼ同類のものであろう。外的与件の変動に対応して現在のNIESが展開している調整と転換はまことに迅速であり、日本の経験を「圧縮」さえしているとみられるのである。この点を次に眺めてみよう。

3 NIESの構造変動とASEAN

韓国、台湾において今日新たに生まれつつある注目すべき動向は、内需主導型成長パターンへの転換である。両国の一人当り所得水準の上昇速度はかつての世界に例をみないほどに急速なものであり、最近年に達成されたその水準は高い。韓国のそれは一九八三年の二、〇〇二ドル、八七年の三、〇九八ドルを経て、八九年には一挙に四、九六八ドルとなった。八九年の台湾の一人当り所得水準は八、三〇〇ドルである。

それぞれ四、二〇〇万人、二、〇二八万人を擁する韓国、台湾において一人当り所得水準がこれほどまでの高まりをみせたのであれば、国内市場は内需主導型成長を支えるに十分の力をもつにいたったと評価していいであろう。NIESはいま確かに高度大衆消費時代の只中にあって、乗用車・カラーテレビ・VTRなどの普及率において日本を急追している。

確かに民間最終消費の増加率は両国において今日著しく高い。韓国における民間消費支出の対前年増加率は一九八八年、八九年（一—九月）と連続二桁に達している。韓国の消費景気は八〇年代に入って以降急速に昂揚してきたが、それでも民間消費支出増加率が二桁になったことは一度もなかったのであり、最近年の事態は確かに画期的である。この点では台湾もまったく同様であり、同国の民間消費支出増加率も八〇年以来相当の増加率を示してきたが、それでも一桁にとどまっていた。しかし、八七年以降その増加率は一段と高まり、三年間連続して二桁となった。民間企業投資もこの民間消費支出の拡大に促されて活況を呈した。総固定資本形成の増加率は、両国において八六年以後二桁の増加率を持続しており、最近年にいたるほどその増加率は一層高まるという傾向が共通している。

この内需のもり上りは輸入の増加を誘発せずにはおかない。内需拡大に通貨切上げ、さらにはアメリカの市場開放要求に応じて試みられた関税引下げや輸入自由化の効果も加わって、輸入はかつてない増加をみせた。他方、通貨切上げと賃金上昇は両国の輸出競争力を削いで輸出の減速を余儀なくさせ、こうして外需（輸出マイナス輸入）は減少していったのである。

韓国と台湾における経済成長の内・外需寄与度を計ったものが図3であるが、明瞭な傾向を知ることができる。韓国の内需の成長寄与率（当該年の経済成長率を一〇〇％とする）は一九八七年以降八九年（一—九月）まで八六％、九一％、一二二％と時を追って増大し、したがって外需の成長寄与率は一四％、九％、マイナス二二％と変化している。台湾も同様であり、同期間に内需の成長寄与率は九七%、一〇五%、一一四%と上昇し、外需の成長寄与率は三%、マイナス五%、マイナス一四%と低下をつづけた。韓国については八九年、台湾については八八年、八九年と外需の成長寄与率は実にマイナスであり、経済成長が内需によって支えられるという新しいパターンが生成した。長期にわたる激しい輪出志向工業化によって今日を築いたNIESにおいて、ついに内需が

図3　韓国・台湾の実質経済成長率と内外需寄与度

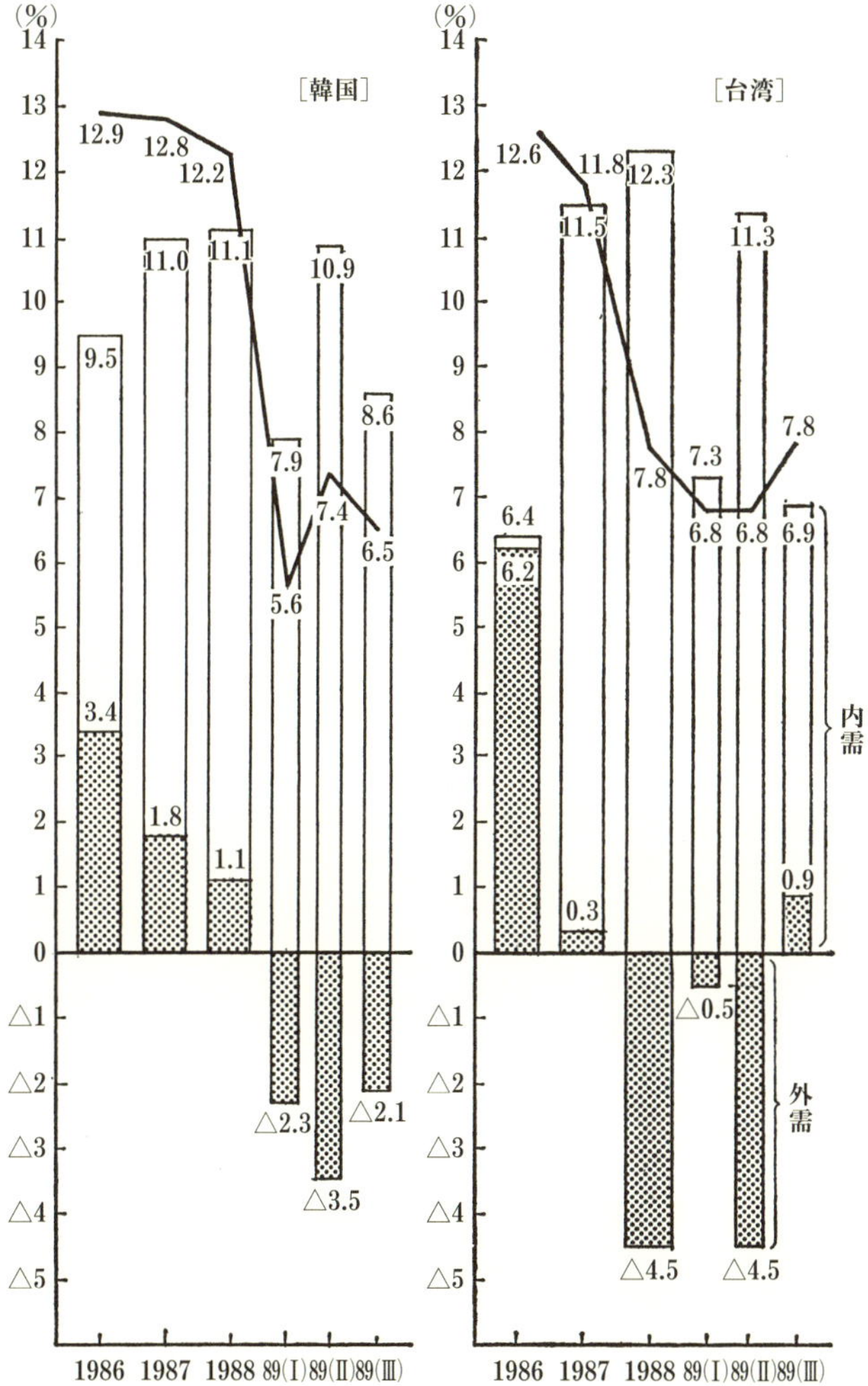

(資料)　韓国経済企画院，台湾行政院。

表5　NIES 輸出の相手国・地域別寄与率

（単位：%）

	1976–80	1981–86	1987	1988
アメリカ	27.8	56.4	29.5	6.2
日本	10.1	11.7	14.2	15.1
NIES	9.3	0.1	20.6	18.7
ASEAN	10.5	△1.4	7.8	12.1

（資料）　国連。

表6　ASEAN 諸国輸出の相手国・地域別寄与率

（単位：%）

	1976–80	1981–86	1987	1988
アメリカ	18.2	△12.1	20.5	9.0
日本	36.5	△92.1	27.7	21.6
日本（鉱産物・燃料を除く）	6.4	△30.1	24.4	21.3
NIES	17.1	13.3	20.6	34.6
ASEAN	3.0	0.7	4.1	2.4

（資料）　国連。

成長を主導する新しい類型が支配的となったという事実は、画期的である。

円高下の日本において定着したのと同類の成長パターンが、韓国、台湾においても発生したのである。内需主導型成長パターンへのシフトに伴って生じた注目すべき帰結は、日本と同じくここでも輸入の著しい増加である。韓国、台湾とも一九八六年以来、輸入は連続して四年間二桁という過去に例をみない高率を持続した。その結果、シンガポール、香港を含む四つのＮＩＥＳの世界の総輸入に占める比率は、八七年、八八年において六・〇%、七・〇%となり、日本の五・八%、六・二%を上まわるにいたった。世界の需要を牽引するその機能において、ＮＩＥＳのほうが日本よりも一層強力な主体となったことが注目されねばならない。

ＮＩＥＳの輸入拡大過程で生じた実に興味深い動向は、彼らのＮＩＥＳ、ＡＳＥＡＮ諸国からの輸入拡大である。ＮＩＥＳが周辺開発途上国の需要吸収者としての地位を強め、西太平洋における相互依存的関係を強化する要《かなめ》の地位を確保しつつあることが確認されるのである。一九八八年におけるＮＩＥＳの総輸入において最大の伸びを示した相手地域はほかならぬＮＩＥＳであり、ＡＳＥＡＮ諸国の輸出増加率において最大の伸びをみせた相手地域もＮＩＥＳであった。

改めて一九八八年におけるＮＩＥＳの輸出増加に対する地域別寄与度をみると、ＮＩＥＳが一八・七%と最も高く、日本一五・一%、アメリカ六・二%を上まわった（表5）。さらにＡＳＥＡＮ諸国の輸出増加に対する地域別寄与率は、ＮＩＥＳが三四・六%と圧倒的に高く、これが日本二一・三%、アメリカ九・〇%を大きく凌駕した（表6）。ＮＩＥＳにおける内需主導型成長パターンの定着とそれに伴う輸入拡大の最大の受益者が、西太平洋の後発国であるＡＳＥＡＮ諸国であったことは重要である。ＮＩＥＳは、西太平洋の後発国に対する需要吸収者としての地位において日本をも上まわる力をもち始めたのである。この傾向は、ＮＩＥＳ企業のこの二、三年における急速な対ＡＳＥＡＮ直接投資の拡大によっても促されている。

すなわち通貨調整と賃金上昇に対するＮＩＥＳのもうひとつのめざましい対応が、海外企業進出にほかならない。さきにみたＮＩＥＳの賃金上昇は、繊維製品を初めとする労働集約的な伝統的輸出品の競争力を弱め、賃金水準のより低いＡＳＥＡＮ諸国への生産拠点シフトによる失地回復を避けられない課題とした。通貨切上げは、ＮＩＥＳ企業の海外生産の有利性をいちどきに高め、一九八八年以降の爆発的なＡＳＥＡＮ進出を促したのである。台湾はすでに七〇年代より、韓国もまた八六年より経常収支を黒字として海外企業進出のための外貨的基盤が整い、加えて輸出志向工業化の過程で蓄えられてきた豊富な経営資源もまた、ＮＩＥＳ企業のＡＳＥＡＮ進出を支える要因であった。

一九八八年以降のＮＩＥＳ企業の対ＡＳＥＡＮ進出は確かに「爆発的」というにふさわしい。表7に注目されたい。この表はＡＳＥＡＮ諸国による海外直接投資の受入額の統計であり、表2（二四三頁）の日本側からみた支出額の統計とはいささか不整合がある。しかし、一九八八年、八九年においてＮＩＥＳがマレーシア・インドネシア・フィリピンに対する、日米を凌ぐ最大の投資者として浮上したことは明らかである。日本の投資規模がＮＩＥＳを凌駕しているのは、タイのみである。なかんずく台湾による投資増加がめだつ。東南アジアに広がる

表7　対ASEAN諸国海外直接投資

（単位：100万ドル）

		マレーシア	タイ	インドネシア	フィリピン
台湾	86	34.6	35.7	17.3	0.4
	87	98.5	299.2	7.9	9.0
	88	146.7	849.9	913.0	109.3
	89	367.6	867.9	158.2	148.7
韓国	86	2.1	0.9	21.5	0.0
	87	9.0	12.9	15.5	0.7
	88	8.9	109.0	207.0	0.5
	89	29.1	170.7	466.1	17.5
香港	86	22.5	44.8	△59.8	7.3
	87	11.8	125.0	122.1	22.8
	88	49.5	474.7	259.0	26.7
	89	41.5	561.5	406.8	132.8
シンガポール	86	42.0	9.5	105.3	0.3
	87	135.0	64.0	12.9	0.9
	88	65.7	275.6	151.0	2.0
	89	98.7	407.0	166.1	23.7
NIES	86	101.3	90.9	84.3	8.0
	87	254.3	501.1	158.4	33.5
	88	270.8	1709.2	1530.0	138.5
	89	536.9	2007.1	1197.2	322.7
日本	86	67.6	250.7	324.6	22.3
	87	185.0	965.2	512.1	28.8
	88	214.3	3062.7	256.0	94.6
	89	391.8	3524.2	768.7	157.7
アメリカ	86	12.5	40.6	128.4	22.4
	87	71.1	172.2	△62.0	36.0
	88	96.5	673.2	731.0	152.5
	89	46.8	549.6	348.0	131.2
世界	86	427.9	579.1	800.4	78.2
	87	745.5	1949.2	1239.7	166.6
	88	767.7	6249.1	4409.0	451.4
	89	1245.1	7985.8	4718.8	804.2

（資料）各国統計。

華人資本のネットワークのなかで、台湾企業はその比較優位の変化に応じて生産拠点を自由に移転しうるという好条件にめぐまれており、そうした条件が台湾の対ＡＳＥＡＮ投資の拡大を帰結した背後要因である。

韓国の対ＡＳＥＡＮ投資は、他のＮＩＥＳに比べてかなり小さい。韓国のこれまでの海外直接投資は「貿易摩擦回避型」の対米投資を中心としており、後発国への進出は少なかった。しかしこんごは、対米投資と同時にＡＳＥＡＮ諸国への投資が拡大していくものと思われる。ウォン高、賃金上昇、後発の追上げ、さらには他のＮＩＥＳとの競合により、労働集約的産業あるいは技術標準化部門の比較優位は次第に消滅しつつあり、そのためにＡＳＥＡＮ諸国や中国などへのコストメリットをねらいとする直接投資が、韓国の産業構造調整上避けられない課題となっていくにちがいないからである。

直接投資ばかりではない。韓国は一九八七年六月に同国輸出入銀行内に「経済開発協力基金（ＥＤＣＦ）」を、台湾は八八年一一月に「国際経済協力発展基金（ＩＥＣＤＦ）」を設立し、後発国に対するインフラ建設などに必要な資金協力を推進するための体制づくりに着手した。韓国は「先進祖国の創造」をスローガンに経済協力開発機構（ＯＥＣＤ）への加盟による先進国化を目論み、また大陸中国に対峙する台湾は自らの経済力にふさわしい国際政治上のステイタスの認知を要求しており、開発途上国援助はその要求を満たすための重要な手段にほかならない。また経常収支黒字の巨大化に伴い両国に求められている国際的責任を遂行していく上でも、援助の拡大は両国にとって不可欠の課題となろう。開発途上国段階にあり、それゆえにいまだ資金協力規模は小さいとはいえ、将来におけるその拡大には期待されるものがある。

こうしてＮＩＥＳは、通貨調整と賃金上昇に対応して自らの構造を転換する過程で、後発諸国の成長を需要面から牽引する機能を発揮すると同時に、企業進出と経済協力を通じて後発諸国の供給力を強化する機能をも備えるにいたった。日本とならんでＮＩＥＳが両機能を合わせもつことにより、西太平洋には後発諸国の成長を誘発するまことに好都合な条件が生まれたということができよう。

一九八八年、八九年とＮＩＥＳの経済成長率は減速傾向にある一方、ＡＳＥＡＮ諸国のそれは急速な上昇をみせ、八九年にいたりついに後者が前者を上まわって、長らくつづいた両グループの成長率格差はついに消滅するという画期が到来した（表４）。最近年におけるＡＳＥＡＮ諸国の急成長は、さきに指摘したごとく、彼らが西太平洋に渦まく自らに有利な貿易・投資環境に迅速に反応することによって実現されたものである。一つには、日本とＮＩＥＳが通貨調整を余儀なくされる一方、ＡＳＥＡＮ諸国通貨に対する調整圧力は少なく、それゆえ前二者に対して後者の輸出財の比較優位が顕在化した。二つには、そうした比較優位の明瞭な変化に対応して、まずは円高によって日本企業が、次いで通貨切上げと賃金上昇に押し出されてＮＩＥＳ企業がＡＳＥＡＮ諸国への投資集中を試み、これがＡＳＥＡＮ諸国の供給力を強化することになった。

ＡＳＥＡＮ諸国側はこのような貿易・投資環境を「千載一遇」として察知し、これを自らの胎内に「内部化」するための諸政策に打ってでた。マレーシアのマハティール首相は、円高を契機にＡＳＥＡＮ諸国に集中する日本の直接投資を「歴史的日本機会」と表現した。そのひそみにならっていえば、ＡＳＥＡＮ諸国は同時に「歴史的ＮＩＥＳ機会」にもめぐまれ、その両機会を手中にするための政策対応を試みたのである。外国企業に要求する投資最低規模を引き下げたり、外国企業の法人税免税期間を延長したり、輸出部門を外資に開放するといった、外資系企業に対するかつての多様な規制を緩和するための諸政策が、一九八六年以降次々と展開されていった。

輸出拡大と外資導入の双方においてめざましい成果をあげたＡＳＥＡＮの典型国は、タイであった。タイは、従来より外国資本に幅広い門戸を開いており、これに加えて工業化を支える社会間接資本部門も整備され、質の高い労働力を豊富に擁し、かつその政治的安定性も高いなど、他のＡＳＥＡＮ諸国に相対して好条件をもち、そうした事情がこの国に外資が蝟集《いしゅう》した要因である。しかし短期間における余りに急速な投資集中の結果、タイの中間管理者や技術者が涸渇し、港湾・道路などのインフラ部門のボトルネック（隘路）が顕在化し、労働市場の逼迫化に伴う賃金上昇などが発生したのは無理からぬ。

そのためにタイの受容能力を上まわる外資は、ところを転じてインドネシア、フィリピンへと「オーバーフロー」しながらＡＳＥＡＮ全域へと広がる傾向をみせたのであるが、この事実は既出表7からもうかがわれる。この二、三年の間になされた新規の日本ならびにＮＩＥＳの対ＡＳＥＡＮ投資はいずれもアウトソーシング型が支配的であり、それゆえＡＳＥＡＮ諸国の輸出拡大に果たした日本・ＮＩＥＳ企業の貢献には大きいものがあった。日本・ＮＩＥＳ企業のアウトソーシング志向を反映して、ＡＳＥＡＮ諸国は対日輸出と同時に対ＮＩＥＳ輸出を急速に伸ばしており、そのことによって日本・ＮＩＥＳ・ＡＳＥＡＮ間貿易関係は緊密なものとなりつつある。既出表6にみられるＡＳＥＡＮ諸国の対日・対ＮＩＥＳ輸出の拡大の背後に、日本・ＮＩＥＳ企業の対ＡＳＥＡＮ進出があったことは明らかである。

4　西太平洋構造変動の波はアジア社会主義国に及ぶか

日本・ＮＩＥＳ・ＡＳＥＡＮ諸国とつづいた構造変動の連鎖的継起の波は、次にどこに伝わっていくのであろうか。

その候補者として今日にわかにクローズアップされているのが、ベトナムである。一九八六年一二月に開催されたベトナム共産党第六回大会においてグエン・バン・リン書記長を中核とする南部改革派による権力掌握が成り、以来ベトナムは柔軟な改革・開放路線に打ってでようとしている。集権的統制経済の固い枠を急速に排除し、ついに八八年一月には、社会主義国の外資法としては画期的な優遇措置を盛りこんだ「新外国投資法」を公布・施行した。八九年六月までにベトナム対外経済省対外投資局の認可を受けた外資プロジェクトは六四件、投資総額は六億四、〇〇〇万ドルに及んだという。

ベトナムは一九八九年九月にはカンボジア駐留軍の一方的撤兵を試み、インドシナ半島において地域的覇権を求める冒険主義の矛を収めたかにみえる。これを受けてフランスを初めとする対越援助開始の気運が高まり、ベトナムのＡＳＥＡＮ加盟の意思表明に対する周辺諸国の対応も好意的である。この機を捉えて、八八年八月に新たに就任したタイのチャチャイ首相が、従来のインドシナ敵視政策を大きく方向転換して、「戦場から市場へ」をスローガンにベトナムを中核とするインドシナ三国との経済交流を促進する旨を声明したことは画期的であった。高成長のもと経済的力量を身につけたタイ企業が、対ベトナム貿易・投資に強い熱意をもって取り組み始めたのである。このことは、東南アジア最後の大きなフロンティア・ベトナム開発の先鋒がタイであり、この国が西太平洋における構造変動の連鎖的継起の波をベトナムに伝える重要な機能を担うであろうことを予感させる。

しかし、われわれの何よりの関心は、中国である。沿海諸省の「郷鎮《ごうちん》企業」（農村工業）に外国資本・技術を導入し、もってこれを労働集約型輸出加工業に組み替えていこうという、一九八八年一月趙紫陽総書記（当時）によって提唱された「沿海地域経済発展戦略」は、中国が西太平洋における貿易・投資環境に順応しつつ、この地域の構造変動の連鎖的継起における最後のアクターたらんとする意思の表明であったと解釈される。

趙氏は次のように語った。「現在わが国沿海地域の経済は有利な発展機会にめぐまれている。労賃の条件変化に伴い、先進諸国・地域はたえず産業構造を調整し、労働集約型産業は労賃の低いところへこれを移動させつつある。この移動においてわが国の沿海地域は大いに吸収力をもっている。ここでは労賃は安く、資質は比較的高く、交通は便利で、基盤施設もわりあい整っており、科学技術の開発能力が比較的強い。これはわれわれの優位性を示すものである。われわれが仕事をうまくやりさえすれば、大量の外国投資を誘致できる。過去には何回か発展の好機を逸したが、こんどこそこれを逃してはならず、切迫感をもって仕事にあたらなければならない」（『人民日報』一九八八年一月二三日付）。

上述してきたわれわれの観察からする限り、趙氏の認識はまことに正鵠を射たものだとみなすことができよう。天安門事件を前後する時点以降の厳しい「整備・整頓」政策による改革・開放路線の後退により、沿海地域発展戦略は中国経済政策の表舞台から姿を消したようにみえる。しかし中国が現下のインフレを制圧して再び改革・開放路線に復するならば、それが今日の中国に与えられているほとんど唯一の発展選択肢である以上、名称は何であれその実質において沿海発展戦略が再浮上することはまちがいあるまい。西太平洋に生起する構造変動の連鎖的継起の最後の「戦列」は、やはり中国だとみなされるのである。

ここでわれわれは、今日ＮＩＥＳがまことに攻撃的な態度をもって中国に接近し、中国の沿海諸省を西太平洋世界に引きずりこむ主体として君臨していることに注目せざるをえない。西太平洋における連鎖的発展の波を中国に伝播させていく中心的勢力は、実はＮＩＥＳなのである。

その中核が香港である。都市国家香港の労働力と用地の不足は厳しく、かかる条件の上に展開された高成長は賃金と地価の急上昇を帰結した。そのために香港は金融・貿易・情報などの高度サービス経済への移行をめざす産業調整を進める一方、製造業部門もまた高位技術・高付加価値化を求めて、低位技術・低付加価値部門はその生産拠点を海外に委譲していくことを避けられない要請としている。中国が一九七八年第一一期三中総会において改革・開放路線に転じ、翌七九年に「中外合資経営企業法」いわゆる合弁法を公布して外資導入への積極的意思をみせ、つづく八〇年に「広東省経済特別区条例」を公布して香港に隣接する深圳ならびに珠海、汕頭に経済特区を建設したことは、香港製造業の広東省進出を大量に促す契機となった。

以来、香港の対中投資は急増し、一九八九年九月現在、対中外国投資に占める香港(マカオを含む)の比率は件数で七〇%、金額で六〇%を上まわり、アメリカ、日本を圧倒的に凌いだ。香港企業の対中投資においてめだつのは、広東省南部での委託加工部門への投資である。委託加工生産とは、香港企業が原材料・部品・機械設備を中国側にもちこみ、中国側が土地・建物・労働力を提供し、衣料品・旅行用カバン・玩具・履物などの労働集約的製品をつくり、これを再び香港に運んでそこで最終的な仕上げを施したり、あるいはそのまま直接海外に輸出するという形態である。広東省南部はかくして香港企業の下請基地あるいは加工拠点と化したのであり、香港貿易発展局が八八年の後期に試みた調査によれば、広東省内に委託加工契約部門をもつ香港企業数は一万一、〇〇〇から一万二、〇〇〇に達し、そこで雇用される中国人の数は、香港内の製造業従事者数が九〇万人であるのに対して、八五万人から一二〇万人に及んだのである。

こうした事実を反映して、一九七〇年代の終わりまでさしたる規模に及んでいなかった香港・中国貿易関係は、以降急速に緊密化の度合を強めた。香港では国内付加価値が二五%未満の製品の輸出を「再輸出」、二五%以上の製品の輸出を「地場輸出」というならわしがある。近年、再輸出の伸びが激しく、八八年には香港史上初めてこれが地場輸出を上まわった。しかも中国が香港の再輸出先としても、再輸出の原産国としても最大の地位を占めたのである。これが上述の香港企業による広東省南部での委託加工業の活況を反映したものであることは明らかである。また地場輸出についても、最大の輸出先であるアメリカの比重がこのところ顕著に低下しており、これにかわって中国の地位上昇がめざましい。ちなみに、対米地場輸出が低迷する一方で、対米再輸出すなわち広東省の低コスト労働力を利用した委託加工生産の対米輸出はかなりの増加をみせている。この事実は、広東省を加工基地化することによって香港が手にした優位性のひとつのあらわれとして注目されよう。

中国は、一九八三年に香港最大の輸入相手国となって以来、その地位は不動である。香港は中国にとってしばらく日本に次ぐ第二位の貿易相手国であったが、八七年にはこの地位が逆転した。中国・香港間の貿易・投資交流の活発化を反映して、香港を経由する物流は拡大の一途をたどり、コンテナー取扱額において今日香港はロッテルダム、ニューヨークを抜いて世界第一の地位を誇るにいたった。

一九九七年の中国返還を控えて香港住民の海外流出が始まる一方、香港企業は中国の対外開放政策によって眼前に開かれた広東省を自らの豊かなビジネス・フロンティアとして捉え、ここに積極的に進出するという方途を選択したのである。中国と香港、ならびに香港を経由する東南アジア華人資本が構成するひとつの有機的な市場圏が、華南地方を舞台に現出しつつあるとみていい。

韓中間には正式の国交はなく、いずれも北朝鮮をはさんで両者の政治的関係は微妙である。しかし、経済的には相当に密度の濃い交流が開始されている。現在の韓中貿易は香港経由の間接貿易が主流であり、その額は一九八九年には往復一九億一、〇〇〇万ドルに及んだ。これにすでに開始されている直接貿易八億九、五〇〇万ドルを加えると八九年の韓中貿易は往復で二八億ドルをこえたことになる。両国の補完的関係を反映し、韓国の対中輸出品はカラーテレビ・鉄鋼製品・合成繊維などであり、同輸入品は原綿・生糸・織物などである。

韓国企業の対中進出も開始され、一九八七年にはブーム的な拡大がなされた。韓国商工部が九〇年一月に発表した「共産圏合弁投資契約現況」によると、対中政治関係が改善された八五年以来八九年までに中国との間で合弁契約した韓国企業数は累計で二〇件に達したという。天安門事件を通じて対中投資ブームはやや沈静化したものの、対中投資意欲は潜在的になお強い。

中国もまた韓国企業の受入れに対して積極的な姿勢へと転じた。山東省は一九八七年五月、中国の沿海地域経済発展戦略の一環として経済開放区となった同省に適用する外資優遇策を発表し、「われわれは香港・マカオ・台湾との協力を強化するだけでなく、新たな経済・貿易相手国を探し、新しい交流の道をつくる」と述べ、このことは山東省経済開放区創設のねらいのひとつが、韓国との経済交流にあることを示唆したものと受けとめられている。

韓国の盧泰愚氏は、大統領選挙戦中に対中経済交流の最前進基地としての、全羅道を中心とした「西海岸開発構想」を発表した。そしてこの構想に沿う牙山・群山などの工場団地と港湾の整備、仁川・群山・木浦・順天を結ぶ高速道路の建設計画がすでに具体化の段階に入った。韓国西海岸と中国渤海湾地域とを結ぶ「黄海経済圏構想」が将来浮上する可能性は小さくない。

台中関係の動きにも注目すべきものがある。国民党政権が南京より台湾に移動して以来、台湾政府は「三不政策」(接触せず・交渉せず・妥協せず)の基本方針のもと、固い対中政策を一貫させてきた。しかし、李登輝政権の登場により、台湾の対中政策はにわかに流動化の時代に入り、第三国を通じてのものであれば中国との貿易・投資・旅行の自由が幅広く認められるようになった。一九九〇年五月、台北で開かれた総統就任式において李登輝氏は、中国との戦争継続状態である「反乱鎮圧期間」の終結をできるだけはやい機会に公表する旨を明らかにすると同時に、「中国と対等の立場で対話する用意がある」と語って、「三不政策」の事実上の放棄を示唆した。大陸政策の歴史的転換を初めて公的に表明したのである。中国側も七九年元旦に「台湾同胞に告ぐる書」をもって台湾との「三通」（通商・通郵・通航）を呼びかけて以来、対台経済関係改善の基本方向は定まっている。

香港経由の台中間貿易は一九七九年を機に拡大を開始し、一九八八年までの一〇年間に往復の貿易累計額は八二億ドルに達した。この間の年平均増加率は実に四九％であった。八八年の往復貿易額は二二億四、〇〇〇万ドルに達し、この年に中国は台湾にとって第四位の貿易相手国となった。台湾の対中輸出品は人造繊維の素材ならびに製品・建築材料・化学品・機械・電気製品などである。台湾の輸入は依然少なく、輸出超過を是正すべく八八年夏には大陸からの石炭・銑鉄・綿花などを含む五〇品目の第三国を通じての輸入自由化にふみ切り、八九年末現在、対中輸入自由化品目は九二となった。

より注目されるのは、台湾企業による対中投資の拡大である。対中投資は台湾政府によって公的に認められてはいないものの、現実には一九八九年末で累計四三〇件、約六億ドルが「黙認」されている。台中投資は対岸の福建省を中心としており、九〇年に入って厦門に一二〇件、四億七、〇〇〇万ドルの投資が集中したと伝えられる。厦門は台湾企業による対中投資のメッカ的存在となっており、八九年夏には中国政府によってここに「台湾商人投資区」の設立が認可されたと報じられている。

中国側の台湾投資に対する期待は小さくないとみられる。福建・浙江両省は台湾企業に向けて投資優遇措置を打ちだしている。さらに台湾企業の対中投資が両省をこえ全国的な広がりをみせるに及び、中国政府は全国に適用される統一的な台湾企業導入優遇策を発表した。一九八八年七月の「台湾同胞の投資を奨励する国務院規定」がそれである。この規定には、台湾からの投資によって設立された企業の国有化はしない。合弁のほか大陸の企業の株式・債券の購入や土地使用権などの面で幅広い自由を認める、台湾からの投資に税制上の恩典を与える、台湾資本との合弁企業についてはその期限に上限を設けない、といった手厚い優遇策がもりこまれている。

天安門事件も台湾の対中交流にさしたる影響を与えたようにはみえない。事件後の一九八九年一二月に台湾産業界のトップ六〇人から成る民間経済貿易代表団が訪中し、九〇年一月には台湾の最大手、台湾プラスチック・グループの王永慶会長の訪中が伝えられた。

広大な中国が西太平洋諸国と有機的関連を強めていく姿は一様ではない。広東省が香港と、遼寧・山東両省が韓国と、福建・浙江両省が台湾との連携を強めながら、それぞれが有力な成長軸となって、その活力を内陸部に波及させていくという構図を描くことができるように思われる。NIESは西太平洋における構造変動のダイナミズムを中国に伝播して、後者をこの地域の連鎖的発展の最後のアクターたらしめる主役として登場しているのである。

第二章　中国に胎動する新しい発展メカニズム

——挫折と希望

中国の経済体制改革が開始されたのは一九七八年のことである。この年に開催された第一一期三中総会において柔軟にして大胆な改革の方途が表明されて以来、あの強固に維持されてきた集権制社会主義体制は経済の全分野にわたって「溶解」を始め、それに伴い久しく沈滞をつづけてきた中国経済はにわかに活性化の時代に入っていった。顧みれば、中国の体制改革もすでに一〇年余の歴史をもったことになる。この間、農工総生産が飛躍的な伸びをみせ、農民や都市勤労者の所得水準も格段の上昇を示した。七八年から八八年までの中国の実質経済成長率は年平均実に九・六％であり、これは同期間のＮＩＥＳの成長率に肉迫するものであった。

体制改革の一〇年は、経済が空前の高率で成長したという意味において画期だというにとどまらない。おいおい指摘するように、低生産性農業と国営大規模企業とが対立的に並存するかつての「偏倚《へんい》的」な二重構造が是正され、農工両部門が有無相通ずる有機的な国民経済体系が新たに形成されつつある、という事実がより重要である。

しかしながら中国経済は、この一〇年の活性化の時代を経て、「開発資源の涸渇」という深刻な局面を今日迎えることになった。インフレや社会間接資本の由々しいボトルネックの出現が、その新局面を象徴している。中国は現在、開発資源をいかに確保し、これをいかに配分すべきかを明示する本格的な開発戦略を、新たに編みださなければならないという時点にたちいたった。

実をいえば、一九七八年に始まる中国経済の活況は、何らかの固有の戦略にもとづいて実現されたものではない。中国の体制改革とは、集権制社会主義の非効率性に耐えかねて、それまでの中国経済を固く縛ってきた統制経済システムの「紐」を解いた、というだけのことなのである。しばしば「過熱」現象を生むほどまでにこの国の経済を活性化させてきたのは、かくして解き放たれた農民や企業などの「無政府的」行動にほかならない。旧来の固い集権制システムのなかで鬱屈していたミクロ単位のエネルギーが、自由な市場メカニズムのもとで一挙に噴出したのである。

しかし、こうして活性化した中国経済は、その成功の帰結として開発資源の涸渇に直面するにいたった。再びいえば、中国は開発資源の確保と配分に関する整合的な開発戦略を提起して、自らの活路を切り開かねばならない新局面に到達したのである。

一〇年にわたる体制改革の過程で、中国が掌中にした成果とは何か。新たに生まれた矛盾とは何か。その克服の方途として提起された「沿海地域経済発展戦略」はいかに評価されるべきか。

1　中国社会主義の新しい自己認識

現代中国は、改革・開放を他に選択肢のない近代化路線だとみなしている。改革・開放を不可避の課題だとする認識は、中国社会主義の自己認識が大きく変化したことの反映にほかならない。中国社会主義の新しい自己認識とは何か。

これを最も端的に示しているのが、一九八七年一〇月の中国共産党第一三回大会において公的に認知された「社会主義初級段階論」にほかならない。社会主義初級段階論とは、要するに建国以来四〇年になんなんとする期間に中国が達成した経済的成果は社会主義の理想を実現するのにはあまりにみすぼらしいものであり、それゆえ一層の生産力増強のためにこれまで排除してきた「資本主義的成分」を積極的に導入しなければならない、という論理をもった新しい認識だということができよう。

同大会コミュニケによれば、社会主義初級段階は、「貧困とたち遅れから次第に抜けだす段階であり、農業人口が多数を占める手作業を基礎とした農業国から、農外産業人口が多数を占める現代化した工業国へ逐次移行する段階であり、自然経済と半自然経済が大きな比重を占める状態から商品経済が高度に発展した状態へと移り変わる段階である」と定義されている。

中国社会主義がなお初級段階にあって、資本主義国よりもはるかに低い生産力水準にとどまっているのは、中国が高度資本主義を経て社会主義に到達したのではなく、逆にそれを「飛びこえて」半植民地・半封建社会から一挙に社会主義にまでつき進んでしまったがゆえである。「そのために、多くの国が資本主義の条件のもとで達成した工業化と生産の商品化・社会化・近代化をわれわれが達成するには、どうしても非常に長い初級段階を経なければならない」という認識に到達する。

この初級段階においては生産力の増強を図るべく商品経済の発展を促さねばならず、そのためには、この議論の理論的指導者于光遠氏によれば、一つには、公有制を主体とするという前提のもとで「多種経済成分」の発展を促進すべきであり、二つには、皆が富裕になるという目標のもとで少数の人びとがまず豊かになるという「先富」が容認されねばならない、というのである（于光遠「社会主義初級段階の経済」『社会科学研究』一九八七年第三号）。

ふり返れば、この認識は建国当初の中国共産党の自己認識に何と似ていることか。二つの認識はほとんどオーバーラップしているといってもいい。実際のところ、一九四五年の時点では毛沢東自身、「共産党の指導する新しいタイプの、ブルジョア的性質の、徹底した民主主義革命がなければ、植民地・半植民地・半封建的廃墟の上に社会主義社会を建設しようとしても、それはまったくの空想である」と指摘し、また「中国革命は二歩にわけて歩まなくてはならず、その第一歩は新民主主義であって、社会主義は第二歩である。しかも第一歩の期間はかなり長く、決して一朝一夕に達成されるものではない」と表明していたのである（『毛沢東選集』第七巻、三一書房）。長期にわたると想定されたこの過渡期は、当時「新民主主義社会の時代」と名づけられた。この時期、国営企業・協同組合経済・個人経済・私的資本主義経済・国家資本主義経済の五つを含む「多種経済成分」は確かに存続していた（この辺の経緯についてはさらに、岡部達味『中国近代化の政治経済学』ＰＨＰ研究所、一九八九年および井手啓二『中国社会主義と経済改革』法律文化社、一九八八年、を参照）。

しかし、新民主主義社会建設の方針は、一九五二年の「過渡期の総路線」の提起によってはっきりと否定され、翌年以降、中国経済の野心的な社会主義的改造が展開されていった。そして国営企業を中核とする集権制指令経済、人民公社制度下の集団主義的農業経営が広範に採用されるにいたった。それ以来、時に激しい「放」と「収」を繰り返しながらも、基本的には「一大二公」つまりは一に大規模、二に公有制に近いほど社会主義の完成度が高いとするスローガンのもと、中国は身の丈以上の目標に向けて自らを駆りたてていったのである。結果は周知のごとき失敗であった。

この急ぎすぎた社会主義的改造の失敗を率直にも公的に認め、中国経済を指令制経済から市場（商品）経済への道に誘いこもうという意思を表明したのが、第一一期三中総会における「農業発展を速めるための若干の問題についての決定」であった。以降、人民公社は解体され、それに代わって新たに農業生産の主役となった個人農の増産意欲は高まり、中国農業は建国以来最高の昂揚期に入っていった。農業の市場経済化の成果に促されて、工業企業改革もまた開始され、一九八四年の国務院による「国営企業の自主権をさらに拡大するための暫定規定」を経て、都市経済もまた市場メカニズムの波に洗われることになった。

こうしてみると、社会主義初級段階論とは、「市場機構の導入」あるいは「資本主義的成分との共存」を通じてその生産力をかつてないほどに発揚させた体制改革一〇年の成果の上にたち、建国直後に提起された新民主主義社会理論の「正統性」を再確認しようとするものだといっていい。その意味では、初級段階論は一九七八年にさきだつ二〇年間の発展経緯を「要らざるまわり道」だと表明したこととさして変わらない。そうまではいわないとしても、初級段階論は、急ぎすぎた社会主義的改造の弊を深刻に反省して、新民主主義社会建設の「補課」（やりなおし）を要求しようとするものだとみることは不適切ではない。

社会主義初級段階とは、急ぎすぎた社会主義的改造のゆえに欠落させてしまった基礎的諸条件を、いまの時点で全力をもって整備しなければ長期的な発展は望むべくもない、という中国社会主義の現段階に関する実にまっとうな評価の所産にほかならない。改革・開放路線は、この評価に根ざす確かなプラグマティズムなのである。

2　急ぎすぎた社会主義的改造のもとで失ったものは何か

中国が急ぎすぎた社会主義的改造の過程でやり残してしまったこととは、一体何か。一九七八年以前における中国の資本蓄積メカニズムを眺めることによって、この問題に接近してみよう。

中国は、さきにも記したとおり、建国直後の新民主主義社会建設期を終えるや、ほどなくして国営重工業の建設期に入り、ひきつづき熱狂的な農業集団化の時代を経て、全農民を人民公社に組みこむという迅速な社会主義的改造の挙にでた。その成果の上に一九五八年以降のいわゆる大躍進政策のもと、著しく高度な農工総生産目標の達成をめざした。野心的計画の失敗は、つづく時期にそれとは逆の調整政策を招来し、調整を通じて経済が回復基調に入るや、再び非望の計画が推進されるという、左から右へ、右から左へと激しく揺れる「政策サイクル」が中国の計画経済を長らく特徴づけてきた。それにもかかわらず「一大二公」の基本原則は継承され、国営重工業と人民公社下の集団農業の二つを根幹とする社会主義経済の運営原則は強固にも維持されてきた。

ところで国営重工業と人民公社は、二つの独立した存在ではない。後者は前者の拡大のための蓄積源として位置づけられてきた。往時の中国のごとき後進的な農業国を想定するならば、大規模工業化のための資本蓄積源は農業にこれを求めるより他に方途はなかった。工業化の建設資金ばかりではない。工業部門に雇用される労働者群に食糧を供給（供出）するためにも、農業は絶大な役割を果たさなければならなかった。農業にこの二つの役割を演じさせるためには、農業経営の意思決定をミクロの個別農民の自由にまかせておくような家族農業システムは不適切であり、国家の意思によって農業余剰を「効率的に」搾り取りうるような集団農業システムをつくりだすことがどうしても必要であった。

加えて農業を工業化の資本蓄積源とするためには、当の農業自身の生産性を向上させる必要があるが、そのための開発資金を担う余力は国家にはない。農業発展は、国家資金に頼ることなく「自力更生」をもってこれを推進することが要請された。そのために水利施設建設、耕地造成のための人海戦術的な無償労働の提供が農民に強要された。人間労働を農村建設資本に転化する「労働蓄積」と称されたものがこれであるが、かかる蓄積形態を可能にするためにも農業集団化が必要であった。人民公社という究極の集団農業形態をいちはやく成立させたのは、そのためである。

こうして人民公社とは、工業化のための資源を確保すべく、農業余剰を国家に吸引するための制度的機構にほかならなかった。農業余剰の吸引は、国家が農民から購入する農産物の価格を低位におく一方、国家が農民に販売する工業製品の価格を高位に据えおくという、いわゆる「鋏《はさみ》状価格差（シェーレ）」を固定化することによって実現された。

国家が低価格で買い上げた農産物は、やはり低価格で国営軽工業部門に原材料として販売され、ここで製品化された消費財・農業投入財が国営商業を経て、今度は高価格で農民と都市労働者に販売された。それがゆえに国営工商業の利潤は著しく大きく、この利潤は工商税とともに国庫に上納され、これが国家財政収入の中核を形成した。国営工商業の上納利潤と工商税の総額が国家財政収入に占める比率は一貫して高く、一九七八年体制改革の起点においてこれは実に九一・三%という圧倒的な高さにあった。国営工商業の高利潤に寄与したもうひとつの要因は都市労働者の低賃金であったが、この低賃金を可能にしたものが再び農民から低価格で買い上げられた食糧であった。

このような経緯で蓄積された豊富な財政収入は国営重工業企業に投入され、中国は低所得水準の経済にありながら他の開発途上諸国に比較して一段と高い重工業化率を達成してきた。ちなみに、一九七〇年代に入ってめざましい速度で重工業化を進めた開発途上国の典型は韓国であるが、少なくとも八〇年までは中国の重工業化率が韓国のそれを上まわっていたのである。重工業部門とは対照的に軽工業部門の建設は軽視され、工業生産額に占めるその比率は一貫して低いものであった。軽工業部門比率の低位性は、農民・労働者の低所得・低消費水準の反映であり、彼らの低消費水準がまた軽工業部門の比重の低位性を帰結することになった。

一九六二年の第八期一〇中総会以降、中国では農業生産の発展を国民経済の基礎とするいわゆる「農業基礎論」が主唱され、「農業は大寨に学ぶ」運動が大規模に展開された。しかしその実態は、この運動によって農業余剰を極大化し、極大化した余剰を、「以鋼為綱」というもうひとつのスローガンのもと鉄鋼業を中心とする重工業部門へ移転させるというものであった。「農業基礎論」は「以鋼為綱」と、一見するところ奇妙な、しかし蓄積パターンの観点からすれば確たる結びつきをもっていたのである。

一九七八年以前の中国の蓄積パターンを要約するならば、農工価格条件を農民に不利な状態におき、そうすることによって搾り取られた農業余剰を国家財政を通じて国営重工業建設のための資源として転化するというものであった。しばしば中国型の「高蓄積パターン」と呼ばれたものがこれである。

その帰結が、「沿海地域経済発展戦略」の最初の提唱者として知られる王建氏をして、「中国経済は、重工業が経済発展における軽工業主導段階をとびこえて発達し、一人当り所得水準が極度に低いにもかかわらずその比重は大きい。他方、農業の就業構成比はきわめて大きく、中国は依然として低い発展段階におかれている。この二重構造的特徴はいかなる開発途上国と比べてもなお鮮明である」(『経済日報』一九八八年一月五日付)と語らしめたプロフィールにほかならない。

人民公社という集権的国家機構をもって農業余剰を搾りだし、これを国営重工業にふり向けることによって人為的につくりだされたこうした二重構造の欠陥は、ほとんど自明である。

国営企業は、その蓄積源泉を自部門にではなく他部門の農業に求めることによって、効率的な拡大再生産へのインセンティブ(誘因)をもたないままに存続しえた。しかも国営企業は、少なくとも一九七〇年代の後半までは集権的指令制システムのなかにがっちりと組みこまれてきた。企業は上級管理部局から一方的に指令された生産計画を、生産に要する原材料・エネルギー・機械設備・賃金の供給をすべて上級部局から受けて達成するにとどまり、拡大再生産の原資たる利潤の企業内留保は許されなかった。企業の長たる工場長は上級部局の強い指導のもと、上級意思の忠実な「執行者」にすぎず、彼らは「企業者的行動」とは無縁であった。国営企業を中心とした中国の工業化は、蓄積源泉を外に求めて、しかも競争的市場圧力を回避しつつ展開された「安易な」量的拡大の過程であった。高蓄積パターンの裏側は、著しい非効率にほかならなかったのである。

しかも国営重工業の生産物のほとんどは、関連重工業部門同士の間で相互に需要され、それが農業や農村工業、中小工業に向けられる度合は小さく、その意味で国営重工業は中国経済における非効率の「島」と化してしまったかの感がある。

高蓄積パターンは、農業において一段と深刻な問題をつくりだした。中国農民は、さきにも指摘したように「鋏状価格差」のもと、国家に売り渡す農産物の価格は低位にとどめおかれ、他方、自らが国家から購入する消費財ならびに肥料・農薬・機具などの農業投入財の価格は高位に保たれた。しかも、一九七八年以前の中国においては巨大な人口に食糧を供給することが最重要の目標として設定され、「食糧生産第一主義」の政策が採用されてきた。農民は価格体系がいかに自らに不利なものであれ、人民公社から下達された生産目標は「至上命令」であり、その達成に向けて食糧増産に駆りたてられた。七〇年代後半期、農業生産が拡大する一方で、コスト割れによる欠損農家が全国に広範に観察されるにいたり、事態の深刻さは「増産不増収」という表現に象徴された。

加えて、過剰な労働力を抱えた中国の農村にとって、一定の土地に最大可能な農民を投入することは不可避の要請であった。しかし長期にわたって食糧生産第一主義の政策が採用されてきたために、多角的農業の発達は促されず、農業の余剰労働力の吸収力には限りがあった。しかも「過剰都市化」を惧れる政府は、厳しい戸籍管理をもって農民の都市への移動を制限してきた。そのために農民は、狭小な耕地に極限にいたるまで多投されざるをえず、かくして「増産不増収」はいよいよ避けられないものとなった。事実がこのようなものであれば、農業の持続的な拡大再生産の基盤は確かに失われざるをえない。何よりも「増産不増収」のもとで、農民に生産性向上への意欲が容易にわきおこらなかったのは、いたし方ない。

高蓄積パターンはこうして、一方に拡大再生産への自律的メカニズムをもたない国営企業と、他方には人民公社制度により余剰を「収奪」されて「増産不増収」に呻吟する低生産性農業という二つの部門が相互に関連なく並立する、「偏倚的」な二重構造をつくりだしてしまったのである。こう述べてくれば、急ぎすぎた社会主義的改造の過程で中国がとびこえてしまったものが何であるかが明らかになってこよう。それをよりはっきりさせるには、権力的介入を通じて形成された中国型二重構造を、次のような自然的発展経路と比較してみればいい。

すなわち、人口過剰の低所得農業国を想定した場合、そのありうべき経済発展の経路とは、以下のごときものであろう。限られた開発資源がまずは農業に向けられ、多期作化・多毛作化・高収量品種開発・農業関連インフラの整備等を通じて、農業生産力が上昇する。農業生産力の上昇は、非農業部門に就業する労働力（農外労働）の創出を促す。また農業生産力の上昇は、農外収入の増加とあいまって農民所得水準を向上させ、これが工業財に対する需要ならびに工業生産拡大のための資源供給基盤をつくりだす。こうして農村工業化が促進される。農村工業化は、地域市場をめざした衣類・食品加工・雑貨類・肥料・農機具・建築資材などの生産を旨とし、その技術は労働集約的なものであろう。

点在するこれら農村工業のいくつかが次第に結びついてひとつの有機的市場単位（大塚史学のいう「局地的市場圏」）が形成されるとともに、やがてそれら農村工業に投入財を供給する「後方連関」産業創成への市場圧力が生まれ、これを通じて一国の工業構造における重工業部門の比重が増大を始める。農業生産力の拡充を起点として展開するかかる工業化の自然的経緯においては、農業・農村工業・重工業部門の間に相互依存的連関が保たれ、二重構造の発生は阻止されるであろう。

もちろんこれは、人口過剰の低所得農業国の経済発展の態様を、ひとつの「理念型」として描写したものである。私がそう描いたのは、繰り返すようだが、権力的政策介入によってつくり上げられた中国型二重構造と、この自然的発展経緯との対照を明らかにすることによって、前者が何を欠落させてきたのかを明示することができるからである。もはや答えは明瞭である。急ぎすぎた社会主義的改造の過程で中国が深刻にも欠落させてきたものは、農工二部門間のリンケージにほかならない。このリンケージをいかに形成するか。中国経済発展の将来を展望する際の最重要の課題を、私はここにみる。

そして注目されるのは、一九七八年に始まる市場経済化の過程で、あの広大な中国農村を舞台に農工間の連携が急速に形成されつつあることである。その主役が、七八年以降、この国の農村の姿をぬりかえるほどに活動的な経済主体として登場してきた「郷鎮企業」にほかならない。それゆえ私は、この郷鎮企業を中国の体制改革が生んだ最重要の経済主体だとみなす。郷鎮企業の創成を通じて中国の農工二部門間に初めて有機的連関が生まれ、中国経済の新しい蓄積と循環のメカニズムが生成しつつあるということができる。中国経済は、ここにおいて向かうべき自らの発展像の輪郭をあらわにし始めたのである。

3　郷鎮企業と新しい発展メカニズムの生成

一九七八年の新農業政策を通じて、国家による農産物買上価格が引き上げられ、人民公社が解体して農業生産の主役が個人農に代わるとともに、農民の増産意欲は一挙に高まり、農業生産性と農民所得は急角度の上昇をみせた。これによって意欲ある農民に非農業部門に投下可能な貨幣余剰がつくりだされた。

また農業生産性の上昇は、余剰労働力をはっきりと顕在化させた。中国国務院農村発展研究センターの報告によれば、個人農システムの採用によって農村労働力の三〇%以上が余剰化したという。加えて、国内人口移動を制限していたかつての厳しい戸籍管理が次第に緩められ、一九八四年には「農民が集鎮に入り、戸籍を移す問題に関する国務院の通知」がだされて、配給食糧に依存しないという条件づきながらも、農民およびその家族の「集鎮」(農村内都市)への移住が許可されることになった。

一九七八年の新農業政策の採用によって、農村に発生した貨幣余剰と労働力余剰が、その吐け口を郷鎮企業に求めたのである。郷鎮企業とは、農村における郷(村)、村(生産隊)が経営する事業体であり、さらには農民が連合してその経営にあたる企業や個人経営企業のことである。その中核は工業企業である。経営形態は多様である。農民が資金・労働力・技術をもちよって経営にあたり、その収益を「股分」と呼ばれる一種の持ち株に応じて配分する企業形態さえ少なくない。郷鎮企業が、体制改革下の中国に生まれた初めての本格的な民間企業組織であるといわれるゆえんである。

郷鎮企業は、食糧生産第一主義のもとで工業品の恒常的な不足に悩まされてきた中国農村に、人民公社の制度的拘束を離れて自由にモノを生産し販売する主体として生成した新事業単位にほかならない。郷鎮企業の生産性と収益率は農業のそれより格段に高い。それがゆえに郷鎮企業は、農業部門の貨幣余剰と労働力余剰を吸引して顕著な拡大をみせた。

表8に注目されたい。郷鎮企業という概念が生まれたのは、一九八三年のことである。その年以降、八八年までの間に六・四倍の生産拡大を実現した。これと対照的に農業（播種農業）の生産拡大の速度は緩慢である。八五年には郷鎮企業生産額が農業生産額を上まわり、八八年には前者が後者のほぼ二倍に達した。また郷鎮企業生産額は、八七年には播種農業に林・牧・漁・副業を加えた中国の広義の農業生産額をも凌駕した。

表9は、体制改革下の中国農村における構造変動の態様を示したものであるが、農業生産比率が急減する一方、農村工業生産比率がめざましい伸びをみせていることがわかる。さらに建築・運輸・商業部門の増加も加わって、建国以来長らく食糧農業に圧倒的な重点をおいてきた中国農村が、短期間に著しい速度で多様化を実現したのである。この多様化の中心的勢力が郷鎮企業である。

再び表8にもどってわれわれの眼を惹くのは、郷鎮企業労働力の劇的な増加である。一九八三年以降のわずか六年間に三、二三四万人から九、五四五万人への増加であり、この間、実に六、三一一万人の労働力を吸収した。

表8　郷鎮企業のプレゼンス

（単位：生産値＝億元，労働力＝万人）

	農村社会総生産値（A）	農業総生産値（B）	播種農業総生産値（C）	農村労働力（D）	農業労働力（E）	郷鎮企業総生産値（α）	郷鎮企業労働力（β）	$\left(\frac{\alpha}{A}\right)$ %	$\left(\frac{\alpha}{B}\right)$ %	$\left(\frac{\alpha}{C}\right)$ %	$\left(\frac{\beta}{D}\right)$ %	$\left(\frac{\beta}{E}\right)$ %
1978	2,161	1,397	1,071	30,638	27,488	493	2,826	22.8	35.2	46.0	9.2	10.2
1979	2,454	1,697	1,267	31,025	27,835	548	2,909	22.3	32.2	43.2	9.3	10.4
1980	2,792	1,922	1,378	31,836	28,334	656	2,999	23.4	34.1	47.6	9.4	10.5
1981	3,180	2,180	1,537	32,672	28,980	745	2,969	23.4	34.1	48.4	9.0	10.2
1982	3,622	2,483	1,750	33,867	30,062	853	3,112	23.5	34.3	48.7	9.1	10.3
1983	4,123	2,750	1,941	34,690	30,350	1,016	3,234	24.6	36.9	52.3	9.3	10.6
1984	5,067	3,214	2,195	35,968	30,080	1,709	5,208	33.7	53.1	77.8	14.4	17.3
1985	6,340	3,619	2,279	37,065	30,351	2,728	6,979	43.0	75.3	119.7	18.8	22.9
1986	7,554	4,013	2,498	37,990	30,468	3,540	7,937	46.8	88.2	141.7	20.8	26.0
1987	9,431	4,675	2,837	39,000	30,870	4,743	8,776	50.2	101.4	167.1	22.5	28.4
1988	12,534	5,865	3,276	40,067	31,456	6,495	9,545	51.8	110.7	198.2	23.8	30.3

（資料）　中国国家統計局。

表 9　農村社会総生産値の構成

（単位：億元，％）

	農村社会総生産値	農業	工業	建築業	運輸業	商業・飲食業
1980	2,792（100.0）	1,922（68.8）	544（19.5）	180（6.5）	47（1.7）	99（3.5）
1983	4,124（100.0）	2,750（66.7）	826（20.0）	321（7.8）	83（2.0）	144（3.5）
1984	5,068（100.0）	3,214（63.4）	1,161（22.9）	371（7.3）	133（2.6）	189（3.8）
1985	6,340（100.0）	3,619（57.1）	1,750（27.6）	511（8.1）	190（3.0）	270（4.2）
1986	7,554（100.0）	4,013（53.1）	2,381（31.5）	592（7.8）	245（3.3）	323（4.3）
1987	9,432（100.0）	4,676（49.6）	3,285（34.8）	723（7.7）	334（3.5）	413（4.4）
1988	12,534（100.0）	5,865（46.8）	4,781（38.1）	895（7.1）	434（3.5）	559（4.5）

（資料）　中国国家統計局。

八八年における中国の農村労働力は四億六七万人であり、郷鎮企業労働力はその二三・八％を占めたことになる。こうして郷鎮企業は、中国農村の過剰就業を解決する最有力の新主体としてたちあらわれたのである。

それにとどまらない。郷鎮企業は中国全体の過剰労働力の解消にも大きく貢献しうる資格をもっているとみられる。実際のところ、中国の総労働力のうち都市の国営・集団企業を中核とする非農業労働力は、一九八三年の一億一七四六万人から八八年の一億四、二六七万人へとこの間二、五二一万人増加したことになるが、既述したごとく同期間の郷鎮企業労働力の増加数は六、三一一万人であり、前者を大きく上まわっている。

もっとも、郷鎮企業は全国一様に発騰しているわけではない。後出の図5（二八一頁）からも知られるように、大都市圏、ならびに大都市圏を後背地としてもち、かつ豊かな農業地帯を擁するという地理的条件にめぐまれたいくつかの沿海諸省に集中して群生している。その典型例が上海経済圏を擁する江蘇省南部である。ここは一九七〇年代後半より郷鎮企業を中核とした農村工業化が急速に進み、それに伴って農村余剰労働力が激しく流動した地域であり、「蘇南モデル」として全国農村の熱いまなざしを受けている地域でもある。

蘇南地域における無錫県の労働力流動現象を仔細なアンケート調査によって推定した厳善平氏の手になる図4は、その劇的な変動のありさまをみごとに捉

図4　江蘇省無錫県における生産・就業構造

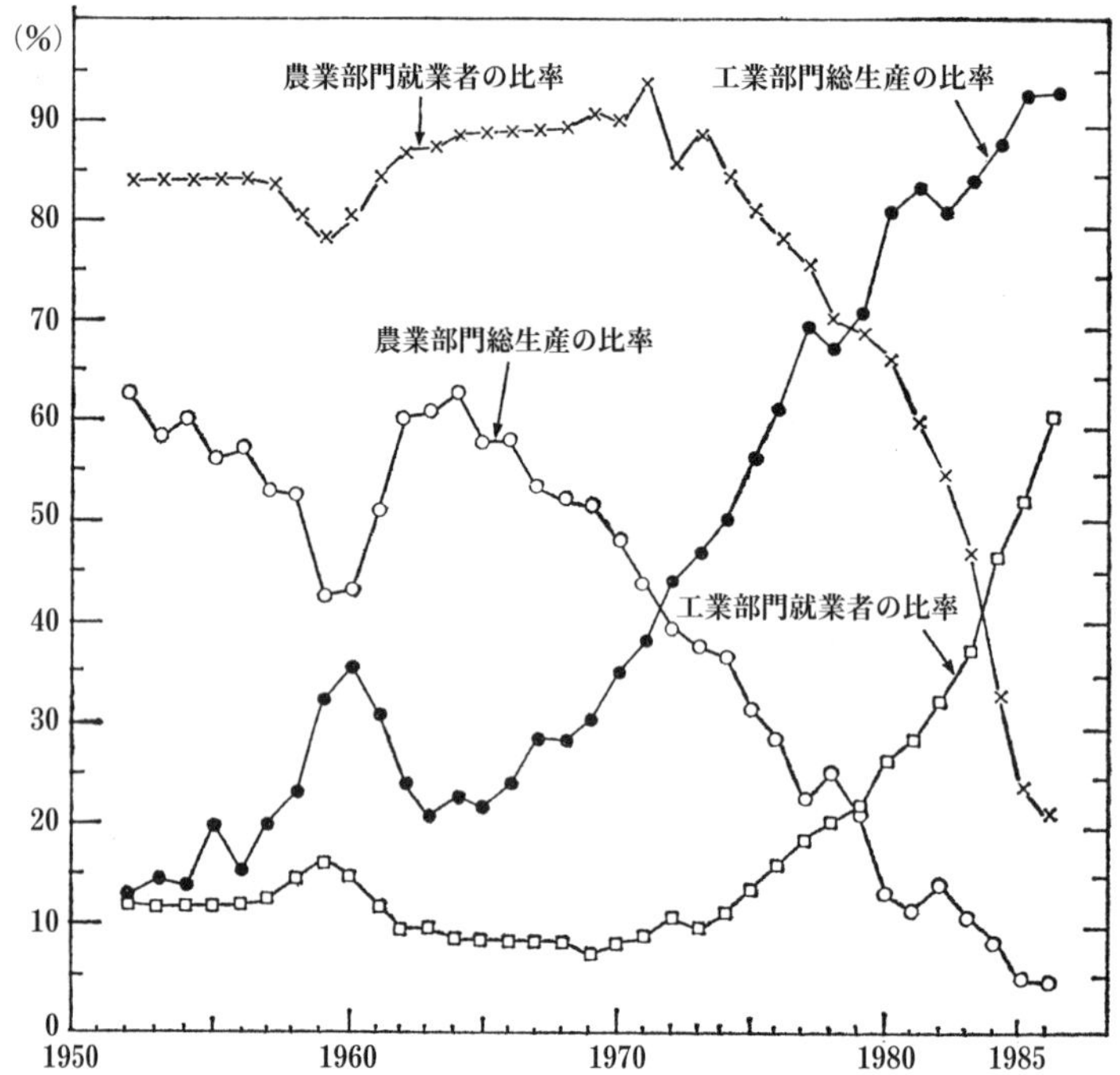

（資料）　厳善平「中国蘇南地区における農村労働力の就業構造」『アジア経済』（アジア経済研究所）第29巻第11号，1988年1月。

えている。一九七〇年代後半より開始された農村工業労働力の増加傾向と、それに由来する農業労働力の減少傾向とが時を追って加速化し、はやくも八三年には工業労働力が農業労働力を凌駕した。多くのアジア諸国において長い工業化努力によっても容易に果たせぬ、工業労働力が農業労働力を上まわるハリー・オーシマ教授のいう「農工転換」が、蘇南地方の農村地域を舞台に短期間に達成されたのである。

郷鎮企業にこのような拡大をもたらしたのは、農業との間に横たわる労働生産性（労働力一単位当りの生産額）と、それに由来する一人当り所得額さらには収益率のちがいにほかならない。表8の数値を用いて計算すると、郷鎮企業の労働生産性は一九八八年におい

図5　郷鎮企業就業者比率*と農民収入**（1988年）

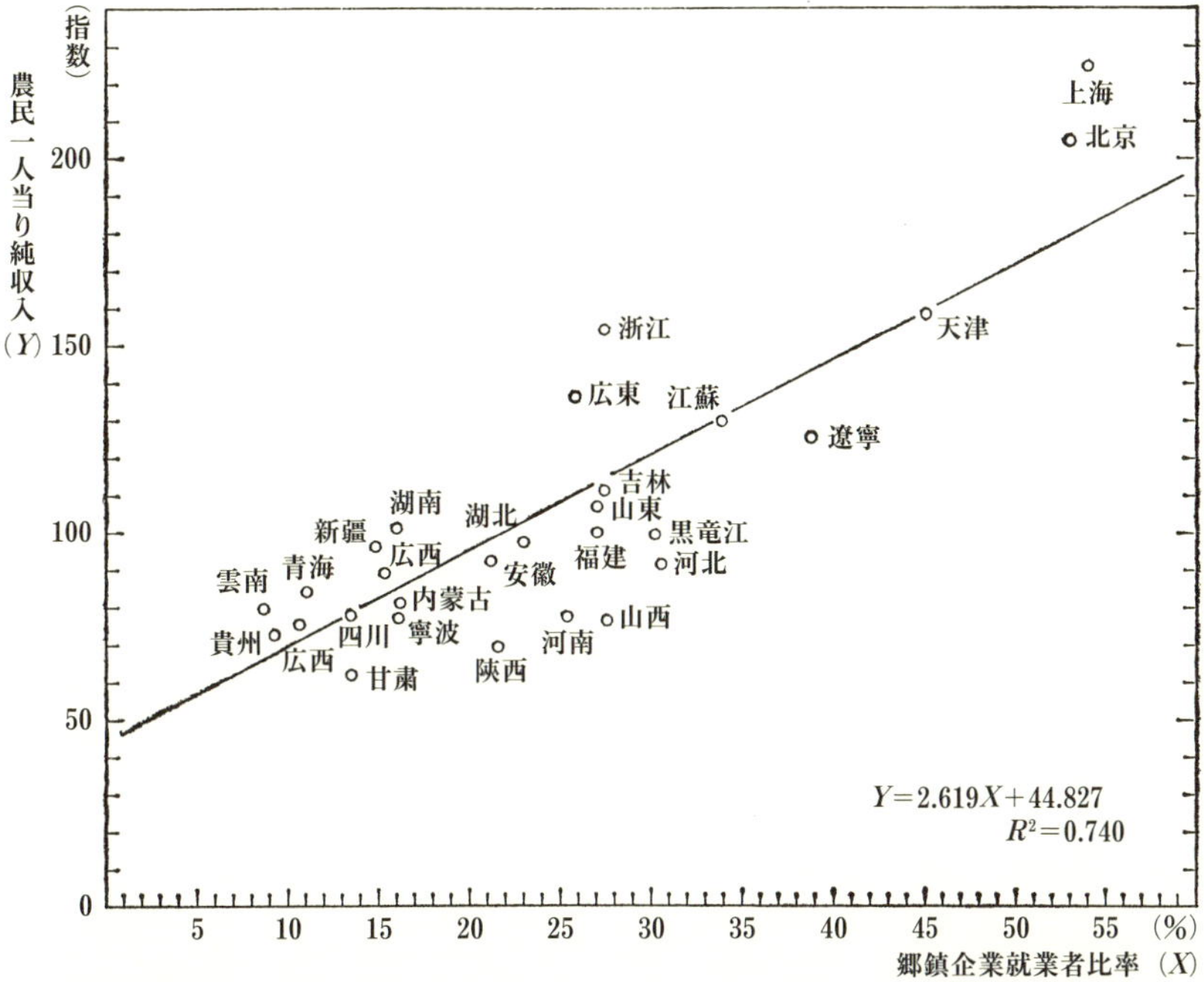

（注）　*農村労働者数に占める郷鎮企業御就業者数，**全国平均農民収入を100とした各地域農民収入指数。
（資料）　中国国家統計局。

て六、八〇五元であり、同年の農業の一、八六五元の三・六倍である。

図5は、郷鎮企業労働力の農村労働力に占める比率を各省別に計測し、これと各省の農民平均収入との結合値をみたものである。郷鎮企業労働力比率の高い地域ほど農民収入が高いという相関が高い有意性をもって観察されよう。農民収入に占める非農業収入比率は、表10にみられるように一九七八年の五・八%から八八年には二七・一%へと上昇した。農民が農業への投資を縮小し、郷鎮企業を中核とした工業部門へと、余剰の資金と労働力を激しい勢いで投下しつづけたことの帰結である。

郷鎮企業の技術は伝統的なものが多く、高い労働集約性がそのきわだった特徴となっている。そうした特徴のゆえに、郷

表 10　農家家計 1 人当り平均純収入の構成

（単位：元，％）

	1978	1980	1984	1985	1986	1987	1988
1 人当り平均純収入	134（100.0）	191（100.0）	355（100.0）	398（100.0）	424（100.0）	462（100.0）	545（100.0）
生産性純収入	123 （91.8）	166 （86.9）	315（88.7）	350 （87.9）	375（88.4）	418（90.5）	494 （90.5）
農業生産収入*	114 （85.0）	149 （78.0）	250（70.4）	264 （66.3）	279（65.8）	301（65.2）	346 （63.5）
非農業生産収入**	9 （5.8）	17 （8.9）	65（18.3）	86 （21.6）	96（22.6）	117（25.3）	148 （27.1）
非生産性純収入***	11 （8.2）	25 （13.1）	40（11.3）	48 （12.1）	49（11.6）	44 （9.5）	51 （9.4）

（注）　*農・林・牧・漁・副業収入，**農村工業・建築・運輸・商業・飲食業収入，***公務その他収入。
（資料）　中国国家統計局。

鎮企業は農業部門からの強い労働力吸収を可能にしている。そしてまた、このことが土地に対する強い人口圧力を緩和して農業生産性を上昇させ、貨幣余剰と労働力余剰をさらに郷鎮企業に向けて吐きだす条件を醸成するという、累積的経緯をつくりだすであろうことが期待できる。もちろん郷鎮企業の生産物は農村の最終需要と直接的な結びつきをもっている。こうして郷鎮企業の生成は、自由な要素市場（資本・労働市場）と商品市場（財市場）を介在して、農業部門と工業部門との間に有機的なリンケージを創成する新単位として生まれてきたということができる。

人民公社制度のもとで農業余剰を「権力的」に搾り取り、これを重工業投資にふり向けることによって形成されてきた旧来の歪んだ二重構造を是正する契機が、ここに生成したのである。郷鎮企業の登場によって、「農業と近代産業との間の二元的な循環が突破され始め、相互に交流し、相互に促進するという喜ぶべき局面があらわれることになった」（黄青禾・王誠徳・何道峰「中国経済発展段階における農工業関係」『世界経済導報』一九八八年一月一一日付）という表現は、的確である。郷鎮企業は、急ぎすぎた社会主義的改造の過程で中国が整備しそこねてきた農工間の連携関係を創成し、中国経済をひとつの有機体たらしめる重要な役割を果たしているのである。

こうして郷鎮企業は、中国経済に新たに生成した発展メカニズムにおいて枢要の位置を占めるにいたった。しかし郷鎮企業のより一層の拡充を図るという観点からすれば、解決されねばならないいくつかの問題があることも事実である。この問題点を記しておこう。

既述したように、郷鎮企業の拡大とともに大量の農民がここに吸収されたのであるが、その結果、農村の過剰労働力の相当量が消滅し、のみならずそれがゆえに農業生産が低迷するという事態が現実化している。実際、中国の農業生産は、一九七八年に始まる農産物の政府買上価格の引上げや農業生産責任制の導入を通じて著しい速度で拡大してきたのであるが、八四年がそのピークであり、以来今日までこの水準を一度もこえていない。とくに郷鎮企業の雇用吸収力の大きい沿海諸省においてその傾向が歴然としている。

農民が郷鎮企業に大量に吸収されて農村で労働力不足が発生するならば、余剰化した土地を専業農家に集中し、かくして生まれた大規模農家が農業機械の導入を通じて労働生産性を上昇させ、もって非農業部門への食糧と原材料の効率的にして安定的な供給者となっていくというのが、農業発展の本来的な姿である。しかし、中国の農村においてそのような動きは目下のところ容易に見出せない。耕地利用権を他の農家に委譲することは「転包」と呼ばれ、これが中国でも公認されているものの、耕地再編成の動きはいまだ限界的なものにすぎない。

労働力不足が顕在化しながらも専業農家へと土地が再編されていかないのには、理由がある。現在の中国においては、農地は「責任田」と「口糧田」に区別されて農民に請け負われている。責任田とは、国家への食糧上納義務を負う農地である。また中国では農村に生を受けた人びとは「農民戸籍」に登録されることになっており、この戸籍をもつものに義務づけられる食糧自給のための農地が口糧田である。農業生産責任制の採用により家族的小農経営が一般化している今日でも、国家への食糧上納義務はなおかなりの強制力をもっており、農民が責任田の束縛から離れることは容易ではない。農民戸籍をもつ農民は「都市戸籍」をもつ都市住民のように国家から安価な食糧配給を受ける資格がないために、また組織的な食糧市場が中国農村にはいまだ整備されていないために、農民は口糧田を放棄することが困難なのである。

農業の生産性と収益率が郷鎮企業のそれに比べて圧倒的に低くとも、依然として農民は農地から離れることができないのであり、これでは農民の営農意欲の減退は避けられない。一九八五年以降の農業生産の低迷を、この事実は少なからず説明している。

郷鎮企業労働力が爆発的に拡大したといえども、実は彼らは「農民工」と呼ばれる「半農半工」的な存在なのであり、階層分解を経て形成された本格的な工場労働者ではない。郷と鎮の間をさまよう「振り子」の労働者なのである。そのようにみるならば、郷鎮企業はいまだ自らの労働力に対して確たる経営責任をもった近代的な工業部門とはいいにくい。景気のいい時はまだしも、悪化した時にはいつでも労働力の帰農を促すことが可能であり、効率性を不断に上昇させていく誘因はここからは生まれにくい。

こうして郷鎮企業の将来は、中国の農業・農村政策そのものにかかっていることになる。農産物の国家上納制度の見直し、食糧市場の形成などが、郷鎮企業の一層の拡充にとっていよいよ重要な課題になっているといわねばならない。しかし郷鎮企業の拡大にとってより厳しい制約は、中国全体における蓄積基金の深刻な涸渇から生じており、事態は容易ではない。この点を次に考えてみよう。

4 中国経済のボトルネック

一九七八年第一一期三中総会をもって開始された新農業政策のもとで、既述した旧来の高蓄積パターンは大きく崩れた。新農業政策の採用によりなされた国家農産物買上価格の引上げを通じて「鋏状価格差」は縮小し、農業部門はもはや国家的「搾取」の対象ではなくなった。農業部門はむしろ被保護部門と化してしまったのであり、実際、国家農産物買上価格の引上げこそが、今日深刻化している中国の財政赤字の主因にほかならない。何よりも農業余剰創出のための制度的機構たる人民公社はすでに消滅してしまった。こうして農業部門は、かつてのごとき重工業部門拡充のための蓄積源としての役割を減殺されざるをえない。

すなわち国家農産物買上価格の引上げは、農産物を原材料として購入する国営工商業部門の利潤を減らし、この部門が国庫に上納する利潤と工商税を個渇させた。高蓄積を可能にしたもうひとつの要因は、さきにも指摘したように都市労働者の低賃金であったが、食糧価格の引上げに伴い賃金上昇は不可避となった。労働者賃金の上昇は国営工商業部門の利潤を圧迫し、これが再び国庫への上納利潤を減少させる要因ともなったのである。

かくして中国の投資率（「蓄積率」）は、一九七八年以降大きく減少せざるをえなくなった。第六次五ヵ年計画期（一九八一―八五年）における蓄積率は七一年以来最低の水準にあり、とくに物的生産部門における固定資本増加率（「生産性蓄積率」）は、大躍進後の調整期を別にすると、建国以来最低の水準にまで落ちこんでしまっている。

ここに解決を要すべき重大な問題がある。郷鎮企業の拡大とこれによる余剰労働力の吸収に成功しうるか否かは、有機的な農工二部門関係をつくりだし、中国の経済発展過程のなかに新しい循環と蓄積のメカニズムを創出しうるか否かをうらなう最重要の要因だといってはばからない。そうであれば、郷鎮企業拡大のための資本量はいよいよ巨大なものとなっていかざるをえない。

その一方、一九七八年以降の中国経済の活性化は、基礎素材産業、エネルギー・運輸などのインフラ部門のボトルネックを著しく深刻なものとした。たとえば今日の中国においては、電力不足のゆえに全国工場設備の二〇%から三〇%が遊休状態にあり、また全国都市住民の三〇%、農民の四〇%がエネルギー消費をまかなうことができないでいるといわれる。輸送施設の不足も厳しい。体制改革下の経済活動の活性化が、旧来の地域単位のアウタルキー(自給自足)圏の殻を打ち破り、次第に大きな市場単位を形成したからである。現状を放置する限り、このボトルネックはこんごの中国経済の成長を阻むまことに厄介な要因となっていくにちがいない。もちろんボトルネックの解消には巨額の資本が必要である。

郷鎮企業の拡大と基礎素材・インフラ部門のボトルネック解消という、いずれも厖大な蓄積基金を要する二つの課題を、しかも旧来の高蓄積パターンが崩壊したという現状のなかで、多かれ少なかれ同時に解決しなければならないという局面に現在の中国は到達したのである。中国経済は、体制改革の「正念場」を迎えたというべきである。

5　沿海地域経済発展戦略の意義

このような背景のもとで登場したのが、王健氏の論文「正しい長期発展戦略を選択せよ――国際大循環経済発展戦略構想について」(『経済日報』一九八八年一月五日付)である。戦略の細部にはさらにつめられるべき問題を数多く残してはいるものの、現下の中国経済が直面する最大の課題にたち向かうべき新しい方向を示唆した、おそらくのところ中国における初めての開発戦略として、私はこれに高い評価を惜しまない。

王建論文は、一つには農村人口の工業部門への移動と、二つには国家基本建設投資の拡充という、いずれも促進されねばならないこの二つの要請の間で国内資源の「争奪」が深刻化していることを、中国の当面の経済発展過程における「主要矛盾」として認識している。氏の表現によれば、「中国工業の発展段階からみて、こんごの目標は、産業構造を高度化し、資本集約型基礎工業とインフラ部門を強化し、資本・技術集約型加工工業を建設することにあるが、それには大量の資金が必要である。また農村経済体制改革以後、農業余剰労働力に対する長期の束縛が解除され、大量の人口が非農業部門に移動しつつあるが、彼らを装備するためにも大量の資金が必要である。しかし毎年の蓄積可能な資金は限られているため、工業構造の高度化と農村労働力の移動という二つの課題が資金を争奪するという矛盾があらわれている」。

すでに私が述べてきた論理からする限り、王建氏のこの認識は疑いもなく正しい。そしてこの矛盾の解消を図るべく氏が最終的に導いた選択は、「農村労働力の移動を国際大循環のなかに組み入れることである。つまり労働集約的製品の輸出を通じて、一方で農村余剰労働力の出路の問題を解決し、同時に他方で国際市場で外貨を獲得することである。外貨はあらゆる資源の供給を代表している。外貨さえあれば重工業発展に必要な資金と技術を獲得できるし、国際市場の転換のメカニズムを通じて農業と重工業の間の循環関係を疎通させ、矛盾解決のための条件を整えることができる」というのである。つまり労働集約的製品の「輸出志向工業化」を展開し、一つには、それがもたらす強い雇用吸収力を通じて農村労働力余剰を解消し、次の段階として二つには、輸出によって入手した外貨資源を重工業にふり向けてその成長を促すという解決法である。

この論文をベースにして趙紫陽総書記は「沿海地域経済発展戦略」を提唱し、王建氏の戦略の起点に位置する労働集約的製品輸出の担い手として、沿海地域の郷鎮企業に照準を合わせた(『人民日報』一九八八年一月二三日付)。氏の郷鎮企業の評価はまことに高い。いわく「郷鎮企業は、生まれながらに損益自己負担の体制をとっている。それは市場のなかで成長したものである。競争において優れていれば発展し、優れていなければ転業、それでもだめならば閉鎖しなければならない。その生存競争意識はとくに強い。経営に柔軟性があり、構えが小さく、即応能力があり、サービスの態度もよく、納期が短い。対外貿易企業は郷鎮企業との取引きを強く希望し、外国の業者も郷鎮企業との協力を希望している。一般的に郷鎮企業には多くの余剰人員はおらず、完全利用生産をしている。激しい市場競争にさらされているため、郷鎮企業は技術進歩に意を注ぎ、新製品の開発を重視している。郷鎮企業のこうしたメカニズムは、輸出品の生産にとって大変有利なものである」。

加えて趙氏は、郷鎮企業を中核とする沿海地域の労働集約的加工業は、内陸経済との開発資源の争奪を避けるべく、国際市場から原材料を輸入し、付加価値を高めた後再びこれを国際市場に輸出するという「進料加工」(輸入原材料加工)を大々的に展開すべきだと主張する。すなわち沿海部加工工業は原材料入手と製品販売の両端を外におく「両頭在外」を基本とし、「大いに入れて大いに出すべきだ」というのである。同時に沿海地域郷鎮企業の競争力強化のために外国資本の積極的導入を許容すべきであり、全額外資企業・合弁企業・合作企業の「三資企業」をその品質向上、技術の更新、企業管理技術の改善、製品販路の開拓に寄与させようとも主張している。

王建・趙紫陽両氏の提唱する新戦略は、その基本的方向において、有効なアプローチだというべきである。その理由の第一は、開発資源の制約条件を前提とした上で、厖大な農業余剰人口の工業部門への動員を図るという中国の経済発展において決定的な重要性をもつ傾向を持続させ、なおかつもうひとつの基礎的な条件である国家基本建設投資を拡充するという課題を、二つながら多かれ少なかれ同時に解決するためのほとんど唯一の可能性ある開発シナリオを、提供しているからである。そして、かかる開発シナリオが有効性をもつであろうと私が考えるのは、これが実は韓国、台湾などＮＩＥＳの開発における成功的経験によく見合うものだからにほかならない。

アジアＮＩＥＳの高度経済成長の傑出した特徴は、それがいわゆる輸出志向工業化によって実現されたという事実である。そしてＮＩＥＳの輸出志向工業化において注目さるべきは、これが次の二つの重要な帰結をもたらしたことである。

一つは、その工業化が発揮した強い雇用吸収力である。一九六〇年代におけるＮＩＥＳの経済成長の主導部門を形成したのは、資本不足・労働力過剰という往時のＮＩＥＳの要素賦存状況に適合した労働集約財の輸出部門であった。ＮＩＥＳは、賃金水準は低位にあるが、優秀な労働力を擁した労働集約財産業において、衰退化しつつある先進国の同産業を激しく追い上げ、製造業品の一大供給国としての地位を確保していった。これに伴ってＮＩＥＳ工業化の雇用吸収力は著しく強いものとなった。韓国を事例に私が試みた労働力の産業連関分析によれば、製造業品輸出が直接・間接に発生させた雇用数の、製造業雇用総数に占める比率は、六〇年代の中期以降に飛躍的な高まりをみせ、七五年にはこれがついに七二％という高水準に達した（渡辺利夫『成長のアジア　停滞のアジア』東洋経済新報社、一九八五年〔『本著作集』第1巻所収〕）。こうしたＮＩＥＳの経験は、郷鎮企業の労働集約的製品の輸出拡大戦略を通じて農業余剰労働力を工業部門へ移転させ、かくして二重構造の是正を図ろうとする中国の新戦略に大きな教訓的示唆を与える。

ＮＩＥＳの経験から導かれるもう一つの示唆は、労働集約的最終財の輸出拡大戦略が次の段階で投入財生産を担う重化学工業部門の形成を促したという事実である。韓国、台湾における石油化学産業の発展は、久しく輸出の中心にあった合成繊維製品や合成樹脂製品などの最終財生産の拡大によって誘発されたものであり、また両国の鉄鋼業の発展は、造船やプラント類を初めとする鉄鋼消費産業の輸出がもたらした後方連関効果なしには考えられない。投入財の国内生産を誘発したのは需要圧力ばかりではない。最終財輸出によって入手した外貨が重化学工業部門にふり向けられ、これが後者の重要な開発資源となったという経緯もまた指摘されねばならない。そうした経緯は、郷鎮企業の労働集約財輸出に始まり、そのインパクトを内陸部重工業部門に及ぼしていこうという、既述した王建氏の想定する段階論的戦略に見合うものであり、その有効性はＮＩＥＳの経験によって実証されているとみなすことが可能である。

沿海地域経済発展戦略を有効であると私がみなす理由の第二は、第一章で論じた西太平洋地域の動態に関連する。すなわちこの戦略の出発点にある沿海諸省郷鎮企業の輸出志向工業化戦略、しかも外国資本の導入をあおぎながらの輸出戦略は、中国をとりまく西太平洋の国ぐにに今日激しく進行している構造調整と、それに伴ってこの地域に新しく生まれた貿易・投資環境によく適合したものである、ということができる。一九八〇年代に入って開始された円高、とくに八五年プラザ合意以降の超円高のもとで、日本は西太平洋開発途上国からかつてない規模での製品輸入を持続している。円高を通じて輸入価格が低下したがゆえばかりではない。円高によって海外生産の有利性が強まり、技術力の強い西太平洋開発途上国に生産拠点をシフトし、そこからのアウトソーシング（海外調達）を試みる企業が大きく増加したのである。かくして日本は、低位技術部門を近隣の開発途上諸国に委譲し、自らは高位技術部門に特化するという西太平洋を舞台とした産業内分業を活発に展開しつつある。日本は、中国が西太平洋市場に参入しようとするまさにこの時点において、西太平洋における巨大な「需要吸収者」となり、のみならず巨大な投資者としてもたちあらわれたのである。

注目されるのは日本ばかりではない。第一章でも論じたように、ＮＩＥＳもまた内需主導型成長戦略に転じ、後発国の需要吸収者機能を強化しており、加えて後発国に対する大きな投資者としても顔をあらわした。その結果、NIESとASEAN諸国・中国との間に補完的関係が一段と強まっていく可能性が強い。台湾、香港、シンガポールといった華人国の場合、ASEAN諸国、中国の華人資本との連携が密であるというのも好条件にちがいない。実際のところ、NIESと中国との近年における経済交流の活発化は、両者間に潜在していた補完関係が、アジアにおける政治的な「地域デタント」に伴って、にわかに顕在化したものだと評価していい。

中国がその新戦略を、西太平洋に渦まく激しい構造調整と貿易・投資構造の再編成期に提起したのは、的確な判断だというべきであろう。趙紫陽総書記は、さきの戦略表明のなかでそうした西太平洋の状況を確かな好機と捉え、「現在の好機を急いで生かすためには、沿海地域はこれに見合った発展戦略をもたなければならない。全般的には、一億余から二億の人口をもつ沿海地域がしかるべき指導のもとで、計画的に、段どりを追って国際市場をめざし、国際的な交換と競争に一段と参加し、外向型経済を大いに発展させなければならない。これは戦略問題として対処されるべきである」と表明した。正確な判断だというべきである。問題の核心は、この「戦略」を具体化する「戦術」を中国がいかに編みだすかである。

第三章　揺らぐ香港

――離脱と統合

中国経済近代化の養分をたっぷりとふくんだ空間が、香港である。中国が香港返還に関する対英交渉に際して、「港人治港」という「想像力に富んだ」（中英合意文書正式調印時のサッチャー首相の表現）返還方式を提起し、香港の高度自治の保障を謳ったのも、いってみれば香港という資本主義の小宇宙を無傷で取りもどしたいという、中国の切なる願いを投影している。

さもありなんである。香港は現在、中国の輸出の三八％、輸入の二二％を占め、対香港貿易収支の黒字は中国の最重要の外貨源となっている。『サウス・チャイナ・モーニング・ポスト』紙（一九八九年一二月八日付）によれば、香港の銀行は過去一〇年間に五五億米ドルの対中融資を行なってきたという。中国銀行や中国国際信託投資公司（ＣＩＴＩＣ）などが香港で試みている資金調達を加えれば、その額はさらに大きいものとなる。もちろん香港は対中直接投資の一貫して最大の出し手でもある。中国の対外開放政策に大きな影響力を及ぼしているのは、西側先進国であるより前に何よりも香港なのである。

しかし、一九九七年返還を眼前にして両者の関係はまことに微妙である。香港問題の本質は、香港が植民地であるがゆえに自らの行末を自らが決定しうる独自のシステムをもちえず、かつては中英両国の、今日では中国の保障する「信心」(confidence)によって左右される「脆い社会」であるというところにある。国共内戦の混乱や共産党支配下の抑圧を逃れてこの地に移り住んだ多くの香港華人にとって、中国返還は心底歓迎すべからざるものである。それゆえ「香港の中国化」は、香港華人を海外に押しだす力として機能せざるをえない。

変質しつつあるとはいえ硬直的なイデオロギーをなおとどめる中国指導者には、返還を前に揺らぐ香港華人の心を読み取ることができない。返還後香港に適用される「小憲法」の起草過程で中国の指導者がはしなくもかいまみせた「旧態依然」は、いくどとなく香港華人を動揺させてきた。一九八九年六月の北京天安門での悲劇的事態は、その動揺の幅を一段と大きいものとした。近年における香港中産層の海外移住の加速化は、その何よりの証である。香港資本主義のダイナミズムの源泉は中産層の活力にあり、彼らが流出したあとの香港は「ゴーストタウン」にすぎない。香港住民は、海外移住を通じて中国からの「離脱」を試みているのである。

しかし、同時にこの働きとまったく対照的に、香港企業は自らの未来が背後に大きく広がる華南経済にかかっていることを察知し、ここを新しいビジネスの沃野とみたてて積極的に進出するという意思をも固めた。香港企業の対華南進出はもはやとめどもない潮流である。今日、香港のない広東省経済はありえないのと同様、広東省のない香港経済を語ることもできない。香港は華南とすでにしてわかち難い経済的「統合」過程に入ったのである。

中国の開放政策の支援を受けてこの「統合」過程が齟齬なく進展し、しかもこれにより香港の経済的繁栄が確かなものとなれば、「離脱」過程の力も自ずと弱まっていくことが期待されよう。離脱と統合の「合成ベクトル」がいずこをさし示すか、香港の将来を考える場合の論点がここにある。

1 「信心」の危機

一九九七年七月一日午前零時。香港の「借りた時間」返済の最終期限である。この期限を数年後に控えて、香港はそのもてるエネルギーのすべてを吐きだそうとするかのごとき異様な活力を漲らせている。

おそらく香港は、現在のこの地上で労働市場の最も逼迫している地域にちがいない。失業率は一九八七年以来今日まで一%台という超完全雇用状態にあり、失業者三万一、〇〇〇人に対して労働者不足数は一二万八、〇〇〇人に達するという。街角で売られているどの新聞を眺めてみても、えんえんとページを埋める求人広告にうんざりさせられるほどの高い求人倍率が恒常化している。経済成長率は一九八七・八八年と二桁を記録し、八九・九〇年には中国の調整政策とアメリカの輸入減の影響を受けて若干の減速がみられるものの、ここしばらくは長い香港の歴史のなかでも稀にみる活況下にあるといっていい。

しかし、この活況を尻目にみながら、香港の活力を支える、いな香港の活力そのものである商才あふれる多くの華人が、音もなくこの港をたち去ろうとしている。香港住民の海外移住は、香港の中国返還に関する中英交渉の開始がうわさされた一九八〇年頃にめだち始め、その合意が成立した八四年頃から急増して八八年には四万五、八〇〇人、八九年には四万二、〇〇〇人がこの地を飛びたっていった。香港政庁は九〇年の移住者数を五万五、〇〇〇人と予測している。

移住者の中核は、技術者・会計士・弁護士・医師・コンピュータ技師など香港社会の心臓部に位置する中産層である。イギリスによる香港支配の象徴である香港上海銀行のスタッフの一二%がこの一年間に退職し、そのうちの六〇%がすでに海外移住を終えたと伝えられている。香港のコンピュータ学会が最近試みた調査によれば、会員の六七%が香港を離れる意思をすでにもっているか、もしくは海外移住を真剣に考えているともいう。

こうした傾向を加速化させたものが天安門流血事件であったことはまぎれもないが、しかしこれはあくまでも加速の一要因である。海外移住はこの事件の有無にかかわらず、一九八四年頃より今日にいたるまで一貫してきた争い難い傾向なのである。香港市場調査社は、天安門事件後、専門家・管理職全体の六四%が海外移住を希望しているという調査結果を発表したが、事件前(八九年一月)の同一方法による同社調査でも四六%という半数近くの人びとが同じ希望をもっていたのである。

移住先としては、市民権取得が最も容易であり、「多文化主義」を掲げるカナダが代表的である。カナダは一九八八年に香港移民のうち五四%を受け入れており、これに次ぐのがアメリカ、オーストラリアである。『ファー・イースタン・エコノミック・レヴュー』誌は、この三国が移民に対する門戸開放政策をとり、つまりはいまのままの緩やかな手続きをつづけるならば、九七年までに今日五七四万人を数える香港人口のうち七〇万人が海外に脱出するであろうという、驚くべき推計を公にしている。ビジネス・チャンスあふれるこの「黄金の地」から中産層を「離脱」に駆りたてているものは何か。「信心」の揺らぎにほかならない。

香港は植民地である。イギリス国王の名代である総督が司法・行政・立法のすべてに君臨するという「非民主」的状態におかれ、香港住民は一切の自治権をもつことは許されなかった。しかし、およそ政治というものに信をおかない華人「三千年来」の伝統的体質に加えて、国共内戦、共産党支配の動乱と混迷の中国を逃れてこの地に移ってきた香港華人にとっては、自治や政治的民主主義といった「贅沢品」よりも、自らの安寧を確かに保障してくれるイギリス支配のシステムのほうがはるかに望ましく有難いものであった。政治は政庁にまかせ、自らは初期資本主義的な「レッセフェール」のもとでのびやかな経済活動に専心できたのである。経済的諸行動に対して干渉と規制を用いないことに積極的価値を見出す政庁のいわゆる「積極的不介入主義」(positive non-interventionalism) は、まさにそうした香港華人の志向性に見合うものであり、彼らの活力を引きだす何よりも適合的な原則であった。自治と政治的民主主義を欠落させながらも、住民のイギリス支配下香港に対する「信心」は揺らぐことなく、彼らは現世的な欲望をこの地で貪欲にも追求してきたのである。

香港華人に「信心の危機」を強く自覚させたのは、一九八一年一月にイギリス政府によって突如公表された国籍法案であり、これによってイギリス国籍をもつ香港華人が本国への移住を申請してもそれを却下できるという厳しい法的制約が公然のものとなった。七九年三月マクルホース卿が香港総督として初めて訪中、当時の鄧小平副首相と会談して香港返還に関する中英交渉がついに始まったのではないかとささやかれだした、まさにその矢先にこの国籍法案が発表されたのである。中国返還に伴う香港華人の大量流入を防止するというイギリスの意図をそこに読み取り、香港はイギリスからも見放されて自らの帰趨はあの中国の思うがままにされるより他ないのか、という閉塞感を人びとは味わわされたのである。香港住民の海外流出規模がこの頃から一段と大きくなっていったのは、無理からぬ。

2　香港基本法に揺れる

一九八四年九月二六日北京の人民大会堂で中英両国によって仮調印された合意文書により、返還後香港は中国憲法第三一条の規定にもとづき「中華人民共和国香港特別行政区」となることが合意された。この合意によれば、特別行政区は、外交と国防が中央人民政府の管理に属するものの、独立した司法権・行政管理権・立法権・終審権を享有することができる、また特別行政区は現地住民によって構成され、行政長官は現地での選挙または協議を通じて選出、中央人民政府がこれを任命する、という内容をもち、返還後香港の高度自治いわゆる「港人治港」が保障された。

アジアにおける中英のパワーバランスが大きく中国を利している今日、「主権は中国、統治はイギリス」という、イギリスの主張する返還方式を中国が受け入れるはずはないのであり、その意味で「港人治港」はイギリスが香港に与えうる最大限の政治的ステイタスであった。中国側からすれば、香港の主権と統治権を二つながら手にして内外に威信を誇示したい共産党の政治権力志向と、しかしこの志向を露わにするならば香港住民に「信心の危機」を誘発して香港資本主義のエッセンスは大量に海外に流出せざるをえず、ことがそうなれば中国の経済近代化のプログラムは大きく遅れをとるばかりか、将来における台湾の中国復帰もまた画餅に帰しかねないという危機意識と、この二つのベクトルのぎりぎりの妥協として「港人治港」原則が浮び上ってきたのである。「港人治港」は他に選択肢のない政治的所産であった。

経済体制改革を国是とし、一九八七年一〇月の第一三回党大会においては「社会主義初級段階論」（第二章参照）までを採択してプラグマティズムに覚醒しつつある中国が、よもやその自治を侵害して中国近代化のための「金のタマゴ」を生みつづける香港をしめ上げる愚をおかすこともあるまいというのが、現在の中国と香港を眺める外国人にとってのおそらくは常識的な見方であろう。香港が天安門事件により強い衝撃を受けたとはいえ、中国政府にしてみればこの事件はあくまで「内政」であり、これが香港を揺るがしたのは「思いの外」であったにちがいない。中国が自らの意図によって香港の現状を侵害して、そこから得られる利益をみすみす犠牲にするような理にかなわぬ行動をとるはずはない、という見方も大方のものであろう。

率直にいって香港住民も「頭」ではそう考える。しかし頭と心はちがう。香港住民の多くは、国共内戦の難を逃れて着の身着のままこの地に移り住んだ人びと、中国共産党支配下での抑圧を脱して命からがら香港にころりこんできた避難民や逃亡者、密入境者なのである。中国家郷への思いをつのらせる一方で、共産党への不信の念は強く、とりわけ香港の世論形成に影響力をもつ知識人においてそれは濃密である。紙に書かれた合意書がいくら整備されていても、いったんことあればそんなものはなきに等しいものだと、口にだしてはいわぬまでも、このやみがたい不信が香港住民の心の深層に深く巣喰っている。同じ華人である香港住民は、中国共産党指導部が主観主義的、個人主義的で「法治」よりも「人治」の傾きが強いことを知悉している。「港人治港」を法的に保障はしたものの、指導部が変われば中国側の事情によっていずれそれは放擲され、結局は「京人治港」（北京による香港支配）になることもありえないことではないという、密やかな危機意識が香港住民の脳裡からは去らない。

中英交渉のさなか、一九八四年五月鄧小平氏が香港・マカオの代表者との会見の席上、「中国が復帰後の香港に人民軍を駐留させるのは国家主権の象徴であり、それは香港の繁栄と安全を維持する」と述べたことがある。香港住民はこの一句に文字通り震撼したのであり、香港経済の動向を端的に示す恒生《ハンセン》株価指数は一挙に暴落、不動産価格、香港ドルもまた大きく低下した。「信心」の上に成りたつ香港社会の脆弱なありようをシンボリックに物語る「事件」であった。

それにもかかわらず、「国際的拘束力」（international binding）をもつものとして中英合意の形をとって香港の現状維持がともかくも唱えられたことは、何ほどかの安心感を香港住民に与え、一九八二年九月に中英交渉が開始されて以来、時に漏れてくる中国の「脅喝」に怯えていた人びとの愁眉を開かせたことも確かである。それ以来、少なくとも表面的には香港住民のヒステリックな反応は収まり、経済も八五年の低迷を脱して八六年以降活況期を迎えた。しかし、不信はなお香港社会の深部に潜在していた。

この不信の根強さは、一九八八年四月一八日に公表された香港特別行政区基本法第一次草案に対する、香港住民の、香港住民でなければなしえぬ微妙な反応のなかに読み取ることができる。香港基本法とは、中英合意第一次付属文書に謳われる「中華人民共和国は九七年七月一日から香港に対して主権行使を回復するに当り、香港特別行政区を設ける。憲法にもとづいて香港特別行政区基本法を制定・発布し、特別行政区においてはその成立後も社会主義の制度と政策を実施せず、香港の既存の資本主義制度と生活様式を保持し、五〇年間はこれを変えないことを規定する」という方針により、返還後香港の方途を具体的に保障する「小憲法」のことである。

基本法第一次草案のなかで香港住民を苛だたせたのは、何よりも基本法の「解釈権」の問題であった。草案第一章「総則」第二条では、「全国人民代表大会は香港特別行政区に対し本法の規定にもとづいて高度の自治を実施し、行政管理権・立法権・独立した司法権と終審権を享有する権限を授ける」と「港人治港」原則を明確に謳っている。しかし第九章「本法の解釈と改訂」第一六九条には、「本法の解釈権は全国人民代表大会常務委員会に属する。同常務委員会が本法の条項についての解釈を打ちだし、香港特別行政区裁判所が当該条項を引用する際、常務委員会の解釈を基準とする」とこれまた明解に記されており、この二つの条項の間に香港住民は看過しえない「矛盾」をかぎとった。建国後の三〇数年間に三度も憲法の全面改正を試みた中国ではないか。ひとたび中国側にやむにやまれぬ要請が生まれれば、解釈をふりかざして香港の自治を侵すことなど容易なことだという惧れが、香港住民の胸中をざわつかせたのである。

もちろん香港側の起草委員の何人かは、こうした解釈権のありかに疑義をさしはさみ、特別行政区裁判所に基本法解釈の全権を与えるよう修正を迫ったものの、これは受け入れられないままに終わった。このような修正案は、香港住民共通の心理を反映したものにちがいない。しかしその共通心理を基本法のなかにもりこみえなかったのは、そもそも起草委員会が中国側三六名、香港側二三名とマジョリティを多分に一枚岩の中国側が握り、加えて香港側起草委員の中枢は、李嘉誠氏（長江実業公司会長）、包玉剛氏（Y・K・パオ＝香港ワールド・シッピング・グループ会長）、安子介氏（香港南聯実業公司会長）など、中国に既得権を擁する香港財界の大物から成っているからだという、もうひとつの不信感が香港住民にはある。

もっとも、基本法起草過程における中国側の姿勢は、香港住民と対抗して自らの意思を強引に押しつけるといったものではなく、むしろ逆にかなり慎重な対応を重ねてきたといったほうが真実に近い。たとえば香港住民の意見を詳しく調査するために、二三名の香港側起草委員に各界から選出された委員を加えた一八〇名の基本法諮詢委員会を設置し、香港住民の反応を確認するための諮詢期間を用意した。一九八八年四月から約五ヵ月にわたって行なわれた第一次諮詢活動では、パンフレットやビデオ等による説明のほか、基本法の内容別に討論会や公聴会等をも開いてきた。これらの活動により香港住民から約七万の意見を収集し、これを整理した五冊の報告書が起草委員会に送付されたりもした。

第一次諮詢期間中に香港住民は、さきの基本法解釈権に関心を集中し、この点についての中国の固い態度に不信をつのらせた。一九八八年における海外移住者がそれまでの二万人台をこえて一挙に四万五、八〇〇人の規模に達したという事実は、解釈権をふりかざす中国への香港住民の高まる不信を反映している。

3　天安門事件と香港民主化

香港住民の対中不信と何よりもその大量海外流出を目のあたりにして、中国側は解釈権について香港側に若干ではあれ譲歩を余儀なくされることになった。第一次草案公表以降、香港住民に対する既述の第一次諮詢活動がつづけられ、その結果を参考にしながら第二次草案が作成された。そしてこの第二次草案が一九八八年一月広州市で開催された第八回起草委員会全体会議を通過し、再びその全貌が香港住民の前に呈示されることになった。第二次草案において、既述の解釈権についての案文は、新たに次のように改められた。すなわち「解釈権は全国人民代表大会常務委員会に属する。同常務委員会は、香港特別行政区裁判所が案件を審理する際、香港特別行政区の自治の範囲内に属する本法の条項については、自ら解釈する権限を授ける。香港特別行政区裁判所は案件を審理する際、本法のその他の条項に対しても、解釈を加えることができる」とされ、中国側ははっきりと「後退」の姿勢をみせた。

とはいえ、中国の香港基本法に対する態度は根底においてなお固い。何をかくそう、第二次草案には、第一次草案にはなかった新条項、「全国人民代表大会常務委員会が、戦争状態を宣言し、あるいは同委員会が香港特別行政区内において行政区の統制をこえる騒乱が発生して、同行政区が緊急事態にあると宣言した場合には、常務委員会は行政区に国内関連法規を適用する」という規定がもりこまれたのである。香港内において特別行政区の統制力をこえる緊急事態が発生したと「判断」するのが全人代常務委員会であり、その判断によって国内法が香港に及ぶというのである。「第一八条問題」として香港住民の心胆を寒からしめたものがこれである。基本法の解釈権において中国側の若干の譲歩が得られたとしても、こうした条項が新たにつけ加えられるならば、結局のところ香港の高度自治は危ういと香港住民が考えるのは当然である。香港住民の共通心理を中国指導者はいまだ理解できないでいるかのごとくである。

第二次草案公表後に開始された第二次諮詢過程において香港で激しい議論を呼んだのは、第一八条問題に加えて、立法評議会（国会にあたる）議員の選出方法についてであった。

香港は、総督とこれをとりまく官僚組織に政治権力のすべてが集中する極度に集権的な行政機構を長らく継続してきた。香港住民は自らの政治意思を反映させる代議制の一切を排除されてきたのである。しかし、一九九七年にイギリスの香港支配が終わり、かつ香港は中国返還後も長期にわたり高度自治原則にもとづいて自らを運営していかなければならない。そうであれば、この運営を支える民主政体の創成が当然不可欠のものとなる。経済的繁栄とならんで政治的安定性が実現されなければ、香港の中国返還過程が齟齬なく進むわけにはいかない。香港の繁栄を保障するものが伝統的なレッセフェールであり、安定を保障するものが政治的民主主義なのである。そして香港住民は、この民主主義実現の成否が立法評議会議員の選出方法のいかんにかかっていると認識したのである。

ここにも中国側と香港側には容易に埋め難い思惑のちがいがある。中国側は香港において民主主義が「過度」に発達し、これが大陸中国に波及したり、さらには香港が反中国運動の拠点になることを危惧する。中国側の本音としては、非民主主義的政体のもとで経済的繁栄をつづける香港が最も望ましいが、それでは返還後香港の政治が安定しえないことは自明である。もちろん香港側には、中国と対抗しうるだけの政治的強靭性を身につけるべく、返還前の香港においていちはやく民主主義を実現しておきたいという強い願望がある。それぞれ対照的な思惑をもつ両者のせめぎ合いが、第二次草案提起後の諮詢期間に活発に展開されることになった。

第二次草案では、立法評議会議員の選挙は「漸進的かつ秩序だった進歩の原則」にたってなされるべきものとされており、その方法は香港の有力紙『明報』社長査良鏞氏によって提案された「主流方案」と呼ばれるいささか保守色の濃いものである。この主流方案によれば、立法評議会議員の任期は四年を一期とし、初めの四期は直接選挙、ならびに選挙人団による間接選挙、職能別団体代表選挙などから成る混合選挙とする。直選議員の比率は、第一期二七%、第二期三八%、第三期と第四期にはそれぞれ五〇%とし、第四期中に行なわれる「全民投票」により第五期以降の直接選挙の比率を一〇〇%とするか否かを決定する、という「抑制的」なものである。この主流方案によれば、全民投票によって直接選挙が可能かどうかが決定されるのは、二〇一二年以降のこととならざるをえない。

しかも、この全民投票の可否には厳格な制限が付されている。主流方案による全民投票は、立法評議会議員の過半数が賛成し、行政長官が同意し、かつ全人代常務委員会の承認を得た後に実施され、しかも投票の結果三〇%以上の合法的な有権者の賛成があって、初めて有効となるというものである。

主流方案の概要が明らかとなるや、香港各界から次々と反対の意思表明がだされたのは当然であった。民主派起草委員李柱銘（マーチン・リー）氏は「大後退であり、将来の全民投票も画餅にすぎない」と反撥し、もうひとりの民主派委員司徒華氏も「この結果は起草委員会の保守的傾向を香港住民に拭い難く植えつけてしまった」と述べた（『亜洲週刊』一九八九年一月二二日号）。一九八八年一二月には各界代表と大学生・専門学校生の街頭デモ、新華社香港分社およびスターフェリー乗場でのハンスト・座りこみ抗議がおこった。また主流方案の提出者査良鏞氏に抗議すべく明報報業公司前に学生が集合、同氏が書いた社説が焼き捨てられ、新聞記者協会でも同氏は『明報』を利用して主流方案を宣伝しているという批判の矢おもてにたたされた。

中国返還前の今日の香港では、総督と官僚機構に政治権力が集中し、民意を反映する代議制の一切がないとさきに指摘したが、これには若干の留保が必要である。実は中英合意の成立した一九八四年の翌八五年に、将来の民主政体の創成をにらんだ準備的な試みとして、これまで総督任命の民間議員・官僚議員による弱体な諮問機関であった立法評議会のなかに、間接選挙によるものではあるが、ともかくも選挙によって選ばれた議員を登場させることになった。香港民主派のリーダーとして名高い、さきの李柱銘氏や司徒華氏もそうした選挙を通じて評議会の議席を獲得した議員である。こうして香港でも住民の鋭い批判が公的に表明される条件が生まれていることを指摘しておかねばならない。

さて第一次草案において基本法解釈権問題、二次草案において一八条問題ならびに立法評議会議員選出方法問題をめぐり香港住民の対中不信がいよいよ強まっていたそのさなか、一九八九年六月に北京天安門での悲劇的事態が発生した。香港住民の受けた衝撃がいかに大きく深いものであったかは想像に余りある。天安門事件を契機にして、既述した第一八条問題に象徴される中央人民政府と香港特別行政区とのおだやかならぬ政治的関係が、いちどきに現実感をもって香港住民の胸に迫ったのである。

天安門事件以降、香港住民は一八条問題に加えて「香港特別行政区裁判所は国家行為に属する案件には管理権をもってはならない」と規定する第一九条にも警戒の眼を向けた。この条項における「国家行為」には何らの概念規定もなく、したがって中国政府が天安門での民主化運動を「反革命暴乱」とし、これへの支援活動をした香港を「中央政府転覆のための基地」と認定した場合、これは香港が中国に向けてなした「国家行為」に該当することにはならないか、というのが香港住民の危惧である。実際、天安門事件後の香港の民主化運動に神経を逆なでされた中国政府は、民主派の率いる「香港市民支援憂国民主運動連合会」が大陸の市民・学生に資金援助などを行なった事実に重大な警告を発し、民主派の指導者である李柱銘・司徒華両氏の起草委員解任を決定した。

第二次草案第一四条では、行政区が社会治安の維持に責任を負い、行政区政府が必要と認める場合には「中央人民政府に対し駐留軍を社会治安の維持と災害救助のために協力させるよう要請することができる」とされている。それゆえ仮に香港で反中国運動が発生した場合、中央政府はまずこれを「国家行為」と認定し、ついで香港の司法権を停止、香港に緊急事態を発令した上で、要請もしくは国内法により軍隊を派遣して武力鎮圧を行なうことが可能となる。少なくとも香港住民の多くがそういう受取り方をしているというところに、問題の厄介さがある。

さいごにもうひとつつけ加えれば、第二次草案二三条の条項「香港特別行政区は反逆、国家の分裂・反乱の煽動、国家利益の盗取のいかなる行為をも禁止するため自ら法律を制定すべきである」には、さらに「香港の政治組織・団体は外国の政治組織・団体と連携してはならない」との文言が付与されており、これなどは天安門事件後の香港の民主化運動から中国側が学んだ「教訓」のありかを端的に示すものであろう。

そして、事態をそうはさせないよう、香港が強靭な政治力を備えるべく返還以前に民主主義的政体を築こうにも、直接選挙による代議制の完成は返還後さらに一〇数年を経たあとでなければ不可能なのである。香港住民の心理的閉塞感はいかばかりであろうか。天安門事件の直後人口六〇〇万に満たない香港で連日一〇〇万人を前後する反中デモンストレーションがわきおこったのも当然である。図6にみられるように恒生株価指数がブラックマンデー以来最大のスケールで急落し、中国銀行グループからの預金引出しがつづき、外国ビザ発給の要件であ

図 6　香港恒生銀行株価指数（週単位）

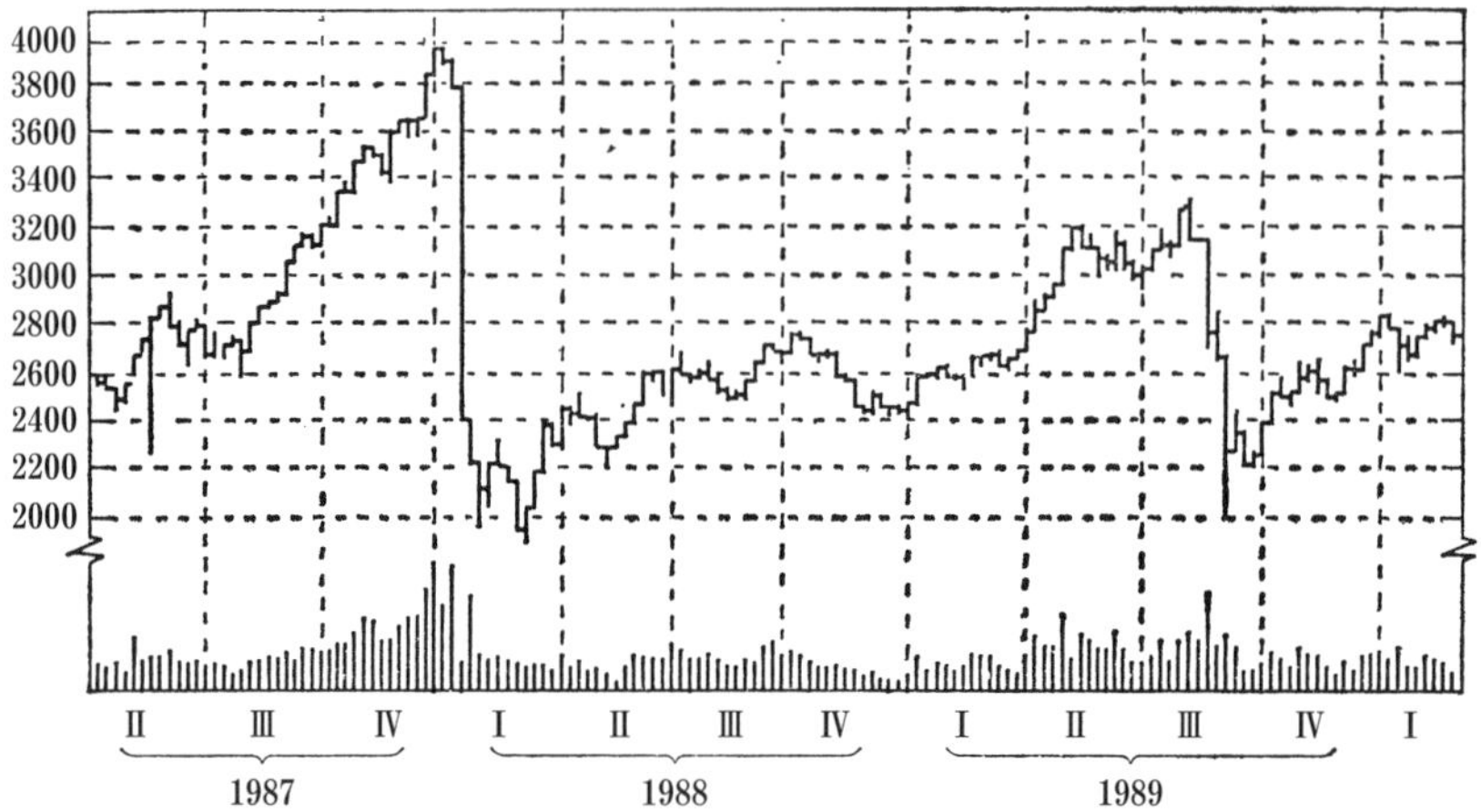

（注）　Ⅰ～Ⅳは第Ⅰ～第Ⅳ四半期，黒いヒストグラムは週単位変動指数，なお指数は 1964 年 7 月 31 日の株価を 100 とする。
（資料）　香港恒生銀行。

る「良民証」発行を受けるために政庁前に長蛇の行列ができたことなど、これらは天安門事件をきっかけにして生じた香港住民の中国への「信心」の大きな揺らぎを反映している。香港政庁が、当初四万二〇〇〇人と見込んでいたその年の海外移住者数を大きく上方修正して五万五〇〇〇人とせざるをえなかったことは、香港住民の対中不信の高まりを示すもうひとつの象徴である。

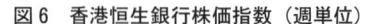

査良鏞氏は、さきにも述べたごとく保守派に属する香港側の基本法起草委員であり、北京寄りの人物とみなされてきたのであるが、氏ですら天安門事件の衝撃に耐えられず、起草委員を抗議辞任するまでに事態は深刻化したのである。

しかし、天安門事件直後の香港の激しい反応が次第に沈静化するとともに第二次諮詢活動が再開された。起草委員会は、公表された第二次草案の内容にさしたる修正を加えることなく、一九九〇年二月北京で開催された第九次全体会議において第二次草案の最終案を正式決定した。これが同年四月の第七期全人代第三回会議において賛成二、六六〇、反対一六、棄権二九の圧倒的多数をもって可決され、ついに複雑な曲折をたどってきた中華人民共和国香港特別行政区基本法が最終的に成立するにいたった。

起草委員会第九次全体会議は、中国側と香港側による最後のかけひきの場であった。中国側の香港に対する態度を最終的に確認するためにも、この会議での議論の経緯を簡単にではあるがふり返っておく必要がある。第九次全体会議における最大の検討事項は、再び立法評議会議員選挙における直選議員の比率にかかわる問題であった。中国側は第一期の直選議員比率を三〇％以内に抑えることを一貫して主張してきたのであるが、天安門事件以降の香港民主化運動を背にした香港側委員の強い要求を考慮して、これを三三％にまで引き上げるという譲歩をみせた。

また、かねてよりの懸念のひとつであった外国籍保有者の直選議員比率問題についても激しい議論がかわされ、香港側はここでも若干ではあるが中国側の譲歩を引きだすことができた。実は、イギリスは宗主国の道義的責任として、天安門事件後の香港住民の将来に対する不安とこれに由来する中産層の海外移住の流れを防止すべく、イギリスでの永住権のない「英国属領市民権」をもつ三二五万人の香港住民のうち最大五万家族、二二万五、〇〇〇人に対して、永住権のあるイギリス市民権を保障する旨を発表した。中国側がこれに対して強い反撥をみせたのは当然である。この反撥は、イギリス市民権を取得した香港住民の立法評議会議員資格を制限するという形で具体化した。イギリス永住権という「保険」をかけた上での民主化要求がとかく極端にはしりがちだという危惧も、中国側のそうした対応の背後要因であった。ともかくも中国側はこの外国籍保有議員比率を一五％以内に抑えこむことを意図していたが、ここでも香港側に譲歩をみせて二〇％とすることで結着がついた。

とはいえ、中国側の基本的態度は最後まで厳しいものであったといわねばならない。直選議員比率を三三％にまで譲歩したかわりに、直選議員以外の方法によって選出される間接選挙選出議員、職能別団体選出議員の三グループのうち二グループ以上の支持がなければ立法評議会における法案の採択が不可能であるという条項が新たに提案され、香港側はこれをのまされることになった。直選グループより人数の少ない他グループが前者と同一の発言力をもったことにより、立法評議会における代議制に少なくない制約が課せられることになったのである。香港住民の「信心」の揺らぎは、なおとどまることはない。

4 「合成ベクトル」

しかし、それにもかかわらず対中不信をつのらせた香港中産層の大量脱出がこんごなお加速化していって、これが香港経済を破壊してしまいかねないといった懸念は、いささか「単線的」にすぎよう。香港住民は中国との関係によって「信心」を揺さぶられながらも、その動揺のなかで、いな動揺の時期にあってこそ新しく生まれる商機に機敏に反応して、つねに自らの活路を開くというしたたかさを身につけてきた。こうした現実主義こそが香港の香港たるゆえんである。一九五一年五月国連が中国への戦略物資禁輸措置をとり、これにより対中中継貿易を旨とする香港経済は大きな打撃を受けた。しかし、禁止をものともせぬ密輸活動が活発に行なわれ、密輸である分だけその収益幅は大きく、これをその価格が低下した土地、建物に投下して巨万の資産家となった人びとが生まれた。対中禁輸措置は中継貿易を脱して、低賃金労働力に依拠した加工貿易に香港の新しい活路を開かせる契機ともなった。文化大革命を背景にして六七年に反英・反政庁の香港暴動が発生し、中国内部からも熱烈な左派支援が送られて、香港もこれで終わりかという強い危機感が漂う一方で、この危機時に暴落した不動産や株を買い占めた人びとが今日香港を代表する有力な資産家となった。危機を貪欲にも飲みこんでしぶとく生きつづける「火竜の町」が香港なのである。

中間管理層を中核とする香港住民の海外流出は確かに深刻である。しかし、香港住民の多くは、中国共産党への不信と自らの将来に対する危惧に悩まされながらも、一九九七年返還を新たな商機とみてここに自らを賭けていこうという、忍耐と進取の精神を発揮しようとしているかにみえる。香港住民に豊かなビジネス・チャンスの恵与を保障しているのはほかならぬ香港であり、しかもこのチャンスはすぐあとでもみるように香港の対中経済交流を通じていよいよ大きい。いつ変わるかもしれぬ中国の香港政策にいい知れぬ危機意識を抱いて海外移住を余儀なくされた人びとにとっても、ビジネス・チャンスは移住先のかの地にではなく、香港のこの地にあるのだという認識は強い。カナダなどで市民権を確保し、あるいは子弟をそこに住まわせた後香港にまいもどってここで、しかもこんどは「フリーハンド」で商機をうかがおうと考える人びとは少なくない。香港の将来が中国の体制改革と開放政策の定着によって「意外にも」確かなものとなれば、外国籍を獲得した子弟をも呼び寄せて活況の香港で活躍させたいと考える親も多いことであろう。

また次のような簡単な経済学も無視されてはならない。中間管理者層の海外流出が現在のような規模で持続するならば、しかも容易には他の人びとによって代替できない高度技能をもつこれらの人びとの供給が少なくなるのであれば、労働市場はにわかに流動化を開始し、給与・賃金水準が顕著に上昇するのは避けられない。一九八八年の香港における就業者の二九%が一回以上の転職を試みたといわれている。香港における賃金上昇率は八八年に一〇%台に入り、八九年のそれは実に一三%をこえた。職種によっては二五%を上まわったところもある。その代替が容易ではない高度技能スタッフの海外移住の増加は、残留就業者の給与・賃金の急上昇を招いて、この事実自体が人びとの海外移住をおしとどめる力をその社会のなかにつくりだすと考えることも合理的である。

実際のところ、一九七八年の中国における大胆な改革・開放政策の採用以後の一〇年において、香港経済は広東省を中核とする華南経済と密度の濃い「統合」過程を歩んできたのである。華南地方から独立した香港経済を想定することは、もはや不可能である。しかも、この統合過程で香港経済が史上最高の昂揚を実現してきたことを顧みれば、香港中産層の海外移住に象徴される「離脱」現象のみをもって今日の香港を語るのは、一面的にすぎることが理解されよう。香港が華南経済をまきこむ「統合」のベクトルと、海外移住を通じて香港資本主義のエッセンスが外にでていく「離脱」のベクトルと、この二つの合成ベクトルが香港の将来をさし示す。しかも「統合」ベクトルが強まることを通じて香港経済の繁栄が維持されるならば、それによって「離脱」ベクトルが弱まるという、両者のリンケージにも注意を払わなくてはならない。そこで話を「統合」のベクトルに移していこう。

巨大な資産をもつ香港の財閥系企業が、中国返還を控えて自らの資産をどこにおくかを思いあぐねてきたのは当然である。植民地香港における経済活動を支えてきたのは英法であり、何らかの商法上の紛争が発生しても、その最終的な裁きはロンドンで決着しうるという「法の支配」に対する信頼が香港企業の底のところにある。中英合意ならびに基本法により香港の現状維持が謳われてもなお、無産の人びとならいざ知らず企業家には、上海にあった資産のすべてが中国共産党によって有無をいわさず没収されてしまったという一九五〇年代初めのいまわしい記憶が容易には払拭できない。そうまではならないまでも、長期契約・合弁活動・海外投資などにはこれまでのような自由は得られないかもしれないという不安が彼らを苛む。アメリカ、カナダ、オーストラリア、シンガポールなどへ資産を分散させたり、また香港企業が先進国企業の資本参加を強く求めているのもそのためである。

しかし他方、豊かな商機の沃野が後方の中国に広がっているという認識は強い。資産の国際的分散、外国企業との提携活動を展開して自らにある種の「保険」をかけながらも、香港企業家はこの数年対中進出を本格的に開始するにいたったのである。李嘉誠グループは、イギリスの有力なコングロマリットであるピアソン社への資本参加、カナダにおける最大の独立系石油会社ハスキー社の買収、あるいは逆に香港最大の英字紙『サウス・チャイナ・モーニング・ポスト』社へのオーストラリアのマスコミ王R・マードックの資本参加要請などを通じて、資産の国際的分散を試みてきた。その一方で、中国系企業との合弁により香港でセメント会社、ビル建設、埋立プロジェクトを推進したり、広州でのホテル建設などにも積極的にのりだしている。そうした実績を背景に李嘉誠氏は一九七九年に中国全人大の香港代表に選ばれ、翌年に国務院直属の在香港外資導入機関である中国国際信託投資公司の役員、さらには香港基本法起草委員会委員の要職にも就任することになった。

包玉剛グループもまた同様である。香港最大のイギリス系企業ジャーディン・マセソン社傘下の名門企業への資本参加や買収と同時に、北京でのホテル経営、杭州でのリゾート地建設、故郷寧波への大学寄贈、さらには中国系企業との合弁でキャセイパシフィック社に対抗する新航空会社ドラゴンエアー社を創設、その最大株主・会長となった。包玉剛氏もまた香港基本法起草委員会委員を指名されてその副主任という栄誉をになってきた。これら香港財界の大物たちは、対中進出を通じて中国の影響力がいよいよ強まるであろう将来の香港における自らの地位に高額の「政治的保険」をかけようとしているともみられる。

加えて次の点にも留意すべきであろう。香港の財閥系企業は、香港経済に占める決定的に大きいその比重のゆえに、資産の海外分散を急速に進めれば、株式・不動産価格の低落を招き、自らの資産価値を自らの手によって滅じさせてしまいかねない。それゆえ、香港の財閥系企業の資産の大半はなお香港におかれており、実際、香港財閥の双璧、李嘉誠グループならびに包玉剛グループの海外資産は今日でも一〇%を下まわる程度にすぎないという。財閥系企業にとって本格的な香港離脱は現実的な選択ではありえず、彼らはやはり香港に位置して対中交流を進めるという方向を選択していくものと考えてよかろう。

5　華南経済の統合

これら巨大なコングロマリットのみならず、むしろ分散化させるほどの資産と力量をもたない群小の香港企業は、広東省に広がる豊かなビジネス・チャンスをめざしてこの数年とめどもない進出を試みてきた。そしてこれら香港企業のアクティブな活動を通じて、すでに香港は広東省を中核とする華南経済との密度の濃い「統合」過程に入ったとみられる。これを華南経済の「香港化」だといいかえても実態から遠くない。

その概要については第一章においても触れたが、ここでは若干のデータを用いながらもう少したち入った観察を試みてみようと思う。表11は、香港の上位三つの貿易相手国のシェアを、地場輸出（国内付加価値の比率が二五%以上の製品の輸出）、再輸出（同二五%未満の製品の輸出）、輸入のそれぞれについて眺めたものであるが、これを一瞥すれば香港が中国との経済関係を深める過程で、短期間にいかに急速に自らの構造を変化させてきたかが理解されよう。特徴的なことを述べれば、㈠地場輸出において最大のシェアをもつアメリカの比重が低下する一方、中国のシェアが顕著な速度で拡大していること、㈡輸入においてもかつて最大のシェアをもっていた日本のシェアが低下、中国のシェアが急増して一九八三年以降後者が前者を上まわったこと、㈢再輸出の項目を原

表11　香港の相手国別貿易

（単位：100万HKドル）

	1980	1982	1984	1986	1988	1989（1–9）
輸出	98,243	127,385	221,440	276,529	493,069	521,008
地場輸出	68,171	83,032	137,936	153,983	217,664	204,189
アメリカ（%）	33.1	37.6	44.5	41.7	33.5	23.3
中国（%）	2.4	4.6	8.2	11.7	17.5	19.5
西ドイツ（%）	10.8	8.5	6.9	7.1	7.4	6.8
再輸出（仕向け地別）	30,072	44,353	83,504	122,546	275,405	316,819
中国（%）	15.4	18.0	33.6	33.4	34.5	30.0
アメリカ（%）	10.3	12.7	14.5	18.2	18.0	20.8
日本（%）	7.3	5.8	5.5	5.4	6.3	6.5
再輸出（原産地別）	30,072	44,353	83,504	122,546	275,405	316,819
中国（%）	27.9	33.1	33.7	42.1	47.8	54.3
日本（%）	19.6	20.5	22.4	15.2	13.7	11.3
台湾（%）	7.1	5.6	6.1	7.1	7.7	7.8
輸入	111,651	142,893	223,370	275,955	498,798	515,337
中国（%）	19.7	23.0	25.0	29.6	31.2	34.6
日本（%）	23.0	22.1	23.6	20.4	18.6	16.6
台湾（%）	7.1	7.1	7.8	8.7	8.9	9.2
貿易収支	△13,408	△15,508	△1,930	574	△5,729	5,671

（資料）Census and Statistics Department, *Hong Kong Annual Digest of Statistics*, 1989; *Hong Kong Trade Statistics Summary Report*, November 1989; 大橋英夫「中港経済関係緊密化とその展望」『海外事情』第38巻第3号，1990年3月。

産地国別にみるとこれも日本のシェアが下がるのと対照的に中国のシェア拡大が著しく、またこれを仕向け地国別にみるとアメリカ・中国のシェアが大きく拡大していること、この三つの傾向が観察される。

これら諸傾向をつなぐ要の位置にあるのが、広東省を主要な舞台に大規模な展開をみせている香港企業の委託加工生産・合弁事業活動、とりわけ前者である。この委託加工生産を要にした香港・広東省貿易関係を、概念図として描いたものが図7である。中国向け地場輸出（I）の拡大は香港企業による委託加工生産用の部品・中間製品・機械設備の中国への移出を反映しており、これら諸財を用いて広東省の安価な労働力により委託加工（II）された労働集約的製品の香港企業による引取りが、香港による中国からの輸入（III）の拡大となってあらわれている。そしてこの中国か

図7　香港・中国貿易関係の概念図

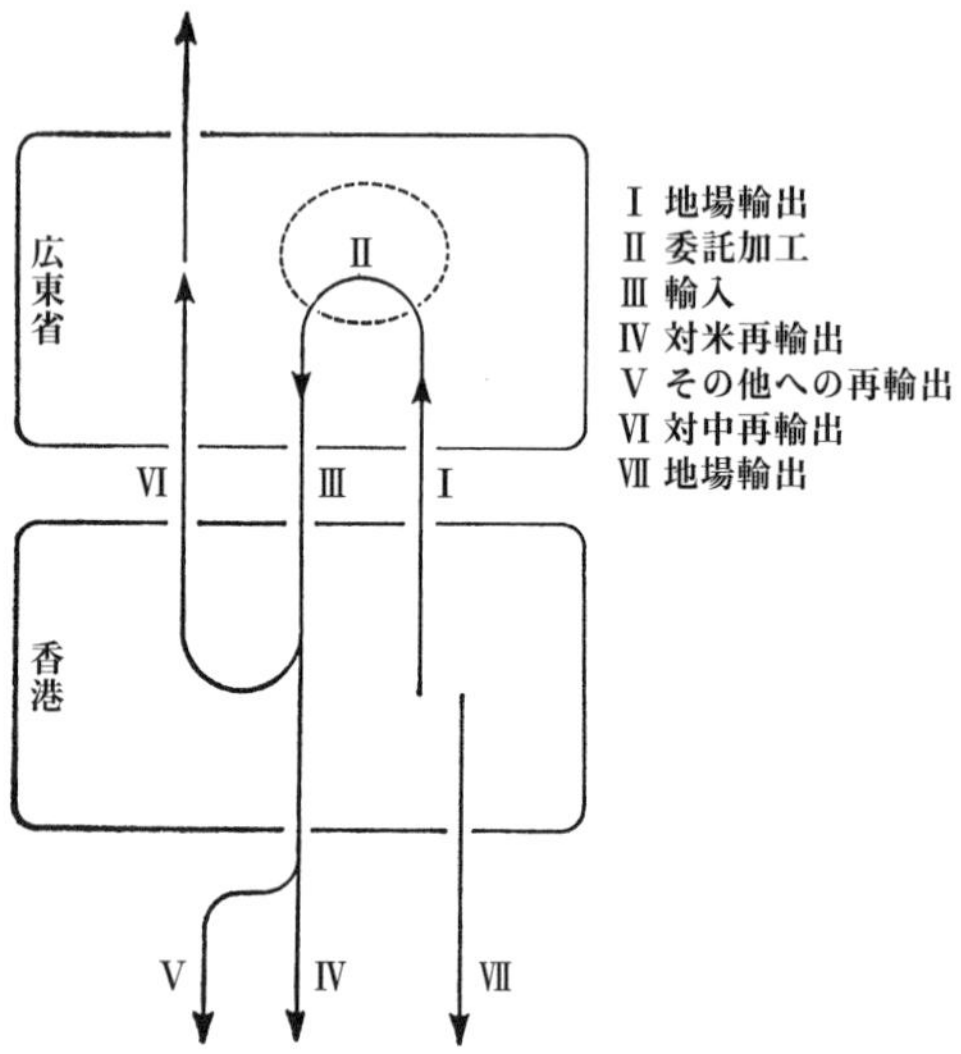

ら輸入した労働集約的製品を香港は、主にアメリカ（Ⅳ）と中国（Ⅵ）に向けて輸出している。このことは表11により再輸出を原産地国別にみると、中国のシェアが圧倒的に高まっているという事実のなかから読み取ることができよう。

確認のために、香港貿易発展局が一九八八年に試みた調査結果として第一章でも指摘した数字を再度あげれば、香港企業が委託加工を通じて広東省内で雇用している中国人の数は今日八五万人から一二〇万人に及んでおり、これに直接投資による合弁事業などで雇用されている中国人労働者の数を加えると、その数は一三〇万人から一七〇万人に達する。香港における製造業従業員数が九〇万人程度であることを顧みれば、その数がいかに巨大なものであるかが理解されよう。香港企業は自らのリストラクチャリングの対象としてすでに広東省を選択し、もはやその選択を後退しえない地点に到達したのである。

図8は、広東省において経済開放区として指名を受けた市・県の位置を示したものである。広東省の省都広州市と香港、マカオを結ぶいわゆる「珠江三角州地帯」とその外辺部にそれらが密集していることが観察されよう。珠江三角州は経済開放区として、貿易や外国投資に関する自主決定権が付与されており、さらには外貨保有権、外資系企業に対する租税減免や合弁期間延長などの各種優遇措置の付与権限などをもち、中国の沿海開放都市に

図8　広東省における経済開放区指定市・県（珠江三角州地帯）

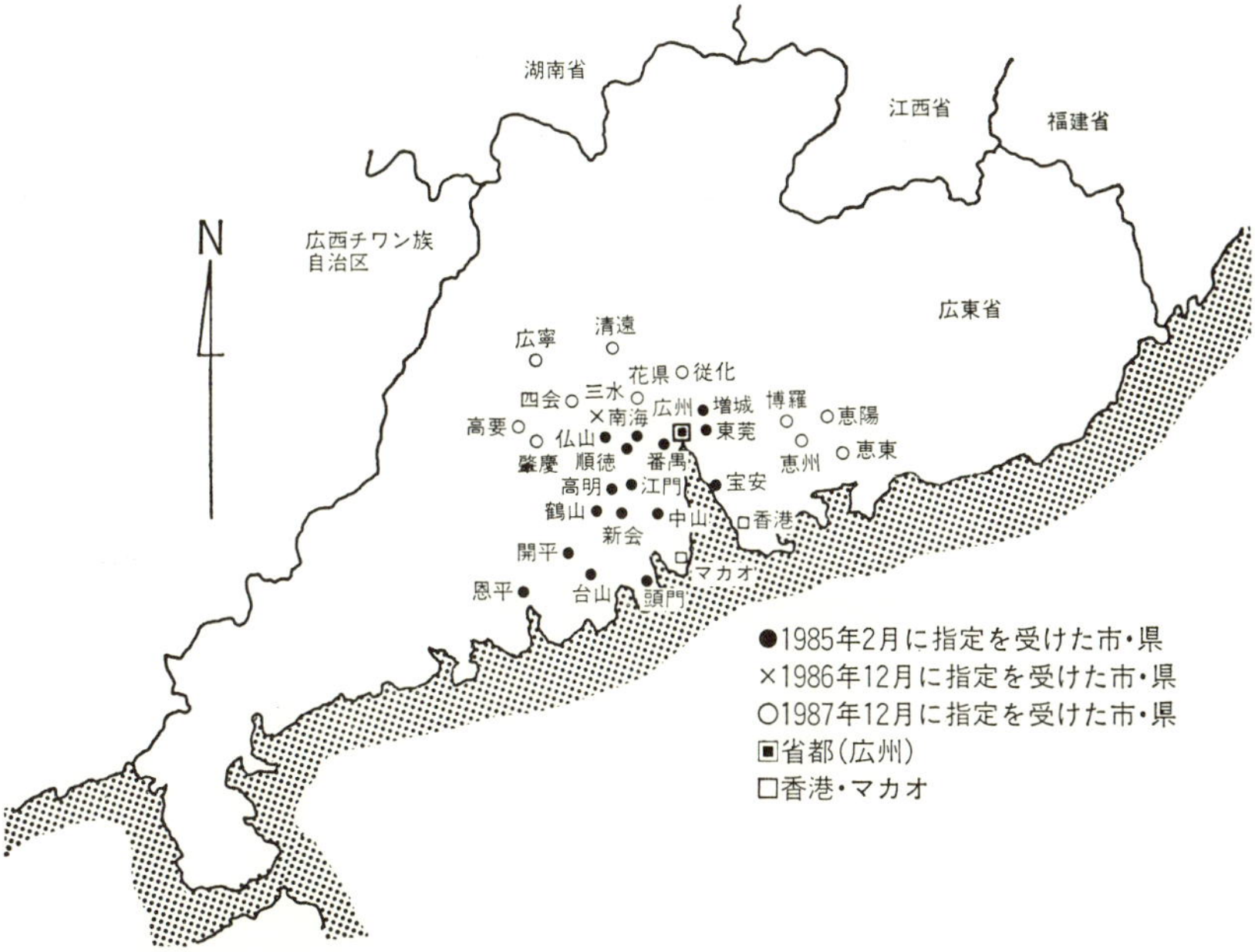

（資料）『香港経済日報』1988年9月9日付より作成。

準ずる特典を享受している。香港に近く、多くの香港住民の出身市・県でもある珠江三角州は、こうして香港企業の格好の投資対象となり、「拡大香港」とも呼ぶべき、香港との経済的連携のきわめて密接な地域となったのである。

珠江三角州は一九七八年当時、農工総生産額の三七％を農業が占める典型的な中国農村のひとつであった。しかしその後、香港のダイナミズムを導入することによって、八七年には総生産額の八三％を工業が占めるまでになり、現在では中国のなかでも工業化率の最も高い地域となっている。

珠江三角州に立地する中山市・東莞市・順徳県・南海県の二市二県はこのところ年率二〇％の経済成長を遂げ、「四匹の小さな虎」と称されている。仏山市の一九八八年の成長率は四一％であった。成長の原動力は香港企業による委託加工業の活況にあり、その数は三、四〇〇社、これに三〇〇社の合弁企業が加わる。珠江三角州側の香港企業導入の理由は、雇用機会創出、外貨稼得《かとく》、進んだ生産・管理技術の導入にあり、香港企業側にはいうまでもなく労働力と用地の不足によるリストラクチャリングの要請がある。珠江三角州の委託加工・合弁事業を拡充させ、香港内の生産規模を縮小したり工場を閉鎖して、事務所のみを香港におくといった企業も少なくない。

豊富な労働力供給こそが香港企業にとっての何よりの魅力である。珠江三角州で労働力が豊かなのは、就業機会を求めてここに大量の労働力が流入してきているからであり、実際、仏山市の事例ではその労働力九〇万のうち三〇万が域外からの流入人口だという。中心は広東省の労働力であるが、それ以外の全国の省・市・自治区からの流入もみられる。珠江三角州が豊富な労働力を擁している点に加えて、ここ出身の在外華僑が多いというのも見逃しえない。再び仏山市の場合では、総人口二六〇万に対して華僑人口は香港・マカオに四〇数万人、その他東南アジアに同じく四〇数万人いると推定されており、彼らが対仏山市投資の主勢力である。

ちなみに珠江三角州において香港企業と委託加工契約を結んだ中国側の主体が、前章で論じた「郷鎮企業」である。香港企業のダイナミズムを導入することによって珠江三角州の郷鎮企業は一挙に拡大し、一九七八年に二六・二％であった工業生産に占めるその比率は八七年には実に七〇・四％となった。

天安門事件やこれを前後する時点で厳しさをました中国の調整政策は、広東省の開放政策を危うくして広東省と香港との右述してきた密度の濃い交流を減殺しかねないという懸念は、もっともである。しかしいまのところ香港の多くのエコノミストは、広東省の現状維持は可能であるとみなしている。一つには、調整政策の採用以来一九八九年六月末までに中国全体では二一八万の個人企業が倒産しているが、広東省では逆に企業数が増加していること、二つには、広東省省長葉選平氏等の改革派幹部がなお健在であり、ここでは大きな政策変更に結びつく改革派の左遷や粛清がなかったこと、などの事情による。

香港の中国返還を控えて香港住民の大量海外流出が展開しつつある一方、香港企業は中国の対外開放政策によって眼前に開かれた広東省を自らの豊かなビジネス・フロンティアとして捉え、自企業のリストラクチャリングの最重要の場としてここに積極的に進出するという方途を選択したのである。

香港と中国との統合過程は、香港企業のアクティブな対中進出によって進捗しているばかりではない。中国系企業が香港に進出し、そこで社会主義企業の面目を一新するかのごとき攻撃的な資本取入れ・合弁・買収を行なっており、こうした活動を通じて両者の統合過程が展開していることも付記しておかなければならない。中国系企業の対香港進出は、その淵源自体は古い歴史をもつものの、急速にそのプレゼンスを拡大したのは一九八四年の中英合意成立以降のことである。中国は、九七年を目前にした今の時点で香港内に銀行・海運・デパート・不動産・製造業など多様な分野の橋頭堡を築き、そこでの影響力を確立することによって香港を自らに最も利する形で取りこもうと試みている。香港における中国系企業は、中国政府の意図を体現した「前衛」である。そうした企業の代表的なものが、華潤公司グループ（中国対外経済貿易部の香港代表機関）、招商局グループ（中国交通部の香港代表機関）、中国銀行グループ（中国銀行香港支店）、中信グループ（中国国際信託投資公司）、粤海グループ（広東省の香港出先機関）などを含む「八大企業集団」である。

6　対中交渉力の強化は可能か

こうして香港は、一九九七年中国返還を控えて中産層の海外移住の加速化にみられる「離脱」の過程を進める一方、背後に大きく広がる華南地方を自らの豊かな商機の沃野と捉えてここに積極的に進出するという「統合」の過程をもまた、展開させてきた。さきのものいいをもう一度使えば、香港の将来はこの「離脱」と「統合」の二つの合成ベクトルがいずこに向かうかにかかっている。指摘するまでもなく、香港が中国との統合ベクトルを強化しながら経済発展をつづけ、それにより離脱ベクトルの力を矯《た》めていくというのが、香港の最適の選択である。

そのためになされるべきは、香港の商業・情報・金融の三面における機能を一段と拡充し、きわめて整備された社会間接資本をつくり上げ、そうして香港を国際経済のネットワークにおける魅力的にして不可欠の存在たらしめることである。強靭な香港こそが中国経済近代化の何よりも重要な要素であることを、中国の指導者をしてまごうことなく認識せしめることが肝腎なのである。そうすることによって中国は、香港の現状を維持し、香港住民の忌み嫌う政治的介入を排除することに積極的な意義を見出すにちがいない。一言でいえば、経済力の拡充と徹底した国際化を追求することにより初めて香港は自らの対中「バーゲニング・ポジション（交渉力）」を強化しうるのである。香港政庁や財界の主力は、すでにそうした戦略に打ってでる意思を固めたかにみえる。迫りくる危機を果敢にのみこんでこれを自らの体力強化の薬剤とする、香港史上何度となく繰り返されてきたしたたかな対応のありようを再びそこにみることができる。

一九八九年一〇月、ウィルソン総督は立法局の施政報告のなかで、九七年の中国返還後にまたがる新空港・新港・新鉄道・新道路網建設と大埋立工事等から成る、合計一、二七〇億香港ドル（約二兆三、〇〇〇億円）に及ぶ長期大型基本建設計画を発表した。政庁財政収入の二倍以上の金額を投入して行なう、まことに野心的なプロジェクト群である。八九年九月に完成した香港島と九竜半島を結ぶ第二海底トンネルもその一環として位置づけられる。また李嘉誠氏は、九〇年一月、向こう三年の間に発電所・コンテナーターミナル・住宅建設などを含む四〇〇億香港ドルの投資を香港内において行なう旨のこれも大胆な意思を公表した。九〇年一月二四日付『日本経済新聞』は、アジアの国際協調融資（シンジケート・ローン）市場において香港が、巨額の資金需要を擁する中国とインドを上まわって最大の借り手として浮上したことを伝えているが、この事実は香港政庁・財界の意欲的な開発努力を反映したものにほかならない。

香港の将来を見通す場合の最重要の論点が中国の開放政策の継続の可否にあることは、誰しもが認めるところであろう。そして開放政策はすでに中国経済のなかに「構造化」しており、時に困難な政治変動に見舞われながらもこんごもなお持続されるであろうという私の判断は、すでに序章で示しておいた。さいごに次の一点を簡単に記すにとどめようと思う。

香港返還のありようは、好むと好まざるとにかかわらず将来における台湾返還のモデルたらざるをえないという事実についてである。一九八一年九月全人代常務委員会委員長（当時）葉剣英氏が第三次国共合作のための具体的方案を提示し、その第三項目に「国家の統一が実現した際、台湾は特別行政区として高度の自治を享有し、また軍隊を保有することができる」と謳って以来、中国の台湾返還方式には基本的な変化はない。軍隊の保有の可否を別にすれば、香港返還と台湾返還の方式にはそれほどのちがいはない。台湾の国力・軍事力を考慮すれば、ここに香港以上に高度の自治を保障せずして返還が可能なはずはない。香港返還のミスマネージメントは、すなわち台湾返還の断念につながらざるをえない。中国が香港住民の「信心」を大きく傷つけて、そのダイナミズムを掌中にする機会をみすみす失するほどに愚かだとは思えないのである。

しかし厄介なのは、香港返還があとわずか七年というまことに短い「時間表」のなかでの課題だという事実である。いまだ硬直的なイデオロギーの残滓をとどめる中国指導者の心ない言動がこの七年間にいま一度たりとも香港を脅かすならば、なお離脱への自由なオプションをもつ香港住民の流出は容易に加速するであろう。中国に与えられている時間は実はごくわずかなのである。

第四章　ベトナム　改革・開放への苦闘

――もうひとつのペレストロイカは実を結ぶか

ベトナムは、一億の人口を擁する東南アジアの大国であり、抗仏戦争（第一次インドシナ戦争）、抗米戦争（ベトナム戦争）、中越戦争を通じて、超大国との軍事的対決に引けをとることのなかった不羈《ふき》の民族である。しかし同時にこの国は、長らく戦時共産主義型の経済運営を継続してきたがゆえに絶望的な停滞を余儀なくされており、さらにはカンボジア侵攻に対する国際世論の反撥により厳しい国際的孤立をも強いられてきた。ベトナムがこの停滞と孤立からいかにして脱することができるか。西太平洋の将来を展望するに際してどうしても避けて通れない、中国の改革・開放のゆくえとならぶもうひとつのテーマが、これである。

抗仏戦争に勝利して以来ベトナムは、米ソ対立ならびに中ソ対立を基軸とする国際的パワーポリティクスの非情な枠組のなかで建国を進めてきた。しかし、冷戦構造の枠が崩壊し始めた今日、自国を興亡の危機から救うべく組織された戦時共産主義体制は、そのレゾンデートル（存在意義）を急速に失いつつある。平時への移行とともに、集権的経済運営のシステムはその非効率性をもって国民経済の順調な展開を阻み、住民の増大する物的欲求に応ずるすべを知らない党・政府は、自らの威信を揺さぶられることになった。そればかりではない。いかに非効率ではあれ、ベトナムが集権的統制経済を保持しえたのは、潤沢に手に入れることのできた外国援助のゆえである。しかし、カンボジア侵攻と中越戦争を通じて西側諸国と中国による徹底した経済封鎖を受け、残された唯一の頼みの綱であるソ連の援助余力もまた底をつきだした。

ベトナムがとりうる選択の幅は、今日かつてなく狭い。一つには、市場メカニズムの導入を通じて集権的統制経済を変革し、もって農民や企業などのミクロ単位に潜むエネルギーの発揚を図らねばならない。二つには、カンボジア和平を実現して西側諸国に経済封鎖網を解かせ、その手厚い協力を得て経済改革過程を軌道にのせるより他に活路はない。一九八六年一二月に開かれたベトナム共産党第六回大会において、グエン・バン・リン書記長を中核とする南部改革派が党・政府の実権を掌握して以来、この国にも「刷新（ドイ・モイ）」と呼ばれるいつにない柔軟な改革・開放への動きが始まり、カンボジア撤兵もまた八九年九月に実現することになった。

ベトナムに生起している新政策の動向をその経済発展過程のなかに位置づけ、そうすることによって改革・開放の路線展開がこの国の不可避の方途となったという事情を論じ、しかし同時にそれが容易ならざる課題であることをも解き明かしてみよう。

1　集団化と農業生産の停滞

後進的農業国が社会主義的工業化を試みようという場合、そのための資源はこれを農業に求めるより他ない。

農業部門の余剰資源（農業余剰）を国家が権力的に吸引し、これを工業部門にふり向けるという、国家を介在した「権威主義的」資源配分が社会主義的工業化の基礎である。農業余剰の吸引は、国家が農民から購入する農産物価格を低位におき、他方この農産物を原材料としてつくられた工業生産物をこんどは高価格で農民に販売するという、いわゆる「鋏状価格差（シェーレ）」を固定化することによって実現される。また低価格農産物は、工業部門労働者に低価格食糧を供給し、もって彼らの賃金水準を低位におかしめるためにもこれを欠かすことはできない。低価格での農産物供給は、後進的社会主義国において工業化を実現するための避けられない要請なのである。それがゆえにこそ、農業生産と農産物価格を国家の強い統制下におくことが重要な課題とされ、ソ連におけるコルホーズ、中国における人民公社のごとき農業集団化が、いずれの社会主義国でも広範に遂行されることになった。ソ連や中国など貧しい農業国として出発した社会主義開発途上国が、短期間に身の丈以上の重工業部門を擁しえたのは、国家権力を介した権威主義的資源配分のゆえであり、しばしばこれは社会主義的「高蓄積パターン」と呼ばれる。

一九五四年に抗仏戦争を終え、労働党（のちの共産党）主導のもとで社会主義的工業化をめざした北ベトナムにおいても、事情は同じである。生産手段の私的所有を許容する集団農業組織「初級合作社」段階を五〇年代末までに完了し、ついで六〇年代末までの間に、生産手段の集団的所有と労働点数制度による均分主義的所得分配を原則とする「高級合作社」にほとんどの農民と農地を組織化した。北ベトナムにおける農家総数と総耕地面積に占める高級合作社の比率は、南北統一ベトナム成立直前の七五年においてそれぞれ九三・一％、八八・七％に達していた。そしてベトナム政府は、統一後この農業集団化を南部においても強引に推進したのである。

サイゴンが陥落し、南北統一ベトナムが成立したのは一九七六年のことである。しかし、決定的に異なる南北の経済機構・制度の統合は、七六年以降に残された課題であった。経済機構・制度の統合とはすなわち南部の社会主義的改造であり、この改造への政治的意思を最終的に確認したのは七六年一二月のベトナム共産党第四回大会においてであった。南部農業の社会主義的改造とは、北部で組織化を完了した高級合作社システムに南部農民を組みこむことにほかならず、第四回党大会では八〇年までの四年間にこの課題を基本的に完了するという野心的な目標が打ちだされた。

しかし農業集団化に対する南部農民の抵抗は根強く、低価格による国家買上げを忌避して食糧を華僑に売りつづける農民が後をたたなかった。これに対抗して政府は、華僑がその支配権を握る南部の流通機構を締め上げるという挙にでた。一九七八年には私営商業を全面的に禁止し、小売業者のほとんどを小工業合作社に組み入れるという荒療治を試みた。この措置により、南部ベトナムにおいて最重要の米取引市場として君臨してきた、住民の七〇%を華僑が占めるサイゴン・ショロン地区の経済活動の火は消え、これが華僑ボートピープル急増の背後要因ともなった。農業の集団化と流通組織の再編は、農民の生産意欲を減殺せずにはおかない。実際、この時期の農業生産の実績は惨憺たるものであった。

図9にみられるように、一九六五―六六年の北爆期、七五年の南北統一直前の混乱期、七八年における社会主義的生産関係強化の時期において、生産量、土地生産性が二つながらはっきりと低下しているが、七八年時の低下幅がきわだっている。政府による食糧の国内調達量は七八―七九年において最低の水準に陥り、輸入量が国内調達量を大きく上まわりさえしたのである。

農業生産のこのような厳しい停滞は、長い戦争で疲弊した農民を解放するのではなく、逆に集団化に向けて農民を駆りたて、彼らの「否定的反応」を誘発したことの結果にほかならない。この推論は、同図に示される七九

図9　米の生産量・播種面積・土地生産性指数（籾換算）

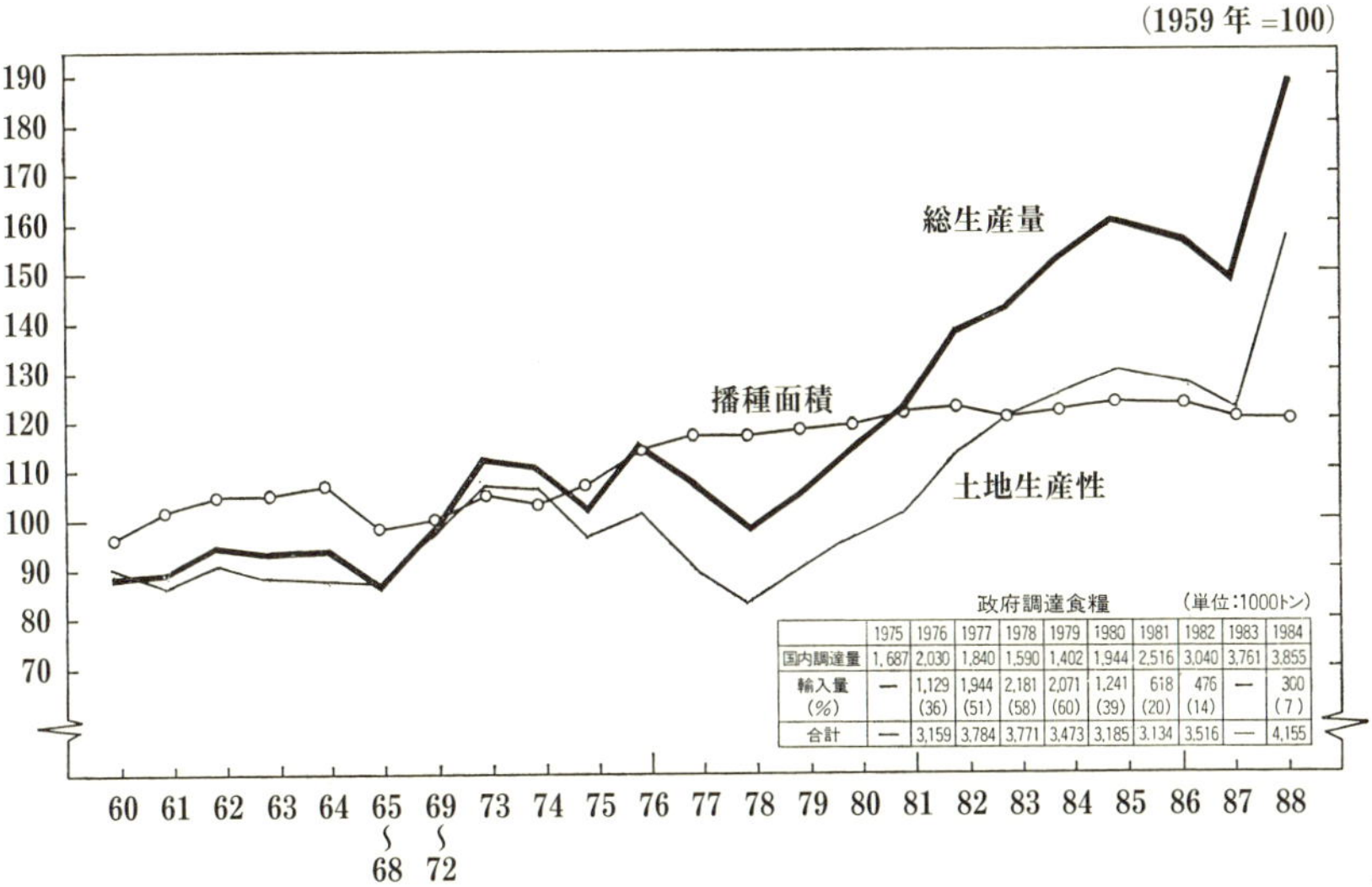

政府調達食糧　（単位：1000トン）

	1975	1976	1977	1978	1979	1980	1981	1982	1983	1984
国内調達量	1, 687	2,030	1,840	1,590	1,402	1,944	2,516	3,040	3,761	3,855
輸入量（%）	—	1,129（36）	1,944（51）	2,181（58）	2,071（60）	1,241（39）	618（20）	476（14）	—	300（7）
合計	—	3,159	3,784	3,771	3,473	3,185	3.134	3,516	—	4,155

（資料）　ベトナム統計総局など。

年以降の生産量と土地生産性の上昇が、実は後に述べる高級合作社方式から生産物請負方式への転換と軌を一にしているという事実をあわせ考えるならば、確かな正当性をもつということができる。農業集団化の問題点を探るのには、高級合作社システムのなかに長らく強固に組みこまれてきた北ベトナムを事例にするのが適切である。

一九八〇年頃まで北部において一般的であった農業経営方式は、「三請負制」である。三請負制とは、合作社がその下部組織である生産隊との間で生産量・生産費・労働点数の三つの項目について契約を結び、種々の農産物の所定生産量ノルマを生産隊が合作社から請け負うという方式である。生産隊がこの契約ノルマを超過達成した場合には、その超過分の特定比率を報奨として受け取り、逆に契約ノルマ未達成の場合には、その不足分の特定比率を賠償として支払うというものである。契約生産量を請け負った生産隊は個別農家との間に再び作業請負を行ない、農家は生産隊から耕起・田植・除草・施肥・収穫などいくつかの定められた農作業をノルマとして請け負う。このノルマを超過達成すれば所定の労働点数を獲得し、未達成時には労働点数を差し引かれ、こうして計算された点数合計に応じて農民は労働報酬を支払われた。ノルマは、その超過達成が難しい高い値に設定されるのがつねであった。

このシステムのもとでは、個別島民はノルマとして与えられた農作業を行なうことが期待されるにとどまり、最終生産物がいかなる質と量で生産されるかに彼らは何らの個人的責任を負わない。ここでは、よりよい生産物をより多く生産しようというインセンティブ（誘因）は容易にわいてこない。このことは、中国人民公社下の集団労働における労働点数制（「工分制」）の欠陥としてつとに指摘されてきたところである。中国においては、労働をその強弱によって分級してそれぞれに固有の基本点数を与え、これに農民の作業時間を乗じて得られた総労働点数をもとに報酬を与えるという方式（「死分死記」）に始まり、さらに農作業ごとに労働の質的差異を加味して基本点数を調整するという方式（「労働定額制」）にいたるまで、いくつかの点数制度が用いられてきた。しかし、これらによって農民の増産意欲が強化されることはついぞなかった。農作業ごとに所定の労働点数が事前に決められていれば、与えられた時間を労働の密度を薄めながら無難に過ごせばいいという風潮が農民の間に生まれるのは避けられないからである。また労働の質的差異の評価も自ずと恣意的たらざるをえず、これがインセンティブとなることもなかった。

ベトナムにおける三請負制の欠陥も、中国のそれとほぼ同様である。一九八〇年以降ベトナム政府内で多く語られるようになったその欠陥を、村野勉氏は次のようにまとめている。㈠合作社員は所定の農作業を行なうのみで最終生産物に対し責任も権利ももたない。そのためただ仕事を形式的にやるだけであり、労働は質的にも量的にも低下する。㈡農作業の結果の点検が重要であるが、それが困難であるために実際の労働の質・量を無視して各人に報酬を均等に与える平均主義に陥る。㈢監視・点検の業務に多大の努力を要し、直接生産に従事しない間接部門が肥大化する。㈣生産量ノルマの超過達成・未達成についての賞罰は生産隊がグループとして受け、社員は労働点数に比例して分配されるために、ノルマを達成しても多く働いたものほど損をするという不合理が生まれる（村野勉「ベトナム農業における生産物請負制」『アジアトレンド』一九八七年第四号）。

三請負制から発生する、当然といえば当然の帰結であろう。それにもかかわらず北ベトナム農業がどうにか窮状をしのいできたのは、恒常的な対外危機のもと、生産力増強に向けて農民を駆りたてていく求心力がいささかなりとも作用していたからである。しかし、長く厳しい抗米戦争を終えて平時に移行するや、無理に無理を重ねてきた集団農業の矛盾はいちどきに噴出せざるをえなかった。一九七〇年代の終わりから八〇年代の初めにかけて、この三請負制の上に極端に高い供出ノルマと一段と低い農産物買上価格の強要、さらには自然災害が加わって、農民の生産意欲は減殺、そのために合作社の多くが解体状態に陥ったのである。北ベトナムだけで農民による一五万ヘクタールの耕地放棄が発生し、食糧の国家買上量は七六年の二〇三万トンから、七九年にはこれが実に一四〇万トンに落ちこむという惨状が発生した。

こうして北ベトナムにおいて合作社制度がいきづまり、集団農業が解体の方向に歩みだす一方、南ベトナムにおいては集団化は遅々として進まなかった。集団化が形式的には整った農村でも、長い商品経済の経験をもつ南部農民の多くはこれに耐えられず、ここでも農民による土地放棄などの「否定的現象」が多発したのである。

2　国庫補助金制度

後進的農業国における社会主義的工業化を支える資源的基礎は、再びいえば農業余剰にある。しかしベトナム農業のこうした惨状にあっては、搾り取るべき農業余剰には当然限りがあり、農業余剰の継続的な吸引を通じて重工業化を推進しようという企図は、その起点において挫折したといわねばならない。しかし公有性の大規模工業化を社会主義の理想と考える党・政府指導部は、その硬直的イデオロギーのゆえに事態をそのように捉えることはなく、現状を無視して非望の工業化計画を強行しつづけた。

北部ベトナムにおいては、一九七六年の統一ベトナム成立以前に農業部門のみならず、工業部門の社会主義的改造もまた完了しており、国営企業と集団経営企業が工業化の主力部門を形成していた。そしてこの北部の固い集権的な工業企業運営システムが、統一後ほとんどそのままの形で南部にも採用されることになった。南部の社会主義的改造をめざした七六年の第四回党大会は、その政治報告において、「われわれは社会主義的工業化を一歩一歩実現し、わが国の経済を小規模生産から社会主義的大規模生産へと引き上げる。農業と軽工業の発展を基礎に合理的に重工業を優先して発展させ、工業と農業の建設を統合して全国をひとつの工・農業経済機構へと変換する。……われわれはおよそ二〇年間でわが国の経済を小規模生産から社会主義的大規模生産へと転換する過程を基本的に完了するよう奮闘する」と述べたのである。

かく表明された意思にもとづき、一九七六年に南部工業企業の社会主義的改造が開始され、「買弁ブルジョアジー」の資産についてはこれを完全に没収するとともに、「民族ブルジョアジー」の資産は国営企業に組みこむか、もしくはその所有は従来どおり民間にまかせるものの、生産・流通・分配の細目は国家計画に従う公私合営企業とするという政策が用いられた。公私合営企業において「私」の機能は厳しく制限され、国営企業に準ずる企業運営方式がとられた。

国営企業においては、生産すべき商品の種類と量についての指令制目標が国家から「下達」され、生産に必要な投入財のすべてが国家から低価格で供給され、生産物はこれもすべてを低い固定価格で国家が引き取り、労働者に対する分配もまた国家の指令どおりに均分主義的にこれを行なうという、北部工業企業で長らく採用されてきた典型的なソ連型指令制システムが南部でも展開されるにいたった。

しかもめざされたのは、重工業化である。第二次五ヵ年計画（一九七六―八〇年）における総投資の産業別配分は、工業三四・六％、農業二五・七％、運輸・通信一九・五％であった。工業三四・六％のうち軽工業は九・九％であるのに対し、重工業は二四・七％という高率であった。経済成長率ならびに工業成長率の目標値は、それぞれ一四―一五％、一六―一八％と設定された。重工業投資を通じての高成長が企図されたのである。

集権制指令経済の運営には、計画管理のための整備された行政機構と有能なテクノクラートの存在が必須の要件であるが、長期にわたる戦争継続の後遺症として経済建設のための機構と人材は当時のベトナムにおいては払底していた。しかしより深刻な問題は、社会主義的工業化を支える農業部門が疲弊し、工業化のための蓄積基金が厳しい制約下におかれていたことである。工業企業の順調な運営を図り、かつ労働者の生産意欲を持続させるためには、企業が必要とする投入財を適宜供給し、労働者に適切な賃金を恒常的に保障しなければならない。しかしそのための蓄積基金がまことに不十分にしか確保されていなかったのであり、統一後ベトナムの社会主義的工業化を一貫して苛んできた最大の問題がこれである。

実際のところ、一九七九―八〇年当時、ベトナム全土には国営・公私合営企業数が二五〇〇、労働者数が六〇万余であったが、国家の投入財供給量は必要量の半分程度であり、これに電力不足が加わって全企業数の実に約三分の一が操業停止、残りの三分の二の企業の設備稼動率も平均して五〇％以下、労働者の三分の一が余剰化していたという（三尾忠志編『インドシナをめぐる国際関係』日本国際問題研究所、一九八八年）。投入材の供給を受けられない以上、企業の生産減少は避けられない。それにもかかわらず労働者には一定の賃金・給与を支払うことが義務づけられており、さらに既述した集権制システムのもとで企業が国家に売り渡す製品は計画的に定められた低価格に据えおかれていた。企業の赤字化は不可避である。

このような状況にありながらも、ベトナムにおいて工業企業をどうにか存続させてきたのは、「バオ・カップ」制といわれる国庫補助金制度の存在であり、企業の赤字はこれによって補塡された。労働者の賃金・給与もまた国家による補助金給付の対象であった。すなわち企業が労働者に支払うのは賃金総額の約半分の現金賃金であり、残りは国家が配給切符の形で市場価格を大きく下まわる低価格での現物給付を行なってきたのであるが、この低価格供給を支えたのが国庫補助金制度である。また国営企業の輸入品を含む投入財も低い固定価格で供給された。これを可能にしたのも補助金制度である。

補助金の源泉は財政収入であり、財政収入の源泉はシェーレによって農業部門から移転される農業余剰にある。しかし、再三指摘しているようにベトナムにおいてはこの農業余剰が涸渇しているのであり、そうであれば国庫補助金の源泉は、財政赤字ならびに外国援助の二つ以外にはありえない。もちろん財政赤字はその申し子であるインフレを覚悟せざるをえず、継続的にこれに依存することはできない。残された唯一の方途が外国援助である。実に、ベトナムにおける国庫補助金の中核を形成してきたのは、社会主義国とりわけソ連の援助にほかならなかった。一九八一年を例にあげれば、ベトナムの財政支出に占める国庫補助金の比率は二五・二％、財政赤字に占めるその比率は四一・二％、財政赤字のほとんどすべてが外国援助によってまかなわれていたのである。

要約すればこうである。ベトナムは、集団的農業経営の生みだした著しい非効率性のゆえに、社会主義的工業化を支える農業余剰において乏しい。それゆえに生じた企業の投入財不足と、それにもかかわらず強要された製品の低価格供給ならびに労働者への固定賃金・給与保障は、工業企業に赤字経営を余儀なくさせた。企業の赤字を補塡し、かつ賃金・給与取得者への現物配給を保障するための制度的機構が、国庫補助金制度にほかならない。結局、ベトナム経済運営の帳尻を合わせたものは国庫補助金制度である。しかし農業余剰の涸渇のゆえに財政は恒常的な赤字であり、そのために国庫補助金制度自体が自律的な存在ではありえず、かくして最終的に依存すべきは外国援助とならざるをえない。帳尻の最後は援助だったのである。

ベトナムの援助依存度は相当に高いものであったが、問われるべきは高い援助依存度それ自体であるよりは、援助依存の過程で順調な拡大再生産のメカニズムが形成されえたかどうかである。ベトナム経済の現実は、むしろそのメカニズムの破壊であった。統一後ベトナムにおける最重要の課題が南部の社会主義的改造にあるという認識のもとに出発した第二次五ヵ年計画は、南部をも含めて社会主義を確かに制度的には実現したものの、しかしそのことによって経済的停滞を決定的なものにしてしまった。指令制計画経済においては、企業運営の最終的責任は企業そのものにはない。企業は自主的努力のいかんにかかわらず存続を許され、かつ労働者もまた少ないとはいえどうにか食いつないでいくことのできる所得を保障された。

こうした制度が一般的である以上、マクロ経済がいかに厳しい苦境に陥ったとしても、ここから脱出すべくミクロの企業や労働者に増産への意欲がまったくといっていいほどわきおこらなかったのは、いたし方ない。第二次五ヵ年計画（一九七六―八〇年）における実績は、実に惨憺たるものであった。農業生産ならびに工業生産の実質年平均成長率は、目標がそれぞれ八―一〇%、一六―一八%であったのに対し、実績は一・三%、〇・六%にすぎなかった。鉱工業生産の実績値も目標値をすべての項目にわたって下まわり、目標達成率は石炭五三%、電力七四%、セメント三二%、化学肥料二四%、製紙三六%、砂糖五〇%、布地三九%という低迷ぶりであった。このような停滞に耐える余力は、七〇年代後半期のベトナムにはすでに完全になくなっていたとみられる。

工業企業の非効率性のゆえばかりではない。何よりもベトナム経済の屋台骨を支えてきた外国援助の流入に齟齬が発生したのである。中越戦争とカンボジア侵攻は国防費を著増させる一方、それまでの主要な援助国であった中国の援助を停止させた。またカンボジア侵攻の継続は西側諸国による経済封鎖を招来し、ベトナムに対する大きな援助供与国はソ連のみとなった。加えて一九五五年以来、ベトナムは社会主義諸国から国際市場価格よりかなり低い価格での特恵的輸入の恩典に恵まれてきたのであるが、この恩典は八一年に消滅した。ソ連の援助だけが唯一の頼みの綱であった。このソ連も経済効率の著しく低いベトナムへの援助を次第に浪費として認識するようになり、第三次五ヵ年計画（一九八一―八五年）に対する援助供与の条件として自助努力の強化、すなわち援助の効率的利用をもちだすにいたった。ソ連による経済運営の効率化要請が、ソ連型計画経済体制を固守してきたベトナムに与えられたのは、皮肉である。

3　農業改革の試み

窮状のベトナムに残された活路は、集権制システムの枠をいかようにか解き、かくして農民や企業のミクロ単位に潜む活力を引きだし、もって自国の潜在力を掘りおこしていくという方式以外にはない。党・政府指導部において強固なイデオロギーにまで高まっていたソ連型戦時共産主義モデルが、厳しい現実を前に変容を余儀なくされたのである。かくして市場経済メカニズムの導入を通じて農民の「否定的反応」を排除し、企業のエネルギーの発揚を図るべく「新経済政策」の採用が企図されたのであり、一九七九年九月の第四期第六回党中央委員会総会（第四期六中総）におけるベトナム版ネップの決議がそれであった。

この決議にもとづき改革の要に位置したのが、農業における生産物請負制である。生産物請負制とは、個々の農民が生産隊から請け負った一定生産量を達成すれば、それをこえるすべての生産物が農民に帰属し、これを自由市場で販売するなど農民の意思による自由処分が許容されるという制度である。この制度によって農民は最終生産物の量と質に強い責任をもたしめられたのである。

生産隊から割り当てられた土地で農民が行なう農作業は、個別農民にこれをまかせたほうがより効率的であると判断された田植・作物の手入れ・収穫の三つの範疇に限定され、種子管理・耕耘・水利管理・肥料農薬管理などは生産隊なり合作社が行なう作業とされた。その意味で農民が農業経営そのものを全体として生産隊から請け負う、今日の中国農業で一般的な「各戸経営請負制」に比べれば農民の自由度はなお小さい。

農民の増産意欲を引きだすべく、農産物請負制度の採用以外にもいくつかの注目すべき試みがなされた。同一の土地ができるだけ長期に割り当てられない以上、農民は土地をはぐくむ努力を行なわず、しばしば「土地略奪的」行動をとる傾きがある。この弊を改めるべく、地域によって一様ではないが、土地の割当期間を従来より長期化するという試みがなされた。さらに、個別農民が請け負うべきノルマがかつてのようにあまりに高いところに設定されていれば、自ずとノルマ超過達成分が少なくなり、農民の増産誘因もその分だけ削がれざるをえない。

そのために比較的低いノルマの一定期間にわたる固定化が図られた。

何よりも、国家農産物買上価格の大幅な引上げが決定されたことが特記されねばならない。一九八一年秋の閣僚会議で決定された国家買上価格の引上げ幅は実に五〇〇%という空前の高率であり、これは生産物請負制度への転換とあいまって、農民の増産意欲を高める刺激的効果として作用した。

一連の政策的変化が米生産動向に与えた効果は、既出図9にはっきりと反映されている。米生産量は一九八〇年に回復過程に入り、八一年以降めざましい増加を示した。政府による食糧の国内調達量は八一年には七八―七九年の二倍となり、他方輸入量は激減した。土地生産性もまた八一年には七五年時点のそれに回復し、その後もめだった上昇を持続していることが観察される。

このような注目すべき成果を生んだのは、要するに新しい経済的誘因に農民が反応したからであるが、反応のあらわれ方は多様であった。三請負制下の労働点数制によって農民は労働意欲を失い、土地の多くを放棄し、また耕地利用率をも低下させていた。経済的刺激策を受けて農民は放棄していた土地にもどり、かつ耕地利用率をも高めた。こうして、それまで減少をつづけていた米の作付面積は、経済刺激策が用いられた一九八〇年から八三年までの間に、北部では二三一万ヘクタールから二四七万ヘクタールへ、全国では八〇年から八二年までの間に五五四万ヘクタールから五七一万ヘクタールへと増加した。経済刺激策は単収増加への農民の意欲を誘い、これが高収量品種の導入へと農民を向かわしめることにもなった。FAO(国連食糧農業機関)統計によれば、八一年におけるベトナムの米高収量品種幡種面積は全米作面積の一%にすぎなかったが、一九八五年にはこれが三〇%に達した。高収量品種の導入に不可欠な肥料の投入増加と灌漑施設の拡充もなされた。

物質的刺激策による労働意欲の喚起とそれによる農村潜在力の動員は、中国と同じくベトナムでも確かに観察されたのである。こうして展開を始めたベトナム農業の市場経済化は、さらにこれを徹底させる方向に動き、現行制度をなしくずし的に変容させずにはおかない。生産物請負制度を一層自由化させる方向で今日「白紙請負制度」が相当の広がりをみせ、前者はすでに形骸化しつつあることが確認されている。生産物請負制のもとで農民が請け負うのは田植・作物の手入れ・収穫の三つの作業範疇のみであったが、白紙請負制のもとでは農作業のすべてを農民が請け負うことになり、合作社と生産隊は農作物の一定量の請負ノルマを農民から受け取るにとどまる。中国における「各戸経営請負制」に類似した個人経営方式の出現である。

こうした市場経済化の動きを公的に「認知」したのが、一九八六年一二月の共産党第六回大会における「刷新」の意思表明であり、その精神を農業改革の具体的方案として提起したものが、八八年四月の「農業経済管理の刷新に関する政治局決議第一〇号」であった。このいわゆる「一〇号決議」により、集団農業を社会主義農業のあるべき姿とみなす「規範」は最終的に放擲されることになった。公有制や共同労働についての主張はすっかりトーンダウンし、農民の合作社への加入・脱退の自由さえも認められた。合作社農民に対する土地貸与・耕作期限が五年から一五年にまで延長され、加えてその後の中央書記局の決定により、農民が合作社から請け負ってきた土地を他人に貸与、さらには譲渡までもできるようになった。ベトナム農業は私的所有制と「紙一重」のところにまできたのであり、農民は固い農業組織からの「行動の自由」をほぼ掌中に収めることができたのである。

4 改革とインフレ

農業改革とならんで工業企業改革も開始された。その中核にあるのは、企業自主権の拡大と賃金制度の改革である。

企業自主権の拡大は多様な内容をもつが、要約すればこうである。国営企業は、すでに指摘したように投入財のすべてを国家から与えられ、生産物のすべてを国家に売り渡すことが義務づけられてきた。しかし一九八一年以降、国営企業の生産計画は、㈠国家によって下達された計画的生産に必要な供給を行なう部分、㈡企業が国家から資材の供給を受けて自主的に生産する部分、㈢副次的生産部分、の三つにわけられ、このうち㈠、㈡の部分は国家に売り渡さねばならない。しかし、㈢は企業が自主的にこれを処分してもいいとされた。企業の自主的生産が認められたこと、副次産品の生産が許可され、しかもその処分の自主権が与えられたことの意味は大きい。

さらに価格決定においても弾力化が試みられた。㈠の部分についてはその販売価格から生産費を差し引いたものが利潤とされているものの、㈡、㈢についてはその利潤を㈠の二倍から四倍までの幅で設定してよいことになった。さらに利潤の企業内留保も認められ、たとえば㈠については利潤が計画をこえた場合にはその六〇—八〇%の留保が可能となった。この留保利潤を生産発展基金・報奨基金・福祉基金の三つに配分し、しかも報奨金は賃金の三ヵ月分までとすることができるようにもなった。㈡と㈢については、それぞれ利潤の二〇%、一五%を国家に納め、残りを前述した三つの基金に配分してもよいとされた。企業長の地位も強化され、生産・経営の最高責任者として位置づけられるとともに、労働者の採用・配転の権限が強化され、かつ解雇権をもつにいたった(木村哲三郎『ベトナムの国際関係と経済発展』アジア経済研究所、一九八七年)。

賃金制度の変更も同時になされている。旧来の時間制賃金制度や階級賃金制度は、労働の最終的成果である生産物の量や質のいかんにかかわらず所定の賃金を支払うという均分主義的分配であり、労働者の労働意欲を引きだす効果において弱い。この事実が反省され、集団ならびに個人に作業あるいは製品を請け負わせたり、出来高払いの賃金にするといったことが試みられた。

こうした分権化努力の成果は、一九八〇年代前半期に着実にあらわれたとみることができる。第二次五ヵ年計画期間（七六―八〇年）の年平均工業成長率は〇・六％であったが、第三次五ヵ年計画期間（八一―八五年）のそれは九・五％という高率であった。集権制システムから分権制システムへの転換が、この高成長に少なからぬ寄与をなしたのである。ベトナムの経済成長を厳しく制約してきた要因が、分不相応な計画経済体制であったことは明白であり、この体制の変革が旧体制下で封じこめられていた企業の潜在力を発揚させる契機となったことは確実である。

しかしながら、ベトナム経済の抱える問題がこれで解決されたわけでは決してない。むしろこのまさに経済改革の過程で、それまで表出することの少なかったベトナム経済の問題点が一挙にあふれだしてしまったかの感がある。何よりも財政が巨大な赤字となり、これを起因としてハイパーインフレが発生し、それがゆえに国民の生活がいよいよ窮迫の度を深めるという事態が発生したのである。

ベトナムにおける社会主義的工業化の起点にあったのは、国家による農産物の低価格買上げであったが、農民の増産誘因を引きだすためにこの買上価格が一九八一年に一挙に五〇〇％引き上げられたことはすでに指摘した。その結果、農業部門は息を吹きかえし、国家は配給用食糧を確保し、企業もまた原材料をようやくにして入手することができるようになった。しかし食糧価格の大幅引上げがなされる一方、賃金・給与取得者に対する最重要の生活必需財九品目の配給制度はつづけられ、その価格も従来と変わらぬ極端な低水準に据えおかれた。拡大する「逆ザヤ」のすべては国庫補助の負担を増大させることになった。また原材料価格の高騰は、これも工業企業のコストを上昇させる一方で、工業製品価格の調整幅は小さく、かくして発生したコスト割れ分のすべてが国庫補助金の負担増となった。

「国家丸抱え」体質を象徴するこの国庫補助金制度が廃止されない以上、ベトナム経済のなかに自律的な再生産メカニズムが形成されえないことは自明である。しかし改革の不徹底さのゆえに、この制度の廃止はかなわなかったばかりか、逆に補助金額の累増を招くという結果に終わってしまった。こうして発生した巨額の財政赤字は、これを外国援助でまかなっていくことが難しいという現状においては、中央銀行からの借入に依存するより他に道はなく、これがベトナムのハイパーインフレの最大の要因となったのである。結局のところ、ベトナム経済運営の「ガン」ともいうべきものがこの国庫補助金制度にほかならない。一九八一年以降の経済改革は、このガンを摘出することに成功せず、むしろガン細胞を身体にくまなく転移させてしまったかのごとくである。

一九八五年六月の第五期八中総の決定は、まさにこの国庫補助金制度に守られてきた価格・賃金制度の本格的な改革への意思を確認した画期であった。改革の内容をまとめていえば以下のごとくである。国庫補助金制度を廃止するためには、まず何よりも企業に自主権を与え、企業の独立採算の基盤を確立することが必要である。そのためには、すべての生産コストと賃金を組みこみ、かつ合理的な利潤分をも含んだ製品価格が設定されねばならない。正確な費用の組みこみは企業を正常に運営する上での基礎であり、合理的利潤の留保は企業の拡大再生産にとって不可欠の前提だからである。

それがゆえに企業は、㈠国家から供給された物資については国家が定めた価格で計算し、企業が自ら入手した物資については契約価格で計算する、㈡固定資産の減価償却費ならびに償却率を高める、㈢賃金をすべて算入する、㈣企業の管理費その他のコストを算入する、ことができるようになった。すなわち製品価格はそのコストに見合って合理的に設定されることになったのである。このことによって企業が価格引上げをいっせいに試みたのは、当然である。また既述したように企業は賃金・給与の一部を現金で支払うが、残りは現物賃金として国家が著しい低価格でこれを配給してきた。一九八五年以降この低価格での現物配給制度をやめ、補助金に相当する分を企業の貨幣質金に組みこむことになった。この結果、企業の現金・給与支払額は急増し、これがまた製品のコスト、したがって価格の高騰となってはね返った。

国庫補助金を減少させようとすれば、製品価格の引上げ、現金賃金コストの上昇は避けられず、実際、第五期八中総の決定以降ベトナムの月平均物価上昇率は一九八六年一九・四%、八七年一二・七%、八八年一二・四%となり、価格は完全な「無政府状態」と化した。自律的再生産のメカニズムを身につけるためには国庫補助金の廃止が不可欠である一方、その廃止は耐えがたいインフレを招来せずにはおかない、という深刻なトレードオフにベトナムは翻弄されることになった。

政府・党指導部の直面した悩みはまことに深いものであった。一九八六年一二月ハノイで開催されたベトナム共産党第六回大会において、チュオン・チン書記長はその政治報告において異例の率直さで社会主義的改造の失敗を語り、引責辞任した。そしてその任を南部改革派の最高実力者グエン・バン・リン書記長に委ね、同書記長を中核とする若手改革派による指導部体制が成立した。

第六回党大会のキーワードは経済思考の「刷新」であった。第一に、国営・集団経営部門以外の非社会主義セクターの潜在力を積極的に活用し、第二に、食糧・消費財・輸出の三部門を拡充すべくここに資源を集中し、重化学工業部門についてはこの三部門の発展に必要な生産財供給を優先すべきこと、第三に、経済管理機構の刷新が提唱された。集権制システムの桎梏からの離脱がめざされたのである。その上で一九八七年四月の第六期二中総では、国家財政赤字の減少・通貨膨脹の減少・物価高騰の減少・生活難の減少、の「四つの減少」を目下のベトナム共産党が追求すべき最大目標として掲げた。

党中央の意思はこのように鮮明に呈示されたものの、事態の改善は容易ではなく、その意思表明のなされた一九八七年と翌八八年の物価上昇率も、さきに指摘したごとく依然「無政府状態」をつづけた。しかし、グエン・バン・リン体制下における物価・賃金改革は、インフレに悩まされながらも後退することなく維持され、これが奏功して八九年のインフレ率は少なからず減少して月平均二・八％にとどまり、九〇年には一—二％にこれを落とすことも可能だと予測されている。八九年春以降、長年にわたってつづいてきた国庫補助金制度が事実上消滅し、これにカンボジア撤兵による軍事費削減の効果も加わって財政赤字の削減が可能となり、そうして通貨発行量を抑制しえたことがインフレ減速の主因である。天候にもめぐまれて食糧が大幅増産し、米輸出余剰が生まれるという農業部門の好実績もインフレ制圧に貢献した。

しかし、インフレは減速したとはいえ、年率三桁をつづけた後の減速であり、ようやく「一息」といった段階にすぎない。何よりも、さきに指摘したロジックから当然予想されるとおり、国庫補助金制度の廃止は製品価格と賃金の高騰圧力にほかならず、かかる状況下での通貨量の抑制は生産・流通分野における由々しい資金不足を併発せずにはおかない。事実、工業部門の操業短縮・停止がこのところ多発し、労働者のレイオフが広範にみられる。国営部門の人員整理はとくに厳しく、これにカンボジアからの帰還兵士や除隊兵士が加わり、失業率はこの二年急上昇をつづけて今日二五％という、ベトナム経済開発史上最悪の水準に達した。インフレ制圧のコストがすなわち失業率の上昇なのである。ベトナム経済の抱えるディレンマはなお厳しい。解消すべき課題が開発資金の不足にあるという構図自体が、それほど変わったとは思われないのである。

5　プラグマティズムの生成

結局のところベトナムが「刷新」を完遂するためには、西側諸国に経済封鎖の全面的解除を促し、その潤沢な援助を誘いだすよりほかないのである。一九八九年九月にベトナムが試みたカンボジアからの無条件撤退とヘン・サムリン政権の独立性尊重の意思表明は、確かに明るい材料である。これを機にフランス、イタリアが援助を開始し、韓国、台湾、さらにはＡＳＥＡＮ諸国との経済交流が活発化している。しかし、ベトナムによるカンボジア撤兵の意思表明を受けて八九年秋に開かれたパリ国際会議では、国連主導による国際監視機構（ＩＣＭ）の設置などの面で重要な合意をみたものの、撤兵後カンボジアで実施される総選挙のための暫定政権の構成、ポル・ポト派の処遇などに関する相互の意思の乖離幅は大きく、第二回パリ国際会議の日程の見通しは依然たっていない。九〇年六月に開かれたカンボジア和平のための東京会議においても、めだった進展はなおうかがわれない。アメリカ、日本など最重要の資本・技術供給国が、ベトナムとの交流を本格化するのはまだ当分さきのことにならざるをえないであろう。

もうひとつの懸念は、東欧圏における共産党支配体制の崩壊の事実に自らの正統性危機を予感したベトナム共産党が、国内の思想的引締めを現在強化しているという事実に関わる。こうした事実は西側諸国の対越アプローチを警戒的なものにしかねない。実際、グエン・バン・リン書記長は、ポーランドの「連帯」が六月総選挙で圧勝したあとを受けて一九八九年八月に開催された七中総の総括演説において、「刷新とは社会主義建設の目標を変えることでは断じてない。また共産党の指導的役割を変えることではないし、マルクス＝レーニン主義を他の主義に変えることでもない」と述べ、つづいて「われわれは資本主義の本質を明確に認識し、帝国主義・国際反動勢力と闘争する」とも喝破したのであるが、このアナクロニズムともみえる政治姿勢は、同書記長の主唱する経済思考の「刷新」といかにも対照的である。

西側の経済封鎖の解除と援助再開を不可欠の要請とする現時点において、なおこのような政治的表明をせざるをえないところにベトナムの深い悩みがある。ベトナムにとっての喫緊の課題は貧困からの解放にある。この課題は、市場メカニズムの導入を通じて旧来の集権的経済運営システムを「刷新」することによってしか解決しえないものであり、したがって「刷新」を政治的混乱を回避してできるだけ秩序正しく効率的に遂行したいというのが、党指導部の願いにちがいない。

政治の強い「一元化」のもとで経済の活発な「多元化」を展開しようというこの目論見が、長期的に成立するものとは思われない。しかし、最貧国からの脱却こそがベトナムの目下の最大の課題であると認識する国民が多数を占めているというのも、争いがたい事実なのである。長い民族解放闘争における唯一の指導勢力でありつづけたベトナム共産党の威信は、南北統一後の経済失政の過程で揺らいでいるとはいえ、ソ連軍の占領支配下で成立した東欧圏諸国のそれに比較して強固であるという事実も、正しく認識されねばならない。

ベトナムは、いまなおマルクス＝レーニン主義をその正統性原理として掲げるイデオロギー国家である。しかし豊かな社会を求める経済的プラグマティズムは、共産党一党独裁の政治支配体制のなかにありながらも、確かな胎動を始めているのである。

一九八六年のベトナム共産党第六回党大会が、「社会主義にいたる過渡期は比較的長期の歴史的過程であり、多くの段階を経なければならない」という認識を表明したことに、われわれはいま一度注目する必要がある。現代は、きたるべき「次の段階における社会主義社会を実現するための根本的な前提条件」をつくるための時期だと規定されたのである。中国の「社会主義初級段階論」にも匹敵すべきプラグマティズムにいまベトナムは覚醒しつつある。国際的援助の再開によってこの覚醒をさらに促すことが肝要であろう。そして、ベトナムに新たに生まれたプラグマティズムが、いずれこの国の強固な政治イデオロギーを「溶解」させていくであろうという「寛容」に、西側もまた覚醒しなければならない。

第五章　さまよえる神聖国家　北朝鮮

――開放へのはるけき道

西太平洋に残る最後の「ハードコア」が、北朝鮮である。NIESはすでにして先進国に到達する経済力を身につけ、ASEAN諸国もまた自らの発展軌道を見出して着実な成長をつづけている。中国とベトナムなどアジア社会主義国は、いまなお権威主義的で一元的な政治体制のもとにありながらも、経済改革・対外開放の路線はこれをすでに定着させたとみられる。こうした西太平洋にあって、「主体思想」にもとづく特異な共産主義の固い殻にとじこもり、この地域に渦まくインダストリアリズムの波からひとり超然としてたたずむ「神聖国家」が、北朝鮮である。

しかし、朝鮮半島をめぐる国際環境は、今日かつてない規模での変動を開始しており、この変動に順応して自らの外交戦略と経済政策を再編しない以上、「神聖国家」のレゾンデートル自体が危殆に瀕しかねないという状況が生まれるにいたった。北朝鮮は建国以来、最大の試煉の時期を迎えようとしている。

東欧圏諸国の対韓国交正常化がなり、ソ連と韓国との国交樹立のプログラムも急速に浮上してきた。中国の対韓経済交流はすでに定着化の段階にある。「二つの朝鮮」が、皮肉にも社会主義友邦の「策動」によって公認されたのである。

中ソ対決の時代にあって有効性をもった「ソ連カード」も「中国カード」も、中ソ・デタントの今日、往時の価値は失せた。のみならず中ソは、朝鮮半島の長期的安定化を求めて北朝鮮の「南朝鮮解放」を牽制し、その改革・開放を促すことに共通の利益を見出している。北朝鮮はいまや国家的アイデンティティの危機につながりかねない厳しい国際的孤立を余儀なくされたのである。

国際的協調路線をもって改革・開放戦略に転じる以外に、北朝鮮がこの窮状から脱けでる道はない。改革・開放を通じて停滞した経済を活性化させ、蓄積した経済力を背後に柔軟な南北統一政策に打ってでることができるかどうか、ここに北朝鮮の将来がかかっている。しばしば「王朝的」ともみられる強固な権威主義的政治体制を長らく継承し、典型的なスターリン型集権制経済を築いてきた北朝鮮が、改革・開放戦略へと転換していくのは確かに難事業である。しかし、北朝鮮が朝鮮半島の北部の一角で孤立と停滞をつづける以上、韓国との経済力格差はいよいよ拡大し、国際政治のなかで韓国の後塵を拝するという不名誉に甘んじなければならない。このような正統性と威信の危機を前にして、北朝鮮がなお固い殻にとじこもって孤立と停滞に身を委ねつづけるとも考えにくいのである。西太平洋世界における最後のハードコア北朝鮮はどこにいくのであろうか。北朝鮮をとりまく国際環境、その経済のありようを眺めながら、この点に関するひとつの示唆を得たいと思う。

1　半島情勢の流動化と北朝鮮の孤立

朝鮮半島をとりまく国際環境がにわかに流動化の様相をみせ、朝鮮戦争を経て形成された南北の敵対的分断、ならびにそれぞれを自由主義陣営と社会主義陣営が支えるという双極的なパワーポリティクスの基本的枠組が、音たてて崩れ始めている。南北分断四〇年の歴史のなかで生じたまぎれもなく最大の変動である。そしてこの変動は、韓国を鼓舞する一方、北朝鮮を孤立に追いこむという、非対称性をもってその特徴としている。

東欧圏諸国の対韓接近が、かつてであれば信じられないような速度で進んでいることが特記されねばならない。一九八八年九月になされた韓国・ハンガリー両国政府による常駐外交代表部の相互設置と国交樹立交渉の早期開始に関する合意が、その皮切りであった。当然ながら北朝鮮はこれに厳しい反発を示し、同国外交部は「ハンガリー当局の行動は、南朝鮮を独立国とみなし、朝鮮の分裂を恒久化するアメリカの犯罪策動に直接加担する以外の何ものでもない。……われわれの再度の忠告にもかかわらず、ハンガリー当局者があくまで南朝鮮傀儡一派との関係を深めるならば、これから生ずるすべての悪い結果に対し、彼らは全的な責任を負うことになろう」と、国交断絶を辞さない警告を発した。

しかし、そうした警告も韓国・ハンガリー両政府にとっては「おりこみ」ずみのものであり、一九八九年二月には韓国と社会主義国との初の国交樹立という画期を迎えることになった。これにつづいて同年中にポーランドならびにユーゴスラビアと、九〇年に入ってチェコスロバキア、ルーマニアと国交が成立した。残る東ドイツとも国交樹立に向けた交渉が持続中であり、東欧圏諸国の対韓交流の方向は定まったとみられる。アジア社会主義国では、九〇年三月にモンゴルとの国交が成立している。

ソ連の外交的影響力の強いこれら諸国が、同じくソ連の影響下にある北朝鮮の頭越しに、韓国との国交樹立交渉を独自に行ないえたとは考えにくい。事前にソ連との密度の濃い「根まわし」を試みた上での決定だとみるのが合理的である。むしろソ連は東欧圏諸国と韓国との国交樹立を既成事実化し、その軌道の上で自らの対韓交流を齟齬なく展開しようという意図を伏在させていたとみられる。案に相違せず、一九八八年一〇月韓国を訪問したソ連商工会議所副会頭ゴラノフ氏は、大韓貿易振興公社社長李宣基氏との間で、直接貿易を実現するための覚書を交換した。この覚書を受けて李氏が同年一二月に訪ソ、両国に貿易事務所開設を含む業務協力協定を締結するという手順が公然のものとなった。そして八九年七月には、領事関係事務をも行なう貿易事務所の相互開設の実現と、ことは急速に進んだのである。

顧みればこのようなソ連の外交的転換は、自らをアジア太平洋国家と規定し、周辺諸国との広範な連携強化を謳った一九八六年七月のゴルバチョフ書記長（当時）によるウラジオストック演説以来、すでに予定されていたものであったようにみえる。八八年九月の同氏のクラスノヤルスク演説は、この認識をさらに前進させたものであった。両演説がソ連のアジア太平洋諸国に関する基本的な認識の変化を反映したものであってみれば、交流の対象が日本のみではなく、いなむしろ日本よりもなお強い活力をもって対外経済活動をつづける韓国に向けられるようになったのは、自然のなりゆきであろう。クラスノヤルスク演説が行なわれたのは九月一六日であり、ソウル・オリンピック開幕の前日であった。この演説でゴルバチョフ書記長は、「朝鮮半島の情勢は依然として複雑であるが、しかしここでも南北朝鮮の対話の兆しがあらわれた。……私は朝鮮半島の情勢全体の改善を背景に、南朝鮮との経済関係を軌道にのせる可能性が生まれてきていると思う」と、異例の率直さで対韓交流への意思を語り、その一方で北朝鮮については何の言及もなかったのである。これが、ソウル・オリンピックに向けてのソ連としての最大級の公式祝辞であったと解釈されるゆえんでもある。

一九八九年に入り、韓国との関係を領事関係から国交関係にまで推し進めようというソ連の意思をうかがわせる要人の発言がにわかに活発化した。八九年一〇月に訪韓したソ連科学アカデミー世界経済国際関係研究所所長マルチノフ氏が韓国民主党総裁（当時）金泳三氏と行なった共同声明は、「朝鮮半島には国際法上からみて実体として認定されねばならない二つの別個の主権国家が存続している」という認識を打ちだし、「二つの朝鮮」を認めた画期的なものであった。これにさきだつ同年九月に韓国を訪れたソ連の前外務次官・ソ連科学アカデミー東洋学研究所所長カピッツァ氏は、八九年時点で五億ドル規模の韓ソ貿易額が将来三〇億ドルをこえれば国交樹立は可能だという趣旨の発言をして、韓国民を驚かせた。

そして一九九〇年三月、韓国民自党最高委員の金泳三氏がモスクワを訪問、ゴルバチョフ大統領との会見が実現した。四月に入って民自党スポークスマンが明らかにしたところによれば、ゴルバチョフ大統領は「韓国との国交樹立はもはや時間の問題であり、これには何の障害もない」旨を語ったという。そして九〇年六月、米ソサミットのために訪米中のゴルバチョフ大統領を訪ねた盧泰愚大統領との間で歴史的な韓ソ首脳会談が実現し、両国の国交樹立が原則的に合意されるにいたった。韓国「北方外交」の快挙というにふさわしい。

対韓交流の開始の時期において最もはやく、その規模において格段に大きいのが中国であることは広く知られている。大韓貿易振興公社の報告によれば、一九八八年における両国の往復貿易額は香港を経由した間接貿易額が二一億ドル、これにすでに開始されている直接貿易を加えて合計三二億ドルに及んだという。八九年の貿易額は、前年秋以来の中国の「整備・整頓」政策のゆえに若干の減速が避けられなかったが、それでも二八億ドルを上まわったと報じられている。韓国と中国の間には八九年六月以来海上航路が開設され、これにより直接貿易の規模がさらに拡大することが予想されている。ソ連国営航空会社アエロフロートは九〇年四月よりモスクワ・上海・ソウル間に週一回の定期便を就航させており、このことは、中国が韓国との空路開設を認めたことを意味する。近い将来には中国民航・大韓航空も加わって、韓中間に定期空路が開かれることになろうと予想されている。

韓中間には貿易関係だけではなく、投資関係も緊密化しており、一九九〇年一月に発表された韓国の「共産圏合弁投資契約現況」によれば、八五年から八九年までに中国との間に合弁契約を結んだ韓国企業数は二〇に及んだという。九〇年の一月、韓国大宇グループ傘下のオリオン電機と中国杭州テレビ会社がテレビ部品製造の合弁事業をソウルに設立することに合意するなど、中国側からの対韓投資もまた開始された。

北朝鮮に配慮しなければならない中国が、国家レベルの貿易事務所を北京とソウルの相互に設置するなどして両国間関係を公的に認知することはありえない、と判断する人びとは少なくない。そうした判断は、自国と台湾との「二つの中国」を認めないという原則をもつ中国が、「二つの朝鮮」を認知するはずはないという思惑によっても強められている。しかし、今日の中国は、少なくともその現実の行動からみる限り、そうした原則からはずいぶんと遠い現実的対応を試みているというのも確かな事実なのである。中国の対韓経済交流の主体は、今日、山東省、遼寧省など各省レベルとなっており、分権化をここまで進めてきた中国が対韓交流をおしとどめることは実際には不可能である。中国にとって、北朝鮮への配慮と対韓交流とは、もはや別の方程式によって解かれるべき二つの問題となったといえよう。

一九九〇年二月二〇日付の『読売新聞』(朝刊)が「北京の信頼できる筋」からの情報として伝えたところによれば、八九年一一月に訪中した金日成氏との会談において鄧小平氏は「中国は南朝鮮との経済関係をこんごさらに発展させねばならない」と述べた後で、「将来的には政治関係をも結ぶつもりだ」と語ったという。東欧圏諸国の対韓国交樹立があい次ぎ、韓ソ国交樹立も時間の問題となったという、北朝鮮孤立化の国際的文脈のなかで、中国最高実力者の口から、しかも金日成氏との直接会談において中韓関係正常化への可能性が示唆されたとすれば、その意味するところはとてつもなく大きい。

一九九〇年四月一二日付の『韓国日報』は、北京で開かれているアジア太平洋地域弁護士会議の席上、中国副首相呉学謙氏が、北朝鮮との関係には慎重な配慮が必要であることを認めつつ、しかし「中国はアジアの平和のために南朝鮮との外交関係樹立に原則的に同意する」と明快に語ったことを報じている。ソ連・東欧での自由化・民主化の動きに抗して、中国と北朝鮮が権威主義体制の維持を図るべく相互の政治的紐帯を強化していると伝えられるなかで、なおこうした発言が漏れ聞こえてくることは興味深い。改革・開放なくして経済近代化を推進しえない中国が、孤立と停滞の北朝鮮との政治的連携を第一義とし、経済交流をここまで深めてきた韓国との関係正常化をいつまでも「さき送り」しておくことは、やはりありえないことだと考えるのが合理的であろう。

加えて、長らく敵対的であった中ソ関係が一九八〇年代に入り、とりわけゴルバチョフ氏の登場以降急速に緩和に向かい、八九年五月には中ソサミットが北京で開かれて両国共産党の和解が成立するにいたった。北朝鮮は、かつての厳しい中ソ対立のもとで「ソ連カード」と「中国カード」を巧妙に使いわけて両国から経済・軍事援助を引きだすという練達をみせ、また中ソ対立の狭間にあって「主体思想」による独自の共産主義を、社会主義超大国の干渉を排して意のおもむくままに展開するという「行動の自由」をも確保してきた。しかし中ソ和解は、同時に進んだそれぞれの既述した対韓接近の潮流とあいまって、中ソ両国に「朝鮮半島の長期的安定化」を共通の外交課題として認識させることになった。

北朝鮮にとって韓国は、打倒さるべき「傀儡政権」であり、解放さるべき植民地であるが、今日の中ソ両国は北朝鮮主導による「南朝鮮解放」を支援する立場からはほど遠い。「南朝鮮解放」の最大の制約要因であるはずの在韓米軍駐留も、朝鮮半島の長期的安定化をめざす中ソ両国にとっては、皮肉にも望むべき事実となったのである。南北朝鮮は非武装地帯をはさんで一〇〇万をこす兵力が対峙し、しかも北朝鮮はそれぞれ中ソと個別に友好同盟相互援助条約をもち、韓国はアメリカと米韓相互防衛条約によって結ばれている。南北間に生じる軍事的衝突が、米中ソ三つの超大国を戦争にまきこむ危険性はいまなお少なくない。北朝鮮の冒険主義的行動を抑止する、少なくとも現存の最有力の手段が在韓米軍にある以上、中ソが朝鮮半島の軍事力均衡を崩す在韓米軍撤退を、外交的なたてまえはともかくとして、実質的に支援しているとはとうてい思えない。

こうして北朝鮮は、国家的アイデンティティを揺るがす冷酷な国際的孤立を余儀なくされるにいたった。そして何よりも敵対する韓国の経済はハイテク化の時代にふみこみ、南北の経済力格差はいかんともしがたく大きい。韓国がオリンピックを開催し、GATT八条国に移行し、OECD加盟すらもがとりざたされ、要するに先進国としての認知を受けようとしているのは、激しく増強されてきたその経済力のゆえである。中ソ、東欧圏諸国の急速な対韓接近もまた、韓国の経済的プレゼンスの拡大に誘発されたものにちがいない。北朝鮮が国際的孤立状態におかれ、かつ典型的なスターリン型集権的統制経済のもとで厳しい停滞をつづける以上、新しい活路を開くことは難しい。北朝鮮が自らに潜む力量にふさわしい国際政治経済上の地位を確保するには、国際協調のもとで改革・開放路線を歩み、この過程で蓄えた経済力をもって対南格差を埋め、そうした裏づけのもとでより柔軟な南北統一政策に打ってでるより他に方途はあるまい。その可能性はあるのか。

2　低迷する経済

韓国の国土統一院が一九九〇年一月に発表した『南北韓経済現況と比較研究結果』により、両者の主要経済指標を示したものが表12である。本来であれば両国政府による公表数値を用いて比較を試みるべきであるが、北朝鮮が韓国のそれに比すべき精度で発表した数値はほとんど得られないがゆえに、これもいたし方ない。この表によれば、八八年の一人当り国民所得水準は韓国が四、〇四〇ドルであるのに対し、北朝鮮のそれは九八〇ドルである。後者は東南アジアではタイとほぼ同程度であり、開発途上国のスタンダードからすれば決して低いものではない。

しかし、軍事支出の対国民総生産比は韓国の四・六%に対し、北朝鮮のそれは実に二一・五%に及ぶ。さらに国力誇示のための巨大なモニュメントや超高層建築物、さらには世界青年学生祭に向けての大スタジアム・体育村の建設などの厖大な「非生産投資」がこれに加わる。一九八九年の世界青年学生祭に投じられた資金は、北朝鮮当局の発表によれば四七億ドルであり、表12の国民総生産の実に二三%に相当する。貿易規模も韓国の一、一二五億ドルに対して、北朝鮮のそれは五二億ドルとまことに小さい。貿易額の対国民総生産比も韓国の六七%に対して北朝鮮は二五%程度であり、「閉鎖経済」は確かにこの国の特徴となっている。

北朝鮮の国民経済指標は、長期計画終了後に主要品目ごとに計画目標の達成倍率という形でごく大雑把な値が公表されるにとどまり、しかもそれさえなされないこともしばしばであって、経済成長の実態を系統的に解明することは至難である。加えて、経済開発の実績評価は多くの場合政治的報告の形でなされ、多分にプロパガンダ的なその評価基調から実態を推量することも容易ではない。むしろ、公表数値の未発表や公表数値間の見逃しえない不整合のなかに北朝鮮経済の苦境を読みとるというのが、残されたわれわれの方法である。朝鮮研究家玉城素氏がよく用いている方法もこれである（たとえば「北朝鮮経済の現状と問題点」三谷静夫編『朝鮮半島の政治経済構造』日本国際問題研究所、一九八三年）。

今日の北朝鮮における経済的な混乱と不振の直接的原因をつくりだしたのは、金正日氏を主席後継者として最終的に認めた、一九八〇年一〇月の朝鮮労働党第六回大会の決定にあったと推測される。これにさきだって七八年より第二次七ヵ年計画（七八―八四年）が開始されていたのであるが、この計画の実施途上で開かれた第六回大会は、第二次七ヵ年計画の繰り上げ達成を求め、表13の第二欄にみられるごとき八〇年代に達成すべき著しく野心的な「一〇大展望目標」を新たに設定した。経済計画に想定されているはずの資源の動員・配分のバランスを一挙につき崩すこうしたラディカルな政策変更をあえて試みた理由は、金正日氏後継体制を固めるべく七〇年代の中頃から展開してきた、氏を中核とする「新しい実権派」による既成幹部への権力闘争のゆえであったというのが定説である。第六回党大会における金正日氏後継体

表 12　南北主要経済指標

（1988 年末現在）

			韓　国	北朝鮮
人口		（千 人）	41,975	21,030
GNP		（億 ドル）	1,692	206
1 人当り GNP		（ ドル ）	4,040	980
経済成長率		（ % ）	12.2	3.0
軍事費／GNP		（ 〃 ）	4.6	21.5
財政規模		（億 ドル）	246.8	147.3
軍事費支出		（ 〃 ）	75.9	44.2
軍事費／財政規模		（ % ）	30.7	30
貿易規模		（億 ドル）	1,125.1	51.5
輸出		（ 〃 ）	607.0	19.0
輸入		（ 〃 ）	518.1	31.6
貿易収支		（ 〃 ）	88.9	△ 11.7
生産	食料	（千 トン）	7,299	5,210
	鉄鋼	（万 トン）	2,166	504
	自動車	（万 台）	170	2
	造船	（万 トン）	300	21
	工作機械	（ 〃 ）	5.5	3
	化学肥料	（ 〃 ）	370	351
	合成樹脂	（ 〃 ）	242	15
	セメント	（ 〃 ）	3,046	978
	テレビ	（万 台）	1,217	24
	冷蔵庫	（ 〃 ）	405	12.6
	繊維	（万 トン）	135	12.0
	履物	（百万足）	600	62

（資料）　韓国国土統一院。

表 13　北朝鮮の経済計画

	第 2 次 7 カ年計画（1978～84）目標	10 大展望目標（1980～90）	第 3 次 7 カ年計画（1987～93）目標	近年の実績（1988）
電力	560～600 億 kWh	1,000 億 kWh	1,000 億 kWh	560 億 kWh
石炭	7,000～8,000 万 t	12,000 万 t	12,000 万 t	8,300 万 t
鉄鋼	740～800 万 t	1,500 万 t	1,000 万 t	690 万 t
非鉄金属	100 万 t	150 万 t	170 万 t	130 万 t（87 年）
織物	8 億 m	15 億 m	15 億 m	9 億 m
化学肥料	500 万 t	700 万 t	—	540 万 t
セメント	1,200～1,300 万 t	2,000 万 t	2,200 万 t	1,400 万 t
水産物	350 万 t	500 万 t	1,100 万 t	240 万 t（87 年）
穀物	1,000 万 t	1,500 万 t	1,500 万 t	1,000 万 t
干潟地開拓	10 万町歩	30 万 ha	30 万 ha	40% 達成

（資料）　朝鮮民主主義人民共和国中央統計局，朝鮮労働党第 6 回大会報告，最高人民会議法令，山田英作「北朝鮮はどこへ行く」『世界週報』1989 年 8 月 22 日など。

制を確かなものとするために、激しい動員体制を敷いて誰の目にもその成果が直接的に明らかな巨大なプロジェクト群を完成させ、もって新しい実権派の威力を顕示することが必要であった。八三年の金日成氏の古稀を祝うべく、八一年初めから展開された「大記念碑的創造物建設」計画がそれである。人民大学習堂、一七〇メートルに達する主体思想塔、パリのそれより高い凱旋門、金日成競技場の建設がなされ、さらに三〇万ヘクタールの干拓地造成、二〇万ヘクタールの開墾による穀物増産、南浦閘門建設、泰川発電所建設に、党・政府・人民の総力投入が求められた。

しかもこれら諸建設を実現すべく用いられたのは、「千里馬運動」以来いくどとなく試みられてきた「速度戦」と名づけられる、開発資材・資金・労働力の集権的動員計画であり、これは「一九八〇年代速度創造運動」と名づけられた。大衆路線に名を借りた開発資源の大規模徴用にほかならない。一〇大展望目標への資源集中の結果、他部門は深刻な資源不足に逢着して稼動率は全体として大きく低下、勤労者の労働意欲の減退と生産能率の低下も不可避であった。玉城素氏は、こうした「速度戦」のもつ「悲劇的ジレンマ」を次のように指摘している。

「大衆運動とは本来、大衆のなかから自発的におこった時にのみ、真の力となりうる。しかし、その自由な発生を許容しうるかどうかが問題である。ところが、北朝鮮の体制論理はむしろそれを許容しない方向に向かって一方的に進んできている。簡単に要約すれば、一元的統制をますます強化せざるをえないという方向に進んでいるのだ。したがって、大衆運動を重視すればするほど、それを上から発案し、煽動し、組織化し、指導し、統制・管理する努力を一層強化する以外に方法がない。結局は、ますます大衆の自発性を圧殺し、摘み取らざるをえないことになる」(「朝鮮民主主義人民共和国の経済的試練と模索」木村哲三郎編『ソ連型社会主義国の経済改革』アジア経済研究所、一九八八年)。

第二次七ヵ年計画の最終年は一九八四年であったが、その成果達成状況に関する公式発表は一切なされず、第六回大会ではなばなしく打ち上げられた計画繰上目標が実現されたのか否かも不明であった。恒例の主席による「新年の辞」においても八五年に限っていえば、第二次七ヵ年計画や一〇大展望目標達成の成果を誇る言辞は何ひとつないという異常さであった。計測された実績が目標を少なからず下まわったためか、実態経済が混乱して実績評価が不可能であったためか、いずれにせよ期待が大きく裏切られたことだけはまちがいない。

ところが金正日氏の誕生日一九八五年二月一六日になって、「第二次七ヵ年計画完遂に関する報道」が何の前ぶれもなく突如として発表された。その概要を示したものが表14である。しかし、この実績報告はまことに奇妙なものであり、実態がどの程度これに反映されているのか、いくつかの重大な疑点がある。第一に、この表にみられるごとく、鉄道貨物輸送量の項目を除いてその他すべての実績値は計画値とまったく同一である。第二次七ヵ年計画が提起され、その間さきにも述べたように第六回党大会で野心的な一〇大展望目標が「外捜」されて、資源動員・配分のバランスが少なからず崩れたはずであるにもかかわらず、計画値と実績値がこれほどまでにみごとに一致するなどといったことが現実にありうるだろうか。第二に、計画の起点である七八年の実績値は何も公表されておらず、したがって八四年の計画目標達成率を確認しようにもこれは不可能である。なぜこんな杜撰な数値の公表しかなされないのか。第三に、第二次七ヵ年計画の実績が目標をまっとうしたのであれば、その実績にたって次の計画をただちに実施に移すはずであるが、そうはせずに八五年と八六年が「調整の年」と名づける計画の空白期間として残されている。これはなぜか。二年の調整期間が設定された理由についての説明はなく、この間のマクロ経済指標についてはその後もまったく報告されていない。第二次七ヵ年計画の実績報告はある種の「政治的報告」であって、この数字に実態経済を合わせるためにあと二年の計画延長が必要であったということなのか。

表 14　北朝鮮第 2 次 7 カ年計画（1978～84）

	計画（1978～84）	実績（1984）
国民所得	190	180
工業総生産高	220	220
生産手段	220	220
消費財	210	210
工業の年平均成長率	12.2	12.2
穀物総収穫高	1000 万トン	1000 万トン
鉄道貨物輸送量	170	180
小売商品流通高	190	190
労働者・事務員の実質所得	—	160
農民の実質所得	—	140

（注）　単位は 1978 年値を 100 とした場合の指数。
（資料）　朝鮮民主主義人民共和国中央統計局。

調整の二年を経て第三次七ヵ年計画（一九八七—九三年）が発表されたのは、八六年一二月になってからのことであった。既出表13からも知られるように、第三次七ヵ年計画の目標は、非鉄金属については二〇万トン、セメントについては二〇〇万トン、水産物については六〇〇万トンの増産、鉄鋼について五〇〇万トンの減産をみこんだ以外、他のすべての項目が一〇大展望目標そのものである。そうすると一〇大展望目標の最終年は一九九〇年であり、第三次七ヵ年計画の最終年は一九九三年であるから、要するに一〇大展望目標は非鉄金属、セメント、水産物を除くすべての項目で大きく下方修正されたことになり、鉄鋼にいたっては一段と大きな減産がみこまれたことを意味する。

現在、第三次七ヵ年計画において丸三年が経過している。しかし、得られるのは一九八七年もしくは八八年のいささか断片的な公表値のみであり、これが表13の最終欄にまとめられている。この表によれば、八七年もしくは八八年の実績値は一〇大展望目標に遠く及んでいないのみならず、電力、鉄鋼、穀物などの枢要部門の実績は第二次七ヵ年計画の目標値にさえ達していない。北朝鮮経済の停滞は、政府によっても公認されているといっていいのであろうか。

こうした窮状にありながら、いな窮状にあるがゆえにであろう、またしても用いられているのが「速度戦」による開発資源の動員方式であり、そのための意思表明が第三次七ヵ年計画の施行開始直後の一九八七年七月に開かれた「第三次七ヵ年計画遂行総動員大会」でなされた。総動員方式をもって第三次七ヶ年計画目標を金日成氏生誕八〇周年記念日の九二年四月一五日以前に繰上げ達成することが目論まれ、計画期間の一年半の短縮がこの疲弊した経済のなかでさらに追求されることになった。八八年二月には、この年の九月に迎える「共和国創建四〇周年」を成功裡に完遂するために全党員・国民が一丸となって「二〇〇日戦闘」を展開すべきことが、労働党中央委員会政治局の決定として指示された。ひきつづき九月にいたって「再び二〇〇日戦闘を力強く繰り広げる」旨のアピールが採択された。

これまでに何度となく用いられてきたこの速度戦も、二〇〇日をこえるような長期のものは一度もなく、しかもこれが同一年に二度も継続して展開されたのである。北朝鮮経済の危機的状況とそれを打開するための党指導部の焦慮が、ここに象徴されているようにみえる。二〇〇日戦闘計画の実績に関する具体的数値は、期間中の工業生産の対前年同期比増加率が二二%と伝えられた以外まことに乏しい。新二〇〇日闘争については、これが成功裡に終わったのか否かをすら知ることもできず、おそらくは自然消滅の形で打ち切られてしまったようにもみえる。

実際のところ、一九八〇年代に入って工業生産成長率が公表されたのは八〇年と八二年のみであって、しかもこれらはいずれも前年度の正確な実績と比較して評価しうるような数字ではない。再びいえば、公表数値のこうした不透明と不整合こそが、北朝鮮経済の厳しい停滞そのものの反映にちがいない。

さきに記したごとく、現在の電力、鉄鋼の生産実績は一九八四年に終わったとされる第二次七ヵ年計画目標をも下まわっており、かねてより指摘されつづけてきた北朝鮮のエネルギー・基礎素材産業の供給能力不足はいよいよ深刻であり、これを起因として各種工場の低い操業率が恒常化しているもようである。自動車のような総合機械産業、電子のごときハイテク分野の遅れはいかんともしがたく、表12にあらわされる南北間の主要産業別格差は、北朝鮮の現実をかなり正確に反映したものだとみなしていいであろう。

国民生活を支える最重要の項目である穀物生産量もまた、第二次七ヵ年計画の目標をなおこえていない。北朝鮮は長らく穀物生産についての数値を示すことはなかったが、一九七四年以来八〇年まで七〇〇万トン、七七〇万トン、八〇〇万トン、八五〇万トン、九〇〇万トン、九五〇万トンと歴年の数値を発表してきた。しかし八〇年代に入ると、八二年に九五〇万トン、八四年に第二次七ヵ年計画の最終値として一〇〇〇万トンという数値が掲げられて以来、まったく実績不明の時期がつづき、ようやく八八年になって一〇〇〇万トンという数値が発表されたにとどまる。まことに大雑把な数値であり、これが目標値なのか実績値なのかかも、実はそれほど定かではない。

加えて、北朝鮮の発表する穀物はイモ類をも含めたいわば「粗穀」であって、その品目別構成はわからない。

一九八四年の穀物一〇〇〇万トンを額面通りに受け取るにしても、減苗率・精穀換算率・誤差を斟酌してこれを一般的な農業統計概念で測りなおしてみれば、その食糧生産量は五六〇万トン程度だとする推定もある（『韓国・北朝鮮総覧』第Ⅱ巻、原書房、一九八七年）。主食の配給が、平壌では米穀三割・雑穀七割、地方では米穀二割・雑穀八割だと報道されており、北朝鮮がその長期の農業近代化努力にもかかわらず、食糧供給になお呻吟する段階にとどまっているというのは、どうやら事実のようである。

3　改革の兆し

北朝鮮経済の低迷は長らく採用してきた集権的統制経済システムに起因しており、このことは今日の社会主義国に共通する悩みである。もっとも社会主義国においても、生産規模が拡大し、産業連関構造が複雑化するに伴って、集権的システムはより分権的なシステムに向かうというのが通常の道筋であるが、北朝鮮は時の経過とともに中央集権的管理システムをいよいよ強化するという方向を選択した。一九六五年九月に開かれた国家計画委員会総会における金日成氏の重要演説において、このことは「計画の一元化と細分化」というテーマのもとで次のように論じられた。

「経済の管理が複雑になればなるほど国家が計画化活動を統一的に掌握し、大衆路線と科学性の要求を正しく結びつけ、社会主義経済の管理運営において計画性の要求を徹底的に貫き、計画を綿密に仕組み、国民経済の発展を一層促し、生産の急速な増大を保障するために打ちだされたのが、計画の一元化と細分化の方針である」（『金日成著作集』第二巻）。要するに、一国経済を構成する一切の要素を強度の集権的統制の枠組のなかにはめこむことが求められたのである。

そして同時に注目されるのは、北朝鮮においては経済に対する党すなわち政治の指導的役割が著しく強いことであり、この事実は経済活動の拡充を物質的刺激によってではなく、精神的・道徳的発揚を通じて実現しようという方式にもつながっていった。北朝鮮の集権制システムの原型となったのは一九六一年に採用された「大安方式」であるが、これは「物質的関心の原則を基礎に利潤額や利潤率の大小により奨励金を決め、これによって企業や働き手を刺激するという方法ではなく、徹底的な大衆路線によって大衆を生産管理に参加させ、政治活動の先行、働き手の思想性、意識性を高め、かつ積極性、創意性を発揮せしめることによって社会主義計画経済の優位性を実現しようという管理システム」（高瀬浄『朝鮮社会主義経済の研究』文化書房博文社、一九七八年）にほかならない。

こうした方式は、一方では、北朝鮮が一国経済をまるでひとつの工場であるかのように党中央の指令によって一元的に運営する強度の集権的統制システムをめざしながら、他方では、計画に謳われる資源動員・配分のバランスを崩してでも「速度戦」にみられる動員型目標追求方式に容易に傾いていく内在的要因をつくりだした、ということができよう。

集権的管理システムの非効率性は、一九七八年第一一期三中総会決定以前の中国の例をみるまでもなく、今日ではほとんど自明のものとみなされよう。北朝鮮自体が、ついに耐えかねて強度の集権制に手を加え、これを次第に分権的なものにするための努力を始めたというのが、その何よりの証である。高昇孝氏によれば、今日の北朝鮮企業においてはある種の独立採算制が採用され、その上で、㈠かつて国家が供給していた流動資金を企業が自ら銀行借入によって調達し、元利金を返済するようになり、㈡企業の小規模建設や技術発展に必要な資金は自己資金で充当し、㈢企業の賃金フォンドは、自らの販売収入のうち賃金部分を除いた原価部分と国家予算への納入金および企業利益金を控除した残りの部分を原資とし、それでも足りない場合は銀行借入によって充当する、ようになったという。加えて企業が生産計画を超過達成すれば、その寄与度に応じて利益の配分を受け、逆の場合にはそれを補償する、という物質的刺激策も開始されたといわれる（『現代朝鮮経済入門』新泉社、一九八九年）。

農業生産においても、末端農家である一五—二〇人の農民からなる「分組」を単位として一種の請負制が採用され、もって農民に対する物質的刺激を用いる方式に変化しつつあるという。

しかし、こうした「改革」の具体的内容についてわれわれが知りうる範囲は限られており、とくに企業や農民から国家が買い上げる生産物の価格や、国家が供給する資材の価格についての情報は得られず、改革が市場経済の動きにどの程度つながっているのかを知ることはできない。改革が動きだしているとして、これを個別の経済的実績と結びつけて考えようにも、そもそも実績に関する数値のほとんどが秘匿されている現状のもとでは、判断は至極難しい。北朝鮮において改革の試みが胚胎していることは事実のようであるが、これが中国やベトナムほどの広がりをもって展開しているとはとうてい考えられないのである。

対外開放政策への動きとしてしばしば取り上げられるのが一九八四年九月に制定・公布された合弁法であり、これは七九年の中国の「中外合資企業法」を模し、西側諸国からの資本・技術の導入を図ったものとみなされる。しかし、合弁法による合弁期限はわずか五年であり、一〇〇％外資が認められていないなど制限は厳しく、かつ外国投資に関連する諸法規の制定はない。西側企業の対北朝鮮投資が増加する兆しがほとんどないのもいたし方ない。

4 「生体反応」はあるか

朝鮮半島をとりまく国際環境の変化が、北朝鮮の外堀を深く埋め、この国を孤立に追いやる方向に作用しているという判断についてはさきに述べた。しかしこれはあくまで、北朝鮮が自らを「南朝鮮解放」をめざす「革命基地」とみたてて韓国との鋭い対決を潔しとする政治イデオロギー国家でありつづけるならば、という但書をつけた上での判断である。北朝鮮が弾力的で現実的な対話路線に転じ、国際協調のもとで改革・開放戦略を採用するというのであれば、話は自ずと異なってくる。北朝鮮がその方向を転じた場合、この国を国際社会に迎え入れる条件はかつてなく熟しているというのが実は今日的状況なのであり、この点が正しく理解されねばならないであろう。

この状況をつくりだしたのは、まぎれもなく韓国である。経済発展とそれに伴う世界経済におけるプレゼンスの拡大は、韓国に強い自信とゆとりを与えた。韓国はこの自信とゆとりをもって南北軍事対決の極限的状況下で形成された権威主義的政治の枠組を解いて民主化の道を歩み、加えてそれまでの北朝鮮政策を根本的に組み変える柔軟な統一枠を創成するにいたった。一九八八年の「民族自尊と統一政策のための特別宣言」、いわゆる七・七宣言がそれである。そこでは北朝鮮を対決すべき敵ではなく、「民族共同体の同伴者」と規定し、日米など韓国の友邦国が北朝鮮との関係改善を独自に展開することを大いに歓迎する旨の画期的な見解を表明した。西側諸国は、対北朝鮮政策における「行動の自由」を七・七宣言によって認められたのだといい変えてもいい。

これを受けて日本においては、一九八九年三月の衆議院予算委員会で竹下首相（当時）が、北朝鮮との関係改善をめざした新見解を明らかにし、過去の植民地支配に関して「同地域のすべての人びとに深い反省と遺憾の意を表す」と、北朝鮮を含む半島全域への遺憾を表明した。ちなみにいえば六五年の日韓基本条約第三条は、大韓民国政府を朝鮮半島における唯一の合法的政府と規定したものではなく、北朝鮮との交流はこの条約によって規制されない「白紙の状態」のままにおかれているというのが、日本政府の一貫した立場である。この点も、日朝関係改善のいかんが北朝鮮の打ちだす対日政策にかかっていることを示唆している。

一九八九年も後半に入ると、アメリカと北朝鮮との頻繁な接触が伝えられるようになった。昨年の北京における米朝参事官級会談は、その内容は不明ながらも五回に及んだといわれ、かつてない頻度であった。一〇月末から一一月にかけて前国務次官補シグール氏がアメリカ政府高官として初めて訪朝し、労働党政治局員であり祖国平和統一委員会委員長を務める許錟氏と、これも内容はつまびらかではないが、「親密」な対話を行なったという。北朝鮮の対米接触は、ソ連の対韓接近への牽制を意図したものであろう。もしそうであれば、これは北朝鮮に生まれた新しいバランス感覚だというべきであり、再びもしそうであれば、中ソが韓国を承認し、日米が北朝鮮を承認する周知の「クロス承認」が動きだす可能性もある。

確かに北朝鮮は、在韓米軍の撤退や連邦政府樹立についての基本的合意の成立が、具体的統一交渉に先行する前提条件であるという固い態度をなお一貫させている。六ヵ国による「クロス承認」や国連への南北同時加盟についても、絶対反対の公式態度を崩していない。「二つの朝鮮」阻止はなお北朝鮮の固い国是である。また北朝鮮の改革・開放への意思も不透明である。中国の天安門事件や東欧圏諸国における共産党一党独裁体制の崩壊の事実は、改革・開放政策に対する北朝鮮指導部の危機意識を一層強めたようにもみえる。

しかしそうした北朝鮮の固い原則的な対応だけに注目して、この国の将来がその原則的方向に必ずや収斂していくとみるのは、いささか短絡にすぎまいか。久仁昌氏は、その魅力的な論文「北朝鮮は変化したか」(『海外事情』一九八九年六月)において、金日成氏は「北朝鮮内において不可触の権威者、絶対的な統治者として君臨しつづけている。過去のたびたびの生き残りを賭けた権力闘争と、その後の独裁者の栄耀を通じて築き上げた主体思想、金日成主義を自ら否定・変革すべき動機はないが、生きているからこそ、外的刺激に対する生体的反応として何らかの変化を受け入れて行くことになる。生きつづけるとは、状況・条件に個の生命を適応させて行くことでもある」と指摘した。傾聴すべき見解と思う。

北朝鮮が強固なイデオロギー国家であることにはいささかの変化もないが、それなくしては国家が存続しえない危機的状況においてなお「二つの朝鮮」と改革・開放を拒絶しつづけるとみなすことも不合理である。一九八三年六月金正日氏が訪中後に行なった「四つの現代化」ならびに「鄧・胡路線」に対する厳しい批難により対中関係が鋭く緊張し、加えて同年一〇月のラングーン爆弾テロ事件によって絶望的な国際的孤立を余儀なくされた後を受け、北朝鮮が金日成氏主導のもとで試みた「歴史的な転換」を想定して、久仁氏はその「生体反応」の可能性をさきのように語ったのである。この年の一月北朝鮮は、「全斗煥一味」を南北対話の相手とは絶対にしないとした従来の方式を大きく転じて米韓朝の三者会談を提唱し、さらに国交のない資本主義国との経済・技術交流を求めて合弁法を成立させるなど、それまでの北朝鮮の原則からはでてくるはずもない思いきった転換をなしとげたのである。もちろんこの二つの試図のいずれもが、今日にいたるも成功していないことはすでにみたとおりであるが、かかる「生体反応」が再び引きおこされる可能性をもわれわれは想定しておく必要がある。

改革・開放は主体思想にもとづく強度の権威主義的政治体制をつき崩す危険性をもち、それゆえ北朝鮮が改革・開放政策に転じることは将来にわたってありえない、という断定的評価がめにつく。強固なイデオロギーと権威主義体制を維持させながらも、社会主義追求の方式を「革命的に」転換させたのが鄧小平体制下の中国であり、グエン・バン・リン体制下のベトナムにほかならない。中国が一九七八年第一一期三中総会において、ベトナムが八六年の第六回党大会において決定した、あの柔軟にして革新的な経済体制の改革を予期したウォッチャーが、この世界に何人いたというのであろうか。中国とベトナムの社会主義が自らの存亡をかけて引きおこした生体反応が、あのプラグマティックな経済改革なのである。八四年に比べてもはるかに強い体制変革への外圧が加えられている今日の北朝鮮が、思いきった挙にでる可能性はないとはいえない。それなくして金正日後継体制の道は保障されえないというのが、その期待的判断の根拠でもある。

あとがき

この一年ばかりの間にソ連・東欧圏や中国などでおこった、にわかには信じ難いような激しい政治変動を目のあたりにしていると、社会科学の何とも薄いその予知能力に、暗然たらざるをえない。われわれにできることといえば、現実に生起した事象の因果関係を事後的に整理して、「かくしてこうなった」と自らを納得させるのがせいぜいのところのように思える。因果関係が自分なりに納得できたとして、これが将来を予見する仮説となりうる保障などどこにもない。

そのようにいえばいささかやけっぱちに聞こえるであろうが、現代の世界はひたぶるに「複雑怪奇」であり、現実のほうがわれわれの知識や理論のバックロッグ（蓄積）を大きくこえる豊かさに満ちているのだといわねばならない。現実に密着して現実を仔細に観察しつづけるより他に方法があるようにも思われない。理論は現実に根ざさなければ価値をもたないとはいいうるものの、さりとて社会科学における理論は所詮、理論でしかない。

経済学は、理論と現実との間の長期にわたるフィードバック過程を経て精度の高い分析枠組をもつようになった社会科学の一領域だといって、まあいいであろう。私自身も経済学の分野に身をおくものである。しかし私が志しているのはアジア諸国の経済発展の研究であり、そこでは先進国の発展経験から導かれた分析手法の有効性には少なくない制約がある。経済事象が政治、宗教、人種、文化の諸相と複雑に交合したその「小宇宙」を観察するには、理論志向を抑制して現実そのものに迫るやり方を避けることができない。そうしてそれは自ずと「自分流」のやり方たらざるをえない。

己れの眼で眺望した「自分流」のアジア像を何とかつくり上げたいという願いを、私は長らくもちつづけてきた。一九八五年に上梓した『成長のアジア　停滞のアジア』（東洋経済新報社〔『本著作集』第1巻所収〕）は、私のそうした願いをこめた最初の試みであった。その後の五年ほどの間にアジアは同書で扱われた枠を大きくふみこえる新しい動態を生みだしており、もう一度筆をとってその動態を描写したいという希望をもつようになった。

中央公論社の早川幸彦氏から、アジア論をどんな視角からでもいいから纏めてみないかというお誘いを受けたちょうど一年前は、私にそういう思いが固まりかけていた時であり、渡りに舟であった。しかしその後の数ヵ月は、身辺の瑣事に追われた時期でもあり、執筆は容易にはかどらなかったが、どうにか陽のめをみることになって、ほうと息をついている。

本書には、この一年間『中央公論』『世界』『Ｖｏｉｃｅ』『海外投資研究所報』『国際協力研究』の諸誌から与えられた機会に応じて執筆したものが、少なからず含まれている。しかしいずれも本書の全体構成を想定して書かれたものばかりである。またそれらは本書の編集過程で大きく加筆修正されてもいる。初出論文を掲載された各誌編集者の懇篤に御礼を申し上げる。一年間にわたって主題を追い求めるようになったのは、何よりも早川幸彦氏のおすすめによるものであり、氏の目配りをきかせた温かい編集の御尽力をも合わせて、深く感謝の意を表したいと思う。

平成二年　薄暑　　　　　　　　　　　　　　渡辺利夫

Ⅲ　アジア経済の構図を読む

――華人ネットワークの時代

はじめに

中国は巨大規模の人口を擁しています。中国人のほとんどが大陸中国に居住しているのはもちろんですが、大陸の外縁部の東アジアに住まっている中国人も相当数に及んでいます。後者は「在外華人《ざいがいかじん》」と呼ばれています。大陸中国を「陸の中国」だとすれば、在外華人社会は「海の中国」です。

在外華人は高い企業家としての能力をもち、その活力にも旺盛なものがあります。在外華人こそが東アジアに発展をもたらした最重要の主体なのです。そして彼らは現在では中国の発展にも不可欠な存在となっています。

中華人民共和国の成立にいたるまで中国の資本主義的発展を担ってきたのは、浙江《せっこう》財閥に淵源《えんげん》をもつ上海《シャンハイ》企業でした。これら企業は共産党一党支配の上海を逃れて香港に蝟集《いしゅう》し、そこで企業家としての能力を開花させたのです。これにさきだち、清国時代の末期に広東《カントン》省や福建《ふっけん》省などの華南の人々が帝国主義列強の植民地支配下にあった東南アジアに流出しました。彼らは異郷の逆境のなかで商業的才覚を錬磨し、その能力を東南アジアで蓄積していったのです。さらにさかのぼり明国期の終わりから清国期の初めにかけて、大量の華南住民が台湾に移り住み、彼らもまたこの地で商業的な才能を蓄えたのです。

大陸中国は、毛沢東《もうたくとう》時代の政治的圧政により資本主義的要素の根を絶やしてしまいました。この中国が、改革・開放と市場経済化により高成長を実現するには、大陸の外に押しだされ鍛えられ蓄えられてきた「資本主義のエッセンス」を導入するより他に選択肢はなかったのです。この選択を過《あやま》たず試みたのが鄧小平《とうしょうへい》であり、「鄧戦略」によって中国の対外開放が始まり、経済発展が胎動したのです。

本書では、在外華人がいかなる歴史的経緯で生まれ、いかにして異郷でその能力を錬磨し蓄積してきたのか、そして現在の中国の発展に在外華人はどのようなかかわりをもっているのか、といった観点から現代中国のことを論じてみようと思います。

本書の関心は中国だけにとどまりません。後半では、NIES（新興工業経済群）やASEAN（東南アジア諸国連合）諸国をも対象として、東アジア経済発展の新動態についての私の考え方を、できるだけ率直に申し述べてみたいと考えております。

第一章　香港——中国資本主義のエッセンス

香港《ホンコン》は一九九七年七月一日に、長いイギリス領の「クラウン・コロニー」つまり国王直轄植民地としての地位を脱し、中国に返還されました。中国の立場からいえば、香港における中国の主権がようやくにして回復されることになったわけです。香港返還は、中国では「回収主権」「回帰祖国」といった表現で語られています。

帝国主義列強によるアジア植民地支配は、第二次世界大戦を契機にしてそのあらかたが終わっていたのですが、香港などの一部の地域が植民地時代のいわば残滓《ざんし》として現在まで存続していました。つまり香港の中国返還は欧米日によるアジア植民地支配の最終的な消滅を意味するものであり、その歴史的意義は実に大きいといわざるをえません。

もっともポルトガルの植民地マカオがまだ残っています。マカオというのは、広東《カントン》省を流れる珠江《しゅこう》が南シナ海に注ぐその河口部西岸に位置し、河口部東岸の香港の対岸にあります。このマカオは一九九九年十二月三十一日、今世紀最後の日に中国に返還されることになっています。

図1−1　香港・マカオ

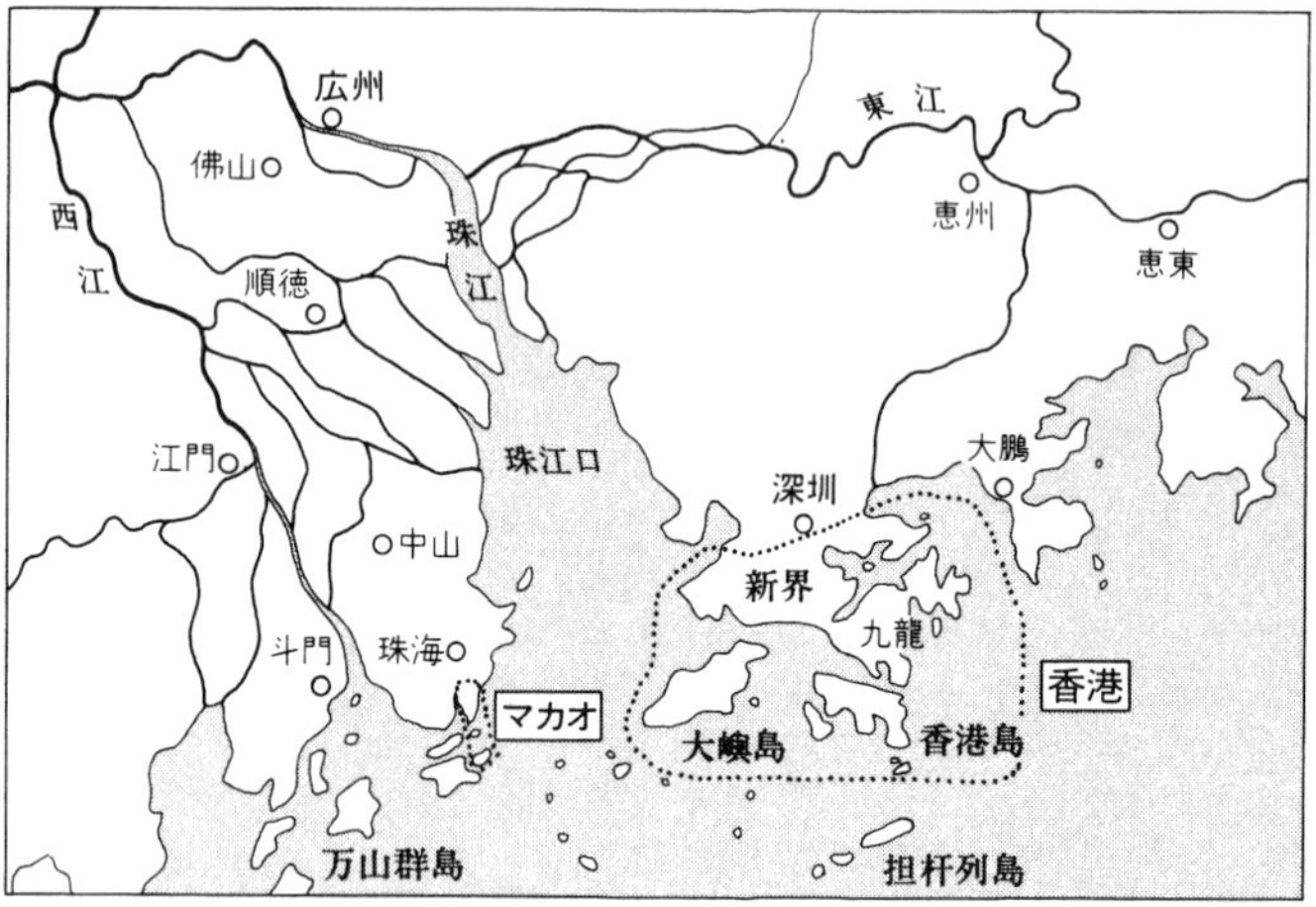

香港は長期にわたり東アジア最大の繁栄拠点でした。香港を訪れた方も多かろうと思いますが、いかにもきらびやかな町ですね。香港は東アジアで最高の機能を擁《よう》した貿易センターであり、金融センターであり、今日では情報センターでもあります。この香港がいかなる経緯をたどって中国領からイギリス領となったのか、また香港は繁栄の今日をどのようにして築いたのか、こうしたことをこの章では考えてみましょう。

香港の形成

香港がイギリス領となったのは、一八四〇年のアヘン戦争で清《しん》国がイギリスに敗北したことがそのきっかけでした。アヘン戦争は、その後の中国が帝国主義列強によって植民地化されていく屈辱の現代史の起点となった歴史的事件でした。

香港はアヘン戦争にいたるまでは、外国に知られることもない辺境の地でした。しかし、イギリスが産業革命を終えて毛織物を中心とする製造業品の対中輸出に多大の関心を寄せるようになり、さらにその輸出と引き換えにお茶などの一次産品輸入を求めるよ

図1－2　中国全図

うになりました。とくにイギリス人の嗜好に合うお茶の輸入が急増し、イギリスの対中貿易収支が悪化したのです。この収支悪化をくいとめるための手段としてイギリスはインド産アヘンの対中輸出を企てたのです。そしてこんどは、アヘン輸入の増大により対英収支の悪化に悩んだ中国が、これに対抗するというのがアヘン戦争の基本的な要因でした。

一八四〇年六月にイギリス艦隊は南シナ海に入り珠江を封鎖しました。翌一八四一年一月にイギリス軍は香港島に上陸してその領有を宣言、ここにユニオンジャックを掲揚したのです。さらにイギリス軍は一八四二年に入って六月に上海《シャンハイ》を占領し、八月には南京《ナンキン》城外に迫り、ここで清国政府はイギリスの要求に屈服して「南京条約」の調印を余儀なくされました。この条約により香港島がイギリスに割譲されたのです。同時に中国は主要な港である上海を初め広州《こうしゅう》・

アモイ・福州《ふくしゅう》・寧波《ねいは》などを開港し、戦費賠償金を支払うことなど、いくつかの項目を無条件で飲まされました。

次いで一八五六年に「アロー号事件」がおこります。この事件は、珠江に停泊中のイギリスの船を清国役人が臨検し、一〇名をこえるアヘン密輸容疑者を拘束するというできごとに端を発したものでした。イギリスはこの事件をとらえて、中国における権益拡大の契機としたのです。アヘン戦争以後、他の欧米列強の中国における権益が着々と拡大する過程で、イギリスは南京条約によって確保した利権では不十分と感じるようになっていました。この事件を好機とみてイギリスは広東省の省都・広州《こうしゅう》に攻め入り、アロー号事件は「第二次アヘン戦争」へと拡大しました。イギリスは、一八五八年六月に清国に対して共同行動をとった仏露米とともに「天津《テンシン》条約」を締結し、この条約により中国の開港場を大幅に増加させました。さらに一八六〇年の十月には「北京《ペキン》条約」を結び、そうしてイギリスは九龍《きゅうりゅう》半島の割譲を清国から引き出したのです。

香港に行ったことのある方は、香港島と九龍半島を結ぶスターフェリーに乗ったことがあろうかと思います。このスターフェリーの九龍半島側の船着き場から九龍半島北部にまっすぐ伸びている通りが、ネイザン・ロード、香港有数の繁華街です。ちなみにネイザンというのは、香港の第一三代総督の名前です。このネイザン・ロードの北端に、中国語で「界限街」、英語でバウンダリー・ロードという、九龍半島を東西に走る道路があります。一八六〇年の北京条約によってイギリスはこの通りから南側の九龍半島先端部の割譲を受けたのです（図1－3と図1－4を参照）。

九龍半島がイギリスに割譲されたのが、いま述べたように一八六〇年でしたが、さらに清国はベトナムの支配権をめぐってフランスとの間で戦われた一八八四～八五年の清仏戦争に敗れ、一八九四年の日清戦争にも敗北してしまいました。清国の弱体ぶりは誰の目にも明らかなものとなり、その国土は欧米日列強によって次々と蚕《さん》

図1－3　香港全図

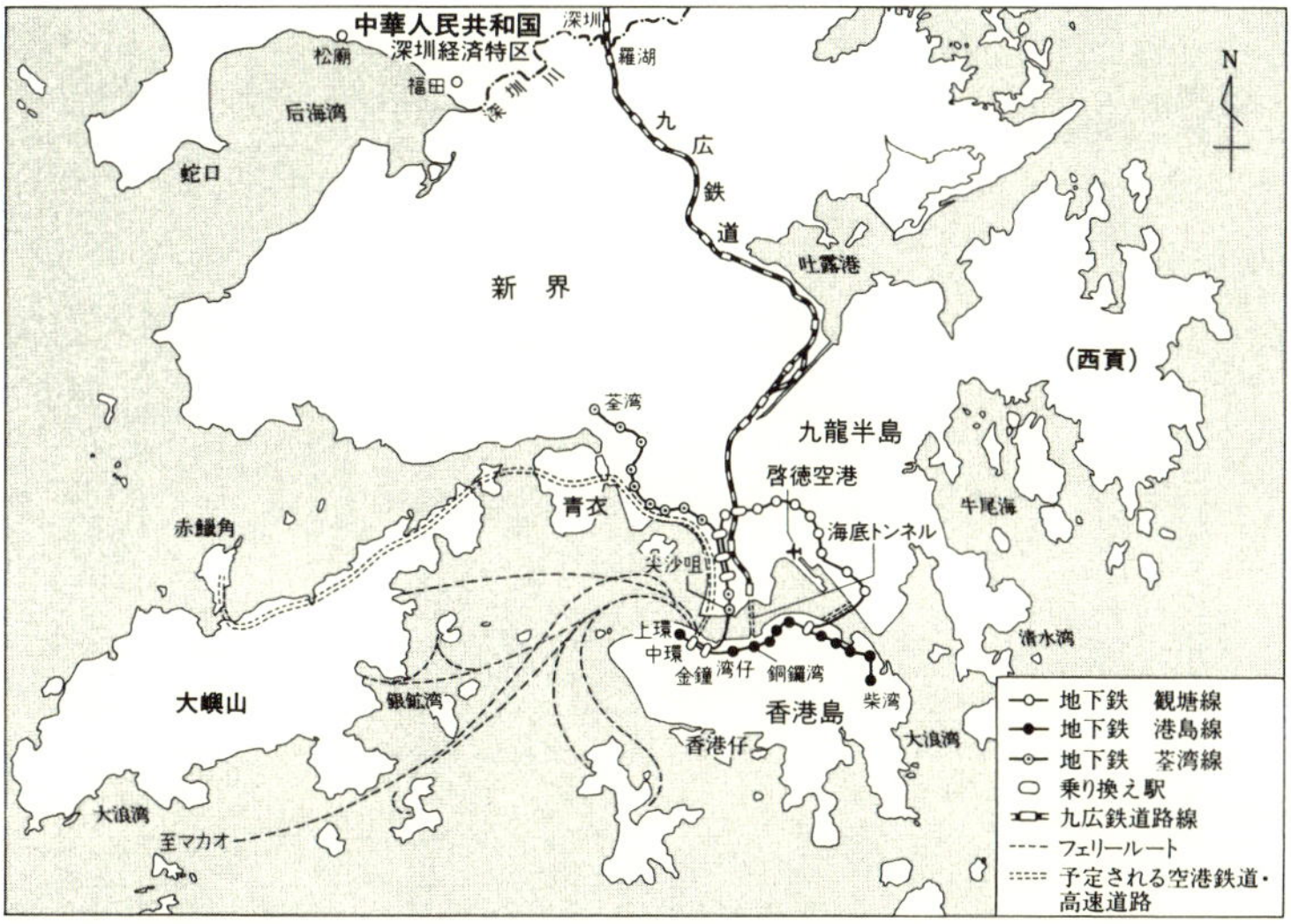

（出所）　中野謙二・坂井臣之助・大橋英夫『香港返還――その軌跡と展望』大修館書店，1996年より改変。

図1－4　香港・九龍市街図

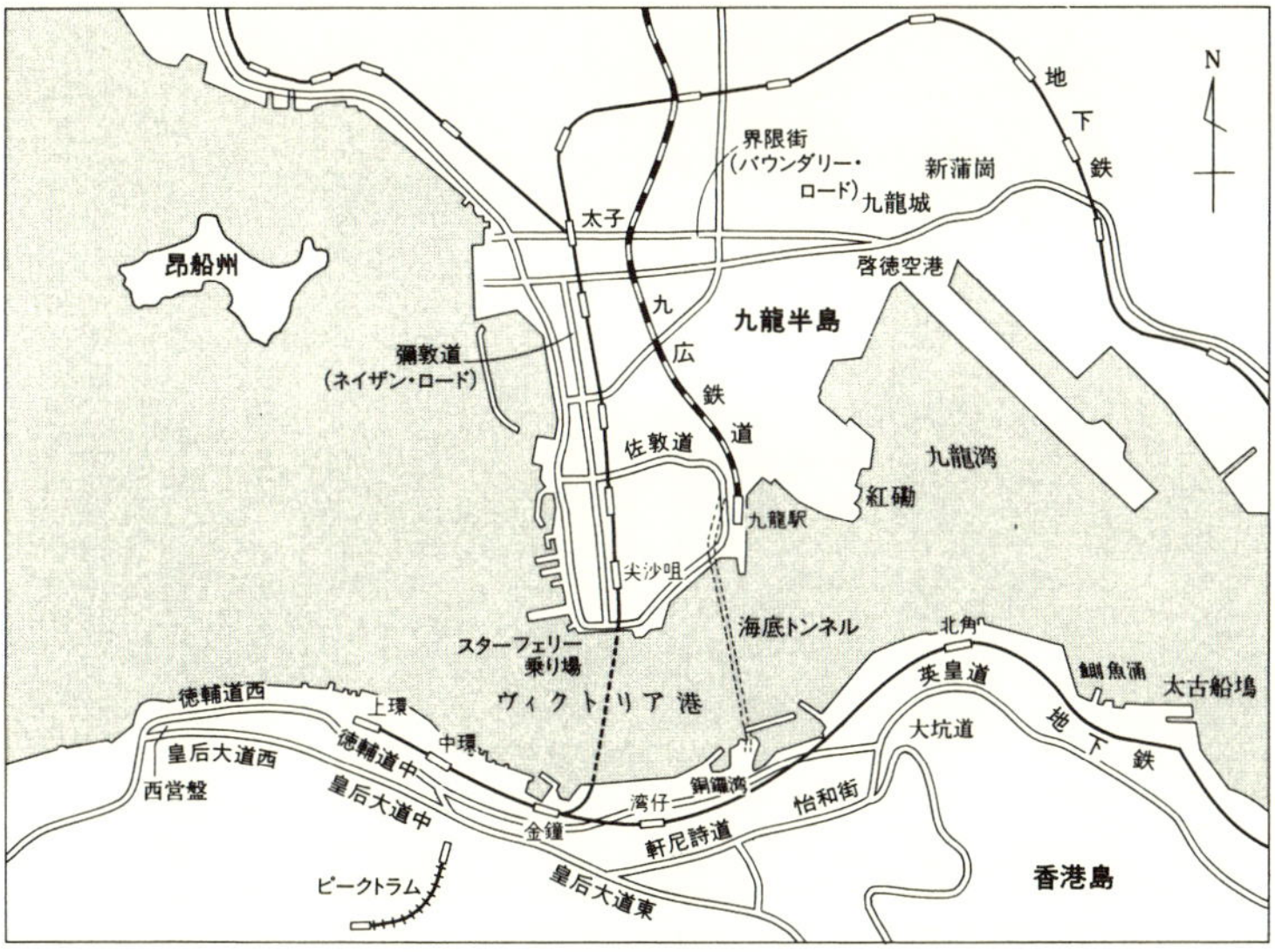

（出所）　中嶋嶺雄『香港――移りゆく都市国家』時事通信社，1985年より改変。

食《しょく》されていったのです。こうした中国をめぐる列強確執のなかにあって、イギリスはみずからの利権のいっそうの拡大を求めて、九龍半島からさらに北方に向けて領域を拡大しようとしました。

一八九八年に、イギリスは北京で香港地域の拡張に関する条約、つまり「香港境界拡張専門条約」を清国にのませ、九龍半島のバウンダリー・ロードからさらに北方の、広東省との境界線である深圳《しんせん》河、現在の深圳経済特別区との境界線までの土地を手に入れたのです。バウンダリー・ロードから深圳河にいたるこの土地がニュー・テリトリーつまり「新界」と呼ばれる地域です。この新界は割譲ではなく、九九年の租借（リース）とされました。租借とされたのは、割譲を強要することによって清国との間に戦火を交えなければならないことを恐れたイギリスの配慮のゆえであったといわれています。

こうしてイギリスは香港島、九龍半島、新界という現在の香港の地理空間を掌中に収めたのです。新界に居住する当時の中国人人口は約一〇万人、香港島、九龍半島を合わせると二五万人ほどでした。ちなみに現在の香港の人口は六〇六万人です。その後、香港は第二次世界大戦期の三年八か月に及ぶ日本軍による占領期を別にすれば、一貫してイギリス支配のもとにおかれてきました。

香港の中国返還とは、法的にいえばこの新界の九九年租借期限が一九九七年の六月三十日に切れたということです。香港島、九龍半島はそれぞれ南京条約、北京条約によって中国からイギリスに永久割譲されたものです。しかし、実際問題として、香港の土地の大半を占める新界なくして香港島、九龍半島が存続することはできません。そんなわけで一括返還となったわけです。

自由放任の地

さて、イギリスによる香港支配のありようを考える上で重要性をもつのは、香港が自由放任の地として形成されたという事実です。香港は植民地ですから、香港住民の政治参加や民主制度は厳しく制限されてきました。政党を含む政治集団はその存立を許されませんでした。政治支配の中枢に位置したのは、イギリス国王により統治の全権を委任された総督であり、香港統治のための行政権、立法権、香港駐留軍総司令権のすべてがこの総督に集中するという一元的支配のシステムのもとにありました。その意味で香港はまぎれもない植民地だったのです。

しかしその一方で、個人や企業の経済的諸行動に対しては、これを保護しない代わりに規制や干渉をも一切行わないという、徹底的な自由放任政策が採られてきました。行政をつかさどる官僚組織が香港政庁ですが、この政庁の擁した基本原則が「積極的不介入主義」(positive non-interventionalism)といわれるものです。経済的諸行動に対しては干渉と規制を用いないことに積極的な価値を見出すという原則のことです。

香港は長期にわたって東アジアにおける最大の繁栄拠点でした。香港がなぜそうした繁栄を築いたのかを考えるに際して、いままでに指摘してきた事実、すなわち香港が中国から引き離されてイギリスの直轄植民地となったこと、かつイギリスが香港を経済的に自由放任の地としたこと、この二つは大変に重要な意味をもっています。一言でいえば、中国が社会主義化する過程で往時の中国の資本主義のエッセンスが他の地域ではなくこの香港に蝟集《いしゅう》し、そうして香港が経済的に興隆したからです。

中国資本主義の香港集中

清末期の混沌ならびに国共内戦（国民党軍と共産党軍との内戦）の混乱期を経て、一九四九年十月に成立したのが中華人民共和国でした。この中国は共産党による一党支配のもとにおかれた社会主義国家でした。当然、私有財産の一切は否定されました。農地と農民は人民公社制度という中国流の社会主義的な集団組織のなかに組み込まれていました。全土の工業、商業、運輸業の中枢を掌握していた財閥系企業や官僚資本系列企業の資産没収が強力になされました。さらには「社会主義的改造」というスローガンのもとで、無数の小規模の私営商工業者の行動にも強い制約が加えられました。

人民公社化運動、大企業の資産没収、小企業の「社会主義的改造」の過程で、中国の企業家は完全に締め上げられてしまったのです。前途を断たれた企業家が活路を求めて海外への逃避を試みたのは当然でありましょう。その劇的なあらわれが上海資本の香港逃避だったのです。

上海は一八四二年の南京条約により開港されて以来、中国最大の貿易センター、金融センター、綿業を中心とした製造業の中心地へと発展しました。この上海は、長江流域に沿う、四川省の重慶、湖北省の武漢などの内陸の巨大都市をヒンターランド（後背地）として擁する一大拠点であり、また東シナ海、南シナ海に沿う中国の諸省を結ぶ沿海航路の拠点でもありました。さらに上海は南京条約後の中国における権益確保をねらう帝国主義列強にとって最重要の都市でもありました。

上海経済の心臓部を掌握したのが浙江《せっこう》財閥であり、この浙江財閥は後に国民党政権と結びついて、いわゆる官僚資本企業として形成されていきました。浙江財閥に淵源《えんげん》をもつ官僚資本系列企業は、列強と協働して上海を東アジア最大の商工業都市へと変貌させたのです。

国共内戦において優位性を誇った共産党軍が上海に迫り、上海の実業家たちは資産没収と身の危険を察知し、そうして自由放任の地香港へと大挙して逃避したのです。実業家は、管理者、技術者をともなって香港に移り住みました。

台湾に移転した上海の実業家はそれほど多くはありませんでした。台湾を植民地統治していた日本が第二次世界大戦における敗北によってここを去って以来、台湾は国民党の支配下におかれました。当時の国民党は統治能力を失い、汚職と収奪を繰り返しており、上海の企業家は台湾への移転には消極的でした。彼らの多くが選択したのが香港でした。

中国に関連するルポルタージュで名をなしたスターリング・シーグレーブはその著『華僑王国』（山田耕介訳、サイマル出版会）のなかで次のように語っています。

「共産軍が迫り、国民党が略奪する状況のなかで、上海の銀行家や実業家たちに決断のときがやってきた。――略――台湾に逃げた連中（実業家）は国民党に散々食い荒らされた。これは政治の問題ではなかった。身ぐるみ剝がされるのに共産党と国民党の別などありはしない。中国を一つの国家として語るのは意味をなさない。方言閥だけが国籍であり、金銭だけがパスポートだった。賢明な選択先は香港だった。イギリス植民地当局は放任主義だったし、税金は安く、脱税は容易だった。一九四五年から五一年までの間に、およそ一五〇万人の難民が本土から香港になだれ込んだ。その大半は四八年末の数カ月から翌年初めの数カ月の間に集中した」。

香港に移ってきたのは上海の実業家たちばかりではありません。国共内戦の混乱を逃れて大量の広東省の住民が香港に越境してきました。広東省の人々は、その後も中国国内の「大躍進政策」や人民公社化運動の失敗による農村の疲弊、さらにはプロレタリア文化大革命（文革）の混沌に耐えかねて、香港への移住を繰り返しました。広東人は商業主義の長い伝統をもち、蓄財の才において秀でた人々です。彼らが香港住民層の地盤を広範に形成し、実利を徹底的に追求するその志向性が自由放任の香港の地で花開いたのです。

香港の自由放任政策は、新たに香港に移住してきた上海人や広東人の志向性に見合うものであり、彼らの活力を引きだすことに大きく貢献したのです。政治的な自由と民主主義を欠落させながらも、イギリス支配下の香港に対する住民の「信心」は揺らぐことはなく、彼らは現世的な欲望をこの地で貪欲に追求したのです。

そうして香港は、現在の繁栄への道を歩みだしました。香港の有力誌『ファー・イースタン・エコノミック・レビュー』の編集長を長らくつとめたディック・ウィルソンはその著『香港物語』（辻田堅次郎訳、時事通信社）のなかで次のように簡潔に述べています。「香港は上海実業界の最良の部分を取り入れ、その後の数十年間、これを利用して北方のライバル［上海］を凌駕《りょうが》し、前例のない状態、すなわち最も豊かで、進歩し、洗練された中国人の都市になったのである」。正鵠を射た表現だと思われます。

危機を好機に

第二次大戦後の香港の経済発展は、東アジア諸国のなかでも最もはやい一九五〇年前後に開始されました。上海から香港に移転してきた実業家の多くが繊維業者であり、かつまた第二次大戦直後の東アジアにおいて決定的に不足していたものが繊維製品などの消費物資であったがために、香港の工業化は繊維を主導産業として出発しました。広東省から流入してきた難民からなる低賃金労働力が豊富に存在したことが、繊維などの労働集約的製品の生産にとって有利な条件となり、香港の繊維産業の国際競争力は強力なものでした。

もっとも、香港の発展もそれほど順調に進んだわけではありません。むしろその逆だといっていいかも知れません。香港は、大陸中国と西側世界の中継点に位置する都市です。その宿命として、香港は東西冷戦の波と中国の激しい政治変動の波の二つに洗われてきました。しかし香港はいくたびかの危機をその俊敏な行動によって乗り切り、そうした経験の蓄積によって強靭で鋭利な企業家的能力を錬磨していったのです。

香港を揺るがす大きな危機は、はやくも一九五一年五月にやってきました。この年に国連が共産中国への戦略的物資の輸出禁止措置を採り、これにより香港経済は大きな打撃を受けました。香港は長らく中国の一次産品を外国に輸出し、外国の原材料や製品を中国に輸出するという中継貿易機能を担ってきました。国連による対中輸出禁止措置は、香港から最大の市場である中国を奪ってしまったのです。しかし香港はへこたれませんでした。禁輸をものともせぬ密輸活動を活発に行いました。

なによりも香港は、対中輸出禁止措置を契機に一段と強靭な体質へとみずからを転じていったのです。香港は対中輸出禁止措置を、中継貿易機能に代えて低賃金労働力に依拠した加工貿易に香港の新しい活路を開かせる重要なきっかけとしたのです。

もう一つの危機の大波は、大陸におけるプロレタリア文化大革命とともにやってきました。大陸において、劉《りゅう》少奇《しょうき》、鄧小平《とうしょうへい》らの「実権派」への執拗な政治的攻撃が開始されたのが一九六六年であり、その後一〇年にわたって中国を狂気と凄絶の淵に投げ込んだものがこの文革でした。大陸における文革の大衆運動に香港とマカオの左派勢力が呼応して気勢をあげ、これに介入する軍・警察との間に紛争がおき、この紛争はついに反英・反政庁闘争へと発展していったのです。

香港における反英・反政庁闘争は北京、上海、広州の反英・反政庁闘争を誘発し、この両者の相乗効果により香港でデモ、ストライキ、テロが頻発して多数の死傷者がでました。この時期の香港は革命前夜のごとき騒然たる状況でした。株価と地価は激しい値下がりをみせました。中産階層や企業家は香港もこれで終わりかという強い危機感に襲われ、第三国に向けて出立《しゅったつ》する人びとも多数に上りました。

しかし、その一方で、危機にあってこそ新しく生まれる商機に機敏に反応して新しい活路を開こうというしたたかな一群の人々が生まれ、彼らは活発な行動に打ってでました。香港暴動により急落した不動産や株を買い占めた人々が今日香港を代表する有力な資産家となったのです。香港は危機を貪欲にも飲み込んでしぶとく生きつづけてきたのです。

大陸における文革は、香港に流入してきた上海人の中国への「回流」の夢を打ち砕いたという意味でも重要性をもっています。香港の上海人は文革の狂気と悲惨をまのあたりにみて、以前にもまして香港に強く根を張り、この新しい故郷で財をなしていくより他に方途はないと考えるようになったのです。

そして香港の最後にして最大の危機が中国返還であり、これが香港の自由と繁栄を最終的に失わせてしまうのではないかという危機感をもつ人は少なくありません。しかし香港住民の多くは、中国共産党への不信とみずからの将来に対する危惧に悩まされながらも、中国への返還を新たな商機とみたててここに自分を賭けていこうという、忍耐と進取の精神を発揮しようとしているかにみえます。香港の中国返還が、香港と中国になにをもたらすのか、このテーマにつきましては次章で検討することにしましょう。

第二章　香港返還と中国——グレーター・ホンコン

香港は長いイギリス領直轄植民地としての役割を終え、一九九七年七月一日に中国に返還されました。現在の香港は、中華人民共和国香港特別行政区となっています。この香港の中国返還は、中国とイギリスとの長期にわたる交渉により実現されたものです。

香港の中国返還が中英両国の具体的な外交課題となって私たちの耳に届くようになったのは、一九七〇年代の後半期からでした。一九八二年にサッチャー首相が訪中し、趙紫陽《ちょうしよう》首相と香港返還問題について意見を交換しました。そして、「香港の繁栄と安定を維持するという共通の目的にたって外交交渉を開始する」旨の合意が生まれて、この外交課題が前方に動き始めたのです。交渉は一九八三年の中頃から本格化し、一九八四年九月に中英合意が成立し、両国の合意文書への仮調印がなされました。

当初のイギリスの主張は、返還後香港の主権は中国に属するものの、統治はイギリスがこれを行うというものでした。しかし、アジアにおける中英のパワー・バランスが中国に大きく傾いていたその時点にあって、「主権は中国、統治はイギリス」という返還方式にはやはり無理がありました。結局は、返還後香港の統治は現地住民の自治にまかせ、さらに香港の資本主義の現状を維持する、という二つの考え方が基本原則となったのです。

「港人治港」「一国両制」

前者の香港住民による高度自治原則は、「港人治港」と呼ばれます。後者の香港の現状維持は、中華人民共和国のなかに社会主義中国と資本主義香港が併存するという意味で「一国両制」と称されています。中英合意の精神は、この「港人治港」ならびに「一国両制」という二つの用語のなかに象徴されているということができます。

中英合意が成立したあとの大きなテーマは、返還後香港の運営原則をもりこんだある種の憲法、香港では「小憲法」といわれていますが、これを制定することに移りました。この小憲法が香港特別行政区基本法です。中国と香港から選ばれた人々によって基本法の起草委員会がつくられ、草案に対する香港住民の意見を考慮して基本法の内容が煮つめられていきました。その最終草案が中国の国会である全国人民代表大会にかけられ、一九九〇年四月四日に「中華人民共和国香港特別行政区基本法」として正式に採択されたのです。

その基本法の第一章総則の第二条は「全国人民代表大会は、本法の規定にもとづいて高度の自治を実施し、行政管理権、立法権、独立した司法権と終審権を享有する権限を香港特別行政区に授与する」とし、「港人治港」原則をうたっています。また同第五条では「香港特別行政区は社会主義の制度と政策を実施せず、従来の資本主義制度と生活様式を保持し、これを五〇年間変えない」と「一国両制」をも確認しています。

この二つの原則は、中国側の意思を十分に反映するものだということができます。香港とは、中国経済近代化の養分をたっぷりと含んだ空間です。香港の中継機能なくして中国の貿易はなりたちません。香港は対中企業進出（海外直接投資）の最大の出し手です。香港の金融センター機能がなければ、中国の世界からの資本取り入れは不可能だといっても過言ではありません。

中国が香港の現状を維持するために「一国両制」原則にたち、かつ香港社会の安定を図るために「港人治港」原則に合意したのはそのためです。二つの基本原則にたつ香港の返還方式は、中英合意の調印式でサッチャー首相が述べたように、まことに「想像力に富んだ」ものであったということができましょう。

さきほども指摘しましたが、香港は中国経済近代化にとってたいへん重要な存在です。経済的な変化ベクトルは中国から香港に向かっているのではなく、香港から中国へと向かっているというべきでありましょう。改革・開放期の中国において最高の成長率をみせているのは、いずれお話しますように香港に隣接する広東《カントン》省を中心とした華南ですが、この地域の高成長はみずからを「香港化」することによって実現されたものなのです。

そこで以下では、香港から中国に向かうベクトル、つまり在外の華人《かじん》が中国をいかに変えていったかをみてみましょう。またそうすることにより中国の対外開放のほんとうの意味が理解されるのではないかと思われます。

「特殊政策・弾力措置」

中国が改革・開放にみずからの新しい活路を見出そうとしていた鄧小平《とうしょうへい》時代の出発時点、一九八〇年前後において、中国には市場経済化を担う主体はまことに薄くしか存在していませんでした。

中華人民共和国の成立にいたるまで中国の資本主義的発展を担ってきたのは、上海に立地していた浙江《せっこう》財閥ならびにこれに淵源をもつ官僚資本系列企業でした。彼らは、共産党一党支配の上海《シャンハイ》を逃れ香港に逃避して、そこで企業家的能力を大きく開花させたのです。このことは前章で指摘しました。加えて、これは次章で述べることですが、明《みん》国期の終わりから清《しん》国期の初めにかけて、つまり一七世紀の中頃に広東省や福建《ふっけん》省の人々が台湾に移住し、さらには清国期の末期に同じく華南の人々が帝国主義列強の植民地支配下にあった東南アジアに大量に流出しました。彼らはその異郷の逆境のなかで商業主義的才覚を錬磨し、この能力が台湾や東南アジアなど大陸の外の東アジア諸国に蓄積されていったのです。

要するに、改革・開放の開始時点で大陸中国には市場経済化を担う企業家は薄くしか存在せず、その一方、大陸の周辺の在外華人地域に市場経済を担う中国人が豊富に存在していたのです。香港や台湾、さらには東南アジアで磨かれ発揚された「中国資本主義のエッセンス」に依拠することなくして、中国の改革・開放は不可能であったといわなければなりません。中国経済の「改革」とは、「開放」を通じて在外華人の能力を導入し、これを試みるより他に方途はなかったのです。

香港を中心とする在外華人企業の導入の場として設定されたのが、広東省などの華南です。香港に隣接する深《しん》圳《せん》の経済特別区のことを耳にされた方は多いと思います。外国企業の行動の自由が大きく保障されたこの経済特別区は現在の中国には五つありますが、そのすべてが広東省、福建省、海南《かいなん》省などの華南に立地しています。華南が対外開放の場として選択されたのは、ここが在外華人の代表的な出身地域だからです。経済特別区が、改革・開放の初年である一九七九年に設定されたということは、中国の対外開放がなにを意味していたかを暗示しています。

海外の資本主義企業を社会主義中国に導入するのには、その導入地域の社会主義的な統制を緩和し、海外企業が自由に行動できる条件を整備する必要があります。この要請に応《こた》えて出されたものが、「特殊政策・弾力措置」の広東省への適用でした。「特殊政策・弾力措置」とは、社会主義中国にあっては特殊に自由な政策上のステイタスを広東省に与え、かつその政策内容は社会主義的な運営原則から離れたたいへんに弾力的なものだという意味です。

たとえば、改革・開放以前の毛沢東《もうたくとう》の時代におきましては、各省の財政収入は中央つまり北京《ペキン》にすべて集められ、財政支出は北京の計画意思にもとづいて各省に配分されるという、きわめて強い一元的な財政制度が用いられていました。各省の自主性はほとんどなかったのです。しかし、広東省は財政の定額請負《うけおい》制をはやくも一九七九年から導入することを許されました。この制度の導入によって、広東省は中央政府との交渉によって決められた一定額の財政請負額を国家に上納すれば、あとの財政収入は自省のものとなり、しかもその財政収入を広東省の意思で自由に使用できるようになりました。広東省の財政権限と自主裁量権が一挙に拡大されたのです。

その他にも、広東省は経済計画の立案・施行における自主裁量権を中央から認められました。さらに、金融政策ならびに賃金・物価政策における広東省への権限委譲も大胆なものでした。改革・開放期にいたって広東省は北京から大きな権限を譲り受けたのです。改革・開放期の中国にあって市場経済化が最も急速に展開したのが広東省であったのはそのためです。

中国語には「条《じょう》」と「塊《かい》」といういい方があります。「条」とは、国家を頂点とし地方を底辺とする「線」の行政指令系統のことを意味します。また、「塊」とは、各省内部において横に広がる「面」での行政指令系統のことです。北京から広東省へと下ろされる「条」の垂直的な指令の力を弱め、広東省の内部に水平的に広がる管理権限を強化するという試みがなされたのです。中央権限の地方への「下放《かほう》」の最大の受益者が広東省だったのです。

広東省の「香港化」

改革・開放の開始時点である一九七九年以来、北京が広東省にこのように豊富な経済的自由を与えたのは、広東省が香港に隣接する、香港住民の代表的な出身地域だからです。広東省経済の自由化は、香港の資本主義の広東省への導入の前提条件だったのです。香港資本導入のための劇的な政策措置が経済特別区の創出でした。香港企業導入の具体的な「器」として経済特別区が用意されたのです。経済特別区に参入する香港企業の活動には、かつての中国であれば信じられない大きな自由が与えられました。

社会主義の中国において、このことは画期的な試みでした。しかし、これが画期的である分、指導部内でその是非をめぐって激しい議論が闘わされたのは当然でありましょう。経済特別区は植民地租界の現代版であり、資本主義の攻勢によって中国社会主義は「腐食」されてしまうのではないかという強い懸念が噴出しました。このいわゆる特区論争に最終的にケリをつけたのは鄧小平《とうしょうへい》の権力と権威でした。

鄧小平は一九八四年二月に華南を視察し、北京で「経済特別区の問題と対外開放都市増加の問題について」と題する講話を行いました。そのなかで鄧小平は「経済特別区は技術の窓口、管理の窓口、知識の窓口であり、また対外貿易の窓口でもある」といい、「全国的にそうする条件はないが、一部の地方を豊かにすることはできる。均等主義はよくないのだ」とその講話を結んだのです。一部の地域が他の地域にさきんじて豊かになることを許容すべきだという、伝統的な社会主義からはでてくるはずもない大胆な考え方の表明でした。この鄧小平の考え方は「先富論《せんぷろん》」と呼ばれます。鄧小平はこの「先富論」をもって特区論争にケリをつけたのでした。

広東省を中心とした華南を対外開放して、ここに香港や台湾、さらには東南アジアに蓄積されていた「中国資本主義のエッセンス」を導入し、そうして華南を中国全体の改革・開放の先導地域としていこうという鄧小平の戦略は確かに有効なものでした。この戦略なくして改革・開放期中国の経済的高揚はあり得なかったといってもよかろうと思います。実際のところ、広東省は、改革・開放の開始時点一九七九年においてその国内総生産額は全国の省市のうち第七番目でしたが、一九八九年には第一位となり、現在なお中国最大の経済規模をもつ省なのです。

「三来一補」

中国の市場経済化を牽引《けんいん》する最強の省が広東省にほかなりません。そしてこの広東省の潜在力を掘りおこしたのが、香港企業の進出でした。この香港企業の広東省進出を通じて、広東省の「香港化」が始まりました。広東省を「香港化」させている最も重要な要因は、香港企業が広東省を舞台に展開している委託加工生産です。

委託加工は、中国語で「三来一補」といわれています。「三来一補」というのは、「来料加工」「来様加工」「来件装配」「補償貿易」の総称です。「来料加工」とは、香港企業から提供された原料を使ってなされる加工のことです。「来様加工」とは、香港企業から提供されてきたデザインやサンプルをもとにその仕様通りに行われる加工、「来件装配」とは、香港企業から送られてきた部品や半製品を組立加工することです。さらに「補償貿易」とは、こうした委託加工工程を担うことにより中国側が獲得した資金をもって、香港企業から貸与された機械・

設備の使用料あるいは賃貸料を支払うことを意味します。

要するに、委託加工とは、香港企業が原材料・部品・中間製品・機械・設備さらにはデザイン・サンプルなどのすべてを広東省にもちこみ、広東省の安価な土地と労働力を用いて組立加工した製品のすべてを香港企業が引き取って、加工賃と土地リース代のみを広東省に支払うという形式のことだと考えてよろしいでしょう。

委託加工工場の生産管理・財務管理・人事管理は、そのすべてが香港企業によってなされるのが通例です。香港住民の圧倒的多数は広東人です。つまり広東省は香港と同一の言語・文化圏に属しています。また香港と広東省は地理的にも隣接しているために、委託加工の管理も迅速かつ順調になされます。実際、香港の経営者や技術者は毎週のように広東省に通っています。毎日通勤している人さえ少なくありません。

こんなしだいで香港企業による広東省での生産は、より有利な生産立地を求める国内投資のごときものだといってもいいでしょう。香港企業は広東省への投資を海外生産といった感覚で受け取ってはおりません。香港から広東省へと向かう生産拠点の移転は、まことにスムースになされているのです。

香港企業による広東省を舞台としたこのような委託加工の展開を通じて、香港は広東省をヒンターランド（後背地）とするある種の「国民経済」の「首都」のような機能をもつことになりました。香港は華南経済のオペレーション・センターへと変貌したのです。

香港企業による広東省での事業展開を通じて、広東省経済は香港経済に組み込まれ、香港が広東省の成長を牽引するという構図がすでにはっきりと形づくられています。

中国経済を牽引する華南

広東省は中国において傑出して大きな輸出省です。一九九六年の中国の総輸出額のうち広東省の輸出額は、実に四割を一省で占めております。そしてこの広東省の輸出額の七割以上を担ったのが香港企業だったのです。香港の役割がいかに大きいものであるかがわかります。さらに次のような数字をみてみましょう。

香港企業は、現在、広東省で少なく見積もっても三五〇万人の雇用を創出しているといわれます。広東省の工業労働者数は現在七五〇万人ですから、香港企業は広東省の工業労働者の二人に一人近くを雇っていることになります。また香港企業は、委託加工生産に際して広東省側に賃金と土地リース代を支払うのですが、これは通常香港ドルでなされています。こうして広東省を流通する通貨の五〇パーセント以上が香港ドルと化しています。香港の経済力が広東省に広く及んで「グレーター・ホンコン」が形成されていることは明らかです。

中国は現在の世界において最高の経済成長率を示している国です。それゆえ豊富なビジネス・チャンスがここにはあるとみなされ、世界の企業が競って中国に投資を試みています。その結果、現在の中国はアメリカとならぶ世界最大の海外直接投資の受入れ国となっております。しかし、中国の海外直接投資導

図2－1　中国の海外直接投資導入（実行額）に占める華南三省の比率（1992-96年）

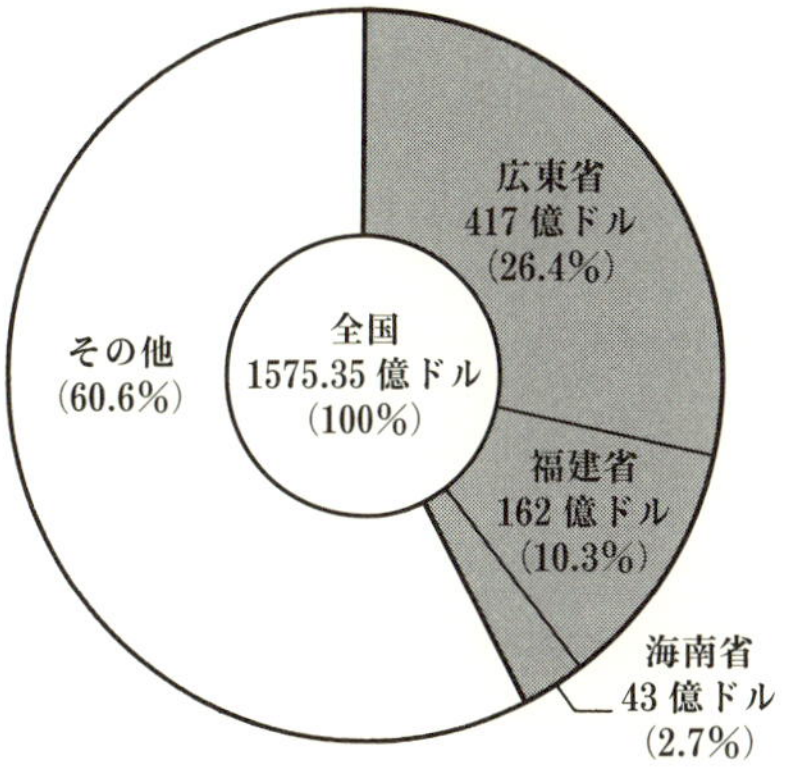

（資料）　中国国家統計局『中国統計年鑑』各年版。

図2－2　中国の全社会固定資産投資に占める海外直接投資（実行額）の比率（1992–96年平均）

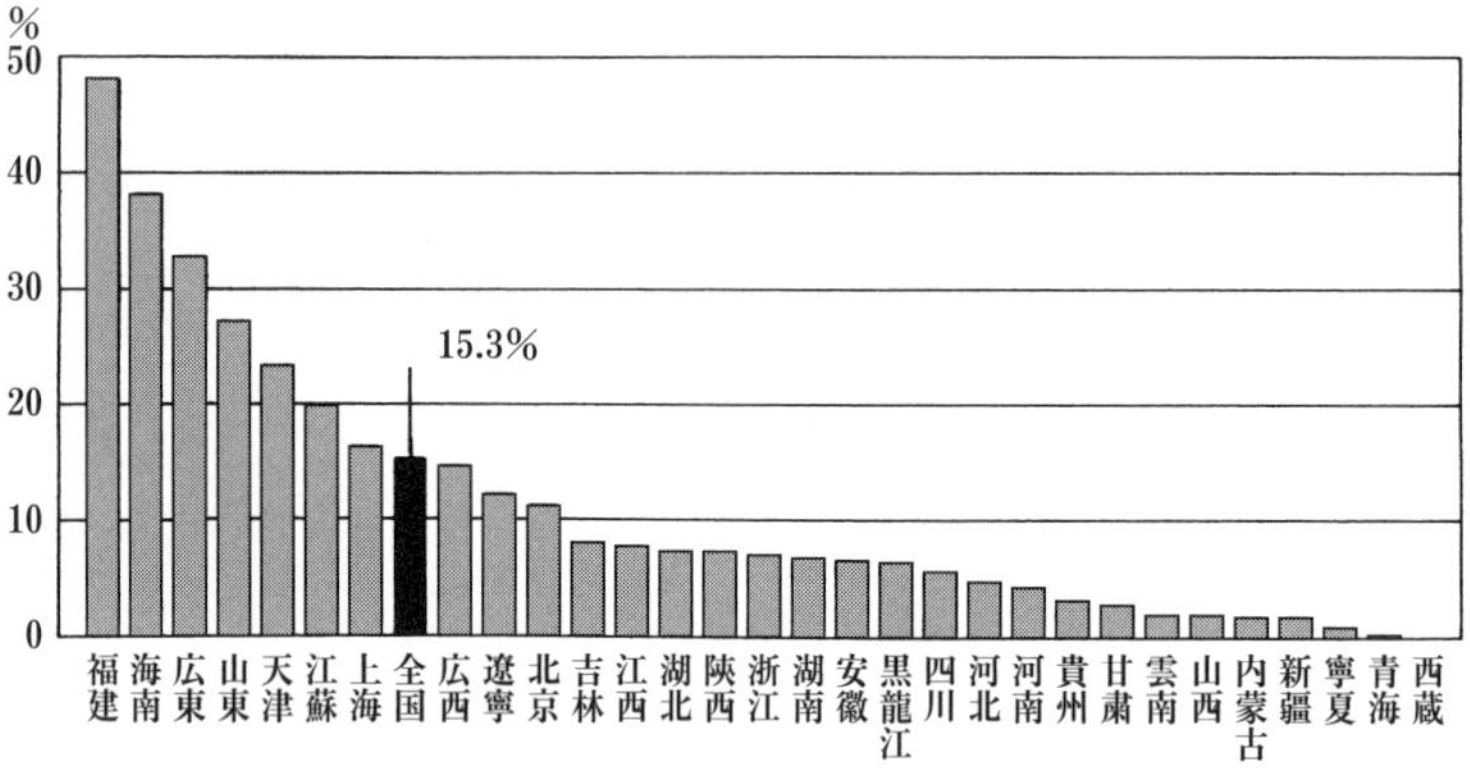

（資料）　中国国家統計局『中国統計年鑑』各年版。

入額の投資国別の内訳をみますと、圧倒的な比率を占めているのは香港です。一九九二年から九六年までの五年間の実績をみますと、中国の海外直接投資受入れ額の六割近くを香港が担っています。これにつづくのが台湾の一割です。ちなみにこの点に関する数値は、第一〇章の図10－4を参照してください。日米は合計しても一五パーセントに過ぎません。この導入額を中国の各省別にみたものが図2－1です。これによりますと、広東省が全体の二六%以上、これに福建省、海南省を合わせて華南が四割になります。要するに、対中企業進出は香港を中心とした「海外の中国人」によってなされ、その多くが広東省などの華南に向けられているのです。

この海外直接投資が中国の国民経済に果たしている役割がどの程度のものであるかをみる一次的な資料が、図2－2です。この図は、中国への海外企業の投資額が急増した一九九二年から九六年までの観察期間をとり、この間の中国の固定資産投資額に対する海外直接投資額の比率を各省別にみたものです。福建省、海南省、広東省の華南三省がこの比率においてきわだって高いことがわかります。華南三省の固定資産投資の三割から五割が海外から投資によってまかなわれたわけですから、これは驚くほど高い比率だといわざるを得ません。

この投資のほとんどが香港企業によるものであることは、ご想像の通りです。華南の高成長は、香港資本へのきわだって高い依存を通じて実現されたものなのです。そしてこの華南こそが、改革・開放期の中国の最高の成長率を示してきた地域にほかならないのですから、中国の成長に対して香港がいかに大きな役割をもってきたかが理解されます。

華人経済圏の形成

香港企業の対中進出は、本書のなかでいずれ述べる台湾や東南アジア華人企業の対中進出をも加えまして、在外華人経済と中国経済との連携の密度を濃くし、ここに「華人経済圏」ともいうべき巨大な経済単位を形成しつつあります。確かにそういっていいでしょう。しかしよく見据えてみますと、華人経済圏の実体は、在外華人企業の生産・流通ネットワークのなかに華南が組み込まれて形成されたものであることがわかります。大陸中国の生産・流通のネットワークのなかに在外華人企業が巻き込まれているのではありません。

中国から香港に向かうベクトルではなく、香港から中国に向かうベクトルがあくまで基本なのです。香港返還について論じる場合、しばしば私どもは北京が香港をいかようにも御し得るといった前提でものを語り過ぎるのではないでしょうか。中国は巨大であり、香港は芥子粒《けしつぶ》のように小さいという感覚は誤りです。少なくとも経済的にみる限り、中国にきわめて大きな影響力をもつ存在が香港であると見定めることによって、事態の本質がよりよくみえてくるのではないかと私は考えます。

香港の機能を上海に代替《だいたい》させようという構想が中国では語られています。一世代も後のことであれば代替の可能性もないとはいえません。しかし、長い歴史的時間を要して練り上げられてきた香港の機能を、ようやく市場経済化が始まったばかりの上海が担うというわけにはいきますまい。実際、株式時価総額や外国為替《かわせ》取扱額をみてみますと、香港は上海よりもなお圧倒的に大きいのです。さきにいいましたように、香港の中継貿易機能なくして中国の貿易は成立しません。対中投資の圧倒的に大きな出し手が香港なのです。

改革・開放期の中国の高成長は、本章で述べましたように、社会主義経済体制のなかに新たに「資本主義的要素」の導入を図ることによって実現されたものです。中国は、毛沢東時代の政治的圧制により資本主義的要素の根を絶やしてしまいました。この中国が市場経済を通じて高成長を実現するには、中国の外に押しだされ、大陸の外で錬磨され蓄積されてきた資本主義的要素を大規模に導入するより他に選択肢はなかったのです。この選択を過《あやま》たず試みたところに、合理主義者・鄧小平の真骨頂があったと私はみています。

香港を中心とする在外華人の「資本主義のエッセンス」の導入こそが、中国の高成長の真因に他なりません。この事情は、香港返還後も変わることはないでありましょう。

第三章　在外華人はいかにして生まれたか——華僑の生成と発展

中国資本主義のエッセンスは大陸中国にではなく、大陸の外、とくに香港に集中して存在しています。このことは前二章で述べてきました。しかし同時に、東南アジア諸国にも大量の中国人、つまり華僑《かきょう》と呼ばれる在外の華人《かじん》が住まっています。そして彼らが東南アジアの経済発展を担う重要な主体となっています。在外華人系企業の力は、今日いよいよ強いようにみえます。

東南アジア各国の総人口に占める在外華人の人口比率は、一部の国を別にすれば、それほど高いものではありません。シンガポール七七パーセント、マレーシア三三パーセントは例外的に高いのですが、タイ一三パーセント、インドネシア三パーセント、フィリピン二パーセント、ベトナム二パーセント、カンボジア五パーセント、ラオス二パーセント程度です。しかし、在外華人の経済力には抜群のものがあります。たとえば、東南アジア諸国の上場企業の株式時価総額に占める在外華人系企業の比率をみると、タイ八〇パーセント、インドネシア七五パーセント、マレーシア六〇パーセント、フィリピン五〇パーセントほどに達しています。『フォーブス』という経済誌によりますと、日本円に換算して一千億円以上の巨額の資産をもつ富豪が、東南アジアには現在四七名いますが、そのうち在外華人は三七名と圧倒的な数に及んでおります。高い能力と強い活力をもつ東南アジアの企業家が在外華人に集中していることは確かな事実だといっていいでしょう。

また、日本の企業も、東南アジアにおいて優れた資質をもつ信頼すべき企業家が在外華人系であることを経験的に理解しているようにみえます。日本企業の東南アジアへの企業進出、つまり海外直接投資は長い来歴をもち、近年ではこの地域を舞台に大規模な事業展開をしています。外国企業が東南アジア諸国に進出する場合、提携なり合弁なりを通じて協働すべきパートナーを進出先国において必要としますが、日本企業の大半は現地住民系企業よりも華人系企業との提携や合弁を選択しています。現地住民系企業との合弁ももちろんありますけれども、受入れ国政府の現地住民優先政策に沿うべく致し方なくそうしているといったものが多く見受けられます。現地住民系企業はある種の「ダミー」であって、本当の協働の相手は華人系企業であるといった例が少なくないようです。

東南アジアには、能力において高く、活力において強い在外華人の企業家が数多く存在していることはまぎれもありません。華人系企業はどうしてこのように高い能力と活力を身につけたのでしょうか。その理由を知るのには、彼らの歴史を少々さかのぼってみる必要があります。

華南農村の貧困

中国人が東南アジアに向けて流出した歴史は古いのですが、大きな規模でその流出が始まったのは、一九世紀の後半から二〇世紀の初頭にかけて、中国の王朝でいえば清《しん》朝の末期のことです。

在外華人はあの広大な中国の全域からでてきたわけではありません。在外華人の居住する地域は東南アジアの全域に及んでいますが、彼らの出身地域は驚くほど少数の特定地域に集中しています。広東《カントン》省、福建《ふっけん》省、海南《かいなん》省という華南の三つが、在外華人の最も代表的な出身地域です。どうして華南から清末期に大量の住民が、当時南洋と呼ばれていた東南アジア諸国に向けて流出したのでしょうか。

一つには、清末期に華南の貧困住民を東南アジアに向けて押しだすいわば「プッシュ要因」が強く作用したこと、二つには、当時の東南アジアにおいて華南の貧困住民を労働力として吸引する「プル要因」が働いたこと、この二つの要因が相乗的に作用して大量の華僑が発生したのです。

図3－1　福建省の地形

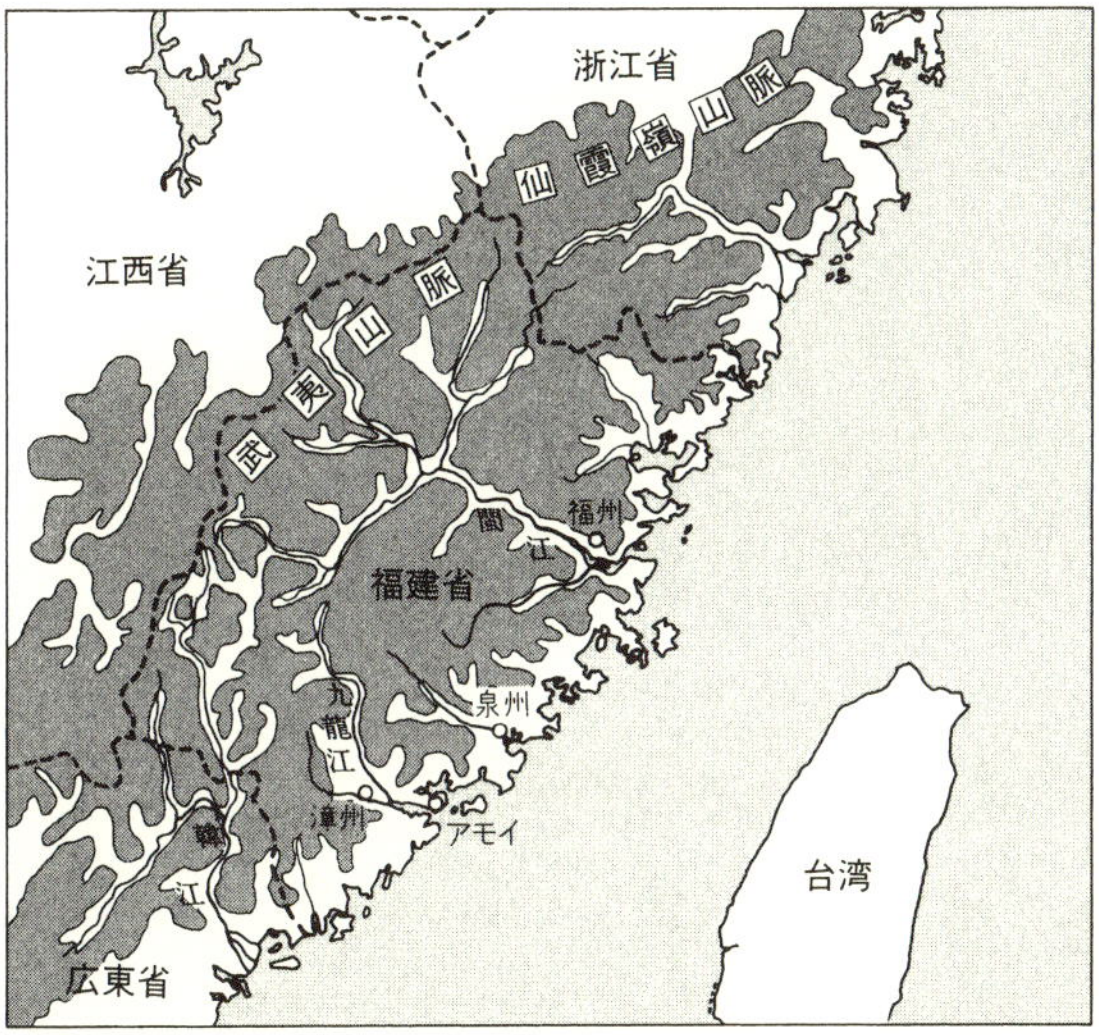

前者の「プッシュ要因」からみていきましょう。清末期の華南はたいへんに貧しいところでした。可耕地面積は少なく、その一方、人口は多く、つまり農地に対する人口圧力が非常に強い地域でした。そのために農業経営は零細であり、農民は貧困状態に呻吟していました。

在外華人の代表的な出身地域である福建省を例に簡単な地図をみてみましょう（図3－1）。福建省は、浙江《せっこう》省、江西《こうせい》省、広東省の三つに囲まれています。江西省との省界には、武夷《ウーイー》山脈がそびえ、この山脈の東方に山地や丘陵地が広がっています。耕地はいかにも少ないことがわかります。

福建省では閩江《みんこう》、九龍江《きゅうりゅうこう》、韓江《かんこう》の三つの河川が省内を走っています。閩江は福州の近くで、九龍江はアモイの周辺で南シナ海に注いでいます。韓江は福建省にその源流をもち、省界をこえて広東省内をたゆたい汕頭《スワトウ》で南シナ海に流れ込んでいます。

福建省の可耕地は、これらの河が南シナ海に注ぐところに形成された沖積土デルタに限られています。図3－1の河口部の白い部分が可耕地、グレーの部分が山地です。可耕地はそれほど広いものではありません。古来、福建省は「八山一水一分田」だといわれてきました。八割が山地、一割が河川、残りの一割が分散して存在する水田、という意味です。広東省は「七山一水二分田」といわれ、福建省と同様に耕地面積の少ないところです。広東省、福建省は可耕地面積が狭小である一方、中国のなかでも人口圧力の最も強い地域でした。

中国は、広大な面積を擁《よう》した「地大物博」の、つまり土地が広大で産物の豊かな国だといわれてきました。しかし、現実はこの言葉のイメージとは逆に、耕地不足は著しいものでした。確かに中国の国土面積は広大ですが、耕地面積はそれほど多くあるわけではありません。最近年の数値でみますと、中国の国土面積に占める耕地面積の比率は九・九パーセントと一割を切っています。しかも中国の耕地の七割は乾燥農業地帯で、収量の高い水稲耕作地帯は三割程度に過ぎないのです。中国の耕地面積比率は世界的にはもちろんのこと、人口過剰の東アジアのスタンダードからみても、きわめて低い比率なのです。

ちなみに、国土面積が森林でどの程度覆われているか、これは森林被《ひ》覆率《ふくりつ》といわれますが、この比率におきましても中国は東アジアの平均を下回っています。中国の国土の大半は、ゴビ砂漠やチベット高原、その他の耕作不適地によって占められているのです。可耕地面積が一割にも満たない一方、一二億を優にこえる人口を養わねばならないわけですから、中国の抱えている課題がいかに困難であるかは、想像するにあまりあります。

広東省や福建省の可耕地面積比率が、全国平均よりは多少とも高いことは事実です。一九九六年の数値でみますと、全国の平均が九・九パーセントであるのに対しまして、広東省は一三・一パーセント、福建省は一〇・二パーセントです。しかし、この二省の人口圧力は他の省よりいちだんと強く、一人当たりの耕地面積でみると、全国平均〇・五五ヘクタールに対して福建省は〇・四一ヘクタール、広東省にいたっては〇・二三ヘクタールです。広東省、福建省の耕作フロンティアは、少なくとも一九世紀の末葉までに完全に消滅していたのです。

耕地を外延的に拡大していくためのフロンティアが消滅してなお人口が増加していくわけですから、一人当たりの耕地面積は持続的に減少していかざるをえません。のみならず、一人当たり耕地面積が狭小になれば、下層農民は食糧確保が難しくなり、農民は唯一の資産である土地の売却を余儀なくされます。こうして農民層の下方分解が避けられませんでした。自作農は小作農となり、さらには小作農にもなれない土地のない農村労働者へと転落していく過程が発生したのです。

広東省や福建省は、清末期の中国のなかでもこうした農民層の下方分解が最も激しく進んだ地域でした。時期は清末期から少し下りますが、一九三四年時点の華南農村についての一研究によりますと、広東省の農民総数に占める自作機の比率は八パーセント、福建省の同比率は九パーセントで、他は小作農や農村労働者であったとされています。農民層の下方分解は、この時期、両省において極に達していたのです（Wu, Yuan Li and Wu, Chun-hsi, *Economic Development in Southeast Asia: The Chinese Dimension*, Stanford: Hoover Institution Press, 1980.）。

広東省、福建省の貧困農民は、省内では生計を維持することができませんでした。そのために、少しでも豊かな生活を求めて他の地域に転出していく動機が、この地城の貧しい農民にはきわめて強かったのです。しかし、両省の貧困農民の他地域への転出は、さきにみましたような地形的な特徴のために内陸部には向かいませんでした。彼らが向かったのは東南アジアでした。

人口流出

広東省、福建省は、省界を山脈で遮《さえぎ》られ内陸部との交流は限られています。しかし、その分だけこの二つの省は東南アジア海洋世界とは親和的でした。海南省は南シナ海に浮かぶ島ですから、海洋世界そのものです。華南住民は海に親しい感情を伝統的にもっていたのです。華南沿海部には漁民が多く、農民もまた漁業を兼ねることが少なくありませんでした。

華南住民の東南アジアへの流出は、清末期に零細化の傾向を強めた農民が、ここへ「押しだされた」ことの帰結です。広東省における華僑の代表的な出身地に汕頭という地域があります。汕頭は現在、中国の経済特別区となっています。この汕頭出身の人々の、一九三〇年代初期の東南アジアへの流出要因を調査した中国人学者の研究があります。これによりますと、調査対象となった九〇五家族のうち六三三家族、すなわち全体の七〇パーセントという圧倒的多数が農村地域における「経済的圧力」のゆえに東南アジアに流出したとされています。「経済的圧力」の具体的内容は、「土地に対する高い人口の比率」「耕地の著しく不平等な分配」「地主小作関係の広範な存在」といったものでした（Wu, Yuan Li and Wu）。

華南住民の東南アジアへの流出は、華南の貧困が人々をこの地へ「押しだした」ことの結果だということができます。この要因を「プッシュ要因」としますと、他方、東南アジアの側には華南住民をここに引きつけるいわば「プル要因」も作用していました。

一九世紀の後半期、東南アジアを舞台に展開された欧米帝国主義列強の植民地経営が生んだ膨大な低賃金労働力需要がそれです。この労働力需要に吸引されて華南機民が東南アジアに移住していったのです。この時期、タイを除くすべての東南アジア諸国が欧米諸国の植民地支配のもとに組み込まれていきました。植民地といいますのは、植民地本国が需要する食糧や工業原材料などの一次産品の供給基地として、植民地本国の資本、技術をもって開発された地域にほかなりません。

一九世紀イギリスの最も代表的な植民地マラヤの例をみてみましょう。マレー半島に位置するペナン、マラッカ、シンガポールの三つの港は「ストレイト・コロニー」つまり海峡植民地と呼ばれ、一八六七年にイギリスの直轄植民地となりました。この海峡植民地は東南アジアにおける一次産品貿易の最有力の港湾として発達しましたが、同時にゴムと錫《すず》の一大供給地であるマレー半島にイギリス支配のネットワークを拡張するための拠点でもありました。ここをベースにイギリスはマレー半島の植民地化をねらい、マレー半島の全域がイギリス植民地支配のシステムのなかに組み込まれていったのです。

ところで、この時点におきまして、マレー半島の人口はきわめて希薄でした。ラ・ミントというミャンマー出身の経済学者は、このマレー半島を「セミ・エンプティー」つまり「半ば無人《なか》」の地域と呼んだほどです。人口のきわめて希薄なこの半島において、イギリス支配のもとで錫《すず》とゴムの生産が急速に拡大していきました。

図3－2　華南住民の外流

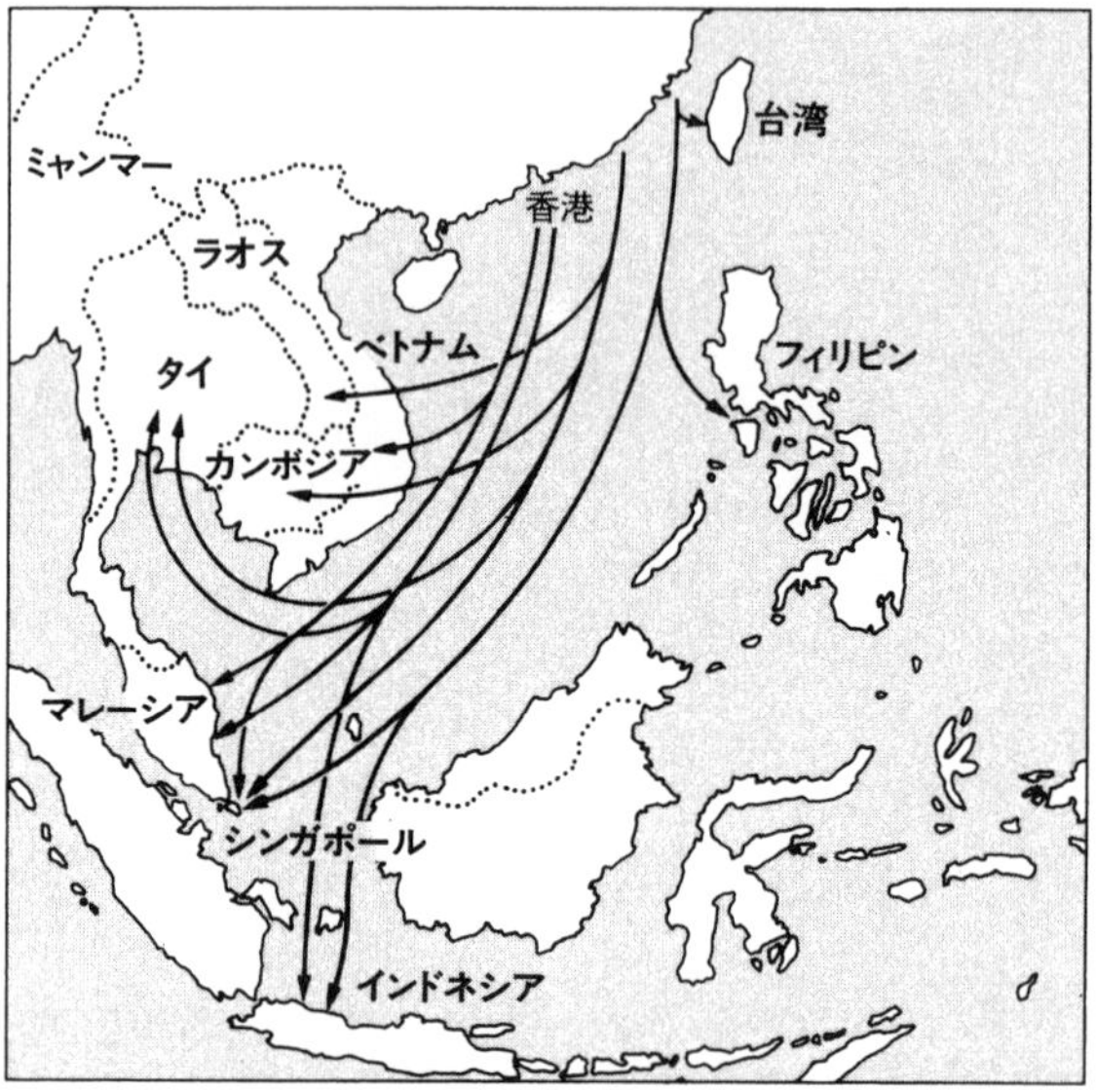

（資料）　Victor Purcell, *The Chinese in Southeast Asia*, Oxford: Oxford University Press, 1965.; S. Gordon Redding, *The Spirit of Chinese Capitalism*, Berlin and New York, Walter de Gruyter, 1990 を利用して作成。

複合人種社会

錫の採掘ならびにゴム樹液の採集は、いずれも大変に人手をくう作業、つまり労働集約的な作業です。そのために労働力需要がここで爆発的に拡大しました。錫鉱山やゴム農園などで働く低賃金労働者需要を満たしたのが華南住民でした。他の一部が、タミール地方からやってきたインド人労働者でした。東南アジアにいきますと、そこには現地住民の他に多くの中国人やインド人が住まっていることに気づかれると思います。この社会のことを私どもは「複合人種社会」といいますが、この社会はいま申し上げたような歴史的な経緯があって形成されたものです。

福建省や広東省などの華南の貧困が住民を外方に押しだし、この押しだされた華南住民を植民地東南アジアの労働需要が吸引した、ということができます。そして華南住民は図3－2のような経路をたどって東南アジアに移り住んでいったのです。

東南アジアに移住した華南住民は、鉱山や農園での労働に従事したばかりではありません。同時に、植民地活動が派生させた商業、輸送、金融、精米などの諸活動にも携《たずさ》わり、そうして東南アジアでだんだんと財力を築いていったのです。

たとえばインドネシアの華人は、オランダの植民地支配下にあった同国の金鉱山、錫鉱山、農園の労働者として当地に移り住んだ人々です。しかし、その後これら華人は流通分野に進出し、インドネシア農民と欧米諸国とを結ぶ仲介商人、これは当時「買弁《ばいべん》」といわれましたが、そういう機能において抜群の才覚をみせました。在外華人は、インドネシア農民から茶、砂糖、ゴム、煙草《たばこ》、胡椒《こしょう》などの農産物を購入し、それと引き換えに輸入された綿製品などを農民に販売して、その取引マージンを手にしたのです。在外華人はその活発な活動により、第二次大戦前までにあの広大なインドネシアの小売業、仲買人、卸商《おろし》のほとんどを掌中におさめてしまいました。

フィリピンには、在外華人は砂糖、マニラ麻、煙草などの農園労働者としてやってきました。しかし、このフィリピンでも在外華人の役割は流通部門においてきわめて大きなものでした。小売業、卸業、精米業、金融業における在外華人のプレゼンスは、現在でも圧倒的です。

東南アジアの在外華人は、まずは欧米列強の植民地経営のための低賃金労働者群として、次いで流通・金融部門において大きな地歩を築いたのです。在外華人にとって東南アジアの異郷での生活と労働はまことに苛酷でした。在外華人はこの苛酷な環境のなかで刻苦精励したのです。そしてこの過程で、在外華人の擁する商業主義の伝統が錬磨され、そうして在外華人の企業家的な能力が東南アジアに蓄積されていった、というのが私の見方です。

「契約華工」

確かに華南住民が移り住んだ東南アジアは、彼らにとって厳しいものでした。そもそも清国政府は鎖国政策をとっており、華南住民の海外流出は、国禁を犯しての逃亡だったのです。清朝の大清律令《だいしんりつりょう》は次のようにうたっております。

「およそ官員、兵民で勝手に海へでて貿易をしたり、海島へ移住して居住、耕作する者は、ともに通賊《つうぞく》した行為として取扱い、斬首刑に処する」

これが清国政府の中国人海外移住に対する態度のエッセンスでした。清国がなぜ鎖国政策を採用したのかといえば、これは清朝の体質によるものと思われます。清朝は、人口百数十万の満族が三億人の漢族を支配した王朝であり、統治困難な海外への漢族の移住を恐れていたのです。在外華人は海外逃亡者であり、棄民《きみん》でした。

一八三〇年ごろから奴隷制度廃止の動きが欧米諸国で高まり、これは奴隷に代わる大量の低賃金労働力に対する需要拡大と同義でした。そうして華南の労働力が注目されたのです。とはいえ、いま指摘しましたように清国政府は鎖国政策を固守しており、民衆の海外渡航は御法度《ごはっと》でした。他方、この時期は欧米列強による東南アジア植民地支配の最盛期であり、低賃金労働力需要はいやがうえにも高まっていたのです。同時に、これもさきに述べました華南における農民層の下方分解は、清末期の華南地域において恒常化しており、貧困住民を外に押しだす力はこの時期きわめて強いものでした。

そのために、中国人労働力の密貿易、いわゆる「苦力《クーリー》貿易」が広範に発生したのです。清国政府も、鎖国政策をとっていましたが、華南住民の非合法の海外移住に対しては打つべき有効な手段をもっていませんでした。そして、ついに清国政府は、欧米列強の移民自由化の要求に応じて鎖国政策の転換を余儀なくされました。鎖国政策の廃止により、華南住民の海外流出にはいっそうの拍車がかかったのです。

華南の人々の東南アジア移民には二つの種類がありました。一つは「支払い移民」といわれ、もう一つが「契約華工」と呼ばれた契約移民でした。支払い移民は、渡航に際してその旅費を事前にみずからが支払う比較的自由な身の移住者です。しかし契約華工は、密かになされる苦力募集に応じて契約料を手にし、これを妻子に残し、多くは旅費を前借りして、徒手空拳《としゅくうけん》で単身南洋に渡っていった人々でした。契約華工の取引は「猪仔《ちょし》売買」と通称され、豚の子の売買同然の取扱いでした。

華南住民をまち受けていた東南アジアの生活と労働の環境はまことに厳しいものでした。この逆境のなかで在外華人は企業家的な才覚を錬磨し、蓄積していったのですが、この過程につきましては次章で述べたいと思います。

第四章　華僑ネットワーク——白手起家

東南アジアに広範に住まっている中国人は華僑と呼ばれています。これら大量の華僑が、いかなる歴史的経緯をもって大陸中国を離れ、東南アジアに流入していったかについては前章でお話しました。華僑は、清国期中国の鎖国の禁を破って東南アジアに渡っていった人々でした。その意味で彼らは逃亡者であり、祖国中国の政府の保護を期待することはできませんでした。祖国から棄てられたる民、つまり「棄民《きみん》」だったのです。

東南アジアもまた華僑にとっては厳しい生活と労働の場でした。東南アジアは気候的には熱帯です。また、東南アジアが大陸中国の文化的伝統とは縁の薄い地域であったことはいうまでもありません。なによりも東南アジアの現地住民は、華僑を自分たちの収益の「上前《うわまえ》」をはねる東洋外国人だとみなし、敵視の対象にしたのです。祖国と居住国の保護から放たれ、裸一貫で異郷の東南アジアに移り住んだ華僑がいかにして生活を維持し、労働し、企業家的な能力を磨いていったのか、その経緯を本章ではみていきたいと思います。

華僑の人間関係ネットワーク——幇《パン》

華僑が東南アジアの異郷で生きていくのにまず必要とされたものは、相互扶助的な人間関係組織でした。相互扶助組織のもとで彼らは苛酷な環境に堪え忍び、その才能を育み磨いていくことができたのです。この組織が「幇」です。地方的な団体といった意味の中国語です。故郷から遠く隔たった南洋に移り住んだ中国人にとって、この未知の社会で生をつむいでいくためには自衛自助のためのコミュニティーの形成は不可欠だったのです。コミュニティーの原型は大陸中国にありました。

彼らの祖国中国は動乱の連続でした。政治的に不安定であったのみならず、経済的にも貧しい状態を恒常化させてきました。この中国において、人々はみずからを守る組織をみずから形成していかざるを得なかったのです。その組織が血縁を中心とした大家族制度であり、血縁と地縁が重なり合う村落共同体でした。

中国人は伝統的な村落共同体への帰属意識、つまりは同郷意識の非常に強い人々です。広大な中国のなかで地方から都市へ移って活動する人々が、同郷人の利益と福祉を求めて互助組織をつくるという伝統は、中国の国内に古くからみられました。「会館」とか「公会《こうかい》」といわれたものがそれです。会館といいますのは、各地方から都市にでてきた人々の互助親睦を目的につくられたコミュニティーです。公会とは、ある種の同業者組合です。同じ業種に携わる同郷人の利益を守り、利害を調整するための組織でした。

そうした伝統をもつ中国人が異郷の東南アジアに移り住んだわけですから、一段と結合度の強い同郷者の人間関係ネットワークを生みだしたのは、当然だということができましょう。出身地と方言を共有する人々が異郷の

図４−１　華南の移民出身地域図の位置

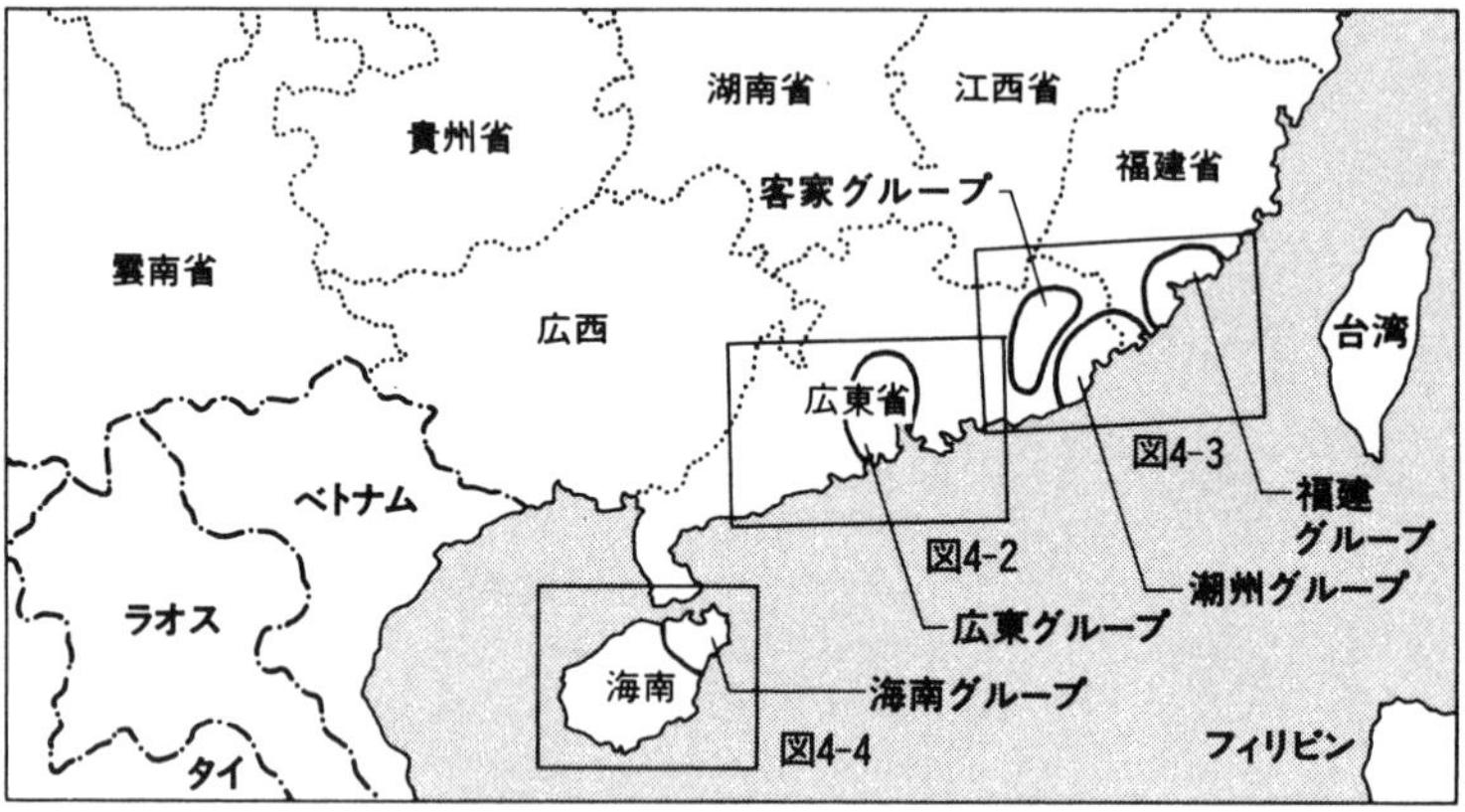

（資料）　ウィリアム・スキナー『東南アジアの華僑社会―タイにおける進出・適応の歴史』山本一訳，東洋書店，1981年。

地で取り結ぶ密度の濃い人間関係ネットワーク、これが幇です。この幇は、広東《カントン》幇、福建《ふっけん》幇、潮州《ちょうしゅう》幇、海南《かいなん》幇、客家《ハッカ》幇の五つに大別されます。

華僑の出身地である華南は、それほど広い地域でありませんが、しかし地形が実に複雑に入り組んだところです。そのために、それぞれの住民は多分に孤立的な集団を形成し、同じ華南にありながら風俗、習慣、言語を相互に異にしています。さきにあげた五つの幇は、それぞれ異なった地方の、それぞれ異なった風俗、習慣、言語をもつ人々の集団です。

言葉のちがいは、幇の形成にとってとくに大きな意味をもっていました。華南の方言は相互のコミュニケーションが不可能なほどに異なっていましたから、同じ方言を話す人々の結合度が強いのは当然といえば当然です。幇は同一の地域の同一の方言を話す人々の集団だという意味で、まずは「郷幇《きょうパン》」なのです。

広東幇といいますのは、広東省の省都広州《こうしゅう》から南に広がっている、今日珠江《しゅこう》デルタと呼ばれる地域に居住していた人々が東南アジアに移り住んでつくった相互扶助的な人間関係組織のことです。福建幇はアモイや泉州《せんしゅう》、漳州《しょうしゅう》ならびにその近在の人々、

図４－２　広東グループの出身地域

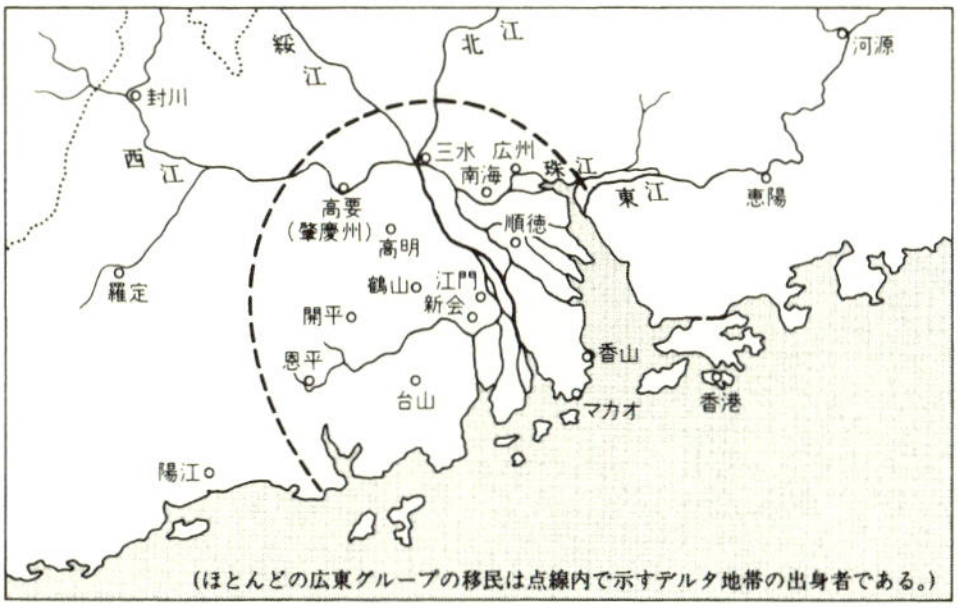

（ほとんどの広東グループの移民は点線内で示すデルタ地帯の出身者である。）

（資料）　図４－１に同じ。

図４－３　客家，潮州，福建グループの出身地域

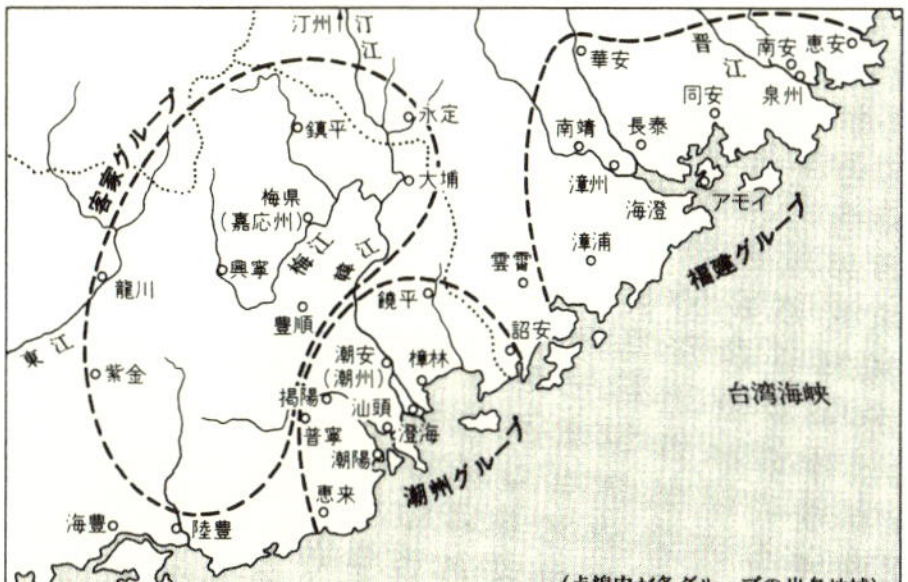

（点線内が各グループの出身地域）

（資料）　図４－１に同じ。

図４－４　海南グループの出身地域

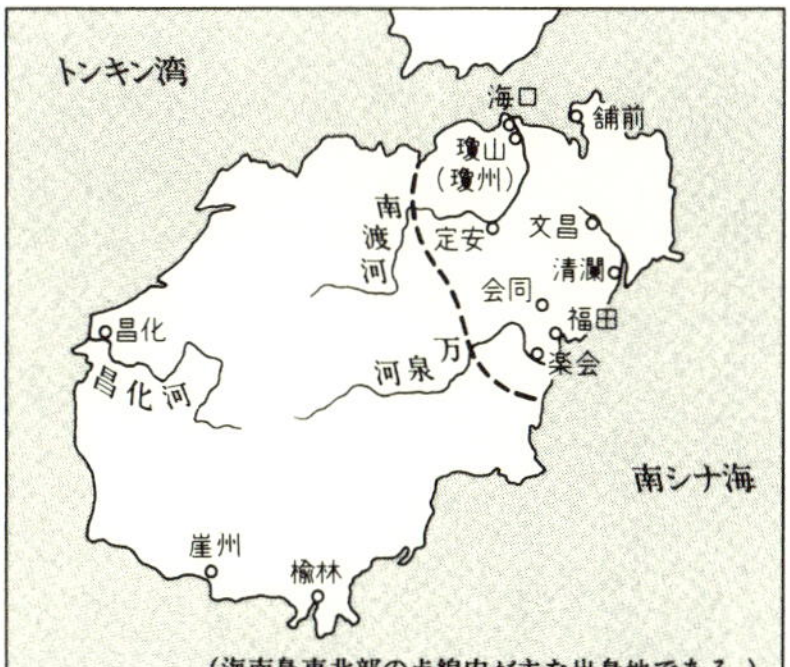

（海南島東北部の点線内が主な出身地である。）

（資料）　図４－１に同じ。

潮州幇は広東省東部の潮州や汕頭《スワトウ》の人々、海南《かいなん》幇は海南島の人々が、異郷の東南アジアで取り結んだ人間関係ネットワークです。客家《ハッカ》といいますのは、西暦四世紀から一九世紀という長期にわたって黄河《こうが》流域の中原《ちゅうげん》から南進を繰り返し、その過程で他の漢族と融合することなく独自の風俗、習慣、言語を維持して、広東省、福建省、江西省の山間部に幅広く住まっている人々です。彼らが東南アジアでつくった人間関係ネットワークが客家幇です。

五つの幇に属する人々の出身地域をウィリアム・スキナーの作図によって表したものが、図4－1～4です。

会館・公会——華僑の「羊水」

東南アジアの街を歩いていますと、出身地の名前を冠した、例えば潮州《ちょうしゅう》会館とかアモイ会館とかの看板を掲げた立派な建物をよく目にします。これらの会館は、そこに属する人々に保護と安寧《あんねい》を提供しています。故郷を後にして異郷にやってきた人々に職業を斡旋《あっせん》し、住宅のめんどうをみてやり、学校をつくって子弟を教育し、冠婚葬祭を共同で行い、親睦の場を提供しています。同郷の人々が死ねば、義塚《ぎちょう》と呼ばれる共同墓地に葬ることにもなっています。会館は、幇に属する同郷人の親睦互助の中枢的機能を担っているのです。

出身地と方言を共有する人々からなる郷幇は、その幇の人々が得意とするいくつかの特定の職業に従事しているという意味で、「業幇《ぎょうパン》」でもあります。華南をあとにした華人の多くは、東南アジアにおいて同郷の人々が形づくっている幇のなかでの就業をめざして流出していくわけですから、郷幇が業幇と重なり合うのも無理はありません。

業幇の特徴を大きくいえば、福建幇はフィリピンの金融、貿易、精米、ジャワの製糖、シンガポールのゴム工業において、また潮州幇はとくにタイの米、輸送、金融において他を圧する力をもっています。広東幇は職人的な仕事に秀でてマレーシアやベトナムに多く居住しています。客家幇の人々はマレーシアやインドネシアでの錫《すず》鉱山、ゴムや茶のプランテーションの労働者に多くみられます。海南幇は他の幇に比べて人数が少なく、未開の島の出身者であるために工場や農園の未熟練の肉体労働者が多いといわれています。

同一の出身地と方言の人々が異郷で集い幇を形成し、そこに会館や公会、共同墓地、学校、病院などを擁して、異郷にあっても郷里にいるのとほとんど変わらない、つまりは「疑似《ぎじ》中国」のなかで生活を維持することができたのです。幇は、移住してきた華南住民が現地社会に適合していくに際しての「触媒」としての機能をもっていたのです。幇なくして華僑が異郷でその才覚を発揮・錬磨していくことはできなかったにちがいありません。その意味で、幇は華僑の企業家的な才覚を育《はぐく》む「羊水」にもたとえることができましょう。

華僑組織のエッセンス——信用

華僑は、国家による保護から完全に放たれた海外で、しかもしばしば敵対的な現地住民に取り囲まれて、同郷の人間が同業に従事して生活を送ったのです。同郷人からなる幇が、結合度のきわめて強い自衛自助の内部組織をもつものとして形成されていったであろうことは、容易に想像されます。幇は国家権力と法制度の裏づけをもっているわけではありません。幇の組織を支えるほとんど唯一の力は、密度の濃い人間関係をベースにした「信用」でした。幇においては、人と人とのつながりが決定的な重要性をもっています。経済活動におきましてこの信用の役割はとくに重要でした。信用は華僑商法のエッセンスともいうべきものです。

幇内部で信用を得たものは、幇のさまざまな組織を通じて無担保、口約束の金融の供与にあずかり、商売上必要なマーケティング・チャネル、ノウハウなどの便宜を供与されます。そしてこの便宜の享受は、次の段階で同じ幇に属して信用をもつ他の成員に対する便宜供与の義務となってあらわれるのです。

逆に、幇の成員が幇の内部でひとたび信用を失うならば、そこでの商売はもはや絶対に不可能となります。ことはビジネスにとどまりません。信用喪失は幇内部における社会的地位の剝奪にもつながります。その意味で、信用は幇の組織的結合を強化する「凝固剤《ぎょうこざい》」でもあったのです。幇は、信用をないがしろにするものに対して強い社会的制裁をもってのぞんだのです。

中国語に「白手起家」という言葉があります。裸一貫から身をおこして一家の財をなすという意味の、華南でいいならわされてきた表現です。在外の華僑が異郷で財をなし家をおこすこと、つまり「起家」を可能ならしむる社会的手段がまさに信用なのです。

東南アジアで華僑が営むレストランなどに行きますと、「先苦後甘」「節倹貯蓄」「克勤耐労」といった文字が赤地の紙に鮮やかな金色で書かれているのをよく目にします。商売を通じて社会的上昇を図ろうという強い意欲をもち、幇内部で高い信用を得た人々は、こうした現世的な人生訓や処世訓に則《のっと》って熱心に商売に励んだのです。「白手起家」という表現は、異郷の南洋に移り住み、そこで刻苦精励した華南の人々の立ち居振る舞いを的確にいいあらわした表現だということができます。

仲介者機能——買弁

ところで、在外華人は具体的にどのような経済活動に従事して「白手起家」を試みたのでしょうか。前章でお話しましたように、在外華人は、欧米列強による植民地支配下の東南アジアにプランテーションや鉱山の労働力としてやってきた華南の人々でした。しかし、彼ら在外華人たちは、同時に植民地経済活動が派生させた商業、輸送、金融、精米などにも携わりました。これらの経済活動が「買弁《ばいべん》」です。買弁といいますのは、植民地本国からやってきた西欧白人社会と現地農民社会との中間にあって、植民地本国が必要とする食糧・工業原材料などの一次産品を現地農民社会から購入・集荷し、それと引き換えに繊維製品などの輸入製品を農民に販売するという仲介者的機能のことです。

在外華人は仲介商人的なこうした機能をこえて、現地住民社会のなかに住みつき、料理店、雑貨店、理髪店などのサービス部門においても大きな地歩を築きました。そうして華僑は東南アジアに広範に根を張る存在となり、「一本のヤシの木の下には三人の華僑が住んでいる」といわれるほどまでになったのです。華僑の幅広い経済活動を通じ、それまで多分に自給自足的な状態におかれてきた東南アジアの農村社会は次第に貨幣経済化の波に巻き込まれていきました。

華僑はこうした買弁的機能を擁して東南アジア社会に深く根を張っていったのですが、それを可能ならしむる社会的構造が東南アジアに存在していたという事情にも注目しておく必要があります。その社会的構造を、イギリスの植民地社会経済学者ファーニヴァルは「プルーラル・ソサイエティー」、つまり複合社会と呼びました(南太平洋研究会訳『蘭印経済史』実業之日本社、一九四二年)。

植民地化された東南アジア諸国には、その上部に西欧白人社会が君臨し、その下部には現地農民社会が存在していたのですが、前者が風俗、習慣、言語をまったく異にしている後者に入り込んで一次産品を購入・集荷し、工業製品を販売することは容易ではありません。そこでプランテーションや鉱山の労働者として流入していた中国人、一部にインド人に西欧白人社会と現地農民社会との仲介者的な機能を演じさせることになったのです。

こうして東南アジアには、西欧白人社会、東洋外国人としての華僑、現地農民社会という、それぞれ文化的伝統を異にした三つの社会単位が併存し、経済活動を通じて相互依存的ではあるものの、共通の社会的意思をもたない複合的な社会が形成されることになった、というのが大略ファーニヴァルの考え方でした。

現地農民社会は、仲介者的な機能にはほとんど関心を寄せることはありませんでした。そして、そのために華僑の買弁には大きな活動の場が提供されたのだということもできましょう。

タイにおける米流通と華僑

華僑の弁者的機能を典型的に示す事例として、タイについてみてみましょう。タイは、豊かな水稲適地と稀少な人口のもとで自己充足的な米作経済を長らく営んできました。このタイが経済発展を始動したのは、一九世紀後半期以降の米に対する海外需要の急激な拡大によってでした。一八五五年にイギリスとタイとの間にボーリング条約が結ばれ、この条約によってタイは伝統的な米輸出の禁を解き、米を輸出用換金作物とする一方、消費財の輸入を認めることになったのです。こうしてタイの米作経済は国際経済の一部に組み込まれていったのですが、その過程できわめて重要な役割を演じたのが華僑でした。

タイ農民が関心をもったのは米作のみでした。米作以外のほとんどの経済的機能は華僑に委ねられたのです。タイ歴史研究の碩学《せきがく》ジェイムズ・イングラムは、「米作適地の拡大こそがタイ人自身の最も重要な企業家的活動分野であった。他の企業家的機能の大半は中国人に任せられた。古来、米作だけがタイ人の誇り高い職業であり、彼らは他の何にもましてこれを好んだのである。……こうした選好パターンこそが、タイの経済発展類型の最も重要な要素の一つであった」と指摘しています（James C. Ingram, *Economic Change in Thailand 1850–1970*, California, Stanford University Press, 1971.)。

また、ウィリアム・スキナーという東南アジア華僑研究の大家は、次のように記しています。「タイ人は農耕のみに専念し、経済発展にともなう他の職種にまで手がまわらなかったし、またタイ人自身そのような意欲はもっていなかった。労働需要の主なものは南タイの錫鉱業、精米、製材、バンコク港のはしけ、造船、運河・鉄道建設、豚肉・野菜の生産、職人・小売業などの中間サービス、貿易商、買弁などであり、それらの職業、労働の最適の提供者として中国人移民が登場してきた。彼らはまた海運業、卸売業にも新たな分野を開いた」（ウィリアム・スキナー『東南アジアの華僑社会—タイにおける進出・適応の歴史』山本一訳、東洋書店、一九八一年）。

図4－5　タイにおける米の流通

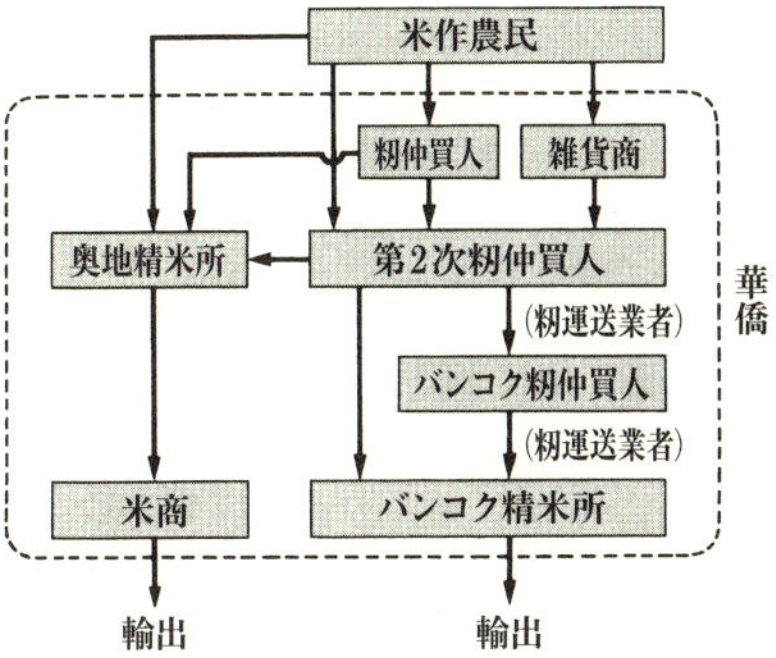

（資料）　渡辺利夫『開発経済学研究—輸出と国民経済形成』東洋経済新報社，1978年（『本著作集』第2巻所収）。

ここでタイの米の生産・流通・輸出の過程を図4－5でみてみましょう。タイ米は、最末端の米作農民、籾《もみ》仲買人、籾輸送業者、精米所の四つの段階を経て輸出されるという、この図で示されるような流通経路をもっていました。米作以外のすべてを担ったのが華僑でした。中間業者の最末端を構成するのが籾仲買人ですが、彼らはタイのあらゆる村々に浸透して圃場《ほじょう》の収穫物を買うのみならず、農民に繊維製品のような消費財、日用品の小売りをする商業的機能をも兼ねておりました。彼らはまた若干の金融的機能をも有し、農民に金品を貸与し、籾価格の相対的に安い収穫期に籾を元利の代わりとして受け取るという金融活動をも行いました。

仲買人が農民から買い付けた籾を精米所にまで運搬するのが籾輸送業者です。彼らはまた籾仲買人を兼ねることも多く、籾輸送業者は運搬の船をもった仲買人といった方が適切です。

米流通過程の最後に位置するのが精米業者です。これは古くからタイ最大の工業部門でもありました。彼らの関心は、交渉力の弱い仲買人から安価に籾を買い入れて精米して、これをいかに高く販売するかという流通マージンの極大化にありました。この精米業者もほとんどが華僑でした。以上の流通分野の他に、鉄道の普及にともなって籾生産地で直接精米されバンコクに輸送された米を保管し販売する業者としての米商も存在しています。この米商とバンコクの精米業者とが輸出にたずさわる主要な業者です。米商もそのほとんどが華僑でした。

こうしてタイ農民は一次産品の生産にたずさわるのみで、その他のすべての商業的活動は華僑にまかせ、華僑はこの流通過程での活動を通じて企業家的才覚を発揮し、この才覚をさらに磨き、財を築いていったのです。

本章では、華南にあってかつて農民であった人々が異郷の南洋に移り住み、相互扶助的な幇組織に属して刻苦精励する過程で信用を蓄積し、その信用によって得られた原資をもとに、植民地経営によって活況を呈する東南アジア社会において買弁者的機能を発揮していったという経緯についてお話ししました。そして、古くから擁していた華南住民の商業主義の伝統が、異郷の逆境の中で中国人独自の自衛自助の組織によって支えられながら錬磨され、そうしてこれが東アジアの企業者的能力として蓄えられていったという私の考え方を述べてみました。

第五章　台湾――もう一つの中華資本主義

大陸中国の南に広がるアジアには、中国人の企業家的能力が横溢しています。清《しん》末期に福建《ふっけん》省や広東《カントン》省などの華南から東南アジアに移り住んだ人々が華僑でした。彼らは逆境の東南アジアで刻苦精励して中国の商業主義的伝統を錬磨し、その才覚が東南アジアの発展を支える企業家的能力として開花したのです。

もう一つは香港です。中華人民共和国成立以前の中国の金融、貿易、製造業の命脈を握っていたのは上海企業でした。上海の企業家は国共内戦に勝利した共産党軍による資産没収の危機を逃れて香港に集い、これが香港を東アジア最大の繁栄拠点とする要因となったのです。清末期に東南アジアに外流して磨かれた華僑《かきょう》の才覚は、香港に流出した上海企業家と結びついて、大陸の外縁部に広く深い華人《かじん》資本ネットワークを形成し、これが東アジアの今日の発展に大きく寄与してきました。このことは、これまで何回か論じてきました。

ところで、在外華人世界を論じる場合、もう一つ言及しなければならない重要な地域があることに気づきます。台湾です。台湾住民の企業家的才能形成の歴史的経緯は、東南アジア華僑、香港華人のいずれとも異なっています。しかし、漢族が外流して異郷の厳しい環境のなかで蓄財に励み、その過程で商業主義の伝統を錬磨したという因果は同様だということができます。

本章では、台湾住民の企業家的能力がいかにして形成されてきたかについて、その歴史的経緯を追ってみようと思います。

「化外の地」「化外の民」

大陸中国が台湾をみずからの版図《はんと》とし、ここを実効的に支配した歴史は短いものです。台湾は大陸中国にとりましては長らく「化外《けがい》の地」、すなわち中華文明の教化の及ばない僻遠の地であり、またここに住まう人間は「化外の民」とみなされ、その領有に関心が示されることは少なかったのです。

大陸中国が台湾に関与するようになったのは、一六六〇年代に入ってからのことでした。一六六一年に明《みん》朝最後の皇帝・永暦《えいりゃく》帝の腹心・鄭成功《ていせいこう》が、異民族満族の清朝を認めず、漢族の明朝の再興をめざして「反清復明《はんしんふくみん》」をスローガンに、台湾を拠点に清国に反旗を翻したのです。鄭成功は当時、台湾を支配するオランダに挑んでここを「反清復明」の橋頭堡《きょうとうほ》としました。鄭成功は翌一六六二年に没したのですが、その血族により台湾支配がつづけられました。しかし、一族の内紛と清国からの軍事的圧力によって一六八三年に鄭氏の台湾支配は崩壊してしまいました。そして台湾は、翌一六八四年より福建省台湾府となって清国の版図に正式に組み込まれたのです。

こうして清国政府は台湾を正式に領有はしたのですが、その関心は台湾が反情勢力の拠点となることを防御するという軍事的なものにとどまり、台湾の経済開発に意欲をみせることは少なかったのです。台湾は「化外の民」の住む野蛮な地であり、風土病のはびこる「化外の地」だとみなされ、清国官僚も波高い台湾海峡をこえてここに出向くことを潔《いさぎよ》しとしませんでした。

しかし、清国に組み入れられた一六八四年以来、台湾が人口に比して耕作可能な土地の豊富に存在する未開の地であることが大陸住民に次第に広く知られるようになりました。この時点において、台湾の総人口は一二万人程度であり、一方、水稲耕作と砂糖黍《さとうきび》栽培に適した肥沃な土地が豊富に存在していました。福建省や広東省などの華南沿海部は、第三章でお話しましたように、古来、土地が稀少で人口圧力の強い地域でした。華南の貧しい農民にとって台湾は新しいフロンティアだと受け取られ、彼らのここへの大量移住を誘ったのです。

漢族の台湾移住

こうして福建省南部ならびに広東省東部の沿海地域から大量の漢族が台湾に、図5－1に示されるようなルートで移住していったのです。広東省東部からの移民は、客家《ハッカ》が主流でした。これらが今日の台湾で「本省人《ほんしょうじん》」と称される人々の源流です。ちなみに、「外省人《がいしょうじん》」とは、日本統治のあと台湾を支配した国民党とともに第二次世界大戦後にやってきた大陸の人々のことです。現在の台湾住民の多くが、閩南語と呼ばれる福建省南部の言葉ならびに客家語を用いているのはかかる経緯があってのことです。清国期に入って以来、台湾の人口は、福建省、広東省からの大量の移住民とその自然増加により、図5－2でみるように急増していきました。

漢族の台湾移住は清国政府によって促進されたものではありません。そのまったく逆が真実です。移住した漢族が台湾に定住してここを再び謀反《むほん》の拠点とすることを清国政府は恐れたのです。

図5-1　大陸から台湾への移住

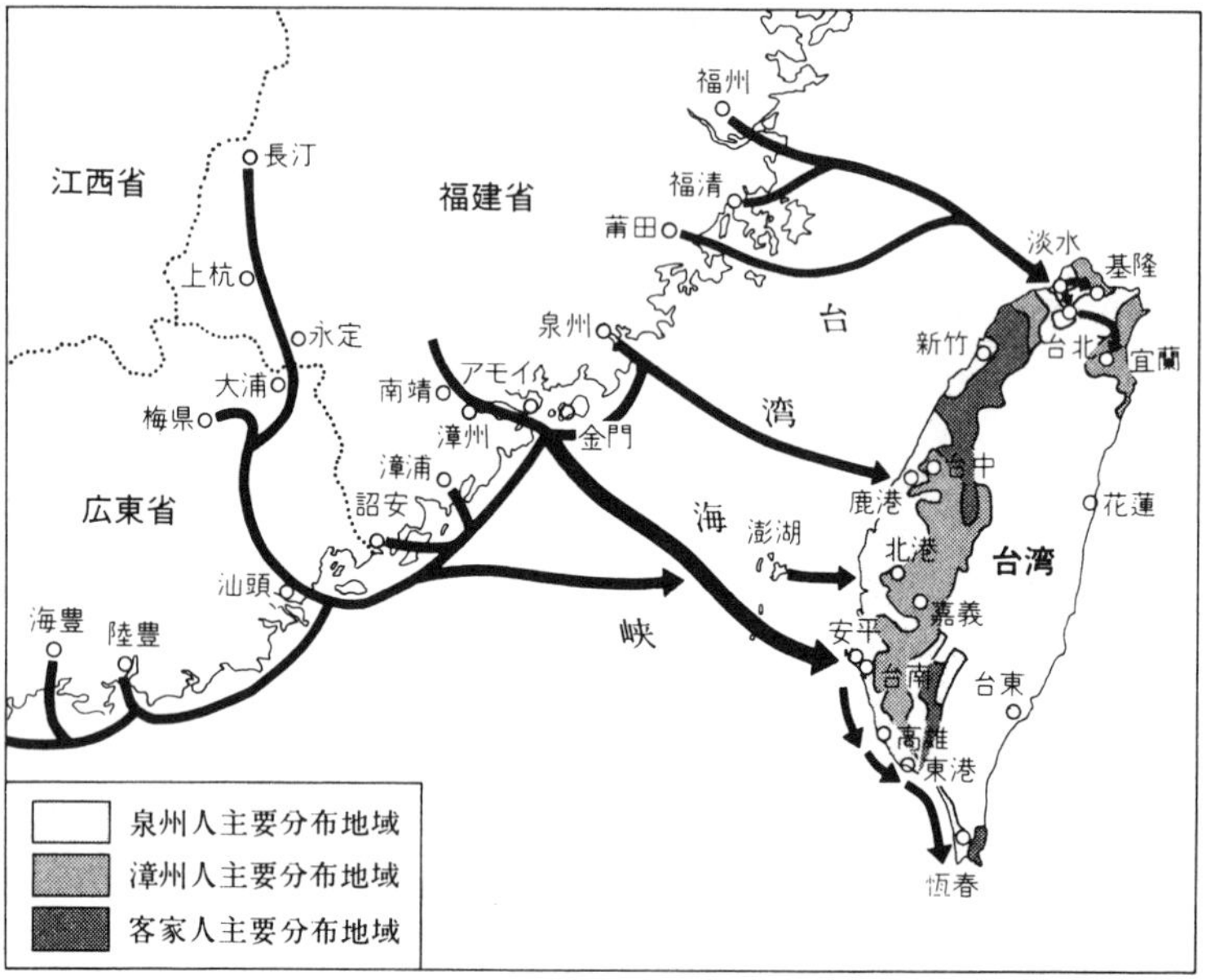

（資料）　王崧興「大中華か，台湾―小国寡民か」笠原政治・植野弘子編『台湾』河出書房新社，1995年。

清国政府は、移住者に対して出身地域の官僚の同意を義務づけ、妻子の同行を禁じました。移住は許可しても、その定住には強い制約を課したのでした。とくに広東省東部の客家は清朝への忠誠心の薄い「海盗の巣窟《そうくつ》」とみなされ、渡航自体が禁止されていました。

しかし、福建省南部や広東省東部の貧農の台湾への移住衝動はやみがたく強いものでした。渡航制限・禁止にもかかわらず移住者数が増加の一途をたどりました。華南農民の移住への熱望を前に渡航制限・禁止は次第になし崩しとなっていきました。さきに指摘した広東省南部の客家の移住禁止も一七六〇年には解かれました。こうして福建省、広東省からの移住はいよいよその激しさをましていったのです。

とはいえ、台湾への入植は難業でした。亜熱帯の台湾は、アラリヤ蚊が飛び交《か》い、毒蛇

図5－2　台湾の人口の推移

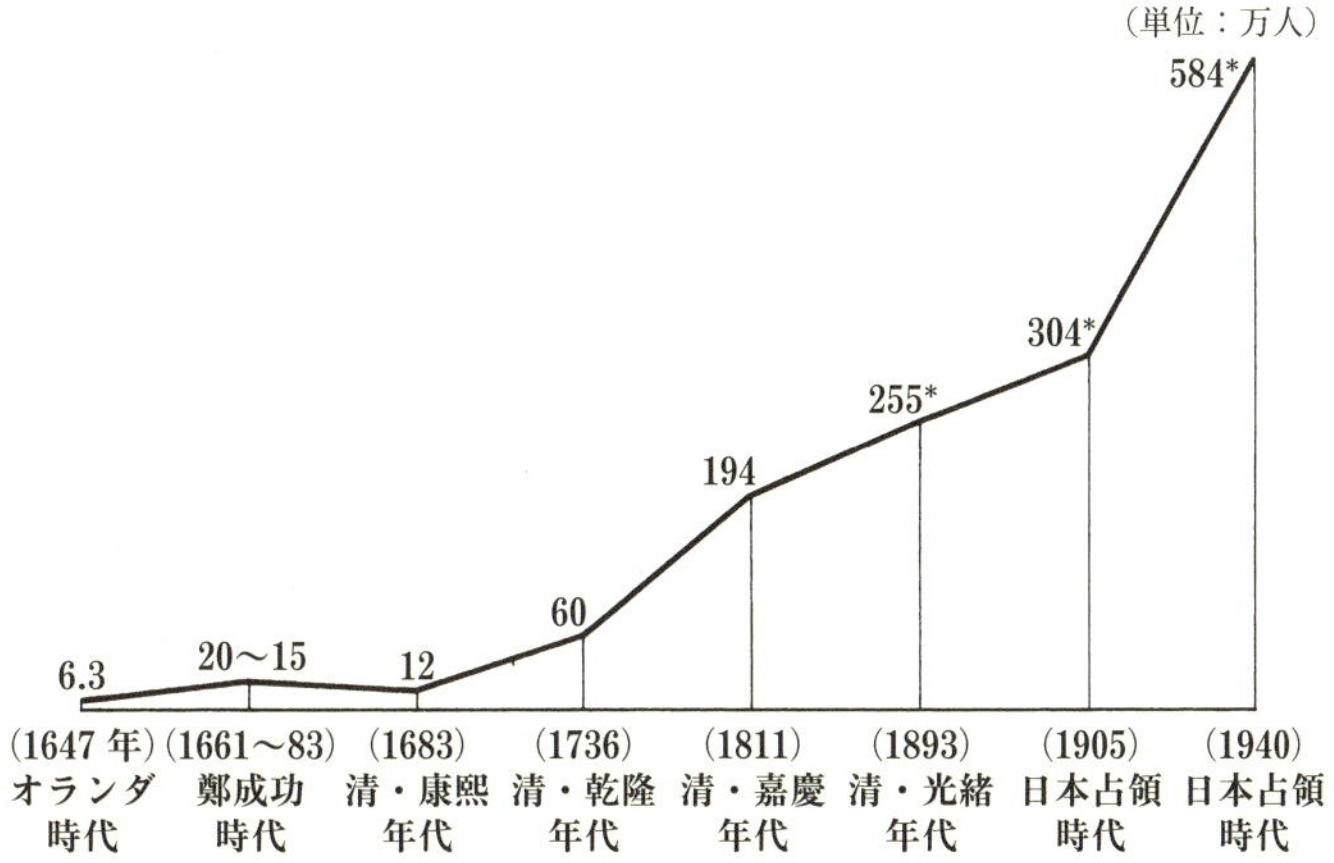

（注）　＊は先住民人口を含む。
（資料）　殷允芃編，丸山勝訳『台湾の歴史―日台交渉の三百年』藤原書店，1996年。

が棲息する「化外の地」でした。移住した漢族は台湾先住民を既住の地から追い払おうとするものの、当然、彼らの抵抗は強力でした。最初にやってきた福建省南部からの移住者は台湾島西部の平野部を占有しました。そのために後から移住してきた広東省の客家系の移住者は、いきおい肥沃度の劣る土地や山地に向かわざるを得ませんでした。それゆえ客家系の人々の福建系の人々に対する不満は強く、これが武闘を含む両者の確執を生み、当時の台湾は「五年一大乱三年一小乱」の不穏な地だったのです。

　こうした苦難を経験しながら、移住民は亜熱帯の樹木が限りもなくつづくジャングルを切り開き、手つかずのままにおかれていた荒蕪《こうぶ》地を開墾するという労苦に果敢に挑んでいったのです。移住してきた華南住民の資産はなきに等しく、開墾はまったくの裸一貫でのヴェンチャーでした。

　台湾は鄭成功の支配以前はオランダの植民地でしたが、その時以来、ここの主要農産物は一貫して米と砂糖黍でした。台湾の水稲稲作は二期作から三期作が可能であり、移住民の開墾努力はまたたく間に米の生産余剰をつくりだしました。

清国期の台湾は、華南とくに福建省の食糧不足を補って余りあるほどでした。商業主義の伝統を色濃く擁する華南住民の台湾における開拓のこの刻苦精励こそが、その伝統を錬磨していった最重要の要因にちがいありません。台湾に移り住んだ華南住民の商業主義は、農業において発揮されたばかりではありません。米や砂糖の流通部門においても磨かれていったのです。すでに清国期の台湾においては米と砂糖の輸出入を業務とする「郊商」と呼ばれる独自の商業的組織、ある種のギルドが形成されていました。そして台湾の各港湾を商圏とする「港郊」が、アモイ以北ならびに以南を商圏とするそれぞれ「北郊」「南郊」と結びつき、またそれらと競合しながら能力を磨き、これが後に台湾の商業資本の源流となったのです。

日本統治時代の開始

華南住民の台湾への入植過程は、国家に頼ることのないまったくのヴェンチャーでした。東南アジア華僑に比べても、台湾移住者のヴェンチャー的傾向は一段と強いものでした。

一九世紀末葉に華南住民を受け入れた東南アジアは、欧米列強の支配する植民地でした。華南住民は、列強の経営するプランテーションや鉱山での労働力の需要に応じてここに吸収され、つまり往時の東南アジア華僑はすでに形成されていた植民地経営システムのなかに組み込まれていったのです。しかし、台湾に流入した華南住民を待っていたのは、統治のための行政や経営のシステムのまったくない「化外の地」でした。清国政府が台湾の経済開発に関心をもっていなかったことはすでに述べた通りです。

清国政府が台湾経営に積極的な姿勢を示すようになったのは、一八七四年の日本の台湾出兵以降のことでした。

日本の台湾出兵後の一八八四年にはフランスが澎湖島《ぼうこ》を占領するという事件がおこりました。外的勢力に台湾を脅《おびや》かされて、清国政府はようやくにして台湾の積極的な経営にのりだすことになったのです。

清国政府は一八八四年に洋務《ようむ》運動の推進者李鴻章《りこうしょう》の部下・劉銘傳（一八三六～九五年）を台湾に派遣し、翌年に彼を初代の台湾巡撫《じゅんぶ》として、この地の統治の任にあたらせました。洋務派の劉銘傳は合理主義的な統治を求めて一八八五年に台湾を独立省とし、ここで台湾史上初の区画整理と人口調査を試みたのです。こうして台湾の近代化が緒《ちょ》につきました。しかし、日本の台湾出兵の二〇年後に日清《にっしん》戦争が勃発、これに日本が勝利して一八九五年四月に下関《しものせき》で日清講和条約が締結され、台湾の日本への割譲がなされたのです。日本の統治時代の始まりです。大陸中国による台湾の経営は、こうして劉銘傳の統治によるわずか二〇年間で終わってしまいました。

日本による植民地経営は、第四代台湾総督として陸軍中将児玉源太郎《こだまげんたろう》（一八五二～一九〇六年）が一八九八年に着任して以降、本格化しました。総督を補佐する民政部門の最高長官として任命されたのが後藤新平でした（一八五七～一九二九年）でした。台湾経営の基礎を築いた明治期日本の代表的な有能官僚が、この後《ご》藤新平《とうしんぺい》は一九〇六年に満鉄総裁として転出するまでの一〇年近く、効率的な植民地経営を求めてその辣腕《らつわん》をふるったのです。

後藤新平の台湾経営の哲学は、しばしば「生物学的植民地論」として知られています。個々の生物の生育にはそれぞれ固有の生態的条件が必要であるから、ある国の生物をそのまま他国に移植しようとしてもうまくいかない。他国への移植のためには、その地の生態に見合うよう改良を加えなければならない。同様に日本の慣行、組織、制度を台湾のそれに適応するよう工夫しながら植民地経営がなされるべきだ、概略そういう主旨が後藤新平の経営哲学でした。武断型の植民地支配とは一線を画する経営思想であったということができます。

植民地経営の基盤整備

後藤新平のこの経営思想を実現するための最初の試みが、劉銘傳によって開始され未完に終わっていた土地・人口調査事業の完遂でした。後藤新平はこの事業によって植民地台湾の現状を徹底的に調べ尽くし、その上で台湾の歴史上初めての近代的な土地所有制度を確立したのです。

台湾の社会間接資本は、鉄道、港湾、道路などいずれも当時の他の植民地に類例をみない充実ぶりでしたが、それらのほとんどは後藤新平の時代に着手されたものでした。また台湾銀行が設立され、台湾の貨幣統一がなされ、社会間接資本の建設に要する大量の資金が同銀行の事業公債により調達されました。

農業発展基盤も、日本統治時代に充実しました。ハワイから導入された砂糖黍に幾多の品種改良が試みられ、また搾糖《さくとう》機械の技術革新が図られて製糖業の近代化が進みました。米についても精力的な品種改良努力が重ねられ、「蓬萊米《ほうらいまい》」として知られた新品種は品質と収量の両面で当時の東アジアにおける画期的な水稲種でした。水利灌漑施設の拡充、これによる開田が相次ぎ、台湾の耕地面積は急拡大しました。

こうした基盤の上に、日本統治下の台湾は工業化の時代を迎えました。とくに日中戦争から太平洋戦争へと戦線が拡大するとともに、台湾は日本の「南進基地」としての重要性をにわかに強めました。台湾は日本軍の南方戦略の「兵站《へいたん》基地」となり、機械・金属・化学の重化学産業の建設が進められたのです。重化学工業を推進する母体会社として一九三六年には台湾拓殖株式会社が設立され、巨大な資本金をもつこの会社が投資主体となって傘下に多くの有力企業を擁しました。

近代的な重化学産業が植民地で事業を展開したというのは、この台湾ならびに日本統治下の朝鮮半島北部を別にすれば、他の帝国主義列強支配下の東アジアの植民地において例をみないものでした。一九四〇年、日本が太平洋戦争に参戦する直前において、台湾の工業総生産額は農業のそれをすでに上回り、この時点で台湾は米と砂糖黍のモノカルチア経済を脱していたのです。

刮目《かつもく》すべきは、教育制度の拡充でした。日本統治時代の教育制度拡充の成果を一九四四年についてみてみますと、この年、国民学校（小学校）の就学率は七一・三パーセントの高さに達し、これは他の列強支配の植民地では想像もできない高率でした。同年の国民学校は一〇九九校、各種学校一一校、実業・師範学校一二二校、専門学校五校、高等学校一校、帝国大学予科一校、帝国大学一校でした。高等教育については、日本への留学も一般化しており、留学生数は一九二八年に四〇〇〇人台、一九三七年に六〇〇〇人台、一九四三年には八〇〇〇人台に達しました。

台湾住民は、すでに指摘しましたように、一八世紀の末葉に商業主義の伝統をもつ福建省、広東省から台湾のこの地に入植して徒手空拳《としゅくうけん》で水稲耕作、砂糖黍栽培のための開墾に尽力し、そうして勤労の精神と蓄財の才能を鍛えてきた人々でした。しかし、そうした精神と才能も農業社会のそれであって、産業社会に適応する知識と技術に裏づけられたものではありませんでした。台湾住民が新しい知識と技術に接近できる初めての機会が、日本統治下で整備された近代的な教育制度を通じて提供されたのです。

日中戦争から太平洋戦争へと戦時体制に入り、台湾住民の同化政策は急進化し、「皇民化」政策へと転じていきました。新聞漢文欄の廃止、国語（日本語）常用運動の強化、寺廟《じびょう》の撤去、神社参拝の強要、「改姓名運動」の開始等々、要するに日本化、日本人化が図られたのです。

この急進的な皇民化政策は、台湾の文化的伝統を破壊する「暴力的」な試みでした。とはいえ、「日本」という媒体を通じてであれ、それまでは不可能であった社会科学や自然科学への接近が、しかも台湾住民のグラスルート（草の根）にいたるまで可能になったという事実は、統治意図のいかんをこえてこれを正当に評価することが必要であろうと思われます。

現代台湾へ

太平洋戦争における敗北により、日本の台湾支配は一九四五年九月をもって終わり、以降、台湾は国民党政権の支配下に入りました。台湾の今日にいたる経済発展の過程は、日本統治時代を経て外来政権・国民党の支配下におかれたという経緯のしからしむるところとして、いささか錯綜したものでした。しかし、台湾の経済発展の基底を一貫して支えてきたのは、清末期にこの地に移住して勤労の精神と蓄財の才能を錬磨し、日本統治下の教育と近代化過程でその精神と才能を産業社会に適合させた人々の努力だったのです。

台湾工業化の主力部門は長らく公営企業でした。日本統治時代の主要な工業企業のすべてが接収され、公営企業となりました。一九六〇年代以降新しく建設された中国鋼鉄、中国造船、中国石油化学工業の三つの公営企業を含めて、台湾全土の産業の「川上部門」が公営企業によって独占されたのです。公営企業は国民党政権の「聖域」であり、これらの内需部門への台湾本省人の参入機会は限られたものでした。金融機関自体が日本統治時代の銀行を接収した公営企業であり、本省人はフォーマルな銀行融資を手にすることも難しかったのです。

それにもかかわらず、否、それゆえでありましょう、本省人は旺盛な企業家精神と勤勉な労働力をもって中小

図 5－3　台湾工業部門の民営企業ならびに公営企業のシェア変化（付加価値基準）

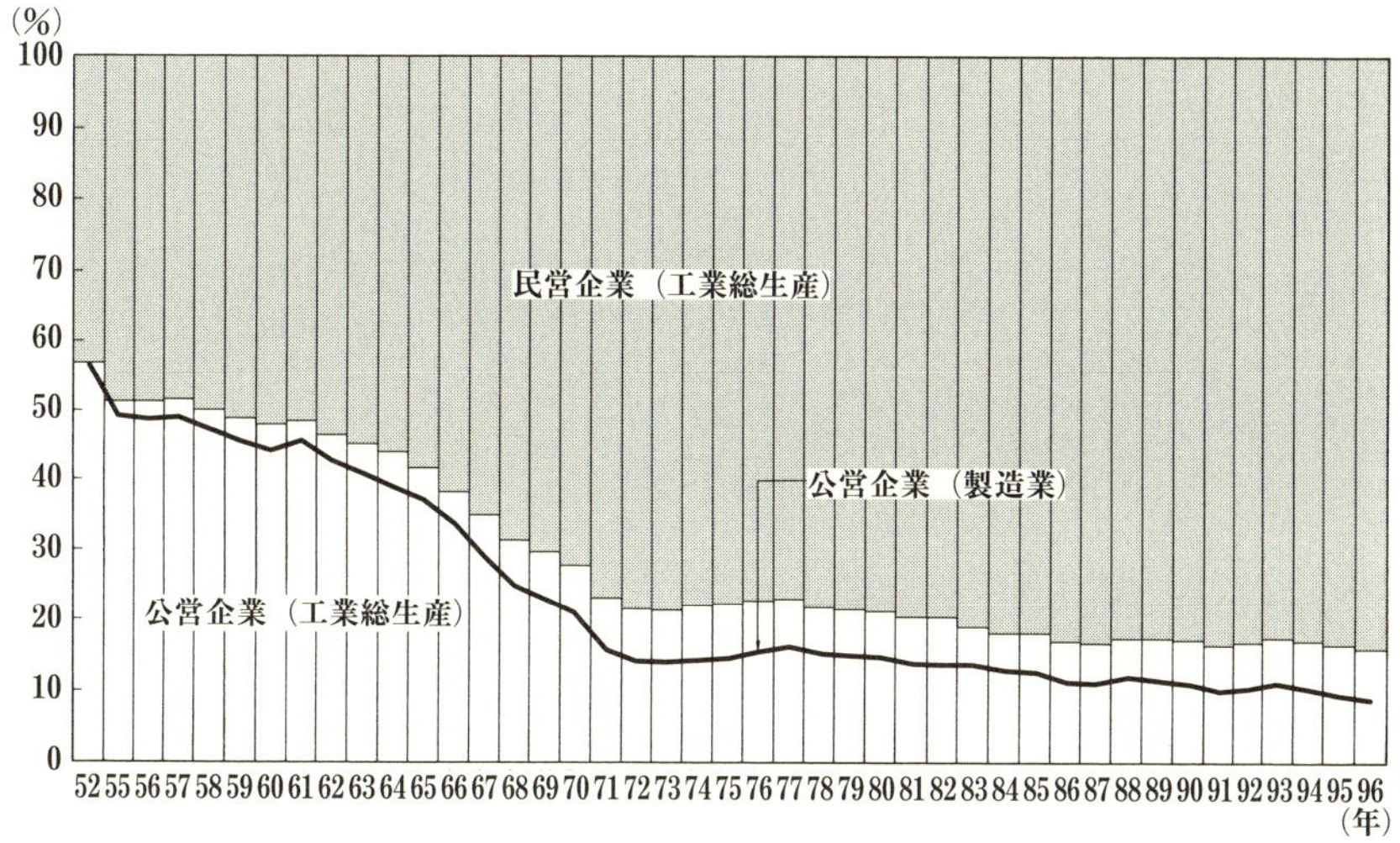

（注）1952～80 年：1981 年基準，1981～82 年：1986 年基準，1983～93 年：1991 年基準。

（資料）Council for Economic Planning and Development, *Taiwan Statistical Data Book*, Republic of China, various issues.

軽工業部門に進出し、内需を独占された国内市場ではなく輸出市場に活路を見出していったのです。産業構造の高度化した現在でもなお台湾の輸出工業部門の中枢は、本省人による中小の民間企業によって占められています。彼らは公営企業を大きく上回る成長率を持続し、その結果、台湾の工業総生産額に占める民営企業の比率増大、公営企業の減少が図5－3のなかにうかがわれます。そして中産階層化した本省人の立ち居振る舞いが、一九八〇年代後半期以降の台湾において政治的民主化を現実化させた主勢力ともなりました。

清国時代の台湾で刻苦精励し、日本統治時代に合理主義にめざめた本省人が、外来政権・国民党支配下のこの地で輸出工業化に新たな活路をみつけ、その蓄財によって広範な企業家群と中産階層を形成し、その彼らの活力が今日の経済的繁栄を創りだしたのです。国民党政権はこの現実を追認し、みずからも「台湾化」のプロセスにあるのです。画期的なこと

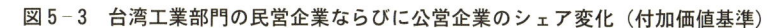

にちがいありません。

第六章　鄧小平の時代——改革・開放の思想

中華人民共和国が成立したのは、一九四九年十月一日のことでした。この新中国は建国直後の一時期を別にして、以降、共産党一党支配の社会主義社会の建設をめざし、統制的な計画経済の時代に踏み込んでいきました。すべての農民は人民公社制度に組み入れられ、工業化は国有企業によって独占的に運営されました。

この統制的計画経済のもとで、農業部門と工業部門はいずれも著しい低迷を余儀なくされ、農民や都市住民の生活水準は遅々として向上しませんでした。また、この時代の中国は国際的にも厳しい孤立状態におかれ、先進諸国から進んだ産業技術や経営ノウハウを導入することもかなわず、停滞を恒常化させたのです。

こうした中国経済の低迷を打ち破るべく採用されたのが、一九七九年の改革・開放政策です。毛沢東《もうたくとう》の死去の後、新たに権力を握って登場した鄧小平《とうしょうへい》は、それ以前の中国を知るものにとっては信じ難いほどに大胆で柔軟な経済体制の改革と対外開放の挙にでたのです。

農村においては人民公社が完全に姿を消して家族農業が全土によみがえりました。また、「郷鎮《ごうちん》企業」という農村を舞台にした工業部門が活況を呈しています。都市においては外資系企業が大きな力を発揮し、またサービス部門では個人企業や私営企業が群生しています。国有企業の改革も開始されました。

鄧小平の中国は、一言でいって統制的で閉鎖的な経済システムを自由で開放的な経済システムへと転換し、それにより史上稀《まれ》にみる高揚期に入っていったのです。つまり中国は社会主義の「しばり」を緩め、市場経済、もっと端的にいって資本主義的なメカニズムを急速に導入しているのです。

その一方、中国の国是《こくぜ》はなお社会主義です。社会主義を国是としている中国が、いかなる論理をもってこの市場経済化をよしとしているか、というのは多くの皆さんの疑問であろうと思います。この疑問は、なによりも中国の共産党員や国民のなかに根強くあります。したがってこの疑問に十分に答えることができなければ、中国はみずからの行動の正統性を失ってしまいかねません。それゆえ党や国家の指導部は、一九七九年の改革・開放政策の開始以来、改革・開放と市場経済化のための理論化をいくどとなく繰り返し、そうしてその正統性を党員と国民に広く訴えてきたのです。

本章ではこの理論化の過程を眺め、さらにそうした理論化が、改革・開放期の傑出した指導者・鄧小平の思想に深く関わっていることを論じたいと思います。

社会主義初級段階論

改革・開放のための幾多の理論化の過程で私どもに強い印象を与えたのは、一九八七年十月の第一三回共産党大会において時の党総書記代行・趙紫陽《ちょうしよう》によってなされた党活動報告でした。この報告において「社会主義初級段階論」が提起されたのです。社会主義初級段階というコンセプトの基底には、建国以来四〇年になんなんとする期間に中国が手にした経済的成果は、社会主義の理想を実現するにはあまりにみすぼらしいものだという、党指導部の自己認識があります。

社会主義初級段階論は大略次のような論理をもっています。すなわち、中国の社会主義は建国後四〇年近くもたってなお初級段階にとどまり、資本主義諸国よりはるかに低い生産力水準に低迷している。そしてこの低迷は、実は中国が高度の資本主義を経過して社会主義に到達したのではなく、逆に資本主義段階を飛び越えて、中国の用語法でいえば「半封建・半植民地」社会から一挙に社会主義にまで突き進んでしまったがために生じている、というわけです。それゆえ中国が、多くの資本主義国が達成した高い生産力と所得水準を手にするためには、市場経済を本格化し、率直にいって資本主義の「やり直し」をしなければならないのだ、という論理です。

そしてこの認識は、一九九二年十二月の第一四回党大会でさらに「社会主義市場経済論」へとつながっていきました。第一四回共産党大会における党総書記は江沢民《こうたくみん》でしたが、同氏による党活動報告は次のようにいっています。「計画経済すなわち社会主義ではなく、資本主義にも計画があります。市場経済すなわち資本主義ではなく、社会主義にも市場があります。計画と市場はともに経済の手段なのです。計画の要素が多いか市場の要素が多いのかは、社会主義と資本主義の本質的なちがいではありません」。

つまり計画も市場も、ともに経済の手段だというわけですから、市場も社会主義の名においてこれを臆することなく利用することができるということになります。ところで、社会主義市場経済とは何かということですが、江沢民は同じ報告のなかで「われわれが確立しようとしている社会主義市場経済とは次のようなものです」として、以下の三点をあげています。

その一つは、行政的指令によってではなく市場メカニズムにより資源配分を行うこと、二つには、このメカニズムを展開させるべく価格を自由化し、企業間の競争を促し、そうすることにより効率性の高い部門に資源を集中すること、三つには、このような条件を整え、さらに市場メカニズムの欠陥を補うために、国家による経済の間接的なマクロ・コントロールすなわち財政・金融政策を用いること、この三つです。

しかしこれでは西側の経済運営原則と同類のもの、すなわち「市場経済」そのものであって、これをあえて「社会主義」市場経済などという必要性は感じられません。江沢民報告はこの説明のすぐ後で「社会主義市場経済は社会主義の基本制度と一つに結びついている」がゆえに、市場経済そのものではないと主張しています。そこで社会主義の基本制度として掲げられていますのは、「公有制主体」と「労働に応じた分配」の二つです。

溶解する社会主義

しかし問題は、現在の中国においては「公有制主体」と「労働に応じた分配」がすでにフィクションと化しつつあることです。

伝統的なマルクス主義では、労働者の搾取をなくすために、搾取の主体である、生産手段の私有者たる資本家階級を排除し、生産手段を公有のものとすることが求められました。中国が社会主義である以上、公有制主体を掲げているのは当然のことです。

しかし、現在の中国はすでに公有制主体、つまり国有企業中心の経済だとはいい難いのです。改革・開放期の中国の経済成長を導いてきたのは、国有企業ではなくて、非国有の郷鎮企業や外資系企業、個人・私営企業なの

図6－1　所有形態別にみた中国の工業生産額の推移

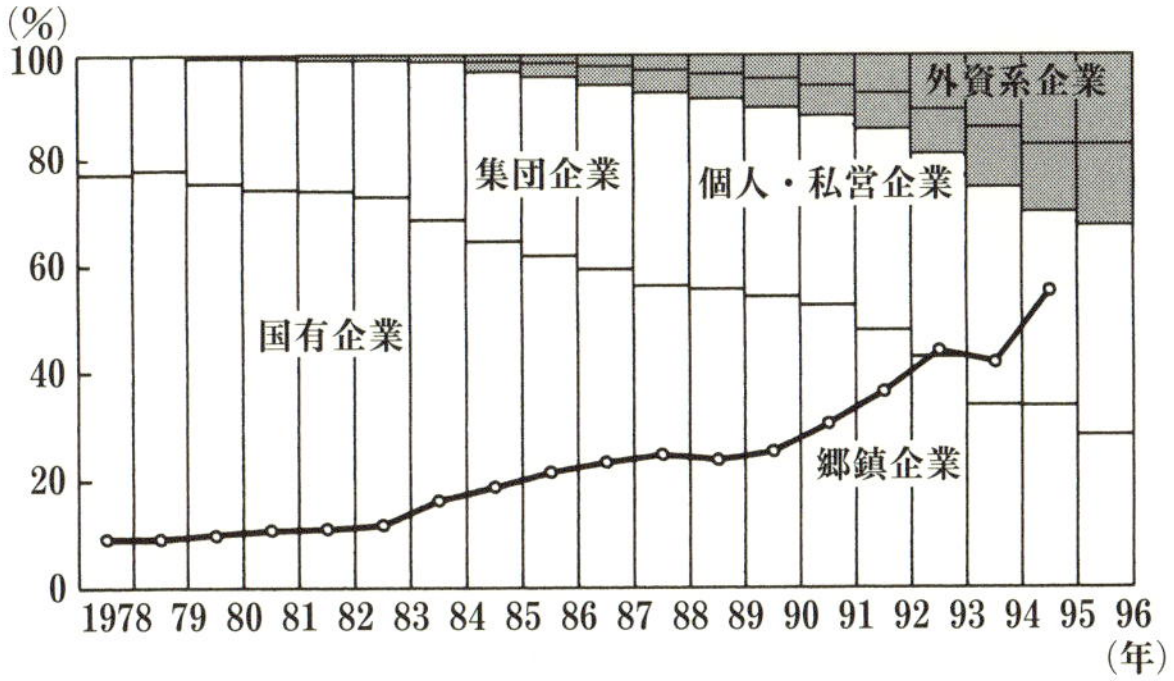

（注）　郷鎮企業生産額は農村に立地している非国有部門の工業生産額の合計。
（資料）　中国国家統計局『中国統計年鑑』各年版。

です。図6－1をご覧下さい。一九八四年に八〇パーセント近くにあった工業総生産に占める国有企業の比率は、一九九六年の現在三〇パーセントへと激減しており、国有企業はもはや中国経済の主体ではなくなっていることがわかります。

しかも目下の中国は、この国有企業の改革を熱心に求めています。そしてその改革の精神は、中国の国有企業を西側先進国企業と同様の経営メカニズムをもつものに翻身《ほんしん》させようというものにほかなりません。国有企業の工業総生産に占める比率が三割程度であり、しかもその経営メカニズムを西側企業のそれに類するものに改革していこうというのであれば、中国が公有制主体の社会主義経済だなどといっても意味ある主張にはならないといわざるを得ません。

もう一つの「労働に応じた分配」など、すでに空洞化してしまっています。これも伝統的なマルクス主義によりますと、人類の社会発展の究極は共産主義です。この共産主義社会においては生産力が高度に発展し、人々は「各人の能力に応じて働き、必要に応じて受け取る」という理想的な分配原則が採用されるとされています。社会主義とはこの共産主義にいたる前段階であり、そこでは労働者に自己の労働の成果に関心をもたせ、労働の生産性の向上を刺激するために「労働に応じた分配」の原則が用いられることになっています。

しかし、現在の中国では土地使用権の譲渡が公然と認められております。そして土地リース代が中国経済を動かす怪物のように大きな金融資産にまでなっています。また株式制度も次第に一般化していくものと思われます。実際のところ、一九九七年九月に開かれた中国共産党第一五回大会では、国有企業の再建を求めて、本格的な株式制度の導入が決定されております。土地リース代金や株式の配当金は、各人の労働の成果とは関係のない、つまりはマルクス主義でいうところの「不労所得」の最たるものです。この不労所得が国民所得の大きな部分を占めつつある中国において、「労働に応じた分配」などといってもこれを信じるものはもはや誰もいないといってもいいでしょう。

こうして中国は、みずからを社会主義だとする根拠を明らかに失ってしまいました。急速な市場経済化が改革・開放期の中国経済の現実であり、それがゆえの活力の発揚が超高成長の真因だとみるべきでありましょう。

生産力主義

それでは中国の国是はなぜ市場経済ではなく「社会主義」市場経済なのかという点ですが、このことは次章にまわすことにしましょう。ここでは、市場経済化を通じて豊かな社会を実現しようという現在の中国の志向性は、鄧小平という指導者の思想と行動に根ざしているのだということを論じておきたいと思います。中国の改革・開放の基本路線を敷いたのは鄧小平その人です。それゆえ、鄧小平の思想を探っておくことは現在の中国のなんたるかを理解するのに決定的な重要性をもっているということができます。

鄧小平の思想を特徴づける第一は、その徹底した生産力主義です。改革・開放のためのさまざまな政策措置を発動するに際して、鄧小平は次のような表現を頻繁に用いて国民を鼓舞してきました。

「社会主義は貧困を根絶します。貧困は社会主義ではなく、ましてや共産主義ではありません。社会主義の優位性は、生産力を発展させ人民の物質・文化面の生活を次第に改善することにあります。中国のいまの立ち後れた状態のもとでいかに生産力を発展させ、いかに人民の生活を改善するのか、この問題がいまわれわれの前に提起されているのです」(「中国の特色をもった社会主義を建設する」『現代中国の基本問題について』外文出版社、一九八七年)。

このような生産力主義は、六・四天安門《てんあんもん》事件後の右へのスウィングを強めたあの政治の季節においても揺らぐことはありませんでした。天安門事件の直後に鄧小平は「人民生活の安定・向上に成功すれば、国際的な政治環境がどう変化しようとも中国は泰山《たいざん》のような安定性を保つことができるのです」と述べていたのでした。

天安門事件に対する国際社会の逆風が吹き終え、そうして中国が一転して超高成長過程に入り、世界の諸企業が競って進出する対中投資ブームに火がついたのが、天安門事件のわずか三年後の一九九二年でした。このことを顧みれば、鄧小平の主張がいかに確かなものであったかがわかりましょう。

中国が超高成長過程に入る直接的なきっかけとなったのは、同年の春節に鄧小平が広東省《カントン》や上海《シャンハイ》などをまわった時の講話、いわゆる「南巡講話《なんじゅんこうわ》」でした。

この講話において鄧小平は、社会主義の優位性は生産力の発展にあるといった主張をさらに前に進めて、生産力の発展を促すものはすべて社会主義だという論理を展開したのです。外資企業や株式制度もこれが中国の生産力の増強に寄与するのであれば、それらはすべて社会主義だという論理です。しかし、率直にいってこれはもう論理ではありません。生産力主義者・鄧小平の社会主義像はいかにもたっぷりと矛盾を含んだ経験主義的なものだということができます。鄧小平は毛沢東のような鋳型にはまった社会主義像をもってはいないのです。

即物主義

鄧小平思想の第二は、第一の生産力主義にも関連しますが、「即物主義」だということができましょう。毛沢東の人間観と鄧小平のそれとのおそらく決定的なちがいがそこにあると私は考えます。

毛沢東革命の主体は、「一窮二白」の、つまり一に貧しく二に汚されていない貧農でした。中国の貧農は後《おく》れた生産力を引き継ぎ、被抑圧の歴史を背負ってきました。失うべきものを何ももたない貧農はその本来の性格において革命的な存在であり、それゆえ毛沢東の理想を現実化するための道徳的存在でもあったのです。貧農の革命精神こそが、毛沢東のユートピア社会主義を実現する核心でした。

鄧小平の革命は、これを革命というのであれば経済革命です。鄧小平の求めるものは、生産力の発展、国力の増強、人民生活の向上です。鄧小平は、この革命を大衆の革命精神を発揚することによって成就し得るとは考えません。実は、そのまったく逆の人間観が鄧小平のものです。

大衆は「物質的刺激」に応じて初めて発展に向かって動く存在だとみなす、ある種の「即物主義」が鄧小平には拭《ぬぐ》い難く強いのです。毛沢東の革命主体観が道徳的あるいは理念的であったのと対照的に、鄧小平のそれはあきれるばかりに即物的です。この鄧小平の即物主義を政策面であらわしたものが、改革・開放政策を彩った「請《うけ》負制《おいせい》」（第八章参照）でした。

ところで、鄧小平の物質的刺激策は、その当然の帰結として生産力発展への能力と意欲をもつ農民、企業、地方を利し、能力と意欲において薄い農民、企業、地方を不利化させて、格差を生みだすことが避けられません。しかし、鄧小平はこの格差をもよしとしています。鄧小平はむしろ格差を積極的に利用し、先に豊かになった経済主体が、後にその力を後れた主体に及ぼし、そうして初めて一国全体としての生産力の増強が図られるのだと考えるのです。ある種の不均衡発展論であり、これが鄧小平のいわゆる「先富論《せんぷろん》」といわれるものです。

改革・開放期の中国の経済的高揚を牽引してきたのは、内陸部ではなく沿海部の諸省です。中国の経済発展のためには、まずは発展の潜在力において豊かな沿海部を内陸部に先んじて発展させることが必要であり、そのためには沿海部に政策的優遇条件を与えるべきだという考え方です。これが「沿海地域経済発展戦略」として結実したのです。

漸進主義

鄧小平思想を語る第三の特徴は「漸進《ぜんしん》主義」であり、その中枢にあるものが「実験主義」だと私は考えます。鄧小平は、人民公社化運動、大躍進運動、プロレタリア文化大革命など、中国の政治、社会、経済を惨憺たる状況におとしめた毛沢東の急進主義の苛烈な実情をつぶさに体験してきました。その過程で有能なテクノクラートの多くを失い、みずからもその暴力的な大衆運動により辛酸をなめつくしました。鄧小平は、急進主義によって建国を進めることは不可能であることをつくづく身をもって知らされていたのです。鄧小平の漸進主義は、毛沢東の急進主義へのアンチテーゼにほかなりません。特定のスローガンをもって大衆を動員し、目標をいちどきに全土で実現しようという急進主義的な方式は、毛沢東のものであって鄧小平のものではありません。

この鄧小平の漸進主義のエッセンスが実験主義です。改革・開放時代の中国経済を活性化させた試み、たとえば農業生産責任制の採用、国有企業への経営自主権の付与、経済特別区・開放区の設置、はたまた近年の証券市場の開設認可、国有企業の株式会社化、不動産市場の認知などのすべてが、鄧小平の実験主義の結実であったといっていいと思われます。これらの試みは、ある単位、地方で初歩的な実験を開始させ、これが別のある単位、地方でも有効であることが確認され、その有効性が誰の眼にも明らかになった時点で、そうした試みを制度的、法制的に「追認」し、これを全土に普及・拡大していこうという、そうした実験主義が鄧小平の方式だったのです。

改革・開放期の最高指導者・鄧小平の思想と路線の帰結として、中国の社会主義は少なくともこれを経済についてみる限りすっかり「空洞化」してしまったのです。それにもかかわらず現在の中国の国是は、市場経済ではなく「社会主義」市場経済です。それでは社会主義市場経済とは何ものなのでしょうか。また、社会主義市場経済をスローガンとする中国経済の問題点はどこにあるのでしょうか。こういった諸点については次章でお話ししましょう。

第七章　社会主義市場経済の中国――成長と混迷

現在の中国は改革・開放政策のもとで、旧来の社会主義的な計画経済の枠を溶かし、著しい速度で市場経済化を進めています。社会主義経済の本丸である国有企業は低迷をつづける一方、非国有の郷鎮《ごうちん》企業、外資系企業、個人・私営企業が活況を呈しています。改革・開放期の中国経済を牽引してきたのは、これら無数の非国有の、あえていえば資本主義的な企業群なのです。そして資本主義的な企業群が中国の市場経済化の中心的な勢力となっています。現在の中国は市場経済化の過程をひた走っており、それゆえの高成長なのです。

それにもかかわらず、今日の中国の国是《こくぜ》は市場経済ではなく「社会主義」市場経済なのです。なにゆえに中国は「社会主義」市場経済なのでしょうか。この章では、社会主義市場経済の意味を探り、その将来をうらなってみたいと考えています。

なぜ社会主義市場経済なのか

中国は巨大な人口と広大な国土を擁《よう》する大国です。この中国が、毛沢東《もうたくとう》時代の極度に集権的な統制経済から一転して自由で分散的な市場経済に踏み込んでいます。市場経済化を中国の全土で試みようというのであれば、生産力の発展のためにはそれ以外に方途はないにしても、これが国家の統合を損なうことになりはしまいか。中国が流砂《りゅうさ》のなかに巻き込まれて、みずからの行き着く先を見失うことにはならないか。市場経済化を選択したがゆえに、そうした恐怖にも似た危機意識を党指導部がもったとして不思議ではありません。

そのうえ、統制経済を市場経済へと転化させようという中国の実験は、成功の先例のない歴史的な試みなのです。グラスノスチ（情報公開）とペレストロイカ（建直し）を標榜して改革にのりだした旧ソ連の、あの無惨な経済的失墜と国家分裂、はては共産党の悲劇的解体を目のあたりにして、中国の指導部がみずからの実験は「社会主義」を死守しながら進めねばならないと臍《ほぞ》を固めたとして、これも当然の反応であったように思われます。

鄧小平《とうしょうへい》を中心とした党指導部は、市場経済化を試みなければ生産力の発展、国力の増強、人民生活の向上を手にすることができないという確固たる生産力主義を擁していきます。そうである以上、市場経済化によって生まれてくるかも知れない社会的・政治的な混乱はこれを極力抑え込み、改革・開放を可能な限り順調に運営したいというのが党指導部の考え方でありましょう。

それがゆえに党指導部は、経済が多元化に向かえば向かうほど、政治は一元化の方向を強めねばならないという皮肉な心理を強めているのです。社会主義市場経済とは、指導部のこの皮肉な心理を巧みにいいあらわしたものだということができます。端的にいいまして、社会主義市場経済の社会主義とは、政治制度としての社会主義にほかなりません。

政治制度としての社会主義

それでは、政治制度としての社会主義とは何でしょうか。要するに共産党一党支配体制のことだといっていいでしょう。共産党権力が、国家の政治はもちろんのこと、社会、軍事、文化、イデオロギーのすべてを支配するシステムのことです。ここでは党がすなわち国家であり、司法・行政・立法の三権、中央・地方関係のあり方、イデオロギーの解釈権、それらのいずれもが共産党の集権的意思決定に委《ゆだ》ねられているのです。

そして中国の共産党一党支配は、かつては毛沢東、後には鄧小平という傑出したカリスマ的指導者に権力と権威が集中する個人的支配への傾斜の強いものでした。もっとも、毛沢東と鄧小平を同日に語ることはできません。毛沢東は、しばしば党機構それ自体をも超越してみずからのユートピア社会主義を追求した絶対的権力者でした。鄧小平は、党機構を通じて政策を練り上げ、これを着実に施行していく組織人であり、党人でした。一党支配といっても、鄧小平の時代は毛沢東の時代ほどには直線的で強力な支配力の裏づけをもっていたわけではありません。

とはいいますものの、鄧小平の時代においても、国家と党の関係の基本は毛沢東の時代とそれほど変わってはいません。鄧小平は、カリスマ的支配力においては毛沢東に一歩譲らなければなりませんが、他の誰もがもちえない権力と権威を一身に集めた卓越した最高実力者でした。

中国はいまなお一党支配体制下にあり、しかもその体制の堅持と強化を求めています。他方、共産党に代わり得る整備された政治的力量、支配機構と人脈をもった組織は現在の中国には存在していません。

社会主義市場経済における社会主義とは、中国が今後とも共産党一党支配体制のもとで国家を運営するという強力な意思を表明したものだということができます。

共産党機構の浸潤

それでは社会主義市場経済は安定的な政策概念なのでしょうか。私は必ずしもそうとは考えられません。社会主義市場経済の「社会主義」も「市場経済」もともに厄介な問題を含んでいるのです。まずは社会主義についてです。

改革・開放期の中国を一貫してリードしてきた傑出した指導者鄧小平が、一九九七年の二月に死去しました。しかし、鄧小平路線を継承する以外に中国の選択肢があるとは思えません。統制的計画経済への後退は、いまひとたびの革命でも試みなければあり得ないでしょう。鄧小平の思想と路線は現在の中国に拭《ぬぐ》い難く「構造化」されてしまったのであり、これを反転させる方途はないというべきでしょう。すなわち鄧小平なき鄧小平路線が今後ともつづくものと思われます。

それでは鄧小平なき鄧小平路線の問題点はどこにあるのでしょうか。改革・開放政策のもとで中国の市場経済化はとめどもなく進んできました。前章で指摘しましたように、現在の中国経済の活性化の主体は国有企業ではなく、非国有の郷鎮《ごうちん》企業、外資系企業、個人・私営企業です。中国経済の主勢力は、市場経済化の過程で活性化するこれら無数の企業単位へのとめどもない分散化の傾向にあります。第六章の図6－1をもう一度ご覧下さい。

これら非国有の企業群は、市場経済の生みだした自由な存在であって、国家・党による一元的管理のはるか枠外にあります。その活性化は、国家・党が与えてくれたなんらかの保護や恩恵によってではなく、みずからの発意と努力の結実にほかなりません。そうであれば、「自分たちが豊かになったのは自分たちが頑張ったからであって、お天道さまのおかげでも国家や党のおかげでもない」という心理が国民の間に広がっていったとしても当然のことでありましょう。そうした心理が国家・党の権力と権威を日に日に浸しているというのが、中国の現実だと私はみています。

加えて激しい市場経済化の過程で、国家・党権力機構それ自体が浸され始めています。あの広大な中国を強固にも統御してきたのは共産党組織でした。共産党は、全土の農場、職場、地方のすべての最末端単位に無数の党委員会を擁してきました。中央から最末端にいたる党委員会の垂直的系列が、中央の意思を全土にくまなくいきわたらせるための組織として機能してきました。中国のすべての農場、職場、地方は党の意思の忠実な執行者だったのです。しかし、市場経済化は都市においても農村においても末端党幹部の拝金主義を増長させ、汚職の広範な広がりとあいまって党の権力と権威の基盤そのものを浸潤させ始めています。末端党幹部の目は明らかに政治から経済へと向けられています。

党権力の揺らぎは、地方つまり各省への権限委譲によっても促されてきました。改革・開放期の中国は、それまでの毛沢東の時代と対照的に、中央政府の計画権限や財政権限などを地方政府に委譲するという、いわゆる権限下放《かほう》を進めてきました。鄧小平戦略の一つは実験主義でした。地方で改革・開放の実験を試み、その実験により成功した成果を全土に拡大・普及するという方式が好んで採用されました。経済特別区や経済開放区の設置などがその典型です。こうした地方での改革・開放の実験の試みもまた、地方の権限を強めるものとなりました。

第二章で述べたことですが、中国語には「条《じょう》」と「塊《かい》」という用語法があります。条とは、国家を頂点とし地方を底辺とする「線」の行政指令系列であり、塊とは、各省内部において横に広がる「面」での行政指令系統のことでした。鄧小平の権限下放とは、条の権限を弱め、塊の権限を強化したことを意味しています。この塊の権限は成長地域・華南で決定的に強いものとなっており、広東省などを中核とする華南の「遠心力」を反転させることはもはや不可能でありましょう。いずれにせよ、改革・開放期の権限下放は党と地方の分散化傾向をつくりだし、党権力の基盤そのものを溶解させせつつあるのです。

社会主義精神文明建設強化は成功するか

このことに対する党指導部の危機意識を象徴しているのが、一九九六年十月に開かれた中国共産党第一四期中央委員会第六回総会（六中総）で採択された「社会主義精神文明建設強化の若干の重要問題に関する党中央の決議」です。「精神文明」をおろそかにすれば、改革・開放期に中国が手にした「物質文明」は破壊されかねないという危機意識を率直にあらわした決議がこれでした。

この決議は、現在の党員のなかに拝金主義、享楽主義、個人主義がいかに広範に蔓延し、党活動のなかに「市場経済原理」がいかに深く浸透しつつあるかの実態を克明に論じています。社会主義精神文明の建設強化を熱心に追い求めねばならないことを繰り返し、党員を叱咤激励しているのです。しかし、今日の中国においては社会主義そのものがいかんともし難く不透明なものになっています。そのためでありましょう、この決議で強調されているのも、所詮は「もっとまじめにやれ」ということ以上のものではないように私には感じられます。「社会主義」市場経済がもはや意味をもたなくなったことはすでに述べましたが、それと同様に「社会主義」精神文明にも中国の党員、ましてや国民を鼓舞するなにがしかの内実が含まれているとも思われないのです。天安門事件後にアメリカに渡った中国の女性ジャーナリストが最近出版したある本の実に巧みな表現をもってしますと、「中国で起きているのは、東欧やロシアで起きたような人の心を高揚させる劇的な旧体制崩壊ではなく、緩慢でなだらかで支離滅裂な旧体制の炉心融解《ろしんゆうかい》である」（ジエンイン・チャ著『新北京物語』服部健司訳、時事通信社、一九九七年）というのです。

鄧小平の思想と路線の帰結は、確かにこのジャーナリストのいうように社会主義の「炉心融解」なのでありましょう。そうであれば、社会主義に代わるアイデンティティーを模索する以外に、この巨大社会の統一を維持することは難しいといわざるを得ないのです。今後の中国が党・国民の新しいアイデンティティーを求めて強いナショナリズムに身をゆだねるという危険性がないとはいえないのではないでしょうか。

マクロコントロール・メカニズム形成の可能性

さて、これまで社会主義市場経済の社会主義について考えてきましたが、市場経済のほうはどうでしょうか。ここでの問題は、中国が市場経済を安定的に統御するだけのメカニズムをまだ整備しておらず、それゆえ経済が不安定化する危険性がつねにあるということです。何度も指摘してきましたように、現在の中国は統制的計画経済の枠を緩め、急速な市場経済化の過程にあります。計画経済の枠外に郷鎮企業、外資系企業、個人・私営企業などの非国有企業が無数に群生し、これが中国の市場経済化を担い、中国を活性化させる主体となっています。市場経済化を担うこれら自由な主体を制御するのは、直接統制手段ではなく間接統制手段でなければなりません。

経済が危機的状況に陥った場合に発動されるのは直接統制手段でありましょう。たとえば、一九八八年、八九年には新中国の建国以来最大規模のインフレがおこったのですが、これは「整備・整頓」政策と名づけられる直接統制、すなわち行政命令による物価・賃金・銀行貸出の凍結・抑制の手段によってこれをほぼ完全に抑え込みました。中国の直接統制は、旧ソ連とは異質の政策的な「冴え」をみせたのです。しかし市場経済の制御は、財政政策や金融政策などを通じての間接的なマクロ・コントロールを基本としなければなりません。そうでなければ中国が求める市場経済化それ自体が順調には進んでいかないでしょう。

間接的なマクロ・コントロール・メカニズムとは、次のようなものです。たとえば経済が過熱した場合には、財政支出を減少したり、公定歩合すなわち中央銀行の商業銀行に対する貸出金利を引き上げたりして景気の鎮静化を図ります。またその逆に、景気が低迷した場合には、財政支出の拡大や公定歩合の引き下げなどにより景気の発揚をもたらすといったことが必要となります。しかし、そのためには財政・金融のメカニズムが整備されていなければなりません。

一九九二年以来今日にいたるまで、中国は比較的安定的な高成長を維持しています。しかもこれが金融政策によるところは少なくないようにみえます。しかしこの金融政策は、依然として「総量規制」と呼ばれる中央指令的な貸出限度額管理を中心としています。中央銀行である中国人民銀行が国有商業銀行の貸出限度額を決め、国有商業銀行の本店がその支店の貸出限度額を決めるというものです。

西側諸国の金融政策とは異質の社会主義的な統制にいまだ頼っているといわざるを得ません。しかも中国の金

図7－1　中国における財政収入・支出比率（1979-96年）

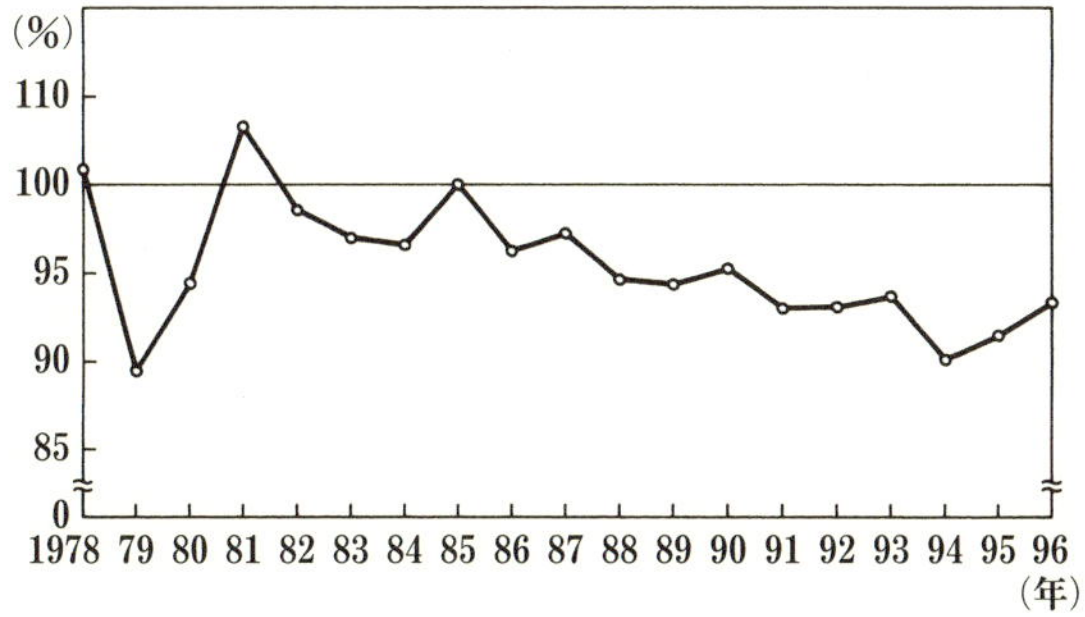

（資料）　中国国家統計局『中国統計年鑑』各年版。

融的安定は、朱鎔基《しゅようき》首相という傑出した政策立案・施行者の個人の権力と権威によるところが大きく、マクロ・コントロール・メカニズムの全体はいまだ十分に整備されているとはいえません。このメカニズム整備には今後とも相当に長い期間を要することでありましょう。

中国の財政構造はいまなお社会主義を色濃くとどめています。財政収入の中核を占めるのは依然として国有企業の上納金・税金です。また、財政支出の大きな部分が国有企業の赤字補塡《ほてん》に充《あ》てられています。大多数の国有企業が赤字であるために財政収入は制約され、他方、赤字国有企業への欠損補助のために政府財政は赤字を増加させているのです。

図7－1は、改革・開放期中国の財政収入額を財政支出額で除したものの比率です。この比率が一〇〇を下まわれば、財政収入より財政支出が大きい赤字状態であることを示します。ご覧のように、近年、中国財政はますます大きな赤字状態を恒常化させています。

国有企業の赤字と財政収支の赤字は因となり果となって、両者に悪循環をもたらしています。国有企業改革に見通しがたっていない以上、財政構造の改善は容易なことではありません。財政が厳しい赤字を恒常化しているために、経済の安定性を図るべく財政を伸縮的に運用することはできそうにないのです。

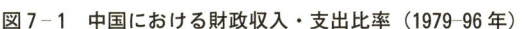

金融政策も未だしの感が強いといわざるを得ません。実は中国の金融制度の問題点は、財政の赤字と強い関連があります。財政が大きく赤字化しているために、国有企業への資金供与に政府は困難を抱えています。こうして政府は、国有企業への融資を国有商業銀行に「肩がわり」させるという志向性を強くもっているのです。政府の強い圧力に応じて商業銀行は国有企業に対して融資を行っています。そしてこの商業銀行に対して、中央銀行である中国人民銀行は受動的に貸出を余儀なくされています。そうであれば中国の銀行の役割は、財政赤字を金融によって代替《だいたい》しているというに過ぎません。また、鄧小平の時代に大きく進んだ各省への権限委譲は、省内に立地する国有企業に対する地方政府の権限を強め、その国有企業の資金需要に銀行資金を向けるよう省政府も圧力をかけているのです。

要するに、国家も地方政府も採算性を顧慮することなく融資を銀行にのませているわけです。中国の金融機関が大量の不良債権を抱えるにいたり、銀行の財務状況が悪化してしまったとしても、これでは無理もありません。このように述べてくれば、中国の財政・金融政策の問題点が国有企業改革の後《おく》れに起因しているということが理解できましょう。それでは国有企業改革は可能なのかが問題になりますが、この点は次章にまわしたいと思います。

中国経済の不安

話をもとにもどしましょう。マクロ・コントロール・メカニズムの不備にもかかわらず、現在の中国は一〇パーセント前後の高成長をつづけています。インフレが統御可能な範囲を離れて加速化する懸念はまだ去ってはいません。国有企業の赤字倒産を回避することが社会的安定のために避けて通れない要請となっていますが、金融引き締めを強めますと国有企業は資金繰りに窮して倒産を余儀なくされます。それゆえ金融引き締めにも厳しい下方限界があるのです。このこともまた中国のインフレ体質の是正を制約しております。

現時点の中国のマクロ経済が不安定化した場合、とくに警戒を要するのは次の事実だと私はみています。一九九二年以降、今日にいたる中国経済は、外国企業による海外直接投資への依存度を決定的に強めています。一九九二年から九六年までの五年間の固定資産投資に占める海外直接投資の比率は一五・三パーセントに及んでおり、とりわけ成長地域である広東省を含む華南のそれは三〇〜五〇パーセントというきわだった高水準にあります。この点は第二章の図2－1をもう一度確認して下さい。

しかもこの海外直接投資において圧倒的なシェアをもっているのは、香港を中心とした在外華人資本です。これら在外華人の投資の多くは、一件一件を取り上げれば短期利潤回収を求めて進出する小規模投資です。したがって、中国経済が不安定化し、利潤機会に陰りがでた場合、これら資本は集中的に撤退するという危険性があります。もしそのような事態が発生したとすれば、中国経済の在外華人投資への依存度が大きい分だけ、その成長率の下降は「ハードクラッシュ」の観を呈することが懸念されます。

現在の中国経済が一九八〇年代と決定的に異なっているのは、企業進出と対外貿易を通じて近隣の東アジア諸国との統合度を著しく強めたこと、すなわち中国経済の「東アジア化」が進んだことにあります。したがって、中国経済が不安定化しますと、日本を含めて東アジア経済全体の安定性が大きく損なわれざるを得ないという構図が生まれています。その意味でも、中国経済の安定性を図るためのマクロ・コントロール・メカニズムの早急な確立が望まれているのです。

第八章　中国の国有企業改革――最後の難題

中国経済は大変な高成長を持続しています。しかしこの高成長をもたらしているのは、国有企業ではありません。高成長の主役は、郷鎮企業や外資系企業、個人・私営企業などの非国有企業です。対照的に、国有企業の低迷は明らかです。国有企業の工業総生産額に占める比率は改革・開放の時代において一方的に減少し、現在では三割程度にまで低下してしまっています。

しかし、国有企業は中国の資本設備においてなお大きなシェアを占めていますし、高度技術部門の多くは国有企業に集中しています。有能な技術者、従業員を多く抱えてもいます。国有企業の改革を進め、これを活発な企業グループに変身させ得るかどうかは、中国経済の将来を考える上できわめて重要なテーマなのです。本章ではこの問題を考えてみましょう。

国有企業経営メカニズムの自律化

中国における国有企業の改革の方途はすでに明瞭です。これを端的に示しているのが、一九九二年七月、国務院によってだされた「国有工業企業経営メカニズム転換条例」です。この条例の精神は、国有企業を市場メカニズムに沿う自律的な経営単位に転換させ、他方、この転換ができないような企業は破産や合併などを余儀なくさせるというものです。一言でいえば、市場メカニズムを通じての「優勝劣敗」がこの条例の原則なのです。こうした国有企業の改革の精神は、中国の長い統制的経済の歴史を顧《かえり》みるならば、画期的なものだといわなければなりません。

かつての統制的計画経済の時代においては、国有企業の経営は国有企業の政府主管部門の直接的な支配のもとにおかれ、国有企業はその主管部門のいわば「付属物」のようなものでした。国有企業は自律的な経営単位ではなかったのです。たとえば、国有の鉄鋼工場、電子工場、機械工場、紡績工場などの経営は、中国の政府である国務院の冶金《やきん》工業部、電子工業部、機械工業部、紡績工業部などの主管部門の意のままでした。国有企業が達成すべき製品の種類と数量が主管部門から一方的に指令され、企業はその目標を忠実にまっとうすることが期待されるにとどまりました。

そして、指令された生産計画に要する原材料やエネルギー、さらには機械・設備、労働者の賃金にいたるまで、そのすべてが主管部門から無償で国有企業に配分されていました。また国有企業がつくった生産物は、同じく主管部門がこれを全量引き取って販売するという手順がとられたのです。労働者も企業が雇用するのではなく、主管部門から割り当てられ、つまり人事管理権も国有企業にはなかったわけです。もちろん企業内に利潤を留保することも許されませんでした。工場長は存在していても、彼は政府主管部門の忠実な「代行者」に過ぎなかったのです。

こうしたシステムも、たとえば臨戦体制のような非常時においては有効性をもち得たでありましょうけれども、しかし平時においてこれを恒常的な生産体制とするということになると、その欠陥は明らかです。このシステムのもとでは、利潤の極大化を追い求めるという「企業家的行動」を期待することはできません。国有企業は、経営効率の不断の改善という、資本主義社会の企業であればその努力の中核を占めるはずの要素をすっぽり欠落させても、なお存続が許されたのです。

かりに経営効率を上げて黒字をだしても、その利潤のすべてが政府主管部門を通じて国庫に吸い上げられ、逆に赤字をだしてもこれは国庫が補償《ほてん》してくれるのです。加えて、工場長から労働者にいたるまで等級に応じて定められた固定賃金が支払われ、解雇の懸念もないというわけです。これでは企業が経営効率改善への志向性をもつとは、とうてい考えられません。

それゆえ統制的計画経済下の中国の国有企業は、膨大な非効率をつくりだしてしまったのです。その意味で、さきに指摘した一九九二年の国務院による「国有工業企業経営メカニズム転換条例」は、中国が長い試行期間のあとに、ようやくにして市場経済原理にもとづく国有企業改革の必要性にめざめた証《あかし》だというべきでありましょう。

経営請負責任制

それにもかかわらず、国有企業改革の現実の動きはかなり鈍いものです。国有企業の改革がその大きなかけ声にもかかわらず容易に進展しないその理由は、長い統制的計画経済の運営過程で、国有企業の政府主管部門、国有企業の経営者、職員、労働者に、十重二十重《とえはたえ》に蓄積されてきた「既得権益」のゆえだということができます。改革がその既得権益の核心に触れようとするや、改革の試みは彼らの強い抵抗によって跳ね返されてしまっている、というのが実情です。この既得権をいかにして破るのか、その方向はすでに「条例」のなかに十分に書きこまれています。問題は、これが実際に既得権を破壊する力となり得るのかどうかです。結論をさきにいえば、これはかなりの長期を要する難題だといわざるを得ません。

国有企業改革は、中国で「両権分離」と称されるところの「所有と経営の分離」の可否にかかっているといっていいでしょう。中国の国有企業は「全民所有制企業」といわれ、つまりその所有権は全人民のもの、つまり人民を代表する国家のものだということになっています。具体的には政府主管部門、さきに指摘した国務院の冶金工業部、電子工業部、機械工業部、紡績工業部などが国有企業の所有権をもっていると受け取られています。

そしてこれら政府主管部門は、国有企業の経営に介入しています。国有企業の経営自主権の幅は相変わらず狭いのです。国有企業を自主的な経営単位とするためには、どうしても所有と経営の分離が必要だというのは、このような事情があってのことです。この課題にたち向かうべく一九八七年以来、実際に試行されてきたものが国有企業の「経営請負《うけおい》責任制」でした。

この制度のもとでは、国有企業経営者が政府主管部門との間で政府に支払う所得税額や上納利潤額について交渉し、交渉の結果決められた所得税額や利潤上納額（請負額）を政府に受け渡します。そして残りの部分のすべてをみずからが留保し、国有企業はこの留保分を技術革新、設備更新、さらには従業員のための福利・ボーナス基金のために自主裁量をもって利用できる、ということになっています。国有企業の自主経営権の幅を増大させる効果をもった制度的改革であったことはいうまでもありません。

しかし、こうした経営請負責任制は、国有企業の活力を引きだすという点からすると、やはり限界があるといわねばなりません。請負制はあくまで請負制であって、所有権はいぜんとして主管部門に掌握されています。そのために政府主管部門は国有企業の経営に直接介入する余地が大きく残されております。

実際の請負人である国有企業幹部の選任に強い力をふるっているのも、政府主管部門です。請負利潤額の多寡《たか》は主管部門と国有企業との個別の交渉に委《ゆだ》ねられています。この交渉において優位性をもっているのは、統制的計画経済の長い歴史を引きずってきた中国においては、どうしても政府主管部門とならざるを得ないのです。

所有権を経営権から截然《せつぜん》と分離し、政府主管部門が国有企業の経営に関与できないようなシステムをつくることが求められているのですが、既得権益《きとくけんえき》を固守しようという政府主管部門の意思と力は容易に弱まりそうもありません。

「生活共同体」としての国有企業

このように述べてきますと、政府主管部門が長年の既得権益を固守するために国有企業の所有と経営に強力な支配力を及ぼし、他方、国有企業はこの主管部門にひたすら「隷従」してきたかのように受け取られるかも知れません。もちろん、そうです。しかし同時に、国有企業もまた、長期にわたって築き上げてきた企業内の既得権益を手放さないよう努めて、みずからも改革に逡巡しているのです。

中国の国有企業は、高い収益を求めて効率性を追求する「生産共同体」ではありません。住宅はもちろん、託児所、幼稚園、学校、病院、食堂など、従業員がその内部で生存を維持していくための、ほとんどすべての諸施設を擁《よう》した巨大な「生活共同体」なのです。生産活動以外の、このような住宅、医療、教育などに支出される金額は、しばしば賃金総額にも匹敵します。

また分配制度は、等級別にわけられているとはいえ、その等級内部では平均的な賃金分配がなされています。一生懸命働いてものんびり働いても、結局はほとんど同額の賃金を手にできるのです。企業幹部の身分は多分に固定的で、その地位を追われることなど例外的です。中国の国有企業は、貧しいとはいえ、これを壊すにはあまりに住みごこちのよい「安住のコミュニティー」なのです。

さらに、統制的計画経済時代の中国におきましては、職員、労働者の人事を決定していたのも政府主管部門でした。政府の人事主管部門が国有企業に職員、労働者を統一的に配分してきたのです。しかも人口過剰の中国におきましては、できるだけ多くの労働者に就業の場を与えることがめざされ、企業の適正規模をこえてもなお「就業」それ自体が最優先の課題とされたのです。「三人の仕事を五人でやる」という、われわれの言葉でいえば「ワーク・シェアリング」により、余剰な労働力が国有企業に押し込まれてきました。

国有企業は、企業内に過大な従業員を抱えて、彼らに多様な福利・厚生の便宜を提供してきたわけです。中国の国有企業は、われわれの社会であれば国家がなすべきはずのほとんどすべての社会保障機能を担ってきたということもできます。その意味で中国の国有企業は、「生産共同体」であるよりも前に「生活共同体」であり、これが中国社会の安定性の基盤ともなってきました。こうして蓄積された「山のような」既得権益、これこそが国有企業改革を阻む大きな要因となっているのです。

国有企業は、これを「生活共同体」としてではなく、「生産共同体」としてみるならば、能力をはるかにこえる過大な労働力を擁していることになります。国有企業を効率的で自律的な単位へと転換するには、企業内の余剰人員を「整理」することが避けられない要請です。政府もこのことを認識しています。しかし、人員の整理は容易なことではありません。

人員整理のためには、整理された人員、つまり失業者を救済するための制度が存在しなければなりません。失業保険制度はもちろんですが、その他にも従業員が在職中に享受していた福利・厚生上のさまざまな便宜を、失業者に提供しなければなりません。医療保険や養老保険などが必要です。しかし、中国の財政は中央政府も地方政府も大きな赤字を抱えて、こうした社会保障制度の充実のために支出する資金的余裕は著しく限られています。そうであれば、国有企業の改革はどうしても微温的たらざるを得ません。

改革すべきは国有企業ばかりではありません。国有企業の政府主管部門自体の行政改革が不可欠です。しかし、これがまたいっそう困難な課題なのです。政府主管部門が国有企業に経営権を「下放《かほう》」しなければ、「所有と経営の分離」はできません。しかし、政府主管部門が国有企業に経営権を譲り渡すということは、主管部門が長年にわたって築いてきた既得権益を失うことと同義です。主管部門がみずからの手でみずからを改革し、人員整理をまで行うことが困難であるのは、ほとんど自明です。日本の「行革」がかけ声ばかりで少しも進捗《しんちょく》しないことを顧みるだけでも、中国の困難は十分に想像できようというものです。

経営自律化への一つの新しい方途として、実際に試行されているのが、国有企業の株式会社化です。もし、国有企業の株式会社化が順調に進んでいくとなれば、国有企業資産の所有者が国家から多様な株主へと変わり、したがって配当収入に強い関心をもつ株主が国有企業の収益と効率化に高い関心を寄せるはずです。企業もまたその関心と要請に応《こた》えて、みずからの行動を「企業家的」に律していかなければならなくなりましょう。その意味で、国有企業の株式会社化は、国有企業の経営の自律化をうながす最適の方途であると評価することができるかも知れません。

株式会社化が本格的な展開をみせるためには、富裕な国民を株式市場に招き入れなければなりません。しかし、なお社会主義を標榜する中国においては、国有企業の株式会社化は「民有化」につながるという、「原理上」の問題を克服しなければなりませんが、このことも容易ではありません。

国有企業の市場環境

中国の国有企業はいったいどこに向かうのでしょうか。

中国工業化のめざましい牽引《けんいん》車は、何度も指摘しましたように、郷鎮企業、外資系企業、個人・私営企業などです。そうした非国有企業部門が今後ともいよいよ大きな力を発揮して、中国を市場経済化の大波でおおっていくものと思われます。市場経済化のあらがいがたい「侵食作用」によって、国有企業は長い時間をかけながら「民営化」の地上に向けて「ソフト・ランディング」していくのではないか、というのが私の見通しです。

つまり国有企業改革の原動力は、国有企業それ自体からではなく、それをとりまく非国有企業の活力から生まれてくるにちがいありません。実は、そのような方式こそが、これまでみてきた鄧小平主導の改革・開放の、漸《ぜん》進《しん》主義的で実験主義的なプラグマティズムなのではないかと思うのです。非国有企業の活力を大きく発揚させ、市場経済化を推進させていく過程で、国有企業を市場経済のなかに飲み込み、そうして国有企業のソフト・ランディングを図っていくという方向です。

それでは中国の非国有企業部門の発展は、どのような道筋で国有企業を市場経済のなかに飲み込んでいくのでしょうか。国有企業改革における最大の問題は、国有企業や政府主管部門の機構改革とそれにともなう人員整理をいかに順調に進展させるかにあります。国有企業や政府主管部門の既得権益のうち最大のものは、固定賃金制と永久在職制、従業員の身分保障でしょう。彼らがこの既得権益を手放しても、より安定的でより高所得の就業機会が他に存在するのであれば、旧来の既得権益を固守することのメリットは減殺《げんさい》されることになります。

国有企業のみが突出していた過去の中国においては、国有企業に代替《だいたい》する有利な就業の場など存在していませんでした。しかし、現在の中国においては郷鎮企業や外資系企業が大きく発展しています。またサービス部門では個人・私営企業が活況を呈しています。そして、これら非国有企業が国有企業や主管部門の人々をここに迎え入れる社会的「容器」をつくりだしているのです。現に、「下海《シャハイ》」と呼ばれる、国有部門から民間部門への就業移転現象はいたるところでみられます。

非国有企業部門がいちだんと拡大していけば、国有企業や主管部門に働く人々の「流動化」はいずれ進展していくにちがいありません。現在、郷鎮企業や外資系企業は、重化学工業部門やハイテク部門でも大きなシェアをもつようになっています。輸出企業としての非国有企業の力量にはいよいよ強いものがあります。非国有企業の発展は、国有企業改革に有力なインパクトとなっていくでありましょう。

国有企業の改革は、それ自体で成功することはないでしょう。非国有企業群の発展が国有企業の改革の環境を整備しているのです。国有企業は非国有企業の発展にともない、そのなかにみずからを溶かしながら改革を進めていくことになりましょう。そしてこのことは、国有企業の中国経済におけるポジションをさらに低下させていくことになるにちがいありません。

第九章　東アジアの経済発展と民主化——権威主義体制の溶解

しばらく中国のことを論じてきました。中国は社会主義を国是《こくぜ》にしています。それゆえ、市場経済化を急速に進めているとはいえ、中国の発展過程において国家の力はなお強力です。これと対照的に、中国以外の東アジアの国々は、資本主義的なシステムのもとで急成長を遂げてきました。しかし、欧米のスタンダードからすれば、東アジアの経済発展もまた国家によって牽引《けんいん》されるという特徴を色濃くとどめてきたことは確かです。

東アジアの諸国は、タイを除いてかつては欧米列強の植民地支配のもとに組み込まれていました。各国とも長い植民地支配の過程で、国内需要をまかなうにたる工業部門は形成されておらず、工業化を担う企業家、技術者、管理者、熟練労働力も薄くしか形成されていませんでした。

実際のところ、東アジアが植民地からの政治的独立を達成した時点において、経済近代化をリードするパワー・グループは植民地独立闘争を勝利に導いた軍・政治エリートしかいなかったのです。政治的独立を勝ち取った軍・政治エリートが、その実績を背景に強い指導力を発揮して有能な官僚テクノクラート集団をつくり、この集団に経済開発のための権力を集中してことにあたらせたのです。これを権威主義開発体制といいます。住民大衆の広範な政治参加による民主的な手続きをもって開発にのりだすという余裕は、東アジアには存在していなかったのです。

この章では、東アジア諸国のこうした経済発展のスタイルを、NIES（新興工業経済群）として知られる韓国、台湾、シンガポールを例にしてお話してみたいと思います。

対外危機意識と権威主義開発体制

権威主義開発体制は、朴正熙《パクチョンヒ》＝全斗煥《チョンドファン》時代の韓国、蔣介石《しょうかいせき》＝蔣経国《しょうけいこく》時代の台湾、リー・クアンユー時代のシンガポールにその典型をみることができます。権威主義開発体制とは、政治支配権をにぎった軍・政治エリートが開発を至上の目標として設定し、それを達成するために彼らが育成した官僚テクノクラート集団に経済政策の立案・施行の任にあたらせ、そうして経済開発の成功をもってみずからの正統性の根拠とするシステムのことです。開発に至上の価値をおくこの体制のイデオロギーは、村上泰亮教授によって「開発主義」と名づけられました（村上泰亮『反古典の政治経済学』中央公論社、一九九二年）。開発の手段として採用されたのは、多くの場合、資本主義的方式でしたが、経済への国家介入はしばしば強力でした。

東アジア諸国が開発主義を標榜する権威主義体制を採用したのは、さきに指摘しましたように、これらの国々が長らく列強の植民地支配のもとにあり、工業化を担う企業家や技術者、管理職、熟練労働者を欠いていたからであり、政治的独立を担った軍・政治エリートがそれぞれの国の近代化を担う唯一のパワー・グループであったからです。
しかし同時に、東アジアで権威主義開発体制が採用されたのは、この地域諸国を取り巻く国際環境が強い軍事的緊張に満ちたものであり、それゆえに生まれた対外的な危機意識のためでもあります。韓国、台湾、シンガポールなどのNIESがその典型です。韓国は北朝鮮との、台湾は大陸中国との政治的・軍事的な緊張のもとにありました。また東アジアの典型的な小国シンガポールは、周辺諸国からの強い圧力のもとで開発を進めざるを得ませんでした。

すなわちこれらNIESは、開発を通じて自国を強国たらしめぬ以上、その存続が危《あや》ういという危機意識につねに衝《つ》き動かされてきたのです。こうして、工業化がかけがえのない国家目標であるという認識がエリートに生まれ、次いでこの認識が広く国民に受容されていったわけです。工業化がNIESの強い開発主義イデオロギーにまで高まり、これが近代化運動の中核的要素となっていったのです。

実はこうした事実は、NIESよりも前に、ほかならぬ明治期日本の工業化の経緯でもありました。日本の工業化は、欧米帝国主義勢力からの圧力に対抗して胎動しました。工業化のための技術的基礎、制度的基盤において幼弱《ようじゃく》であった当時の日本が、帝国主義勢力に対峙《たいじ》しながら急速な近代化をねらうためには、国民的求心力を求めて精神主義を発揚し、権威主義開発体制を求めて国家主義を鼓吹せざるを得なかったのです。

後発国日本にとって、工業化は個人主義、自由競争といった普遍的な理念によってではなく、権威主義体制を背後に擁《よう》し、開発主義イデオロギーをもってこれを追求するより他に方途はなかったのです。外圧に打ち勝つべく強力に組織された権威主義体制下での資本主義的発展こそが、東アジアの急進的後発国を特徴づけるキーワードであり、日本はその原型であったということができます。

韓国――官主導型発展

第二次世界大戦後の韓国、台湾は、明治期日本と同じく、いなむしろ明治期日本よりもなお厳しい外圧を受けて経済建設を進めることになりました。韓国、台湾は外圧による存亡の危機意識にうながされて、経済近代化に取り組んできたのです。韓国、台湾は、官僚テクノクラートに主導された、一段と強力な権威主義開発国家になっていったとみられます。韓国であれば北朝鮮からの、台湾であれば大陸中国からの強い圧力は恒常的なものでした。この強い危機意識こそが、韓国、台湾の権威主義開発体制の急速な形成を支えたのです。

一九六一年五月十六日におこった軍事クーデターは韓国では「五・一六革命」といわれていますが、これは現代韓国の経済発展史において決定的に大きな意味をもつ革命でした。革命を成就した軍事政権は、クーデターの翌一九六二年に第一次経済開発五カ年計画を発足させました。軍事クーデターがおこった頃の韓国においては、近代化を牽引するパワー・グループは軍部以外には存在していませんでした。朝鮮戦争は、創設されて間もない幼弱な韓国軍を、強力な組織をもつ機能集団へと変貌させたのです。

韓国の軍部は、経済近代化を最優先の課題として設定しました。そしてこの近代化を支える重要な主体として、経済官僚テクノクラートを積極的に保護育成したのです。韓国は第一次経済開発五カ年計画の発足に際し、この計画の立案と実施に強力な権限をもつ官僚機構として経済企画院を創設、ここに農林部（省）、商工部、交通部、財務部などの関係省庁を監督、指導する権限を与えました。経済企画院長官には副総理があたり、開発行政の強力な一元化が図られたのです。韓国は正統的な儒教国家としての伝統をもち、それゆえ賤商《せんしょう》思想、つまりビジネスをいやしいものとみなす考え方はかつて非常に強いものでした。この韓国において経済官僚に大きな権力と権威を与えたという事実は、画期的です。

資本主義的開発の直接的な担い手は、もちろん官僚ではありません。韓国経済の主役は財閥です。しかし韓国における財閥の興隆は、官僚の保護があって初めて可能となったのです。財閥は官僚テクノクラートの作成する経済開発のブルー・プリント（青写真）に応じて行動し、政府もまた財閥を支援し、両者の緊密な連携関係のもとで韓国のすみやかな工業化が展開していきました。

政府による政策金融支援はとくに重要でした。資金不足を恒常化させてきた一九六〇、七〇年代の韓国においては、政府の金融支援にあずかることができるか否かが財閥の興廃を決する鍵だったのです。外国借款《しゃっかん》もまた政府を通じて財閥に供給されました。こうして韓国は、官僚テクノクラートが財閥を誘導しながら経済開発を進めていったのです。

韓国における権威主義体制の頂点にいたのは、朴正熙でした。朴正熙を動かしたのは、北朝鮮との軍事的・外交的な対決状態にある韓国を経済強国たらしめることに失敗するならば国の将来は危《あや》ういという強い危機意識でした。そして、朴正熙はすべてのエネルギーを工業化に集中させるという、厳格なまでに強い意思をもってことにあたったのです。

朴正熙の後を襲《おそ》ったのは全斗煥でしたが、この政権下で権威主義開発体制は揺らぎをみせ始め、盧泰愚《ノテウ》政権を経て金泳三《キムヨンサム》政権にいたり韓国の政治的民主化が開花したのです。しかし、韓国を民主化に向かわしめる「先行条件」は、朴政権下の権威主義開発体制の成功によって与えられたのです。

台湾——国民党の再生

大陸で戦われた国共内戦に敗れて台湾に移転した国民党が、ここで新しい基盤形成の努力を始めたのは一九四九年のことでした。

国共内戦に勝利して一九四九年十月に中華人民共和国を成立させた共産党政権は、台湾解放の旗幟《きし》を鮮明にし、当時、台湾海峡は一触即発の緊張状態にありました。台湾にのしかかった軍事的負担は、耐えがたく重いものでした。また、国民党の台湾移転にともなって、この時点の台湾人口の二〇パーセントに相当する約一五〇万人の軍人、軍属、官吏、企業家ならびにその家族が台湾に流入し、この膨大な人口を吸収するためにも経済開発は切迫した課題でした。

台湾移転後の国民党の頼みの綱はアメリカでした。しかし、アメリカは大陸での国民党の敗北の原因がその政治的な無能と腐敗にあったとみなし、国民党の台湾移転の後もなお国民党支持に少なからぬ懸念をみせていました。台湾で生き延びていくのに国民党の再生は不可避の課題でした。

そうして国民党テクノクラート集団は、台湾の経済開発に至上の価値をおく、権威主義開発体制へと翻身《ほんしん》していったのです。朝鮮戦争が終結した頃から国民党軍が大陸を奪還するという「大陸反攻」のスローガンも次第に色あせ、台湾島内の経済開発が急務となり、国民党官僚テクノクラートは、その能力と情熱を台湾島の経済開発に向けていきました。

実際のところ、台湾は開発途上国において困難をきわめていた土地改革にもいちはやく着手し、成功をおさめました。台湾の一九五二年に始まる第一次経済建設四カ年計画は、アジア諸国のなかではインドとならんで最もはやく着手された国家主導型の経済開発計画でした。経済力増強への強い志向性は、電力、化学肥料はもとより、重要な開発投資のほとんどを政府が担うという形になってあらわれました。事実、第一次経済建設計画における工業生産の過半は、国営・公営企業に委《ゆだ》ねられたのです。

台湾は、一九六〇年代の後半にふたたび国際環境の激変に翻弄《ほんろう》されることになりました。国際政治の潮流が中華民国・台湾から中華人民共和国・中国へと向かい、国際社会の台湾に対する政治的支持は一九六〇年代後半から減少の一途をたどりました。一九六五年にアメリカは台湾援助を打ち切りました。一九七一年に台湾は国連脱退を迫られました。翌年には日本との外交関係も断絶し、深刻な国際的孤立状態に追いこまれたのです。一九七九年には米中国交が正常化の段階を迎えました。しかし、こうした峻厳《しゅんげん》な国際政治環境こそが、経済力の増強によってみずからの「存在証明」を鮮やかなものにしようという、台湾の意思を固める方向に作用したのです。

すなわち台湾は、急速な経済発展のみが国際社会において自身を存続させる唯一の道であり、ひいては大陸中国との政治的交渉力を強化する方途でもあるという「自立自強」の自覚を強め、ナショナリスティックな大規模経済建設の挙にでたのです。一九七三年に官僚テクノクラート主導のもとで着手された重化学工業化計画、いわゆる「十項目建設」がそれです。鉄鋼、石油化学、造船の三つの基幹産業部門、交通運輸、空港、港湾、原子力発電など七つの社会間接資本部門に巨大な政府投資がなされました。この十項目建設は、一九七七年に「十二項目建設」、一九八四年には「十四項目建設」へと拡張されて、基幹部門の充実が図られていったのです。

台湾の権威主義体制下での経済開発が、韓国とならんで開発途上世界における稀にみる成功例であったことは、いうまでもありません。この高実績の過程で、蔣介石（一八八七〜一九七五年）のあとを襲った子息蔣経国《しょうけいこく》（一九〇六～八八年）の政権末期にいたって、政治的民主化が台湾で胎動し、そうして李登輝《りとうき》政権下でこれが開花しました。その民主化は、国民党による「体制内革命」だったのです。この革命の解釈については後で述べますが、さしあたり指摘しておけば、台湾の体制内革命を可能にしたものは、韓国と同じくここでも権威主義体制下での経済開発の成功にあったのです。

経済発展と権威主義体制の溶解

一九六三年の総選挙で全議席を独占して以来、シンガポールにおいて圧倒的な力量をもって一党支配体制を持続してきたのは「人民行動党（ＰＡＰ）」です。人民行動党は厳格な能力主義をもって有能な官僚エリート集団をつくり、この集団に国家開発行政の責を負わせました。シンガポールは党＝官僚テクノクラート一体化のもとで、経済開発を唯一の目標に文字通りの権威主義開発体制を強力に推進してきたのです。

人民行動党は、当初、中国革命の強い思想的影響下におかれた青年、労働者の支持を受けて一九五五年に成立した政党です。それゆえ人民行動党は社会主義への傾斜の強い多分にイデオロギー的な政治集団でした。しかし、この小国を襲った独立後のいくたの危機は、人民行動党の政治スタイルを脱イデオロギーの合理的、かつ経済効率の最大化に重点をおく権威主義開発体制へと大きく転換させました。

さて、こうして東アジアの国々、とくに韓国、台湾、シンガポールなどのＮＩＥＳは、権威主義開発体制のもとで開発を大いに進展させてきました。一九九五年時点の韓国の一人当たりＧＮＰは一万ドルをこえ、台湾のそれは一万二、六〇〇ドル、シンガポールは二万八、六〇〇ドルです。韓国は一昨年秋にＯＥＣＤ（経済協力開発機構）に加盟して名実ともに先進国となりました。

最後に主張されなければならないのは、そうした権威主義体制のもとでの開発戦略が成功裡《り》に進められるならば、その帰結として、権威主義体制それ自体が「溶解」するという論理が、これらＮＩＥＳには存在していたという事実でありましょう。

韓国では一九八七年に、当時の民主正義党の代表盧泰愚により画期的な民主化提案、いわゆる「六・二九民主化宣言」が提起されました。この宣言は、韓国の政治が軍部を背後においた権威主義体制から、国民の政治的要求を体現する民主主義体制へと急角度に転換したことを示す象徴的なできごとでした。

韓国における権威主義開発体制はその成功により、住民の所得水準や教育水準を急上昇させ、中産階層を大量に擁するにいたりました。そしてこの所得水準や教育水準の上昇、中産階層の堆積により、権威主義体制は韓国の国家統治のシステムとしてもはや有効に機能し得なくなり、政治的民主主義への要求が韓国の朝野を満たすこととなったのです。その意味で、いずれは解消されねばならない「経済発展」と「政治発展」とのギャップを劇的な形で埋めたのが、六・二九民主化宣言であったということができます。この民主化宣言を契機として全土に澎湃《ほうはい》としておこった政治的民主化運動は、朴正熙政権の後継である全斗煥政権を葬り去ってしまったのです。このとき以来、韓国の政治的民主化運動は一段と激しさを増していきました。

韓国と軌を一にして、台湾もまた長期にわたる権威主義開発体制の転換期を迎えました。台湾の政治体制は、中国共産党との内戦に敗れてこの地に移った国民党が「反共抗戦基地」の創出をめざして形成されたものです。国民党一党支配体制です。この体制下で一九四九年には戒厳令が布告されました。総統の権限が格段に強化され、三権分立制度は骨ぬきとなりました。戒厳令は台湾の権威主義体制を守る砦として長期にわたり維持されてきたのです。しかしこの戒厳令が、一九八七年にいたり国民党自身の手で解除されました。また「党禁」も解除されました。党禁とは、国共内戦の非常事態を理由に施行された新党結成禁止令のことです。一九八六年十二月には台湾史上初の複数政党選挙が行われ、新たに認められた野党、民主進歩党が躍進しました。また、「報禁」すなわち新規新聞発行禁止令も解除されました。

さらに一九九〇年十二月の憲法記念の式典におきまして李登輝総統は、中国共産党を平定すべき「反乱勢力」と規定してきた現憲法の臨時条項を、一九九一年五月をもって廃止することを表明し、事態はその通りに進展したのです。この条項は、立法院の議を経ることなく緊急措置を発令できる強大な権限を総統に与えたものでした。

長期にわたる権威主義開発体制が国民党自身の手で自由化に向かったのは、韓国における六・二九民主化宣言に類似した体制内改革だということができましょう。そうした改革の背後には、所得水準と教育水準において高い中産階層の意識がありました。国民の政治的自由化要求を高揚させ、国民党の大きな譲歩を引きだしたのは、韓国と同じくここでも高度経済成長のもとで蓄積された中産階層の動向にほかなりません。

人民行動党の圧倒的優位のもとで形づくられたシンガポールの権威主義開発体制が容易に崩れるとは思われませんが、しかし人民行動党への国民の支持率が着実に低下していることもまた確かな事実なのです。

権威主義体制が経済発展をもたらし、その経済発展が権威主義体制自体を溶解させ、そうして政治的民主主義を実現させるという興味深い経験を、ＮＩＥＳは私どもに提供してくれています。こうした経験が果たして中国のような国でも有効性をもつのか否か、究明さるべき重要なテーマだといわねばなりません。

第一〇章　東アジア経済の新動態——従属から自立へ

韓国、台湾、香港、シンガポールの四つの国もしくは地域は、NIESと呼ばれています。NIESとは、Newly Industrializing Economies の頭文字と最後の複数形のSをとったもので、新興工業経済群のことです。この表現に暗示されておりますように、この四つの国・地域は激しい工業化を通じて先進国を追い上げる急進的な開発途上国の典型です。

実際、NIESの一九九五年における一人当たり所得水準は、韓国が一万二〇〇ドル、台湾が一万二、六〇〇ドル、香港が二万三、三〇〇ドル、シンガポールが二万八、六〇〇ドルとなっています。香港やシンガポールはかつてイギリスの植民地だったのですが、その本国イギリスの所得水準は同年において一万八、七九八ドルです。実に皮肉な現象がここで生じていることになります。

タイ、マレーシア、インドネシア、フィリピンなどは、ASEAN諸国と呼ばれます。ASEAN諸国というのは、Association of Southeast Asian Nations つまり東南アジア諸国連合という地域協力の枠のなかに入っている国々のことです。これら諸国はしばらく前までは農業国であり、農産物の輸出国でした。しかし近年では工業化を顕著な速度で進めて、電気・電子機器などを中心に世界でも有数の工業製品輸出地域となっています。一人当たり所得水準の上昇速度にもみるべきものがあります。

中国については、すでに本書でなんども指摘してきました。一九七九年に改革・開放政策を採用して以来、この二〇年近くにわたりきわめて高い成長率をつづけています。高成長が豊富なビジネス・チャンスをつくりだし、世界の諸企業が競って対中進出をしています。その結果、中国はアメリカと並ぶ世界最大の海外直接投資の受入れ国となりました。中国の一人当たり所得はいまだ六〇〇ドルにいたっていないのですが、沿海諸都市の所得水準はASEAN諸国の水準に近づきつつあります。上海は三、〇〇〇ドル水準にいたりました。

NIES、ASEAN諸国、中国を含むこの地域は、世界で最高の成長率を持続しています。そして東アジアは、現在では世界経済の成長を牽引《けんいん》する最有力の地域となっています。NIES、ASEAN諸国、中国からなるこの地域を、ここでは東アジアと称することにしましょう。本章ではその経済発展の姿を、東アジア全域を観察の対象にしながら眺めてみたいと思います。

世界における東アジアのプレゼンスの拡大

東アジア経済の発展過程で生じた次の二つのダイナミックな動向に注目することから始めましょう。一つは、世界における東アジアのプレゼンス（存在）が現在著しく大きなものとなり、世界経済の成長を牽引する強い力を東アジアがもつにいたったこと、二つは、この東アジアにおいて各国の相互依存関係が強化され、それゆえ域

表 10－1　各地域の輸入額に占める東アジアのシェア（1985～96 年）

（単位：%）

	日本	NAFTA	EU	世界
1985 年	24.3	12.7	3.0	9.9
1990 年	25.8	15.6	4.2	12.3
1996 年	34.7	17.5	6.3	17.2

（資料）　IMF, *Direction of Trade Statistics Yearbook*, various issues.

表 10－2　各地域の輸出額に占める東アジアのシェア（1985～96 年）

（単位：%）

	日本	NAFTA	EU	世界
1985 年	24.1	8.6	3.1	9.9
1990 年	29.6	11.3	3.5	12.4
1996 年	42.4	13.3	5.9	18.0

（資料）　表 10－1 に同じ。

外のアメリカや日本という大国の動向に必ずしも左右されない自立的な発展メカニズムが展開を開始したこと、この二つです。

第一のテーマから入っていきましょう。表10－1をご覧下さい。これは、世界各地域の輸入額において東アジアからの輸入額が何パーセントを占めているかを示したものです。日本の東アジアからの輸入比率は一九八五年には二四・三パーセントでしたが、一九九六年にはこれが三四・七パーセントに上昇しています。NAFTAといいますのは、アメリカ、カナダ、メキシコからなる北米自由貿易協定ですが、この協定に参加している三国の東アジアからの輸入比率は同期間に一二・七パーセントから一七・五パーセントへとこれも急上昇を示しています。世界全体の輸入に占める東アジアからの輸入比率は一九八五年の九・九パーセントから一九九六年の一七・二パーセントへと上昇してきたのです。

しばらく前まで貧しく停滞的だとみなされてきた東アジアが、たかだか十年ほどの間に世界の先進地域において急速にそのマーケット・シェアを拡大し、現在、世界の全体に占めるそのシェアにおいて一七・二パーセントを占めるにいたったという事実は画期的です。ついでながら、各先進地域の東アジアへの輸出も急増しており、これを示したものが表10－2です。世界の総輸出に占める東アジアのシェアは一九八五年の九・九パーセントから一九九六年の一八・〇パーセントへと上昇し、すなわち東アジアは世界の成長を需要面から牽引する大きな力を発揮しているのです。

このように東アジアは世界の輸入・輸出の両面でその存在を急速に大きくしています。このことを東アジアと他の三極、つまり日本、NAFTA、EU（欧州連合）との貿易の流れでみてみましょう。一九九六年のプロフィールが図10－1のように示されます。日本にとっての最大の貿易相手地域は明らかに東アジアです。NAFTAの最大の相手地域も東アジアです。EUにとっての最大の貿易相手地域はNAFTAですが、第二の相手は東アジアであり、EU・東アジア貿易額はEU・日本のそれのゆうに二倍をこえています。EUと東アジアとの過去数年の貿易増加率を想定しますと、EUにとっての最大の貿易相手地域もそう遠くなく東アジアになると思われます。

図10－2は、一九八五年の同様の貿易フローです。一〇年前のこの時点においては、日本にとっての最大の貿易相手地域はNAFTA（もちろんこの時点ではNAFTAは存在せず、アメリカ、カナダ、メキシコの三国の合計という意味ですが）でした。NAFTAにとっての最大の貿易相手はEUでした。EUにとっての最大の相手地域もNAFTAでした。つまり一〇年少し前には、東アジアの世界におけるプレゼンスは小さなものでしかなかったのです。その分、東アジアのこの一〇年余の貿易規模拡大のスピードがいかに速いものであったかがわかります。一九八五〜九五年の四極間貿易の増加額フローが、図10－3に示されています。日本、NAFTA、EUのいずれにとっても、最大値を示した相手地域が東アジアであったことが歴然としています。

東アジアは過去十数年にわたり急成長をつづけ、この成長が豊かな購買力となって世界の他地域からの輸入をふやし、生産性の高い上昇率を伴って実現されたその成長が輸出競争力を強化して他地域への輸出を急上昇させたのです。要するに東アジアは、世界経済に占めるプレゼンスを大きくし、そして世界の成長を牽引する最有力

図 10－1　日本・NAFTA・EU・東アジアの貿易フロー（1996 年）

（単位：億ドル）

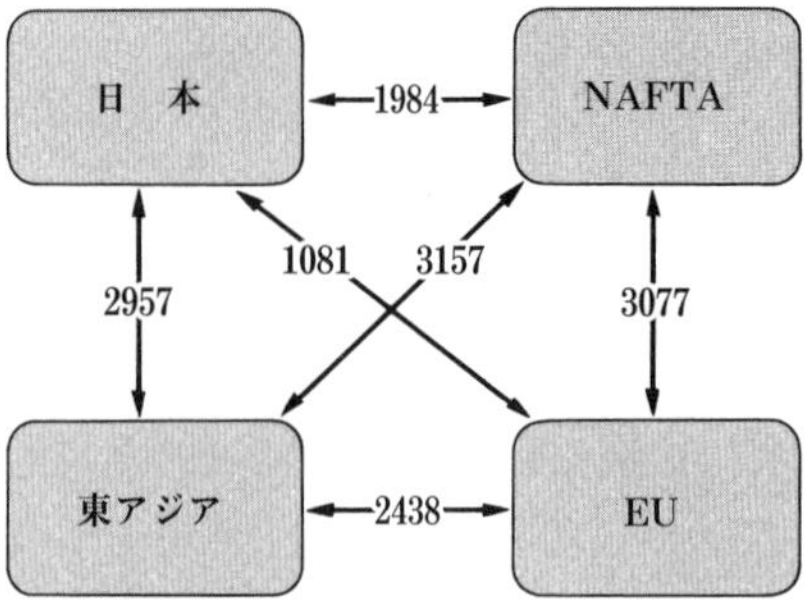

（資料）　表 10－1 に同じ。

図 10－2　日本・NAFTA・EU・東アジアの貿易フロー（1985 年）

（単位：億ドル）

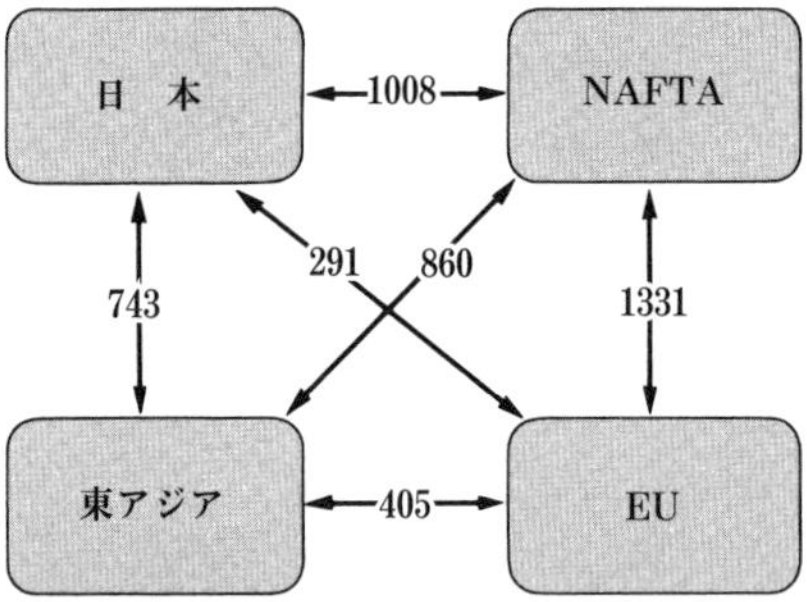

（資料）　表 10－1 に同じ。

図 10－3　日本・NAFTA・EU・東アジアの貿易増加額のフロー（1985–96 年）

（単位：億ドル）

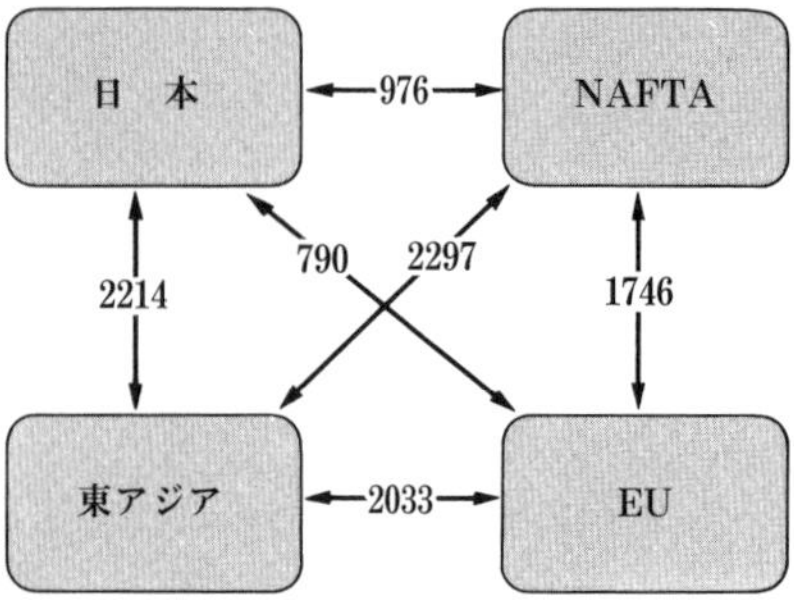

（資料）　表 10－1 に同じ。

の地域となったということができます。

東アジアのほとんどの国々は、第二次世界大戦にいたるまで欧米列強の植民地支配のもとに組み込まれ、植民地本国の需要する食糧や工業原材料など特定少数の一次産品の生産と輸出に特化したモノカルチュア（単一栽培）経済でした。ゴムと錫《すず》の生産・輸出に特化したマラヤ、現在のマレーシアがその典型です。

こうした経済は、植民地本国の需要するそれら特定の一次産品の需要動向によって決定的に左右される脆弱《ぜいじゃく》で従属的な体質のもとにありました。本国の需要によって東アジアは大きくその経済が左右される一方、みずからの立ち居振る舞いが他に及ぼす影響力はきわめて小さいものでした。影響力の一方向的な関係です。第二次世界大戦の終了を契機にして東アジア諸国は植民地からの政治的独立を達成し、以来、長い開発の苦闘史が始まりますが、この影響力の一方向的な関係はしばらくつづいたのです。

しかし、一九九〇年代後半期の現在、東アジアは世界の先進地域に大きな経済的影響力を行使し、世界経済の成長を牽引する存在となったのです。東アジアの歴史を顧《かえり》みて、この事実は画期的だといわざるを得ません。

域内相互依存関係の強化

こうして、東アジアは世界経済の成長を牽引する大きな存在となったのですが、同時にこの過程で東アジアが域内の相互依存関係を強化してきたことが注目されなければなりません。

表10－3をご参照下さい。この表は、貿易相手地域別にみた東アジアの輸出依存度ならびに輸入依存度の四時点の変化を示したものです。東アジアの輸出相手地域としてきわだって大きな伸びをみせたのは他ならぬ東アジアであり、つまり域内輸出比率が顕著に増加したことが理解されましょう。一九八五年における域内輸出比率は二六・三パーセントでしたが、これが一九九六年には三八・九パーセントに及んだのです。東アジアの輸出相手としての

表 10－3　東アジアの相手地域別輸出・輸入依存度（1985〜96 年）

（単位：%）

		東アジア	日本	NAFTA	EU	世界
輸出依存度	1985 年	26.3	16.9	30.9	10.8	100.0
	1990 年	32.9	14.6	25.2	15.7	100.0
	1996 年	38.9	13.4	21.3	15.4	100.0
輸入依存度	1985 年	26.3	22.8	15.1	10.9	100.0
	1990 年	32.6	20.4	14.8	12.6	100.0
	1996 年	37.2	18.4	12.9	12.7	100.0

（注）東アジアは中国・NIES・ASEAN 諸国の合計。

日本のポジションは同じ期間に一六・九パーセントから一三・四パーセントへと低下し、一九八五年以降のNAFTAの比率低下も急激です。EUの動きも緩慢です。輸入相手地域でみても東アジアにとって最大の比率をみせたのは東アジアであり、一九九六年のその比率は三七・二パーセントとなっています。日本、NAFTAからの輸入比率は減少傾向にあります。

東アジアの域内貿易依存度は今後とも上昇していくにちがいありません。ちなみに、一九九七年にだされた世界銀行の世界経済予測では、一九九七〜二〇〇六年の一〇年に及ぶ東アジアの年平均実質経済成長率は七・八パーセントであり、先進国の二・九パーセントを三倍近く上回ると見込まれています。もしこの予測が正しいとしますと、東アジアの城内市場は先進国市場の三倍の速度をもって拡大することになるわけですから、東アジアの域内貿易依存度は一段と大きくなっていくにちがいありません。

東アジアを語る常套句は、植民地時代はもちろんのこと第二次世界大戦後もなお「対外的従属性」であり、「対外的脆弱性」でした。東アジアは、アメリカの巨大市場と日本からの資本財輸入に依存しなければ成長し得ず、その意味で東アジアの成長は域外大国に「従属」した「脆弱」なものだと考えられてきたのです。しかし東アジアにとっての最大の市場は、いま表10-3を参照しながら指摘しましたように現在、輸出・輸入とも東アジア自身であり、日米両国のプレゼンスははっきりと低下したのです。東アジアにおいて東アジアの製品が域内を循環する、つまり東アジアにおけるモノの「域内循環メカニズム」が形成されつつあることはまぎれもありません。

ところで、東アジアの域内循環メカニズムは投資資金の面でもあらわれています。一九九〇年以来、ASEAN諸国に対する最大の投資者は、直接投資統計でみますと日本となっています。一九九〇年から九六年までのA

SEAN諸国に対する直接投資額をみると、その額は日本四六八億ドル、ＮＩＥＳ三九〇億ドル、アメリカ二〇四億ドルとなっています。しかもNIESのこの数値は明らかに過小評価です。

本書の最初のところでお話しましたように、香港、台湾、シンガポールなどの華人NIESは、その背後の東南アジア諸国とを結んで出身地と方言を共有する人々の互助共同の人間関係ネットワークである「幇《パン》」――福建《ふっけん》幇、潮州《ちょうしゅう》幇、広東《カントン》幇、海南《かいなん》幇、客家《ハッカ》幇――をベースにした密度の濃い華人資本ネットワークを擁《よう》しています。投資資金はそれら幇の「チューブ」のなかを融通無碍《ゆうずうむげ》に動いているのです。これを統計的に捕捉《ほそく》することは不可能です。それゆえいま指摘したNIESの対ASEAN諸国投資額は明らかに過小評価なのです。NIESの実際の対ASEAN投資額は日米の対ASEAN投資額を圧倒的に上回っているにちがいありません。

図10－4　投資国別にみた中国の海外直接投資受入れ額（1992-96年）

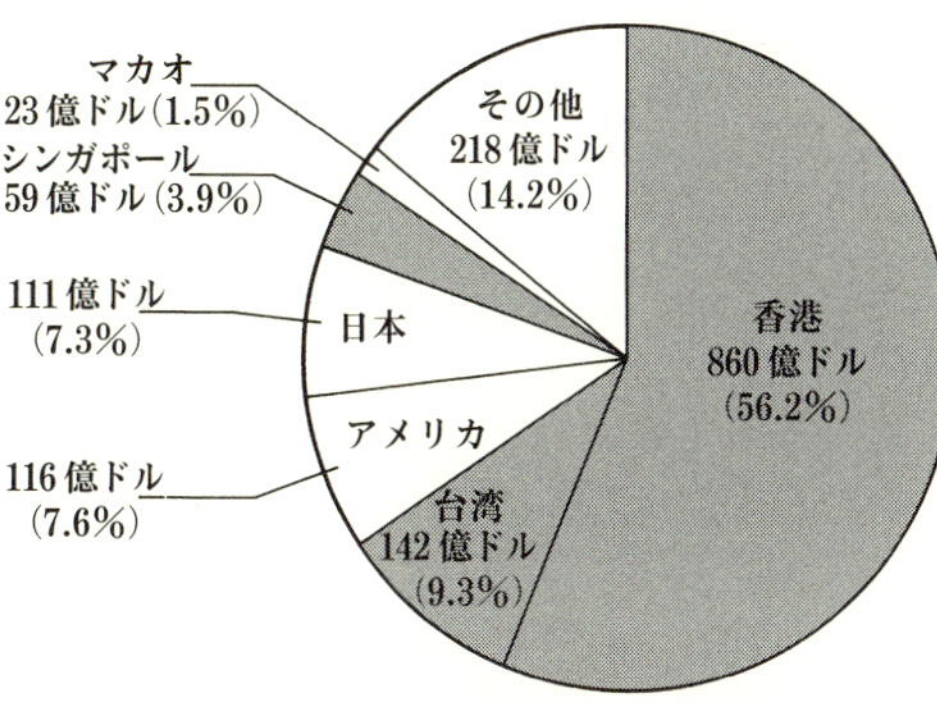

（注）　実行額ベース。
（資料）　中国国家統計局『中国統計年鑑』各年版。

次いで中国です。中国が巨額の海外直接投資を導入し始めたのは一九九二年のことです。図10－4は、一九九二年から九六年までの四年間に中国が受け入れて実際に利用した海外直接投資額を投資地域別に分類したものです。香港、台湾、シンガポールなどの華人NIESが占める比率はほぼ七〇パーセントです。対照的に日米の占める比率は合計で一五パーセントに過ぎません。対中投資においても最大の投資者は、域外の日本やアメリカではなく域内のNIESです。モノつまり貿易財だけではなく、カネつまり投資資金も域内を自己循環しているのです。

東アジアにとって最大の貿易相手地域は東アジアであり、東アジアへの最大の投資資金提供者も東アジアなのです。アメリカと日本という域外大国の東アジアに対する影響力は次第に薄いものとなっています。

東アジアという地域を舞台に、従属的ではなく自立的な、脆弱ではなく強靭《きょうじん》なメカニズムが生成しているのです。このこともまた、東アジアの長い歴史を顧みて画期的なことだといわねばなりません。

東アジア相互依存関係に組み込まれる中国

ところで、東アジアにおける域内循環メカニズムの中に中国が組み込まれるにいたったことが、一九九〇年代の現時点でのきわめて重要な事実として指摘されねばなりません。中国は東アジアで最高の成長率を示しており、この高成長が豊かなビジネス・チャンスをつくりだし、そうして中国はアメリカとならぶ世界最大の海外直接投資受入れ国となりました。この中国に対する最大の投資者が、これまで指摘してきましたように華人NIESです。在外華人の対中投資は、在外華人の出身省である華南沿海部に集中しています。福建省、広東省、海南省の固定資産投資額に占める海外直接投資（実際利用額）の比率を、一九九二〜九五年の累計《るいけい》値でみますと、それぞれ四九・四、三一・五、三四・四パーセントという圧倒的に高い比率にあります。

改革・開放期の中国で最高の成長率を実現したのが、この華南三省でした。改革・開放期における中国の成長牽引地域は華南三省であり、かくして中国の成長に果たした在外華人資本の役割の大きさが改めて注目されます。

そしてこの事実は、中国が東アジアの域内循環メカニズムの中に組み込まれたことを意味しているのです。私はこの事実を中国経済の「東アジア化」と呼んでいます。

域内循環メカニズムと日系企業

さてこうして東アジアは、輸出財の需要先と投資資金の供給先を域内に求める新しい運動を開始したのです。そして東アジアを舞台に事業展開を図る日系企業も、この域内循環メカニズムに身を沿わせる形に変化しつつあります。

東アジアにおける日系企業の行動様式をごくかいつまんでいいますと、大略次のような経緯をたどってまいりました。一九六〇年代末から一九七〇年代の後半にかけて東アジアに進出した日系企業は、進出先国の輸入代替《だいたい》工業化政策と呼ばれる国産化政策に見合う現地市場向け生産を旨としていました。一九七〇年代の後半期以降は、日本の国内賃金の上昇により競争力を失った日本企業が、東アジアの低賃金を利用して低コストの商品をつくり、その対米輸出を求めて進出するという形態が中心でした。

さらにその後の一九八〇年代後半の円高期においては、空前の円高により日本企業の海外生産の有利性が一挙に強まり、そのために生産・輸出拠点を東アジアに設立し、そこから大量の逆輸入（アウトソーシング）を目的とした東アジア進出がなされました。この時期の東アジアへの海外直接投資は、それ以前と比べてその規模が格段に大きいものでした。

そして東アジアが新たに域内循環メカニズムを始動させた一九九〇年代の現在において、さらにもう一つの新しい動きが加わったとみていいでしょう。この時期の日系企業の行動様式のめだった特徴として、東アジア域内市場向けの販売が急増し、同時に日系企業の部品や原材料などの輸入先としても域内諸国のプレゼンスが一段と大きくなったことがあげられます。

すなわち日系企業は販売と購入の両拠点を東アジアの域内に求め、そうして東アジア・ネットワークの中で事業展開を「自己完結」させようという傾向を強めたのです。日系企業の東アジアにおけるプレゼンスが大きいために、日系企業がそのような行動様式をとることによって東アジアの域内循環メカニズムが格段に強化されているようにみえます。つまり日系企業の東アジアでの事業展開が東アジアの域内自己循環メカニズムを強化し、その強化された域内循環メカニズムが日系企業のこの地域での事業展開をさらにうながすという相乗的運動が、こんご一段と活発に展開されていくことになろうと思われるのです。

この点に関してもう一つの注目すべき近年の現象があります。東アジアにおける日系企業の利潤再投資や東アジアでの資金調達が増加したことです。利潤の再投資とは、日系企業が現地であげた利潤を日本の本社に送金せずに、現地での投資資金に用いることです。通産省の調査によると、東アジアの日系企業投資額に占める利潤の再投資額の比率は、一九九三年においてNIES七五パーセント、ASEAN諸国六九パーセントに及んでいます。すなわち利潤再投資額が日本からの新規投資額を大きく上まわったことになります。また東アジアの各国で日系や在外華人系の金融機関が現在充実しており、日系企業はこれら金融機関からの融資をも相当受けるようになっています。こうして東アジアの日系企業は、利潤再投資と現地での資金調達を通じて投資資金の域内循環メカニズムを強化する役割を担っているのです。

そしてこの事実は、おそらく日本経済の「空洞化」の開始を意味することになるのではないかと思われます。日本と東アジア諸国の経済成長率に関する多くの調査機関の報告は、さきの世界銀行の予測に典型的にあらわれていますように、将来にわたり東アジアの成長率が日本のそれを大きく凌駕《りょうが》するという長期予測をだしています。

この成長率格差は企業の利潤率格差に反映され、したがって日本企業の東アジアへの進出はなお加速するものと思われます。そしてこの事実が東アジアに立地する日系企業の事業展開を自己完結的なものにし、そうして日本企業の「日本離れ」を一段と促進するでありましょう。東アジアの貿易・投資の両面において日本の存在が縮小する一方で、日本企業もまた日本を離れて東アジア経済の域内循環的ネットワークのなかに組み込まれつつあるのです。

第一一章　周辺革命の時代へ——発展連鎖論

ＮＩＥＳ、ＡＳＥＡＮ諸国、中国を含む東アジアが現在の世界経済のなかで突出して高い成長率をもち、ここが世界経済の成長を牽引する有数の力をもった「成長地域」であることは、前章で指摘しました。

ところで東アジアは、ＮＡＦＴＡ諸国やＥＵ諸国とは大きく異なった発展のプロフィールを示しています。前述したようにＮＡＦＴＡといいますのは北米自由貿易協定のことですが、この協定にはアメリカ、カナダ、メキシコが含まれます。このＮＡＦＴＡ加盟の三国が世界の有力な経済圏の一つを構成しています。ＥＵは欧州連合ですが、これは一五か国からなる一大経済圏です。

これらＮＡＦＴＡやＥＵは、それぞれに含まれるメンバーが固定されています。そしてこれら固定的なメンバーが相互に協力し合って、一つの経済圏としての経済力の発揚を求めています。例えばヨーロッパのそれぞれの国の市場規模はさして大きいものではありません。そのために一五か国が協力して相互間の域内関税を廃止したり、また域外国に対しては共通の対外関税を設けたり、さらには資本や労働力の域内移動を妨げる障壁を排除したりして、巨大な経済圏をつくったのです。相互の協力によって巨大な市場圏を形成し、そうしてみずからがかつてもっていた経済力の再興を図ろうとしたのです。NAFTAも、同様の目的をもつ協力体として形成されたものだといっていいでしょう。

しかし、NIES、ASEAN諸国、中国からなる東アジアには、その全域をカバーする地域協力のための制度的な枠組みは存在していません。東アジアは、各国が相互に協力して以前自分たちがもっていた力の再興を求めるといったことをテーマにしているわけではありません。

東アジアの主要テーマは、相互間の協力というよりは、それぞれの国が自由に経済力を発揮し、そうしてみずからが擁している経済力を外方に向けて拡大していくこと、いいかえればフロンティアの拡大にあるのです。

過去二〇年に近い東アジアの発展をみますと、ある国の発展が周辺国の発展を促し、その周辺国の発展がさらに外方の別の周辺国の発展を促すという形での「発展連鎖」が生起してきました。この発展連鎖こそが、東アジアのダイナミズムを彩る最大の特徴だと私はみなしています。

日本の発展がNIESの発展を誘発し、さらにNIESの発展がASEAN諸国や中国沿海部の発展を誘発するという、発展連鎖がこの二〇年近い東アジアの発展過程のなかに観察されます。しかも、東アジアにおけるこの発展連鎖は、こんご中国内陸部やベトナム、ミャンマーなどにつながっていく可能性があります。以下では、この東アジアにおける発展連鎖の動態をもう少し詳しくみてみたいと思います。

「日本効果」

東アジアの発展連鎖の起点は日本でした。一九七〇年代の中頃と八〇年を前後して、二つの石油危機が世界と日本を襲いました。石油価格の高騰によって、石油化学や鉄鋼などのエネルギー多消費型の基礎素材産業が苦境に陥ってしまいました。

石油危機に直面して、日本の企業は他国の企業に先んじて省エネルギー型技術の開発に成功したのです。また、石油化学や鉄鋼などの重化学工業部門の比重を下げ、逆にエネルギー投入比率の低い乗用車やエレクトロニクス製品などの機械産業の比重を上げるという、産業調整にも日本は成果をあげました。

機械産業は高い技術進歩率と需要増加率に支えられて、その国際競争力は大きな高まりをみせ、日本の最有力の輸出部門となっていったのです。機械産業の強い輸出競争力により、日本の貿易収支は一転して巨額の黒字を計上することになりました。

ところで、日本の輸出が巨大化したということは、他国の輸入が大きくふえたことと同義です。日本の貿易収支の大きな黒字は、他国の貿易収支の黒字の減少、もしくは赤字の増加となります。一九八〇年代初めの日本はすでに経済大国でした。この大国日本の貿易収支の巨額の黒字の存在が、他の国々からの反発を招いたのは当然です。国際的な反発と圧力に応じて、日本は一九八五年秋のプラザ合意により顕著な円高を余儀なくされました。円高になれば、日本の輸出が減少し、輸入が増加すると期待されたのです。

しかし、空前の円高に対しても、日本はこれに見合うようにみずからの体質を変化させていきました。内需主導型成長パターンへの転換がその帰結でした。円高は日本の輸入価格を低下させ、これが国内物価を安定化させて日本の実質所得はこの時期大いなる高まりをみせました。

また、政府の対応も内需拡大に寄与しました。つまり円高は輸出を減少させ輸入を増加させて、つまり外需を減少させるわけですから、この外需の減少をつぐなってあまりある内需の振興を図らなければ日本の成長率は下がってしまいます。したがって政府は、内需振興を求めて金融を緩和したり、大型の財政支出を試みたのです。この内需の振興策により株価、地価など資産価格が急騰して、のちにバブル経済といわれた状況がつくりだされたのですが、これが内需を大きく拡大させたことはうたがいありません。

この日本の内需の拡大が、東アジアからの工業製品輸入を激増させたのです。一九八六年以降の日本の工業製品輸入の対前年増加率は、かつてであれば信じられないような高率で推移しました。円高のもと、日本は東アジアの成長を需要面から牽引《けんいん》する「アブソーバー」(需要吸収者)としての機能を格段に強化したのです。

さらに、次のような経緯が指摘されねばなりません。円高は日本企業の海外生産を有利なものとします。例えば一ドルが二四〇円から一二〇円になったとしますと、外貨を用いて事業を展開すれば、同額の円でかつてに比べ二倍の部品や原材料、土地が購入でき、労働者を雇用することができます。それゆえ、一九八〇年代後半期に入るや、日本企業は東アジアへの生産拠点シフトを急速に開始しました。一九八六年以来九〇年にいたる五年間のNIESへの海外直接投資額は、一九五一~九〇年の四〇年に及ぶ累計額の六七パーセントに及び、また日本の対ASEAN諸国直接投資におけるこの五年間への集中度も四二パーセントの高さに達したのです。

日本は円高を通じて強力な需要吸収者となり、東アジアの輸出拡大に貢献しました。のみならず、円高によって有利化した日本企業の東アジア進出が相当規模に達し、これが東アジア諸国の供給力強化に寄与したのです。

すなわち円高期以降の日本は、東アジア諸国の成長を需給両面から牽引する大きな力をつくりだしたということができます。この大きな力を、私は「日本効果」と呼んでいます。日本が東アジア諸国の経済成長をかくも強力に牽引した時期を他に見出すことはできません。

ＮＩＥＳの成長と調整

さて、この一九八〇年代後半の円高期において、日本は東アジアの成長を牽引する大きな効果、すなわち日本効果を生んだのですが、この日本効果に応じて急成長をとげたのがＮＩＥＳでした。ＮＩＥＳはこの日本効果に反応して大量の対日・対米輸出に成功しました。

韓国、台湾の通貨は長らくドルにリンクしており、そのために円高は同時にウォン安、元安でした。円高を契機にＮＩＥＳの対日輸出が急増したのもそのためです。同時に、円高下のＮＩＥＳの輸出のなかで注目されるのは、対日輸出と並んで対米輸出の拡大でした。円高により日本の対米輸出競争力は弱化しましたが、その一方、ＮＩＥＳの対ドル・レートが固定的であったがためにＮＩＥＳの対米輸出競争力が日本に相対して強化され、そうしてＮＩＥＳは巨額の対米輸出を実現したのです。韓国、台湾に加えて香港、シンガポールのＮＩＥＳは一九八〇年代の後半期、連続して二桁の超高成長を達成したのですが、それに果たした対日・対米輸出拡大の貢献は大きなものでした。

しかし、ＮＩＥＳのこのサクセス・ストーリーは、次の段階でＮＩＥＳに困難な要因をつくりだしたのです。ＮＩＥＳの対米輸出の拡大の結果、アメリカの貿易収支赤字の対象国としてＮＩＥＳが大きなプレゼンスをみせることになりました。アメリカは対NIES貿易収支の赤字に耐えられなくなり、「日本バッシング」につづいて「NIESバッシング」を開始したのです。

開発途上国からの輸入には先進国からの同製品の輸入に比べてより低い輸入関税率を適用するという制度のことを、「一般特恵制」（GSP）といいます。アメリカは一九八九年一月よりこの一般特恵制の適用対象国からNIESを除外するという挙にでました。またアメリカは、包括通商法を武器にNIESの電気通信分野などに対して関税と輸入数量の両面で市場開放要求を強めました。さらに農産物やサービス市場の開放にも強い態度をもってのぞみました。

なによりも、NIESは長らくドルにリンクしてきた通貨の対ドル・レートの切り上げを迫られたのです。円高が開始されたのは一九八五年秋のプラザ合意によってですが、引きつづき一九八七年二月のルーブル合意にもとづいて、香港ドルを除くNIES通貨の対ドルレートが切り上げられました。台湾元ならびにウォンの切り上げ幅はとくに大きいものでした。

NIESは通貨の切り上げと同時に、賃金の急速な上昇というもう一つの厄介な問題と直面せざるを得ませんでした。NIESは一九八〇年代に入って対日・対米輸出の拡大に牽引されて、その経済成長は加速的な様相をみせました。労働力の規模においてさして大きくなく、かつすでに労働力の不足局面にあったNIESで超高成長が発生したのですから、賃金の急上昇は避けられません。加えてこの時期、韓国、台湾は政治的民主化運動の真只中《まっただなか》にあり、これを背景に澎湃《ほうはい》としておこった労使紛争が賃金上昇を一層高率のものとする要因ともなりました。

NIESにおける通貨の切り上げならびに賃金の急上昇は、NIESの輸出競争力を削《そ》ぐことになり、NIE

表11－1　ASEAN諸国と中国の相手地域別輸出額（1996年）

（単位：億ドル，％）

輸出先→ 輸入先↓	NIES	ASEAN	中国	日本	アメリカ	EU	世界
ASEAN	486 (24.0)	130 (6.4)	61 (3.0)	376 (18.6)	392 (19.3)	310 (15.3)	2,026 (100.0)
中国	470 (31.3)	51 (3.4)	—	309 (20.6)	267 (17.8)	199 (13.3)	1,511 (100.0)

（注）「世界」の輸出額は上記の国・国グループ以外の数値を含む。
（資料）IMF, *Direction of Trade Statistics Yearbook*, various issues.

Sはそれまでの輸出志向的な成長パターンの変更を余儀なくされました。そして一九九〇年代に入るとともにNIESは輸出志向的な成長パターンから、日本が円高期にみせたのと同様の内需主導型の成長パターンへとシフトすることに成功したのです。NIESの一人当たり所得水準は、前章でもみたように先進国のそれに勝《まさ》るとも劣らないレベルにありました。内需を支えるに足る国内市場を擁《よう》するにいたったのです。

「NIES効果」

長期にわたる激しい輸出志向工業化によって現在を築いたNIESにおいて、ついに内需が成長を主導する新しいパターンが生みだされたという事実は画期的です。内需主導型成長パターンへのシフトにともなって生じた注目すべき帰結は、日本と同じくここでも輸入の著しい増加でした。

とくにめざましいのは、NIESのASEAN諸国、中国からの輸入拡大でした。NIESが東アジアにおける後発開発途上国の「アブソーバー」としての地位を高め、東アジアにおける相互依存関係を強化する要《かなめ》の地位を確立しつつあることが確認されるのです。

表11－1をご参照下さい。この表は、一九九六年におけるASEAN諸国、中

国の相手地域別の貿易額をみたものです。ＡＳＥＡＮ諸国の総輸出は二、〇二六億ドルでしたが、うちＮＩＥＳ向け輸出は四八六億ドル、二四・〇パーセントと最大であり、アメリカ向け輸出ならびに日本向け輸出を凌駕しています。中国の最大の輸出相手先もＮＩＥＳです。同年の中国の総輸出額一、五一一億ドルのうち、ＮＩＥＳ向け輸出額は四七〇億ドル、三一・三パーセントであり、日本向けならびにアメリカ向け輸出をはるかに上回ったのです。

ＮＩＥＳの輸入拡大の最大の受益者が、東アジアの後発国であるＡＳＥＡＮ諸国、中国であったことは重要です。ＮＩＥＳは、東アジアの後発国に対するアブソーバーとしての地位において、現在日本を凌駕する力をもっています。通貨切り上げと賃金上昇に対するＮＩＥＳの反応が内需主導型成長パターンへのシフトであり、このシフトによりＮＩＥＳは東アジアからの輸入を顕著に拡大したのです。

通貨切り上げと賃金上昇に対するＮＩＥＳのもう一つのめざましい対応が、ＮＩＥＳ企業の海外進出です。ＮＩＥＳの賃金上昇は、繊維製品を初めとする労働集約的輸出品の競争力を弱め、賃金水準のより低いＡＳＥＡＮ諸国や中国への生産拠点シフトによる失地回復を避けられない課題としました。通貨切り上げは、ＮＩＥＳ企業の海外生産の有利性を高め、急速な対ＡＳＥＡＮ諸国・中国進出をうながしたのです。一九九〇年代に入ってからのＮＩＥＳ企業のＡＳＥＡＮ諸国と中国への進出には確かに顕著なものがあります。ＡＳＥＡＮ諸国と中国においてＮＩＥＳは今日、日米を凌ぐ最大の投資者として浮上しています。このことは前章の図10－4で示しました。

直接投資ばかりではありません。韓国は一九八七年に「経済開発協力基金（ＥＤＣＦ）」を、台湾は一九八八年に「国際経済協力発展基金（ＩＥＣＤＦ）」を設立し、後発国に対するインフラ建設などに必要な政府開発援助

（ODA）を推進するための体制づくりに着手しました。韓国はOECDに加盟した先進国として、ODA供与はすでに義務となっております。また大陸中国に対峙《たいじ》する台湾はみずからの経済力にふさわしい国際政治上のステイタスの認知を求めており、開発途上国援助はその要求を満たすための重要な手段にほかなりません。

こうしてNIESは、通貨調節と賃金上昇に対応してみずからの構造を転換する過程で、ASEAN諸国や中国の成長を需要面から牽引《けんいん》する機能を発揮し、同時に企業進出と経済協力を通じてこれら諸国の供給力を強化する機能を備えるにいたったのです。これは確かに「NIES効果」と呼ばれるべきでありましょう。

ASEAN諸国と中国の成長

「日本効果」と「NIES効果」の二つにより、東アジアには後発諸国の成長を誘発するまことに好都合な条件が生まれたのです。

この好条件にめぐまれて、ASEAN諸国と中国の経済成長率は急速な上昇をみせました。最近年のASEAN諸国と中国の急成長は、彼らが東アジアに渦まくみずからに有利な貿易・投資環境に迅速に反応することによって実現されたものです。一つには、日本つづいてNIESの通貨切り上げがASEAN諸国と中国の輸出を大きく伸長させました。二つには、円高によって日本企業が、次いで通貨切り上げと賃金上昇に押しだされてNIES企業がASEAN諸国と中国への投資集中を試み、これがASEAN諸国と中国の供給力強化に寄与したのです。

マレーシアのあるエコノミストは、円高を契機にASEAN諸国に集中する日本の直接投資を「歴史的日本機会」と表現しました（Noordin Sopiee, "Down to the Nitty-Gritty", *Malaysian Business*, May16, 1988.）。その表現にならっていえば、ＡＳＥＡＮ諸国は同時に「歴史的ＮＩＥＳ機会」にもめぐまれたのです。そしてＡＳＥＡＮ諸国は、日本とＮＩＥＳに発するこの機会を掌中に収めるための政策対応を試みました。外資系企業に対するかつての多様な規制緩和を次々と展開していったのです。

本章では、一九八〇年代後半の円高期日本の立ち居振る舞いがＮＩＥＳの高成長を誘発し、次いでＮＩＥＳがＡＳＥＡＮ諸国と中国沿海部の成長を牽引する主勢力としてあらわれるという、この動態的変化を東アジアにおける「発展連鎖」と名づけてお話してきました。

東アジアの発展連鎖は、ＡＳＥＡＮ諸国や中国沿海部で終結してしまうわけではありません。一九九二年秋の中国共産党第一四回大会では「全方位開放体制の確立」がうたわれ、以来、内陸主要都市が沿海開放都市と同格もしくはそれ以上のステイタスを与えられるようになりました。四川《しせん》省の重慶《じゅうけい》、湖北《こほく》省の武漢《ぶかん》など長江に沿う内陸の巨大都市が動きだしています。中国だけではありません。ベトナムにおける「ドイモイ（刷新）」と称される自由化政策も新軌道を探り当てたかにみえます。インドやミャンマーにおける経済自由化政策とこれにともなう経済活性化も注目されます。発展連鎖のメカニズムがいっそう奥深いフロンティアにまで及んでいく可能性がみえ始めたのが、現代の東アジアだということができましょう。

第一二章　東アジアと世界——グローバリズムの復元

現代の世界経済においては地域主義が一つの大きな潮流になっています。地域主義の時代にあって、東アジアもまたみずからの発展のために地域協力体を創成すべきだという声は小さくありません。しかし、制度的枠組みをもった地域協力の構想は、東アジアにおける現在のテーマではあり得ないし、またあってはならないというのが私の考え方です。この章では、東アジアが現代世界の一潮流である地域主義にいかに立ち向かうか、についての私の考えを申し述べてみます。

「インテグレーション」「ディスインテグレーション」

東アジアはいまだ尽きぬ懐《ふところ》の深いフロンティアを擁《よう》しています。それゆえ、曲折は経ながらもその潜在力をいよいよ強力に発揮していくにちがいありません。私は、東アジアが自由なマーケット・メカニズムを維持し、経済がみずから向かおうとするその方向に素直にしたがうのであれば、この地域がいずれ世界で最有力の経済単位になることは確実であろうと考えています。

すでにその傾向はあらわれています。第一〇章の図10－1で示しましたように、一九九六年現在、世界の四つの主要地域相互間の貿易フローをみると、日本にとって東アジアはアメリカを上まわる最大の貿易相手地域となっています。NAFTAにとっても東アジアはEUをこえる最大の貿易相手地域です。またEUにとって東アジアはNAFTAに次ぐ第二の貿易相手地域ですが、しかし第三の日本よりはるかに大きいのです。

加えまして、この大きなプレゼンスをもつにいたった東アジアが、EU、NAFTAとの貿易関係においてきわめて注目すべき関係をもつにいたったことに注目しなければなりません。一九九〇年から九六年までのEU域内貿易増加倍率は一・二七ですが、その一方、EUと東アジアとの貿易増加倍率は実に二・〇七に及んでいるのです。また同期間のNAFTAの域内貿易増加倍率は一・九〇ですが、NAFTAと東アジアとの貿易増加倍率は一・九三でありまして、後者のほうがわずかですが高いのです。この傾向は将来ますますはっきりしたものになるにちがいありません。

もしそうであれば、EUやNAFTAが東アジアとの経済的交流を深めれば深めるほど、EUやNAFTAのなかには「インテグレーション」、つまり統合のベクトルよりも、「ディスインテグレーション」、つまり分離へのベクトルのほうがより強まるという「力学」が作動するはずです。

東アジアが自由な貿易メカニズムを維持しながら高成長過程を歩むのであれば、その事実自体がEUやNAFTAの保護主義的地域統合体を「溶解」させる大きな力になるのだと考えるべきでありましょう。東アジアの高成長はそうした名誉を担うものだと私は考えます。防衛的地域主義に身を委《ゆだ》ね、掌中にし得るはずの名誉をみずから放擲《ほうてき》する愚を東アジアは犯してはならないのではないでしょうか。

注目すべきことは、東アジアにおける貿易を通じての発展が地域協力の枠組みをもつことなく達成されたことです。ASEAN、つまり東南アジア諸国連合が東アジアにおける唯一の地域協力体です。しかしASEANは多分に政治的な協力体であり、この協力体が域内貿易の活性化に寄与するところはそれほど大きいものではありませんでした。要するに東アジアは、リージョナリズム（地域主義）を排し、グローバリズムにより現在を築き上げてきたのです。その意味で、東アジアはグローバリズムの最大の受益者にほかなりません。

グローバリズムによりサクセス・ストーリーを歩んできた東アジアは、その帰結として、第一〇章でみましたように、一つには、東アジア域内貿易比率を顕著に高め、二つには、アメリカ、日本、EUが東アジアへの貿易依存度を大きく上昇させたのです。この二つの傾向は、将来にわたり持続することが予想されます。再びいえば、前者の帰結が東アジアの経済的強靭性の強化であり、後者の帰結がEUやNAFTAなどの保護主義的地域統合「溶解」の可能性なのです。二つの傾向が将来にわたりつづいていくとしますと、東アジアが敢えて地域主義を選択しなければならない理由があるとは考えにくいのです。

EAEC、APECと東アジア

EAEC（東アジア経済協力会議）というのは、マレーシアの首相マハティールによって提唱されている、NIES、ASEAN諸国、中国、日本などを含んだ地域協力体です。地域主義的傾向を強める欧米への対抗として構想されたものです。このEAECは、対欧米交渉のための政治的カードとしては有力かも知れません。しかし、経済的にいえば、東アジアはそのような制度的枠組みを用意することなくして、その相互依存度をはっきりと強化させつつあります。このことは第一〇章で詳しくみました。現下の趨勢《すうせい》をつづける以上、東アジア相互の経済的依存度はますます強化されていくものと考えていいでしょう。目下の東アジアには、地域主義を制度化しなければならない理由があるようには思われません。

ＡＰＥＣ（アジア太平洋経済協力会議）は、ＮＩＥＳ、ＡＳＥＡＮ諸国、中国、日本、アメリカ、オーストラリアなどの、太平洋を囲む一八の国・地域から構成される経済協力の枠組みです。東アジアは、近年では域内の貿易・投資の自由化に関心を寄せています。このＡＰＥＣに関していえば、東アジアがグローバリズムの受益者であり、今後ともそうありたいと願っている以上、アジア太平洋という広大な舞台で貿易・投資の自由化を展開しようというＡＰＥＣの原則に異存があるはずもありません。事実、一九九四年秋のＡＰＥＣボゴール（インドネシア）会議において、先進国は二〇一〇年、開発途上国は二〇二〇年を目標に貿易・投資の自由化を図ることが東アジア諸国を含めた一致した合意となったのですが、このことは驚くにあたりません。

しかし、既存の貿易・投資システムのもとで現在を築いてきた東アジアには、敢《あ》えてＡＰＥＣを舞台にした自由化をしなければならないという理由がそれほど強くあるわけではないのです。実際のところ、東アジアはみずからの発意により、一九八〇年代の後半期から今日にいたるまでの間に、貿易・投資に関する多様な規制を緩和してきました。その緩和速度には刮目《かつもく》すべきものがあります。東アジアのすべての国々が、関税率の引き下げ、輸入数量規制の緩和はもとより、外国企業に要求する投資最低限度額の引き下げ、法人税免税期限の延長、輸出部門の外資への開放などを次々と試みてきたのです。

規制緩和を試みた理由は、それが自分たちを利するものであることを東アジア各国が体得したからにほかなりません。つまり東アジア諸国は自発的意思により自由化を試みてきたのであり、自由化のあり方も国によっておのずと多様です。そうした多様な自由化のもとで、現に東アジアにおける貿易と海外投資の伸びは他の地域のそれよりも圧倒的に高いではないか、という至極まっとうな自己認識を東アジアは共有しています。

東アジアとアメリカ

APECにおける貿易・投資の自由化に強い利害をもっているのは、東アジアよりもむしろアメリカです。アメリカは東アジアへの大規模な参入を求めており、それゆえAPECの貿易・投資の自由化スケジュールの設定に強いリーダーシップをとってきました。

アメリカの製造業は、近年急速に輸出依存度を高めつつあります。そのアメリカの貿易相手地域のなかで格段に高い増加率を示しているのが東アジアです。しかし、東アジアの輸入増加率は一段と高く、東アジアの総輸入に占めるアメリカのシェアは逆に低下しています。同様の事情が海外直接投資においてもみられます。アメリカ企業は東アジアへの進出を活発化させていますが、この地域への世界の諸企業の進出はさらに激しく、東アジアの海外直接投資残高におけるアメリカの比率は減少傾向にあります。

そうであれば、東アジアの製品・サービス市場、投資市場をアメリカの望む方向に自由化させ、ここに一層の参入を図っていくことがアメリカの経済力再興のための主要な課題となってきたのは当然のことです。APECを自由化のための多国間協議・交渉の場としたいという意向をアメリカが露《あらわ》にしているのは、そのためでありましょう。加盟国相互間の協力を目的にして出発したAPECを「自由化志向」へと転じさせていった主勢力は、アメリカなのです。

東アジアはAPECの自由化原則には賛意を表しているものの、その自由化がアメリカの指導力で展開することに懸念《けねん》を隠せないのです。東アジアは、一つには、世界貿易機関（WTO）を場とする世界大の自由化、かつ他国から強制されない自主的な自由化を望んでおり、APEC内での交渉による拘束力をもった自由化をよしとしていません。また二つには、東アジアはAPEC域内の貿易・投資の自由化が域内にとどまることなく、域外諸国にも無条件で適用されることを望んでいます。この点で、相手地域が同一の条件を提供しない限り自由化原則を域外には適用しないという相互主義の立場にたつアメリカとは、東アジアは見解をいささか異にしています。

APECは、この機構を自己の経済力拡充の場と考えるアメリカとグローバル志向の東アジアとの「呉越同舟《ごえつどうしゅう》」の感があります。しかし、東アジアの経済力拡充にともなって、APEC内における東アジアの発言力が強まり、APECがよりグローバルな自由化へとつながっていく「触媒」となる可能性は少なくないし、そうなることを私も期待しています。

第一三章　東南アジアの通貨危機——何が問題なのか

一九九七年七月一日の香港の中国返還の翌日、タイの通貨バーツが大きく切り下げられ、しばらくしてこれが他の東南アジア諸国の通貨切り下げをも誘発して、かつてない混乱がこの地域全体に発生しました。いったい何がおこっているのでしょうか。この東南アジア通貨危機の経緯とそこからの脱却の方策を、本章ではタイの事例を中心にしながら考えてみたいと思います。

何がおこっているのか

ことのおこりはタイの経常収支の急速な赤字化でした。タイの経常収支の赤字化はドル・ペッグ制と関係があります。ドル・ペッグ制といいますのは、バーツの変動をドルのそれに連動させる為替レート制のことです。タイはこの政策を一九八〇年代の中期以来採用してきました。タイがドル・ペッグ制を採用したのは、一九八五年九月にプラザ合意がなされてドル安局面が始まり、それゆえドルにバーツを連動させることによってバーツ安を実現し、そうして自国製品の輸出促進と外国企業の導入を狙ってのことでした。

そして、この狙い通りにことは進んだのです。タイはこの一〇年余、外国企業の手による輸出を通じて「輸出志向工業化」を順調に展開することができました。一九八七年から一九九六年までのタイの年平均実質経済成長率は実に八パーセントを凌駕したのです。しかし、一九九六年に入ってドル安からドル高へと局面が移行するにともない、右に述べたメカニズムが反転し、タイの実効的な為替レートは一転して割高となってしまったのです。輸出の伸びが鈍化したのも当然です。

加えまして、タイは後で述べるようにオフショア市場を通じて短期性の外国資本の導入を大量に図ってきました。導入された外国資金を国内事業のために用いるためには、外国資金をバーツに変換しなければなりません。こうして外国資金の流入が国内に過剰流動性を生みだし、インフレ率が上昇しました。バーツの割高を回避するためには、インフレ率にスライドしてバーツを切り下げねばなりませんが、ドル・ペッグ制のもとではこれがかないません。バーツの実質レートも割高にならざるを得なかったのです。これでは経常収支の赤字化は避けられません。

経常収支の赤字化には、さらに次のようないくつかの要因が加わりました。タイの繊維製品など労働集約財の輸出競争力の優位性が、中国、インド、ベトナムなどの低賃金国の国際市場参入により相対的に弱まり、とくに一九九四年初の人民元大幅切り下げにより中国の追い上げが加速しました。さらに、折からの世界的な半導体不況が、エレクトロニクス製品への輸出依存度の高いタイの市場環境を不利化したのです。これら諸要因が重層的に作用してタイの経常収支の赤字は急速に膨らみ、その対GNP比は一九九五年、一九九六年と連続して八%をこえる水準にまで拡大してしまいました。

ところで、タイはこの経常収支赤字をオフショア市場からの外国資金の取り入れによってまかなってきました。オフショア市場といいますのは、外国（非居住者）から調達した資金を他の外国（非居住者）に対して運用（外・外取引）する国際的な自由金融市場のことです。しかし、開発途上国のオフショア市場では外国（非居住者）と内国（居住者）との内・外取引を許容する方式が採られることが少なくありません。オフショア市場への流入資金の中心は、開発途上国と先進国との金利差を求めて国際間を自由に流動する大量の短期性の外国資金です。

タイは一九九三年にＢＩＢＦ（Bangkok International Banking Facility）と称するオフショア市場を創設し、以来、この市場で調達される資金がタイに流入する外資の中枢的な地位を占めてきました。経常収支の赤字にもかかわらず、タイ経済が順調な拡大を最近年までつづけてきたメカニズムがこれです。オフショア市場から調達される外資は、さきほどいいましたように国際的な金利差に応じて容易に流出入を繰り返す短期性資金です。海外直接投資のような安定的な長期資金ではないために、受入国の国際収支を不安定化させやすいという問題があります。

しかし、タイで現実のものとなったより厄介な問題は、この短期性資金の相当多くが住宅や乗用車などの購入ローン、株式、不動産などの「非生産的」部門への投資にまわされ、いわゆるバブル経済をタイにつくりだしてしまったことです。とくに不動産部門への資金流入は過剰なものでした。バンコク市街地や郊外での豪華なオフィスビルや高級マンションの群生、沖積土デルタを蚕食して次々に造成されるゴルフ場など、この時期のタイは異常なバブル経済の渦中にありました。バブルはバブルであるがゆえにほどなくして崩れてしまいました。このバブル崩壊は、不動産開発に資金を提供してきた、金融自由化のかけ声とともにいささか野放図に設立を認可されたノンバンクを中心とする金融機関に不良債権を累積させ、そうして株式市況をも冷え込ませてしまったのです。

経常収支赤字化、バブル経済の崩壊、金融機関の不良債権累積、株式市場の低迷を見据えて、国際金融投機筋はバーツの先行きを下落と確信したのでありましょう。割高のバーツを大量に売り浴びせてタイを変動相場制に追い込み、そうして切り下げられたバーツを買いもどすことによって為替差益を手にしようとしたのです。タイの中央銀行は、この投機筋の行動に対抗して、ドルを放出しバーツを買い支える努力をつづけました。しかし、タイの外貨準備量の制約はいかんともし難く、ついにドル・ペッグ制を放棄して変動相場制への移行を決意したのです。こうしてバーツは急落のやむなきにいたりました。

ところで、タイの通貨危機はそれほどの時間をおかずに周辺の東南アジア諸国の通貨不安を誘発し、ペソ（フィリピン）、リンギット（マレーシア）、ルピア（インドネシア）の下落を引きおこしました。これら東南アジア通貨の下落が同時に発生したのには、次のいくつかの理由が考えられます。

一つには、東南アジア諸国がいずれも自国通貨をドルと連動させる事実上のドル・ペッグ制を採用していたこと、二つには、タイほどではないにしても一様に経常収支の赤字を抱えていたこと、三つには、この経常収支を補塡すべく流入した外資がバブル経済をつくりだしてその崩壊の危険性があったこと、何よりもバーツ安が東南アジア三国の輸出競争力低下への懸念を強めて自国通貨の切り下げへの期待を生んだことで、あります。

おそらくはこれらの事情を斟酌した上で、国際投機筋は東南アジア諸国の通貨下落を確信し、そうして現地通貨売りの攻撃をしかけたのでしょう。この投機筋の行動により、各国通貨の同時的下落が発生したのです。実際、インドネシア通貨当局はこの攻撃に抗することができずに、九七年の八月中旬にドル・ペッグ制を放棄して変動相場制へと移行しました。

何を教訓とすべきか

こうしたアジア通貨危機の経験からなにが教訓として汲み取られなければならないのでしょうか。危機をもたらした複雑な経緯を見据えると、次の三つがポイントとして浮上してくるように私には思われます。

第一は、経常収支の急速な赤字化を回避するための政策努力です。東南アジアの経常収支を一挙に赤字化させた直接的要因は、さきほど述べましたようにドル・ペッグ制でした。しかし、現時点におきまして東南アジア各国はドル・ペッグ制を放棄し事実上の変動レート制に移行しております。つまり経常収支赤字をもたらした為替レート上の問題は解決されているとみていいでしょう。問われるべきテーマは、経常収支の赤字化をもたらした構造的要因についてです。

まずは、輸出構造の高度化努力の必要性です。成長力の強い東アジアの比較優位構造の変化には、まことにめまぐるしいものがあります。東南アジアはＮＩＥＳを追い上げる一方で、みずからも後発国による激しい追跡を受けています。中国、インド、ベトナムなど低賃金国の国際市場参入は、いよいよ激しさをましています。東南アジア諸国はこの比較優位構造の激しい変化をつねに念頭において、みずからの生産・輸出構造を不断に高度化させることが必要なのです。

生産費を上まわる生産性の上昇、不動産・流通コストの削減、既存産業の高付加価値化、高コストに耐えうる新規事業の展開、さらにはそのための研究・人材開発、サポーティング・インダストリー（補助関連産業）の育成などの諸点で、その努力がなお不十分であったという事実を、今回の通貨危機は東南アジア諸国に提起したのだと考えねばなりません。

第二は、経常収支赤字は外資によって補塡されねばなりませんが、問題はいかなる外資によりこれを行うかです。今回の通貨危機から明らかになりましたことは、経常収支赤字を短期性の外資で補塡することの危うさです。短期性外資の過大な流入にはなんらかの規制が必要でありましょう。開発途上国の開発のための外資の中心は、経営主体の移転をともなう海外直接投資、あるいは返済期限の明示された政府・銀行融資のような、長期性の外国資金でなければならないと思われます。

より高い緊急性をもって対処されねばならない問題は、短期性外資のバブル部門への野放図な流入、その流入を促したノンバンクの早熟的な群生、規律とリスク管理能力をもった自律的な金融機関の層の薄さです。対策は急を要しています。加えまして、土地のとめどもない商品化にも規制が不可欠です。

第三は、野心的に過ぎる成長戦略が生んだ対外債務返済の重圧であり、ここからの脱却努力の必要性です。インドネシアや韓国の通貨・金融危機の最大の背後要因がこれです。インドネシアの場合、一九九七年末の対外債務は一一七三億ドルに及び、対外債務返済比率つまり元本・利子返済額の輸出外貨に占める比率は実に三三パーセントにも上っています。東南アジア諸国のなかでも群を抜いた高さです。しかも民間債務が五五パーセントと公的債務を上まわっており、その管理は容易ではありません。民間企業の対外債務返済の期限がこの一年に集中しており、デフォールト（債務返済が不能になって生じるある種の国家破産）が発生する危険性もあり得ましょう。債務支払いが経常収支赤字の主因ともなっています。

それにもかかわらず、経常収支赤字の累積を不可避とする高成長戦略の修正にインドネシアは逡巡しています。一九九八年一月六日に発表された一九九八年度予算案は前年度を三二パーセントも凌駕し、インドネシアは緊縮財政の編成に失敗してしまいました。国際金融界の反発が厳しいものであったのは当然のことです。インドネシアは新たな通貨・金融危機に突入するかも知れません。マクロ経済の安定性を顧慮しない高成長戦略そのものの是正が必要なのです。

以上の三点が今日の東南アジア通貨・金融危機から浮上した問題点であり、したがって政策的対応もここに集中されねばならないと私は考えます。

東南アジア通貨危機は香港・中国に及ぶか

次の焦点は、東南アジアの通貨・金融危機が香港と中国に及ぶのか否かでありましょう。目下のところ、波及の可能性は少ないと私はみています。ドル・ペッグ制下の香港ドルが割高であり、それゆえ国際投機筋による香港ドルの売り浴びせはなおつづけられるかも知れません。しかし、為替リスクのないドル・ペッグ制こそが香港の国際金融センター機能維持の最大の要因であり、高金利と株価低迷のコストを支払いながらも、香港はドル・ペッグ制を守り抜くであろうと思われます。香港の外貨準備はなお潤沢です。仮に事態が許容範囲をこえれば、中国がもつ膨大な外貨準備を香港ドル防衛のために放出する可能性も大です。この香港・中国の意思とメッセージが明確である以上、投機筋の行動は制約されざるを得ないのではないでしょうか。

さて、中国の人民元切り下げの可能性についてですが、切り下げ圧力は確かに存在しています。東南アジアの通貨切り下げにより中国の競争力が相対的に弱まりました。また中国の国有企業は大量の過剰在庫を抱えておりまして、その放出の活路を輸出に求めたいという要求も強いように見受けられます。

しかし人民元を切り下げるならば、東南アジアの反中感情を一挙に悪化させてしまうという政治的コストを中国は支払わなければならないでありましょう。実際のところ、現在の東南アジアの通貨切り下げは、一九九四年初の三〇パーセントをこえる人民元切り下げへの時間後れの調整だとみることができます。人民元のいまひとたびの切り下げは、東アジア地域の通貨秩序への重大な反撃だとみなされることは確実です。巨大な外貨準備を擁する現在の中国が、周辺諸国の厳しい反発を生む切り下げ行動にでるとは考えにくいのです。

アジア成長懐疑論は正しくない

通貨危機とそれに由来する低成長局面への移行を目の当たりにして、アジア成長の将来への懐疑論が芽を吹きだしています。果たしてアジア成長の懐疑論は正しいでしょうか。私はそうは考えません。東南アジア経済のファンダメンタルズ（経済の基礎的諸条件）は依然強固なものだと私はみています。そのファンダメンタルズのうち国内貯蓄という最も基礎的な指標に着目して、アジア経済の立ち居振舞いを簡単にみておきたいと思います。

国内貯蓄といいますのは、一国の年々の総所得のうち消費にまわされない部分です。そしてこれが次期の生産拡大のために充てられて一国経済は拡大再生産の過程を歩むのです。いいかえれば、貯蓄とは現在の消費を犠牲にして生まれ、これを投資の原資として将来のより大きな所得と消費を求める、その意味で長期的な「タイムホライズン」をもった動態的な人間行動であり、社会現象だということができます。それゆえ、一国の自助努力の

図13－1　世界各国の貯蓄率（X軸）と投資率（Y軸）の結合値（1995年）

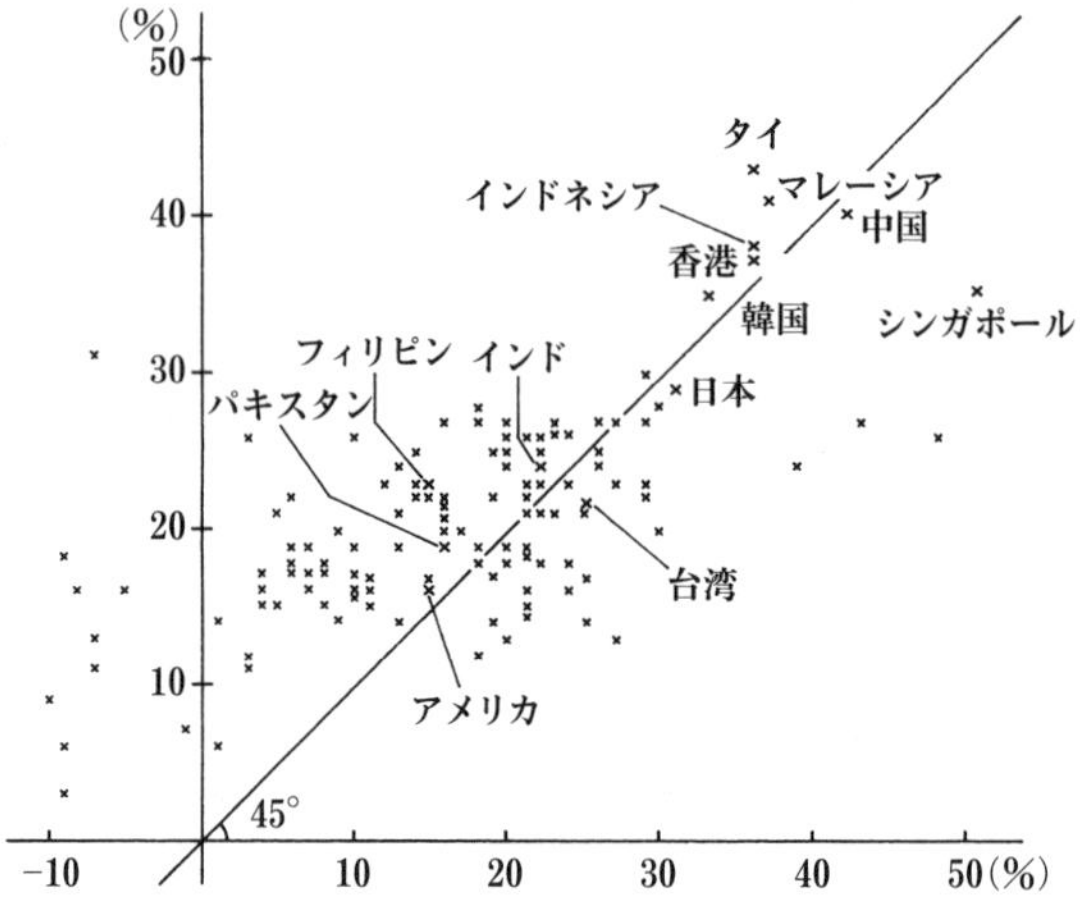

（資料）　World Bank, *World Development Report*, 1997. ならびに Asian Development Bank, *Key Indicators of Developing Asian and Pacific Countries*, 1997.

ありようをなによりも端的にあらわすものが貯蓄にほかなりません。

東南アジア諸国の国内貯蓄率、すなわち国内貯蓄額を国民所得額で除した比率は、フィリピンのみが一五パーセントと例外的に低いのですが、マレーシアは三七パーセント、タイ、インドネシアは三六パーセントであり、フィリピンを除く東南アジア三国のこの比率は、先進国をも含む世界のなかで最高の水準なのです。韓国、香港、シンガポールの貯蓄率も三〇パーセントをこえ、中国にいたっては四二パーセントです。開発途上国の圧倒的多数の貯蓄率は三〇パーセントに遠く及んでおりません。先進国のなかでも三〇パーセントをこえるのは日本のみです。図13－1を眺めていただければ、このことは明瞭です。

しかも、東南アジア諸国のこのきわめて高い貯蓄率は、いずれも過去十数年間の急上昇を通じて達成されたものです。実際、タイの一九八〇年の同比率は二三パーセントに過ぎませんでした。問題は、東南アジア諸国が世界的にみてこの顕著に高い貯蓄率をさらに上まわる投資率を持続してきたことにあります。図13－1をご覧になれば、東南アジアの投資率が貯蓄率を少なからず凌駕していることがわかります。そして、この国内貯蓄と国内投資との差額が、外資の大量流入により埋められ、そうして超高成長過程を歩んできたのです。ここに問題があったのだといわざるを得ません。

つまり、東南アジア通貨危機の真の原因は、高い国内貯蓄率をもって実現される投資率をさらに凌駕する投資率を求めて外国資本の流入を図ってきたその野心的な超高成長戦略にあったのだ、といわざるを得ません。東南アジアの国内貯蓄率は世界でも最高の水準にあるのです。ですから理論的にいえば、東南アジアは国内貯蓄のみに依存して成長してもなお世界で最高の成長率を実現できるのです。外国資金の過度の流入を図って実現される超高成長戦略は、是正されねばなりません。

すでに東南アジア諸国の政府は、さきに指摘しました三点に配慮した政策を打ちだしつつあります。東南アジアがより強靭な高成長へと回帰していくことは確かに可能だと私は考えます。

今回の通貨危機は、アジアの成長力についての世の評価を大きく反転させつつあります。アジア成長謳歌論が一挙にアジア成長懐疑論に転じてしまったかのような趣です。しかし、アジア成長懐疑論はいささか過剰です。私が本書の第一〇章と第一一章で展開しましたアジア経済の発展を支える広範なメカニズムと長期的な趨勢が、この通貨危機によって崩れてしまうとは私には到底考えられません。私はアジアの経済成長はなお持続するものと信じています。

最終章　香港の将来——海の中国　陸の中国

本書は、一九九七年七月一日の香港の中国返還の機を捉えて、大陸中国の外に住まう中国人社会のことを論じることを主たる目的として執筆されました。冒頭のいくつかの章では、香港の中国返還という画期的事実の上にたち、香港が歴史的にいかに形成されてきたのか、香港と中国の関係はいかなるものか、さらに香港の背後の東南アジアや台湾に広がる在外華人世界はどのような歴史的経緯をもって生まれてきたのか、といった事情について述べてきました。この最終章では、返還後香港の経済的繁栄は保たれるのか、あるいは政治的自由はどうなるのか、といった香港の将来にかかわる問題についての私の考えを、これまで本書で展開してきた歴史的事実をベースにして申し述べてみたいと思います。

香港の経済的繁栄はつづく

大陸の中国には巨大な規模の人口が居住しています。しかし同時に、大陸中国の南のアジア海域世界にも数千万人といわれる在外華人が住まっています。大陸中国に住まう中国人社会ならびに東アジア海域世界に住まう中国人社会、つまり「陸の中国」と「海の中国」とから構成される経済単位のことを、私は「中華経済世界」と呼んでいます。

香港は、この中華経済世界の中枢です。香港の中国返還問題を理解する鍵は、長い歴史を経て形成されてきたこの中華経済世界の構図をどのようにみるか、その視角のなかに潜んでいるというのが私の考え方です。

中国が対外開放政策を開始したのは、狂気と凄絶のあのプロレタリア文化大革命が収束して間もない一九七九年のことでした。この時期、共産党の輝きは地に落ち、国家統治機構は機能不全に陥り、農業は疲弊し、国営企業はとてつもない非効率に呻吟していました。当時の中国はまことに脆弱でした。

門戸を開いて海外の進んだ産業技術、経営ノウハウを導入しなければ中国の活路は開かれない一方、門戸を開ければ入ってくる西側からの新しい風に、この脆弱な中国が耐えることはできそうにありません。この身を切られるような苦悩のなかで鄧小平《とうしょうへい》のなした選択が、特定地域の部分的開放だったのです。在外華人の出身地域である広東省や福建省などの華南地域の窓を開き、ここに「海の中国」で鍛えられ蓄えられてきた「中国資本主義のエッセンス」の導入を図ろうとしたのです。

華南に適用された政策は、それまでの中国の社会主義原則から離れた実に柔軟で大胆なものでした。この政策は明らかに奏功し、香港のエネルギーが大挙して華南に集中しました。この「香港効果」を懐に招き入れて大きく発展したのが、華南でした。華南は、改革・開放期の中国の成長牽引地域となったのです。中華経済世界の変化ベクトルは、確かに「海の中国」から「陸の中国」へと向かったのであり、その逆ではまったくありません。

現在の中華経済世界の図柄がこのようなものであるのは、その形成史を顧みて当然のことです。第一章でも述べましたように、国共内戦に勝利した共産党軍は、往時の中国資本主義のエッセンス・上海企業の資産を没収し、身の危険を察知した企業家、管理者、技術者は大挙して香港に逃避しました。また、大陸中国に存在していた無数の私営工商業者も、残忍で暴力主義的な大衆運動によってその息の根をとめられてしまいました。要するに、共産党一党支配体制下の中国において、資本主義的発展を担う主体は全土から完全に姿を消してしまったのです。中国資本主義のエッセンスが集中したのが香港でした。

香港ばかりではありません。共産革命に先立つ五〇年ほど前、清末期の華南から植民地支配下の東南アジアに移り住んだ人々が「南洋華僑」です。彼らは欧米列強が経営するプランテーションや鉱山での労働力として雇用され、次いで植民地経営が派生させた「買弁」と呼ばれる仲介商人的機能を担う「東洋外国人」としてこの地で刻苦精励しました。その努力の過程で彼らは華南の商業主義の伝統を錬磨し、これを東南アジアに蓄積していったのです。今日の東南アジア諸国の躍進の能力と主体は、在外華人にほかなりません。

さらに南洋華僑社会の成立に先立つ一七世紀後半期から一八世紀にかけて台湾に移住し、この島の開発に挑んだのがやはり華南の貧農でした。台湾に流入した華南住民を待っていたのは、統治システムのまったくない未開の「化外の地」でした。移住者は、国家に頼ることのない徒手空拳のヴェンチャーにより、台湾を東アジア有数の水稲耕作と砂糖黍栽培の地に変えていきました。豊かさを求める激しい情熱と厳しい労働が、華南住民の企業家的才覚をこの島で練り上げたのです。台湾は現在、アジア太平洋のハイテク基地となっておりますが、その能力はこうした長い伝統の上に花開いたのです。

市場経済を担う主体が大陸中国にはきわめて薄くしか存在しない一方、大陸の外縁部に広がる東アジア海域世界にこれが厚く蓄積されていたというのが、開放政策の開始された時点における中華経済世界の構図だったのです。そうして「海の中国」から「陸の中国」へと向かう中華経済世界の変化ベクトルを戦略化したものが、鄧小平の対外開放路線だったのです。

返還後香港の繁栄が共産党一党支配の中国によって侵害されると考える人は少なくありません。しかし、「海の中国」から「陸の中国」へと向かう中華経済世界の変化ベクトルは、すでに中国のなかに拭い難く「構造化」されてしまっています。このベクトルなくして中国の経済発展はあり得ないのです。中国はこの変化ベクトルを最大限利用して経済発展を図り、このベクトルの中枢・香港の繁栄の維持に努めています。仮に中国が香港の経済的繁栄を侵害する意図をもっていたとしても、この変化ベクトルを政治権力の手によって反転させることなどできるものではありません。

実は、香港返還とは「海の中国」から「陸の中国」へと向かう中華経済世界の変化ベクトルの「制度化」である、というのが私の考え方なのです。中華経済世界のこの変化ベクトルは、こんごますます強化されていくにちがいありません。そして、その帰結は中国社会主義「溶解」の加速化なのであろうとも私は考えています。

香港の政治的自由はどうなるか

さて、それでは返還後香港の政治的自由は保障されるのでしょうか。難しい問いです。しかし私は香港の政治的自由の基本は守られていくものと想像しています。この問題を考える鍵は、中国と台湾との統一、すなわち「中台統一」問題のなかにあると私は考えます。

香港返還後の中国の最大の外交課題は中台統一です。しかし、中台統一には香港返還とは異質の難しさがあります。そのポイントは香港には住民の意思、つまり「民意」が存在していない一方、台湾にははっきりとした民意があるということです。

香港は植民地であるがゆえに住民の政治参加は限定され、それゆえ香港には民意は存在しませんでした。香港の中国返還が中英両国政府の合意で決定されたのはそのためです。香港住民の意向が返還のありように直接の影響を及ぼすことはありませんでした。対照的に、台湾には確たる民意があります。台湾は李登輝の時代に入って民主化を実現し、台湾の対中政策を決定する最大の要因が民意となったのです。しかも、この台湾住民の民意は大陸アイデンティティーにおいて薄く、他方、民主化の過程で人々は台湾アイデンティティーを強めているのです。この台湾住民の民意のなかに、中台統一の本質的な難しさが伏在しています。

中国側の主張する中台統一の原則は、香港返還と同じく「一国両制」です。もっとも、台湾はこの「一国両制」には賛成していません。それにもかかわらず、中国が香港において「一国両制」を維持することに失敗するならば、香港返還とは異質の難しさを抱える中台統一がはるか彼方の課題になってしまうことはまちがいありません。台湾住民は香港の現状維持がどの程度確実なものか、じっと見据えているのです。もしそうであれば、中国が中台統一を望む以上、香港の現状維持に最大限の努力を注がなければならないでありましょう。中台統一の本質的な難しさが香港の現状維持を保障する最大の要因となるのではないか、というのが私の考え方です。

あとがき

本書は、一九九七年の七月から九月までの三か月にわたってNHK教育テレビ「人間大学」で放映された「華人ネットワークの時代――アジア新潮流」のテキストに加筆修正を施してできあがったものである。

一九九七年の年が改まった頃であったろうか、教養番組部の杉崎厳一郎さんと小出由美子さんが番組出演依頼のために私の勤務する大学におみえになった。私は一九八八年に「NHK市民大学」と当時呼ばれていた教育テレビのレクチャー・シリーズに出演したことがある。それから一〇年、アジアの政治経済情勢はすっかり様変わりしてしまったので、その間の変化を中心に講義をしてみたらどうかというお薦めであった。

一九九七年の私の研究・執筆計画もあらかたが決まっていたので、このお誘いにのることには勇気がいったが、一〇〇万をこえる視聴者に向けて自分の考えていることを主張できるというのは、研究者冥利に尽きる話である。ままよ、なんとかなるであろうと臍《ほぞ》を固めてお誘いにのった。五月初旬の締め切りを前に、予定をやりくりし四月一杯を費やしてテキスト原稿を仕上げた。いま読み返してみて、論証が不十分なところが目につくが、しかし早書きであった分だけ全体がリズミカルに展開したような気がしている。読者がそう読んでくれるかどうかは別であるが。

折角いまの時点での上梓であるから、現在の東南アジアで生じている通貨危機について私の得ている知見をできるだけ平明に論じ、これを第一三章としてつけ加えた。さらに、返還後香港の政治・経済がどうなるかについての予想を大きな観点から論じて、これを最終章とした。この二つの章はテキストにはなかったところである。

「人間大学」の一二回のシリーズはすべて東アジアの現地で収録された。香港が中心であったが、中国広東省、シンガポール、インドネシアを六月と八月の二回に分け、それぞれ一〇日間ほどの時間をかけた。杉崎さんとカメラマンの久松不二雄さんの助力を得て、実に楽しく仕事をさせてもらった。忘れ難い思い出になりそうである。杉崎さんと久松さんには心から感謝している。「人間大学」のテキストならびに本書の編集を担当されたのは、日本放送出版協会の道正栄さんである。道正さんの周到な目配りをきかせたお仕事に敬意を表したい。

平成一〇年　花衣

渡辺利夫

参考文献

（日本語文献のうち比較的入手し易いもののみを取り上げた）

〈第一章　第二章〉

伊東潔『香港ディレンマ――経済繁栄と民主主義のはざまで』中央公論社、一九九七年。

ディック・ウィルソン『香港物語――繁栄の軌跡と将来像』辻田堅次郎訳、時事通信社、一九九四年。

エズラ・F・ヴォーゲル『中国の実験――改革下の広東』中嶋嶺雄監訳、日本経済新聞社、一九九一年。

可児弘明編『香港および香港問題の研究』東方書店、一九九一年。

菊地誠一『中国の香港』サイマル出版会、一九九六年。

邸永漢『一九九七香港の憂鬱』小学館、一九九七年。

許家屯『香港回収工作』青木まさ子／小須田秀幸／趙宏偉訳、筑摩書房、一九九六年。

小島朋之『中国が香港になる日』時事通信社、一九九一年。

小島麗逸編『香港の工業化――アジアの結接点』アジア経済研究所、一九八九年。

ジェラルド・シーガル著、邸永漢監修『香港的命運』同文書院、一九九三年。

斯波義信『華僑』岩波書店、一九九五年。

戸張東夫『香港――一九九七年を越えて』三省堂、一九九七年。

中嶋嶺雄『香港――移りゆく都市国家』時事通信社、一九八五年。

中嶋嶺雄『沈みゆく香港』日本経済新聞社、一九九七年。

中野謙二『二〇〇一年の香港』研文出版、一九八五年。

浜下武志『香港――アジアのネットワーク都市』筑摩書房、一九九六年。

丸山伸郎編『華南経済圏』アジア経済研究所、一九九二年。

渡辺利夫編『華南経済――中国改革・開放の最前線』勁草書房、一九九三年。

中野謙二／坂井臣之助／大橋英夫『香港返還――その軌跡と展望』大修館書店、一九九六年。

〈第三章　第四章〉

市川信愛『現代南洋華僑の動態分析』九州大学出版会、一九九一年。

可児弘明／游仲勲編『華僑・華人――ボーダレスの世紀へ』東方書店、一九九五年。

可児弘明編『僑郷――華僑・華人研究の現在』行路社、一九九六年。

河部利夫『華僑』潮出版社、一九七二年。

スターリング・シーグレーブ『華僑王国――環太平洋時代の主役たち』山田耕介訳、サイマル出版会、一九九六年。

朱炎『華人ネットワークの秘密――アジアの新龍』東洋経済新報社、一九九五年。

ウィリアム・スキナー『東南アジアの華僑社会――タイにおける進出・適応の歴史』山本一訳、東洋書店、一九八一年。

須山卓／日比野丈夫／蔵居良造『華僑』日本放送出版協会、一九七四年。

戴国煇編『もっと知りたい華僑』弘文堂、一九九一年。

高木桂蔵『客家――中国の内なる異邦人』講談社、一九九一年。

原不二夫編『東南アジア華僑と中国――中国帰属意識から華人意識へ』アジア経済研究所、一九九三年。

樋泉克夫『華僑コネクション』新潮社、一九九三年。

松本三郎／川本邦衛編著『東南アジアにおける中国のイメージと影響力』大修館書店、一九九一年。

游仲勲『華僑――ネットワークする経済民族』講談社、一九九〇年。

林浩『客家の原像――その源流・文化・人物』藤村久雄訳、中央公論社、一九九六年。

渡辺利夫編『華人経済の世紀――躍進中国の主役たち』プレジデント社、一九九四年。

渡辺利夫編『華人経済ネットワーク――中国に向かうアジア・アジアに向かう中国』実業之日本社、一九九四年。

渡辺利夫／今井理之編『概説華人経済』有斐閣、一九九五年。


〈第五章〉

伊藤潔『台湾――四百年の歴史と展望』中央公論社、一九九三年。

殷允芃『台湾の歴史――日台交渉の三百年』丸山勝訳、藤原書店、一九九七年。

岩野弘『素顔の台湾――選択された第三の道』勁文社、一九九二年。

大橋英夫／劉進慶／若林正丈編『激動のなかの台湾』田畑書店、一九九二年。

笠原政治／植野弘子編『台湾』河出書房新社、一九九五年。

上村幸治『台湾　アジアの夢の物語』新潮社、一九九四年。

邱永漢『女の国籍（上・下）』日本経済新聞社、一九七九年。

邱永漢『たいわん物語』中央公論社、一九八一年。

邱永漢『わが青春の台湾・わが青春の香港』中央公論社、一九九四年。

黄昭堂『台湾総督府』教育社、一九八一年。

小林伸天『台湾経済入門――二一世紀への飛翔』日本評論社、一九九五年。

隅谷三喜男／涂照彦／劉進慶『台湾の経済』東京大学出版会、一九九二年。

戴国煇『台湾』岩波書店、一九八八年。

高橋晋一『台湾――美麗島の人と暮らし再発見』三修社、一九九七年。

谷浦孝雄『台湾の工業化――国際加工基地の形成』アジア経済研究所、一九八八年。

涂照彦『日本植民地下の台湾』東京大学出版会、一九七五年。

彭明敏／黄昭堂『台湾の法的地位』東京大学出版会、一九七四年。

劉進慶『戦後台湾経済分析』東京大学出版会、一九七五年。

若林正丈『台湾――分裂国家と民主化』東京大学出版会、一九九二年。

若林正丈『蔣経国と李登輝――「大陸国家」からの離陸』岩波書店、一九九七年。


〈第六章〉

天児慧『鄧小平――「富国強兵」への模索』岩波書店、一九九六年。

リチャード・エバンス『近代中国の不死鳥・鄧小平』朱建栄監訳、同朋舎、一九九五年。

岡部達味／天児慧編『原典中国現代史』第二巻、岩波書店、一九九五年。

劉金田主編、孫秀萍他訳『鄧小平伝――中国解放から香港返還まで』解放軍文芸出版社、北京新聞出版局、一九九七年。

寒山碧『鄧小平伝』伊藤潔訳、中央公論社、一九八八年。

パトリック・サバティエ『最後の龍——鄧小平伝』中嶋嶺雄監修・花上克己訳、時事通信社、一九九二年。

朱建栄『鄧小平は死なず——十二億の民はどこへ行くのか』講談社、一九九五年。

ハリソン・E・ソールズベリー『天安門に立つ——新中国四十年の軌跡』三宅真理／NHK取材班訳、日本放送出版協会、一九八九年。

ハリソン・E・ソールズベリー『ニュー・エンペラー——毛沢東と鄧小平の中国』天児慧監訳、ベネッセコーポレーション、一九九三年。

鄭義『小説鄧小平』丸山勝訳、読売新聞社、一九九四年。

鄧小平『現代中国の基本問題について』北京外文出版社、一九八七年。

鄧小平『鄧小平文選（一九三八〜一九六五年）』北京外文出版社、一九九二年。

鄧小平『鄧小平文選（一九八二〜一九九二年）』東和文化研究所・中国外文出版社共同出版、テン・ブックス、一九九五年。

浜勝彦『中国——鄧小平の近代化戦略』アジア経済研究所、一九九五年。

毛毛『わが父・鄧小平（Ⅰ・Ⅱ）』長堀祐造他訳、徳間書店、一九九四年。

矢吹晋『鄧小平』講談社、一九九三年。

〈第七章　第八章〉

天児慧『中国——溶変する社会主義大国』東京大学出版会、一九九二年。

石川滋『開発経済学の基本問題』岩波書店、一九九〇年。

石原享一編『「社会主義市場経済」をめざす中国——その課題と展望』アジア経済研究所、一九九三年。

井上隆一郎編『中国の企業と産業——二十一世紀への展望と戦略』日本経済新聞社、一九九六年。

今井理之『中国経済——市場経済化の実態』日本経済新聞社、一九九三年。

大塚啓二郎／劉徳強／村上直樹『中国のミクロ経済改革——企業と市場の数量分析』日本経済新聞社、一九九五年。

上野秀夫『中国と世界経済——対外開放体制下の発展戦略』中央経済社、一九九〇年。

上原一慶『中国の経済改革と開放政策――開放体制下の社会主義』青木書店、一九八七年。

上原一慶編『現代中国の変革――社会主義システムの形成と変容』世界思想社、一九九四年。

宇野重昭編『静かな社会変動』「講座現代中国」第三巻、岩波書店、一九八九年。

岡部達味『中国近代化の政治経済学』ＰＨＰ研究所、一九八九年。

岡部達味編『中国をめぐる国際環境』「講座現代中国」第六巻、岩波書店、一九九〇年。

岡部達味・毛里和子編『改革・開放時代の中国』日本国際問題研究所、一九九一年。

岡部達味編著『グレーター・チャイナの政治変容』勁草書房、一九九五年。

ウィリアム・H・オーバーホルト『中国――次の超大国』浅野輔訳、サイマル出版会、一九九四年。

ジエイン・チャ『新北京物語』服部健司訳、時事通信社、一九九七年。

加々美光行『市場経済化する中国』日本放送出版協会、一九九三年。

加藤弘之『中国の経済発展と市場化――改革・開放時代の検証』名古屋大学出版会、一九九七年。

川井伸一『中国企業改革の研究――国家・企業・従業員の関係』中央経済社、一九九六年。

河地重蔵／藤本昭／上野秀夫『変貌する中国経済』世界思想社、一九九一年。

河地重蔵／藤本昭／上野秀夫『現代中国経済とアジア――市場化と国際化』世界思想社、一九九四年。

叶芳和『赤い資本主義・中国』東洋経済新報社、一九九三年。

叶芳和『実験国家中国――法治国家への道筋』東洋経済新報社、一九九七年。

何博伝『中国――未来への選択』大野静三訳、日本放送出版協会、一九九〇年。

厳善平『中国経済の成長と構造』勁草書房、一九九二年。

国分良成『中国政治と民主化――改革・開放政策の実証分析』サイマル出版会、一九九二年。

呉敬璉『中国の市場経済――社会主義理論の再建』凌星光／陳寛他訳、サイマル出版会、一九九五年。

小島朋之『模索する中国』時事通信社、一九八九年。

小島朋之『中国共産党の選択』中央公論社、一九九一年。

小島朋之『新世紀の中国』芦書房、一九九六年。

小島麗逸編『中国の経済改革』勁草書房、一九八八年。

小島麗逸『現代中国の経済』岩波書店、一九九七年。

小林弘二編『中国の世界認識と開発戦略――視座の転換と開発の課題』アジア経済研究所、一九九〇年。

小林実／呉敬璉『中国――高成長経済への挑戦』日本経済新聞社、一九九三年。

嶋倉民生／丸山伸郎『中国経済のディレンマ――新たな模索の始まり』有斐閣、一九八三年。

朱建栄『江沢民の中国』中央公論社、一九九四年。

蘇暁康／王魯湘監『河殤』辻康吾／橋本南部子訳、弘文堂、一九八九年。

田島俊雄『中国農業の構造と変動』御茶の水書房、一九九六年。

中国国務院発展研究センター・中国社会科学院編『中国経済（上・下）』小島麗逸／高橋満／叢小榕訳、総合法令出版、一九九四年。

中井基一『張謇と中国近代企業』北海道大学図書刊行会、一九九六年。

中兼和津次『中国経済論――農工関係の政治経済学』東京大学出版会、一九九二年。

南部稔『現代中国の財政金融政策』多賀出版、一九九一年。

南部稔／張元元『中国のインフレーション』勁草書房、一九九五年。

野村浩一編『現代中国の政治世界』「講座現代中国」第一巻、岩波書店、一九八九年。

馬洪『中国経済発展の新戦略』張風波訳、有斐閣、一九八五年。

W・ヒントン『大逆転――鄧小平農業政策の失敗』田口佐紀子訳、亜紀書房、一九九一年。

藤本昭編『中国――市場経済への転換』日本貿易振興会、一九九四年。

藤本昭編『中国――二十一世紀への軟着陸』日本貿易出版会、一九九七年。

古澤賢治『中国経済の歴史的展開――原蓄路線から改革・開放路線へ』ミネルヴァ書房、一九九三年。

南亮進『中国の経済発展――日本との比較』東洋経済新報社、一九九〇年。

毛里和子『現代中国政治』名古屋大学出版会、一九九三年。

山内一男編『中国経済の転換』「講座現代中国」第二巻、岩波書店、一九八九年。

渡辺利夫編『中国の経済改革と新発展メカニズム』東洋経済新報社、一九九〇年。

渡辺利夫『社会主義市場経済の中国』講談社、一九九四年。

渡辺利夫・小島朋之『毛沢東と鄧小平』NTT出版、一九九四年。

〈**第九章**〉

伊藤潔『李登輝伝』文藝春秋、一九九六年。

岩崎育夫編『開発と政治――ASEAN諸国の開発体制』アジア経済研究所、一九九四年。

岩崎育夫『リー・クアンユー――西洋とアジアのはざまで』岩波書店、一九九六年。

岩崎育夫編『アジアと民主主義――政治権力者の思想と行動』アジア経済研究所、一九九七年。

エズラ・ヴォーゲル『アジア四小龍』渡辺利夫訳、中央公論社、一九九三年。

ギャリー・ロダン『シンガポール工業化の政治経済学――国家と国際資本』田村慶子／岩崎育夫訳、三一書房、一九九二年。

小谷豪治郎『蔣經國傳――現代中国八十年史の証言』プレジデント社、一九九〇年。

チャーマーズ・ジョンソン『通産省と日本の奇蹟』矢野俊比古監訳、TBSブリタニカ、一九八二年。

萩原宜之編『民主化と経済発展』「講座現代アジア」第三巻、東京大学出版会、一九九四年。

河信基『朴正熙――その知られざる思想と生涯』光人社、一九九六年。

グレゴリー・ヘンダーソン『朝鮮の政治社会』鈴木沙雄／大塚喬重訳、サイマル出版会、一九七三年。

B・K・マーシャル『日本の資本主義とナショナリズム』鳥羽欽一郎訳、ダイヤモンド社、一九六八年。

村上泰亮『反古典の政治経済学（上・下）』中央公論社、一九九二年。

〈**第一〇章　第一一章　第一二章**〉

青木健『太平洋成長のトライアングル――日本・米国・NICS間の構造調整』日本評論社、一九八七年。

青木健『アジア太平洋経済の成熟』勁草書房、一九九一年。

青木健『アジア太平洋経済圏の生成』中央経済社、一九九四年。

青木健・馬田啓一編著『検証APEC――アジア太平洋の新しい地域主義』日本評論社、一九九五年。

ジェームズ・アベグレン『東アジア巨大市場――日本は「脱米入亜」に舵を取れ』山岡洋一訳、TBSブリタニカ、一九九四年。

市川周『外される日本――アジア経済の構想』日本放送出版協会、一九九六年。

井上隆一郎編『アジアの財閥と企業』日本経済新聞社、一九九四年。

梶原弘和『アジアの発展戦略――工業化波及と地域経済圏』東洋経済新報社、一九九五年。

茅原郁生編『中国エネルギー戦略』芦書房、一九九六年。

ケント・E・カルダー『アジア危機の構図――エネルギー・安全保障問題の死角』日本経済新聞社国際部訳、日本経済新聞社、一九九六年。

P・クルーグマン他『アジア成功への課題』竹下興喜監訳、中央公論社、一九九五年。

黒沢満／ジョン・カートン編『太平洋国家のトライ・アングル』彩流社、一九九五年。

小宮隆太郎／山田豊編『東アジアの経済発展』東洋経済新報社、一九九五年。

小浜裕久編『直接投資と工業化』日本貿易振興会、一九九二年。

小林實『東アジア産業圏』中央公論社、一九九二年。

渋沢雅英／ザガリア・ハジ・アハマド／ブライアン・ブリジェス『アジア太平洋――危険と希望』サイマル出版会、一九九一年。

白石孝編『グローバリズムとリージョナリズム』勁草書房、一九九四年。

杉原薫『アジア間貿易の形成と構造』ミネルヴァ書房、一九九六年。

世界銀行『東アジアの奇跡――経済成長と政府の役割』白鳥正喜監訳、東洋経済新報社、一九九四年。

田中拓男編『アジア太平洋の地域協力――米国の新通商戦略とアジア経済の新展開』中央経済社、一九九四年。

寺西重郎『経済開発と途上国債務』東京大学出版会、一九九五年。

M・S・ドブス／ヒギンソン『アジア太平洋の時代――世界秩序崩壊下の新潮流』大場智満監訳、ジャパンタイムズ、一九九四年。

ピーター・ドライスデール『アジア太平洋の多元的経済外交』山澤逸平／石垣健一／平田章訳、毎日コミュニケーションズ、一九九一年。

ジョン・ネズビッツ『アジア・メガトレンド――アジアの八大潮流が世界を変える』三上義一訳、早川書房、一九九六年。

原洋之介『アジア・ダイナミズム――資本主義のネットワークと発展の地域性』NTT出版、一九九六年。

平川均／朴一編『アジアNIEs――転換期の韓国・台湾・香港・シンガポール』世界思想社、一九九四年。

平田喜彦編『世界経済の成長センター』多賀出版、一九九三年。

船橋洋一『アジア太平洋フュージョン――APECと日本』中央公論社、一九九五年。

山影進『ASEAN――シンボルからシステムへ』東京大学出版会、一九九一年。

山影進『ASEAN――アジア太平洋の中核へ』東京大学出版会、一九九七年。

山澤逸平／野原昂編『アジア太平洋諸国の貿易と産業』アジア経済研究所、一九八五年。

山澤逸平／三和総合研究所『アジア太平洋二〇〇〇年のビジョン』東洋経済新報社、一九九三年。

山澤逸平／鈴木敏郎／安延申『APEC入門――開かれた地域主義を目指して』東洋経済新報社、一九九五年。

吉原久仁夫編『東南アジアの経済』「講座東南アジア学」第八巻、弘文堂、一九九一年。

林華生『ASEAN経済の地殻変動』同文館、一九九三年。

渡辺利夫『西太平洋の時代――アジア新産業国家の政治経済学』文藝春秋、一九八九年（本巻I）。

渡辺利夫『アジア新潮流』中央公論社、一九九〇年（本巻II）。

渡辺利夫『転換するアジア』弘文堂、一九九一年。

渡辺利夫／青木健『アジア新経済地図の読み方』PHP研究所、一九九一年。

渡辺利夫『新世紀アジアの構想』筑摩書房、一九九五年。

渡辺利夫『アジア経済をどう捉えるか』日本放送出版協会、一九八九年。

編集協力／井上美夫（牧人舎）・谷田貝進・辻勝海

本書は、ＮＨＫ『人間大学』において、一九九七年七月～九月に放送された『華人ネットワークの時代――アジア新潮流』のテキストをもとにしています。

著者略歴
昭和14（1939）年、山梨県甲府市生まれ。慶應義塾大学経済学部卒業。同大学院経済学研究科修了。経済学博士。筑波大学教授、東京工業大学教授を経て拓殖大学に奉職。拓殖大学元総長、元学長。専門は開発経済学・現代アジア経済論。（公財）オイスカ会長。日本李登輝友の会会長。平成23（2011）年、第27回正論大賞受賞。
著書に『成長のアジア 停滞のアジア』（講談社学術文庫、吉野作造賞）、『開発経済学』（日本評論社、大平正芳記念賞）、『西太平洋の時代』（文藝春秋、アジア・太平洋賞大賞）、『神経症の時代　わが内なる森田正馬』（文春学藝ライブラリー、開高健賞正賞）、『アジアを救った近代日本史講義―戦前のグローバリズムと拓殖大学』（PHP新書）、『放哉と山頭火』（ちくま文庫）、『新脱亜論』（文春新書）、『士魂―福澤諭吉の真実』（海竜社）、『死生観の時代』（海竜社）、『台湾を築いた明治の日本人』（単行本：産経新聞出版／文庫本：潮書房光人新社）、『後藤新平の台湾』（中公選書）など。

渡辺利夫精選著作集第5巻
アジアのダイナミズム

2025年3月20日　第1版第1刷発行

著　者　渡《わた》　辺《なべ》　利《とし》　夫《お》

発行者　井　村　寿　人

発行所　株式会社　勁《けい》　草《そう》　書　房

112-0005　東京都文京区水道2-1-1　振替　00150-2-175253
（編集）電話03-3815-5277／FAX 03-3814-6968
（営業）電話03-3814-6861／FAX 03-3814-6854
理想社・牧製本

ISBN978-4-326-54617-6　Printed in Japan

渡辺利夫精選著作集

全7巻

第1巻　私のなかのアジア　ISBN978-4-326-54613-8

- Ⅰ　成長のアジア　停滞のアジア
- Ⅱ　私のなかのアジア

第2巻　開発経済学研究　ISBN978-4-326-54614-5

- Ⅰ　開発経済学入門［第3版］
- Ⅱ　開発経済学研究—輸出と国民経済形成

第3巻　韓国経済研究　ISBN978-4-326-54615-2

- Ⅰ　現代韓国経済分析—開発経済学と現代アジア
- Ⅱ　韓国経済入門

第4巻　中国経済研究　ISBN978-4-326-54616-9

- Ⅰ　中国経済は成功するか
- Ⅱ　社会主義市場経済の中国
- Ⅲ　毛沢東、鄧小平そして江沢民
- Ⅳ　海の中国

第5巻　アジアのダイナミズム　ISBN978-4-326-54617-6

- Ⅰ　西太平洋の時代—アジア新産業国家の政治経済学
- Ⅱ　アジア新潮流—西太平洋のダイナミズムと社会主義
- Ⅲ　アジア経済の構図を読む—華人ネットワークの時代

第6巻　福澤諭吉と後藤新平　ISBN978-4-326-54618-3

- Ⅰ　決定版・脱亜論—今こそ明治維新のリアリズムに学べ
- Ⅱ　後藤新平の台湾—人類もまた生物の一つなり

第7巻　さまよえる魂　ISBN978-4-326-54619-0

- Ⅰ　神経症の時代—わが内なる森田正馬
- Ⅱ　放哉と山頭火—死を生きる